Hochschule der Zukunft

Ullrich Dittler · Christian Kreidl
(Hrsg.)

Hochschule der Zukunft

Beiträge zur zukunftsorientierten
Gestaltung von Hochschulen

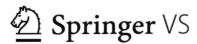

Herausgeber
Ullrich Dittler
Furtwangen/Schwarzwald, Deutschland

Christian Kreidl
Wien, Österreich

ISBN 978-3-658-20402-0   ISBN 978-3-658-20403-7   (eBook)
https://doi.org/10.1007/978-3-658-20403-7

Die Deutsche Nationalbibliothek verzeichnet diese Publikation in der Deutschen National-
bibliografie; detaillierte bibliografische Daten sind im Internet über http://dnb.d-nb.de abrufbar.

Springer VS
© Springer Fachmedien Wiesbaden GmbH 2018

Gedruckt auf säurefreiem und chlorfrei gebleichtem Papier

Springer VS ist Teil von Springer Nature
Die eingetragene Gesellschaft ist Springer Fachmedien Wiesbaden GmbH
Die Anschrift der Gesellschaft ist: Abraham-Lincoln-Str. 46, 65189 Wiesbaden, Germany

Inhalt

Ullrich Dittler & Christian Kreidl
Einleitung 7

I. Einleitende Gedanken zur Zukunft der Hochschule

Ullrich Dittler & Christian Kreidl
Entwicklung des Hochschulwesens und dessen aktuelle Situation in der kritischen Betrachtung 15

Christian Kreidl & Ullrich Dittler
Wo stehen wir? Ergebnisse einer umfassenden empirischen Studie zu Lernen und Unterricht an Hochschulen heute 35

II. Beiträge aus Sicht von Hochschulleitungen

Arnd Poetzsch-Heffter & Norbert Wehn
Humboldt 2.0: Über die Rolle Innovativer Universitäten im deutschen Wissenschaftssystem 63

Ulf-Daniel Ehlers
Die Hochschule der Zukunft: Versuch einer Skizze.................... 81

Ada Pellert
Die Hochschule als Partnerin des Lebenslangen Lernens 101

Martin Ebner, Philipp Leitner, Markus Ebner, Behnam Taraghi & Maria Grandl
Die Rolle der Bildungsinformatik für die Hochschule der Zukunft 117

III. Beiträge aus didaktischer und bildungstheoretischer Sicht

Peter A. Henning
Hochschule 4.0: Vier Missionen für die Zukunft 129

Jutta Pauschenwein & Gert Lyon
Ist die Zukunft der Hochschullehre digital? 145

Martin Lehner
Lehren und Lernen an der Hochschule der Zukunft 167

Gabi Reinmann
Die Rolle der Forschung für eine zukunftsorientierte Gestal-
tung der universitären Lehre 187

Richard Fortmüller
Akademisierung der Arbeitswelt – Eine Analyse der Positionierung der Hochschulbildung im Berufsbildungskontext 207

**IV. Beiträge aus Sicht von (ausgezeichneten)
Hochschullehrerinnen und -lehrern**

Bernd Jörs
Zukunft der Hochschule: Gegen die Entfremdungstendenzen 217

Uwe Peter Kanning
Zehn Thesen zur exzellenten Hochschullehre 233

Jürgen Handke
Digitale Hochschullehre – Vom einfachen Integrationsmodell
zur Künstlichen Intelligenz 249

Andreas Hebbel-Seeger
360°-Video in Trainings- und Lernprozessen 265

V. Beitrag aus der Sicht von Unternehmen

Elisabeth Schinwald
Die Anforderungen an die Hochschulen der Zukunft aus der
Sicht der Unternehmen 291

Verzeichnis der Autorinnen und Autoren 301

Einleitung

Viele Unterrichtskonzepte, aber auch Rahmenbedingungen, die den heutigen Hochschulalltag bestimmen, unterscheiden sich nicht wesentlich von deren Ausprägungen der letzten 100 Jahre. Als Beispiele hierfür seien genannt, dass ein Großteil der Lehre nach wie vor in klassischer Präsenzlehre bewältigt wird, in vielen Lehrveranstaltungen das Vermitteln von Fachwissen im Vordergrund steht oder auch, dass die Entscheidungen über Lehrinhalte und die Zusammensetzung von Curricula größtenteils aus der Hochschule selbst heraus getroffen werden.

Das Umfeld, in dem und für das Hochschulen heute bilden und ausbilden, hat sich jedoch in den vergangenen Jahrzehnten sowohl technisch als auch gesellschaftlich massiv verändert:

- Ubiquitärer und mobiler Zugang zu Informations- und Kommunikationsdiensten ist mit Smartphones, Tablet-PCs und anderen Formen von Smart Devices möglich und verändert nicht nur die Kommunikation (Social Media), sondern auch die Produktionsbedingungen (Industrie 4.0). Die Digitalisierung führt aber auch zu einem Verschmelzen von Arbeitszeit und Freizeit, zudem wird die Erwerbstätigkeit bedingt durch unterschiedliche Lebensphasen bzw. -orte zusehends fragmentiert. Die klassische einmalige Berufsqualifikation als Grundlage einer lebenslangen Erwerbstätigkeit verliert hierbei zunehmend an Bedeutung.
- Darüber hinaus führen Akademisierungsbestrebungen dazu, dass für Berufsfelder und -bilder, für die bisher in einschlägigen Ausbildungen qualifiziert wurde, Studienangebote entwickelt werden (beispielsweise für Pflegekräfte, Hebammen, Physiotherapeuten). Nicht nur die quantitativen Veränderungen der Studierendenschaft, sondern auch die qualitativen Änderungen, die sich daraus ergeben, dass Zielgruppen akademische Ausbildungen nachfragen, die bisher keine Angebote von Hochschulen nutzten, erfordern Änderungen innerhalb der Hochschulen.

Wie aber könnte – und vor allem sollte – vor dem Hintergrund dieser massiven Entwicklungen Hochschulen in Zukunft aussehen? Welche Aufgaben haben Hochschulen zukünftig? Welche Wünsche und Anforderungen stellen die verschiedensten Interessengruppen an Hochschulen und welche Veränderungen der Rahmenbedingungen sind für eine zielführende Arbeit der Hochschulen zukünftig erforderlich?

Dieses Buch soll potenzielle Aspekte, Notwendigkeiten und Wege aufzeigen, durch die Hochschulen in Zukunft möglicherweise geprägt sein werden. Dabei werden bewusst möglichst vielfältige, unterschiedliche und teilweise gegensätzliche Blickwinkel und Perspektiven in den einzelnen Beiträgen vertreten.

In einem breiten Kontext gedacht, steht eine Hochschule im Spannungsfeld von unzähligen Einflüssen und Anforderungen – die verschiedenen Perspektiven sollen daher in diesem Sammelband zur Zukunft der Hochschule durch entsprechende Vertreterinnen und Vertreter zur Sprache kommen, wie beispielsweise:

- Die *fachliche Innenperspektive* von Rektoratsmitgliedern einer Hochschule: Welche Anforderungen müssen in Zukunft von Hochschulen bewältigt werden – und inwiefern ist die derzeitige Aufbauorganisation und Ausrichtung dazu geeignet?
- Die *didaktische Perspektive* von Bildungsexperten: Welche didaktischen Konzepte und Settings erscheinen in der heutigen Zeit am passendsten – und inwieweit stellen diese Settings Widersprüche zu der aktuellen Lehr-/Lernsituation an Hochschulen dar?
- Die *Perspektive der Arbeitgeberinnen und Arbeitgeber*: Welche Qualifikationen und Kompetenzen benötigen Absolventinnen und Absolventen in den nächsten Jahren aus Sicht der Wirtschaft und der Gesellschaft? Können Hochschulen die veränderten Anforderungen erfüllen bzw. in welcher Form müssen sich die Hochschulen und ihre Angebote dafür verändern und entwickeln?
- Die *Perspektive der Studierenden und Hochschulabsolventinnen und -absolventen*: Unglaublich vieles an Wissen ist heute ubiquitär und jederzeit und für jede Person online verfügbar – wie sollte sich eine moderne Hochschule angesichts dieser Konkurrenz als Bildungsinstitution positionieren?
- Eine *übergeordnete gesellschaftliche Perspektive und Zielsetzung*: Ist eine Hochschule eine Institution, die die Studierenden (auch) bei der Persönlichkeitsentwicklung im Sinne einer „Menschwerdung" begleitet oder sollen zukünftige Hochschulen nur noch für Berufsausbildung verantwortlich sein? Sollen und müssen auch andere gesellschaftlich relevante Bildungsziele – beispielsweise Ethik – in den hochschulischen Bildungsangeboten thematisiert und vermittelt werden?

Der Aufbau dieses Buches

Um die aktuellen Entwicklungen und die kritische Diskussion zur aktuellen Situation von Hochschulen einordnen zu können, ist es sicherlich zielführend, zu-

nächst einen Blick auf die historische Entwicklung von Hochschulen im deutschsprachigen Raum zu werfen und dabei auch die sich wandelnden gesellschaftlichen Erwartungen, die an Hochschulen gestellt wurden, zu betrachten. Dies geschieht in **Kapitel 1** im Beitrag **„Entwicklung des Hochschulwesens und dessen
aktuelle Situation in der kritischen Betrachtung"**. In diesem Beitrag werden
die Phasen der Ausdifferenzierung der unterschiedlichen Hochschularten ebenso
aufgezeigt wie einige historische kritische Auseinandersetzungen mit der Institution Hochschule. Zudem werden die aktuellen zentralen Herausforderungen für
Hochschulen vorgestellt: die Digitalisierung, die aktuell alle Lebensbereiche verändert und damit auch Veränderungen in Hochschulen einfordert, sowie die Erhöhung der Akademisierungsquote, die zum einen zur Entwicklung neuer Studienangebote führt und zum anderen Studierende in Hochschulen bringt, die nicht primär nach einer universellen Bildung im Humboldt'schen Sinne streben.

Unter dem Titel **„Wo stehen wir? Ergebnisse einer umfassenden empirischen
Studie zu Lernen und Unterricht an Hochschulen heute"** wird anschließend
zunächst der Status quo an deutschen und österreichischen Hochschulen[1] auf der
Basis einer empirischen Erhebung mit mehr als 4.000 deutschen und österreichischen Studierenden erhoben. Ziel der 2017 durchgeführten Studie war es herauszufinden, mit welcher technischen Ausstattung und Mediennutzungskompetenz
die Studierenden an ihr Studium herantreten und welche Erwartungen bzgl. Unterstützung und Ausstattung gegenüber einer Hochschule sich daraus ergeben. Interessant ist in diesem Kontext auch, welche Einstellungen die Studierenden gegenüber ihrem Studium und der Hochschule dabei offenbaren. Ergänzt werden die
qualitativen, empirischen Daten um qualitative Interviews mit Studierenden. Deren Antworten sind gut geeignet, die quantitativen Aussagen zu stützen, zu konkretisieren und mit Beispielen zu belegen, sodass der studentische Arbeitsalltag
und das studentische Studierverhalten deutlicher und anschaulicher werden und
bewusst wird, in welchen Punkten die Erwartungen der lehrenden Institutionen-
vertreterinnen und -vertreter von den Erwartungen der Studierenden abweichen
oder sogar mit ihnen kollidieren.

In den folgenden Kapiteln sind Beiträge aus den einzelnen eingangs skizzierten
unterschiedlichen Perspektiven versammelt.

---

[1]   Die Fokussierung auf deutsche und österreichische Hochschulen und Beitragsautorinnen und
        -autoren ergibt sich zum einen aus der Herausgeberschaft (Prof. Dr. Ullrich Dittler lehrt an
        einer deutschen Hochschule, Honorar-Prof. Dr. Christian Kreidl an verschiedenen österreichi-
        schen Hochschulen), sowie zum anderen aus der guten Vergleichbarkeit der Hochschulsys-
        teme beider Länder.

In *Kapitel 2* finden sich zunächst Beiträge zum Thema *aus Sicht der Hochschulleitung.*

Prof. Dr. Arnd Poetzsch-Heffter und Prof. Dr. Norbert Wehn stellen in ihrem Beitrag **„Humboldt 2.0: Über die Rolle Innovativer Universitäten im deutschen Wissenschaftssystem"** zunächst die Frage, ob es mit Blick auf die allgegenwärtigen rasanten technischen Entwicklungen und darauf basierenden Innovationsprozesse wirklich ausreicht, nur über den Einsatz digitaler Medien in der Lehre und die Nutzung digitaler Techniken in der Forschung zu diskutieren. Diese Diskussionen sind, das machen die beiden Autoren deutlich, sicher wichtig. Es bleibt allerdings immer noch die grundsätzlichere Frage, wie das Universitätssystem insgesamt auf die gestiegene Innovationsgeschwindigkeit reagieren sollte. Vor dem Hintergrund dieser Frage plädieren die beiden Autoren für einen Universitätstyp, bei dem Bildung, Wissenschaft und Innovation neu ausbalanciert werden.

In seinem Beitrag **„Die Hochschule der Zukunft: Versuch einer Skizze"** thematisiert Prof. Dr. Ulf Daniel Ehlers den Gestaltungsdruck, dem Hochschulen aktuell ausgesetzt sind, und skizziert Gestaltungsmöglichkeiten zu deren Entwicklung. Der Beitrag zeigt, wie viele Aspekte und Stellschrauben (bzgl. Anerkennung von Vorleistungen, Vergabe von unterschiedlichen Abschlüssen, Taktung von Studienangeboten, Entwicklungskriterien für Curricula, Forschungs-/Wissenschafts- und/oder Lehrorientierung, verschiedener Unterrichtskonzepte, unterschiedlicher Organisationsrahmen etc.) es in einem komplexen Hochschulsetting gibt und welche große und umfassende Bandbreite der Möglichkeiten zur „Justierung" einer Hochschulposition daraus resultiert.

Neben den qualifizierenden grundständigen Studienangeboten sind die Anforderungen an Lebenslanges Lernen eine besondere Notwendigkeit der wissensbasierten modernen Gesellschaft. Aspekte des Lebenslangen Lernens werden, wie der Beitrag **„Die Hochschule als Partnerin des Lebenslangen Lernens"** von Prof. Dr. Ada Pellert hervorhebt, zu einer zentralen Herausforderung für unser Bildungssystem – insbesondere für die Hochschulen. Damit ist zugleich ein Perspektivenwechsel von „Teaching to Learning", von der Wissens- zur Kompetenzorientierung verbunden sowie eine veränderte Rolle der Lehrenden hin zu „Learning Facilitators". Durch die Digitalisierung ergeben sich, wie der Beitrag aufzeigt, neue mediale Möglichkeiten, aber auch klassische Ziele universitärer Bildung erhalten eine neue Aktualität.

Die große Bedeutung der Digitalisierung stellen Priv.-Doz. Dr. Martin Ebner, Philipp Leitner, Markus Ebner, Behnam Taraghi und Maria Grandl in das Zentrum ihres Beitrags **„Die Rolle der Bildungsinformatik für die Hochschule der Zukunft".** Am Beispiel von inzwischen in vielen Studien- und Bildungsangeboten etablierten Learning-Management-Systemen belegen die Autorinnen und Autoren, dass das Gebiet der Bildungsinformatik ein stark interdisziplinäres (Forschungs-)Feld ist. Ebenso zeigen sie, dass die Integration digitaler Prozesse im Bereich der Hochschulen ein komplexer und langjähriger Prozess ist, der sich nicht mit einer Einzelmaßnahme erreichen lässt.

Die Beiträge aus der Perspektive der Hochschulleitungen werden um die in *Kapitel 3* vereinten Beiträge zum Thema *aus Sicht von Didaktik- bzw. Bildungsexperten* ergänzt.

Prof. Dr. Peter A. Henning betrachtet in seinem Beitrag **„Hochschule 4.0: Vier Missionen für die Zukunft"** zunächst den Bildungskontext, in dem sich Hochschulen zukünftig verorten sollen. Hierzu untersucht er die künftigen gesellschaftlichen Rahmenbedingungen für Bildung und Forschung, ehe er sich anschließend den Aufgaben einer akademischen Bildung – und deren Defiziten in Bezug auf eine mögliche Einmischung in gesellschaftliche Prozesse widmet.

Der Beitrag **„Ist die Zukunft der Hochschullehre digital?"** von Dr. Jutta Pauschenwein und Dr. Gert Lyon thematisiert die Unsicherheit von Hochschullehrenden bezüglich der Frage, ob ihr Unterricht noch zeitgemäß ist, sowohl im Hinblick auf die Inhalte als auch auf die Werkzeuge. Als erste Annäherung an das Thema befragen die Autoren einen Studierenden nach seinen Lernerfahrungen und -präferenzen und beschreiben anschließend die vielfältigen Formen der Digitalisierung und der Entwicklung von Online-Lernprozessen, die einer großen Anzahl von Studierenden differenzierte Lernmöglichkeiten bieten. Des Weiteren werden Bildungsziele in einer sich rasch verändernden Welt, im Spannungsfeld von Globalisierung, Kommerzialisierung und dem zunehmenden Einfluss von Wirtschaft und Industrie auf die Hochschulen diskutiert.

Drei unterschiedliche Optionen für die zukünftige Ausrichtung von Hochschulen diskutiert Martin Lehner in seinem anschließenden Beitrag **„Lehren und Lernen an der Hochschule der Zukunft".** Den Blick nach außen und nach innen zu richten ist dabei eine Option, die die Nabelschau von Hochschulen erweitert und damit das Aufnehmen vielfältiger äußerer Impulse zur (Weiter-)Entwicklung ermöglicht. Eine Zukunftsorientierung erfordert, wie der Autor aufzeigt, zudem eine methodische Diversität der Lehr-/Lernsettings in den Lehrveranstaltungen und den Studienprogrammen. Als dritten Aspekt arbeitet der Autor die Notwendigkeit zur stärkeren kognitiven Aktivierung und zur stärkeren Fokussierung im Hinblick auf Aufgaben und Prüfungen heraus.

Eine Metaperspektive wählt Prof. Dr. Gabi Reinmann für ihren Beitrag **„Die Rolle der Forschung für eine zukunftsorientierte Gestaltung der universitären Lehre"**, in dem sie den Weg der universitären Lehre in die Zukunft als eine der Kernaufgaben betrachtet. Die Autorin nimmt dabei eine dreifache Eingrenzung sowie eine Konkretisierung vor: Sie legt den Fokus auf Universitäten (versus Hochschulen allgemein). Sie betrachtet schwerpunktmäßig die Lehre (versus Forschung) an Universitäten. Und sie betrachtet den Prozess (versus Zustand), wie wir Zukunftsvorstellungen – hier zur universitären Lehre – entwickeln. Ganz konkret beleuchtet der vorliegende Text die Rolle der Forschung in diesem Prozess. Dies ist, wie Frau Reinmann schreibt, „deswegen naheliegend, weil die Universität als ein Ort der Forschung und Lehre im Prinzip über alle Möglichkeiten verfügt […], sich forschend mit der Zukunft der Lehre als einer ihrer Kernaufgaben zu beschäftigen".

Prof. Dr. Richard Fortmüller betrachtet in seinem Beitrag **„Akademisierung der Arbeitswelt – Eine Analyse der Positionierung der Hochschulbildung im Berufsbildungskontext"** das Ansteigen der Studierendenquoten und die zunehmende Akademisierung der Arbeitswelt. Daher steht in seinem Beitrag die Frage im Vordergrund, wie die Berufsausbildung positioniert und gestaltet werden kann, um den Anforderungen der Arbeitswelt gerecht zu werden und eine attraktive Bildungsoption darzustellen. Eine analoge Frage stellt er auch zur Hochschulbildung, allerdings bildet hier – im Unterschied zur Diskussion in der Berufsbildung – nicht der Rückgang der Bildungsnachfrage, sondern vielmehr ihr Anstieg den Anlass zur Auseinandersetzung mit der Positionierung der Hochschulbildung.

In *Kapitel 4* werden die vorangegangenen Perspektiven auf die Hochschule der Zukunft um Beiträge zum Thema *aus Sicht von ausgezeichneten Hochschullehrenden*, d.h. Professoren, die für ihre Lehre mit Preisen honoriert wurden, ergänzt.

In seinem Beitrag **„Zukunft der Hochschule: Gegen die Entfremdungstendenzen"** thematisiert Prof. Dr. Bernd Jörs die Tendenzen der Entfremdung von Hochschullehrenden und Studierenden, deren zunehmend divergierende Realitätswahrnehmungen, die abnehmenden Wissenschafts- und Forschungsinteressen junger Studierender, die sinkenden Lernzeiten und die mangelnde Hochschulidentifikation sowie die fehlende Übernahme von Verantwortung der Hochschulqualifikation für die späteren beruflichen Einsatzmöglichkeiten. Der Autor führt aus, warum es zur Pflicht wird, mehr Verantwortung für die jungen Nachwuchsgenerationen zu übernehmen.

Ausgehend von den Aufgaben einer exzellenten Hochschullehre, die Prof. Dr. Uwe Peter Kanning beispielsweise darin sieht, den Nachwuchs für wissenschaftliches Denken und Arbeiten zu gewinnen sowie Studierende in die Methoden und Erkenntnisse einer wissenschaftlichen Disziplin einzuführen und sich darüber hinaus für den gesellschaftlichen Nutzen der Forschung einzusetzen, formuliert er in seinem gleichnamigen Beitrag **„Zehn Thesen zur exzellenten Hochschullehre"**. Die Thesen sieht der Autor dabei in einem Spannungsfeld zwischen den Ansprüchen der Scientific Community, den Erwartungen der Gesellschaft und den berufsbezogenen Interessen der Studierenden.

Die Lehre steht auch im Mittelpunkt des Beitrags **„Digitale Hochschullehre – Vom einfachen Integrationsmodell zur Künstlichen Intelligenz"** von Prof. Dr. Jürgen Handke. Ausgehend davon, dass die überwältigende Mehrheit der Lehrenden unter ‚digitaler Lehre' meist nur die digitale Distribution von PDF-Skripten versteht, zeigt der Autor auf, dass ein derartiges „Anreicherungsmodell" die klassische Hochschullehre nur geringfügig sowie unzureichend verändert und dabei zu einer zunehmenden Entwertung der Präsenzlehre führt, denn die ergänzende Nutzung von modernen Unterrichtstechnologien und digitalen Inhalten macht alleine noch keine digitale Lehre aus.

Ein konkretes Beispiel für den Einsatz zeitgemäßer Technologie im Hochschulunterricht stellt Prof. Dr. Andreas Hebbel-Seeger in seinem Beitrag **„360°-Video in Trainings- und Lernprozessen"** vor. Die aktuellen technischen Entwicklungen im Video- und Visualisierungsbereich stehen im Fokus dieses Beitrags, der die Nutzung von 360°-Videotechnologie in der Sportpraxis aufzeigt und die Leserinnen und Leser an den Ergebnissen der Evaluation einer 360°-Anwendung im Hochschulkontext teilhaben lässt. Im Ergebnis wird gezeigt, dass ein 360°-Video neue didaktische Optionen eröffnet, daher werden auch die Technologie zur Produktion und Rezeption von 360°-Inhalten vorgestellt und die häufig überlappend bis synonym verwendeten Begriffe der Virtuellen Realität und der Augmented Reality gegeneinander abgegrenzt.

In *Kapitel 5* wird eine ergänzende Perspektive *zum Thema aus Sicht der Personalverantwortlichen eines Unternehmens* eingenommen.

Frau Elisabeth Schinwald stellt in ihrem Beitrag „**Die Anforderungen an die Hochschulen der Zukunft aus der Sicht der Unternehmen**" zunächst auf verschiedenen Ebenen die Anforderungen, Erwartungen und Wünsche dar, die Unternehmen an junge Hochschulabsolventinnen und -absolventen haben, ehe sie basierend auf diesen Ergebnissen beispielsweise der Frage nachgeht, welche Studieninhalte oder Methodenkompetenzen vermehrt vermittelt werden sollen. Abschließend formuliert die Autorin sieben Aspekte, an denen sich eine Hochschule der Zukunft ausrichten kann, um die Anforderungen des Arbeitsmarkts besser zu erfüllen.

Bei der kritischen und reflexiven Auseinandersetzung mit der Zukunft der Hochschule und der Hochschule der Zukunft, zu der dieser Sammelband Sie einladen möchte, wünschen wir Ihnen einen spannenden Erkenntnisgewinn!

Furtwangen und Wien, im Januar 2018

Prof. Dr. Ullrich Dittler   Hon.Prof. Dr. Christian Kreidl

1 Entwicklung des Hochschulwesens und dessen aktuelle Situation in der kritischen Betrachtung

Prof. Dr. Ullrich Dittler & Honorar-Prof. Dr. Christian Kreidl

Abstract

Ein Blick auf die historische Entwicklung der Hochschulen legt im vorliegenden Kapitel die Basis für die in diesem Band zusammengetragenen Überlegungen zur Zukunft der Hochschule. Die Phasen der Ausdifferenzierung der unterschiedlichen Hochschularten werden ebenso aufgezeigt wie einige bisherige kritische Auseinandersetzungen mit der Institution Hochschule. Zudem werden die aktuellen zentralen Herausforderungen für Hochschulen vorgestellt: die Digitalisierung, die aktuell alle Lebensbereiche verändert und damit auch Veränderungen in Hochschulen einfordert, sowie die Erhöhung der Akademisierungsquote, die zum einen zur Entwicklung neuer Studienangebote führt und zum anderen Studierende in Hochschulen bringt, die nicht primär nach einer universellen Bildung im Humboldt'schen Sinne streben.

1.1 Die Ursprünge der Universitäten

In den aktuellen Zeiten des Brexit, des erstarkenden Nationalismus und des erneuten Baus von Grenzzäunen zwischen einzelnen Ländern, in Zeiten also, in denen Europa nach einer neuen Identität sucht, ist es vermutlich naheliegend, auch seit Jahrhunderten bewährte nationenübergreifende Institutionen wie Hochschulen infrage zu stellen.

Die aktuelle kritische Diskussion um den Wert, die Struktur und die Inhalte schulischer und hochschulischer Bildung hat – zumindest im deutschsprachigen Raum – schon eine längere Tradition, die in den vergangenen Jahrzehnten verstärkt genährt wurde von Ergebnissen der Pisa-Studie und anderen Bildungstests. Ehe jedoch die aktuelle Kritik an Hochschulen skizziert werden soll, ist es zielführend, zunächst die Idee hinter der „Universität" und der universitären Bildung zu betrachten.

Die heute verwendete Begrifflichkeit einer „universitären Bildung" ist in diesem Kontext zunächst wenig hilfreich, da nicht ausreichend trennscharf. Eindeutige und dauerhafte Kriterien, wann Bildungseinrichtungen als Universitäten bezeichnet werden können, gibt es nicht – wie schon Koch (2008, S. 7ff.) feststellt –, dafür war die Geschichte der Universitäten in den letzten Jahrhunderten zu wechselvoll. Die Entstehung und Entwicklung der Universitäten im Mittelalter war sicherlich im Wesentlichen von einem Qualitätsanspruch an Bildung getrieben: Die Zunahme unterschiedlicher Schulen im 12. Jahrhundert führte zu einer Ausdifferenzierung verschiedener Schultypen und Bildungseinrichtungen. Während viele Schulen auf der Tradition der Kloster- und Domschulen basierten und zunächst kirchlichen Strukturen und Institutionen direkt untergeordnet waren, entwickelten sich parallel Bildungseinrichtungen, die nach Autonomie strebten und sich als temporäre Lebens- und nicht nur als Lehr-/Lerngemeinschaft verstanden.

Lehrende und Studierende begegneten sich in der frühen Phase der Universitätsentwicklung zunächst auf offener Straße zum Unterricht oder Professoren unterrichteten Studierende aus einem Fenster im 1. Stock eines Wohnhauses, ehe sich die Institutionen einer Universität entwickelten, die neben dem Unterrichtsvortrag auch ein gemeinsames Lernen und Leben ermöglichten. Während die Lehrenden ursprünglich direkt von den Lernenden bezahlt wurden, bildeten sich im Rahmen der Institutionalisierung zunehmend Finanzierungen über Stiftungen und Kollegien (zunächst traditionell unter kirchlicher Führung).

Mit dem Entstehen der Universitäten sind die Städte Bologna (als offizielles Gründungsdatum gilt das Jahr 1088) und Paris (Gründung der Universität um das Jahr 1170) eng verbunden – auch wenn es unterschiedliche Meinungen dazu gibt, inwieweit die Sorbonne auf die frühe Universitätsgründung in Paris zurückgeht oder erst später parallel entstanden ist (vgl. Cardini & Beonio-Brocchieri, 1991; Hirsch, 2008): Die Lehre der frühen Universitäten war geprägt durch mündliche Vorträge der Dozenten sowie Streitgespräche und Diskurse. Als weiteres zentrales Lehrmittel standen – heute würde man sagen: für die Selbstlernphasen – Schriften und Bücher zur Verfügung. Abgeschlossen wurden Studien schon früh mit Prüfungen und Zertifikaten zum Nachweis des erfolgreichen Studiums.

Auf die spannende und wechselvolle Bedeutung von Büchern als Lehrmedien für universitäre Bildung soll an dieser Stelle nicht eingegangen werden (diese kann beispielsweise bei Schanz [2001)] und Faßler & Halbach [1998] nachgelesen werden),[2] die große Bedeutung der Bibliotheken in den frühen Jahren der Universitätsgründungen zeigt sich sehr anschaulich schon im oft städtebaulich zentral

---

[2]   Dass das Lehrformat der „Vorlesung" zu einer Zeit entwickelt wurde, als Bücher in ihrer Funktion als Wissensspeicher in der Herstellung (d.h. der händischen Abschrift) noch aufwändig, teuer und damit für viele Lernende nicht verfügbar waren, ist bekannt: Die Vorlesung diente (auch) dazu, den Lernenden den vorgelesenen Text zugänglich zu machen und eine Mitschrift (im Sinne der Abschrift des Buches) zu ermöglichen. Da heute Bücher massenhaft verfügbar sowie relativ preiswert und somit für alle Studierenden leicht zugänglich sind, stellt sich die Frage nach dem Sinn und Mehrwert einer Vorlesung – gegenüber interaktiven Unterrichtsformaten – neu. Die Frage nach angemessenen Vermittlungs- und Unterrichtsformen wird auch in den Beiträgen dieses Sammelbandes aufgegriffen.

gelegenen und architektonisch aufwändigen Bau von Bibliotheken, wie dies exemplarisch noch heute in Oxford zu sehen ist (vgl. Abbildung 1.1).

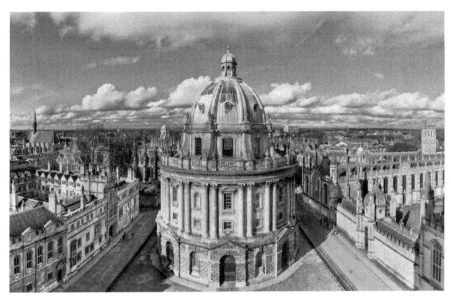

Abb. 1.1: Die Bibliothek der Universität Oxford als Beispiel einer zentral angelegten Bibliothek, die auch architektonisch die zentrale Bedeutung von Büchern für die Universitätslehre des Mittelalters verdeutlicht.

Die Idee der Universität als gehobener Bildungseinrichtung verbreitete sich im Mittelalter quer durch Europa, sodass zum Ende des Mittelalters europaweit etwa 80 Universitäten gezählt werden konnten (vgl. Cardini & Beonio-Brocchieri, 1991), an denen sich unterschiedliche fachliche und thematische Schwerpunkte herausgebildet hatten. Gemeinsam war den Universitäten schon damals der Gedanke eines – wie wir es heute nennen würden – europäischen Bildungsraums, da es üblich war, dass sowohl die Dozierenden zu unterschiedlichen Universitäten reisten, um dort zu unterrichten[3], als auch dass Studierende reisten, um Vorlesungen bei verschiedenen Lehrenden an unterschiedlichen Universitäten zu hören –

---

[3]   Hingewiesen sei in diesem Zusammenhang beispielsweise auf den Heiligen Anselm, der 1033 in Italien geboren wurde, im Laufe seines Lebens in Nordfrankreich lehrte, ehe er später als Anselm von Canterbury in der gleichnamigen Stadt Erzbischof wurde. Oder auf Albertus Magnus, der in Padua, Straßburg und Regensburg studierte, ehe er Universitätslehrer in Paris und Köln wurde (Cardini & Beonio-Brocchieri, 1991).

und dabei zudem Einblick in unterschiedliche Kulturräume zu gewinnen (ein Gedanke, der auch aktuellen studentischen Austauschprogrammen – wie beispielsweise ERASMUS – heute noch innewohnt).

Zu den frühen Universitätsgründungen in Europa zählt neben Bologna und Paris die Gründung der Universität Oxford (im Jahr 1167). Im 13. Jahrhundert entstanden 16 weitere Universitäten, u.a. in Cambridge, Padua, Neapel, Salerno, Toulouse, Salamanca sowie Lissabon und Sevilla. Im 14. Jahrhundert etablierten sich 27 neue Universitäten, u.a. in Avignon, Grenoble, Rom, Florenz, Pisa, Siena, Prag, Krakau sowie Buda, aber auch in Wien (gegründet 1363), in Heidelberg (gegründet 1386) und in Erfurt (gegründet 1392).

In den folgenden Jahrhunderten stieg die Zahl der Universitätsgründungen weiter stark an; so entstanden im 15. Jahrhundert insgesamt 32 neue Universitäten, neben Würzburg (1402), Leipzig (1409), Rostock (1419), Freiburg im Breisgau (1455), Greifswald (1456), Ingolstadt (1472), Trier (1473), Tübingen (1476) und Mainz (1476) beispielsweise auch in Glasgow, St. Andrews, Turin, Parma, Bordeaux, Nantes, Barcelona, Basel, Uppsala und Kopenhagen. Ende des 15. Jahrhunderts hatten sich so auf europäischem Boden 78 Universitäten etabliert.

1.2   Die Entwicklung der Universität im Wandel der Jahrhunderte

Während die ersten Universitäten in der historischen Tradition sowie der gedanklichen Nähe der Klosterschulen – und damit der Theologie – entstanden waren, folgte durch den Konflikt der Theologen und der (die Schriften des Aristoteles interpretierenden) Philosophen bald eine inhaltliche Öffnung. In den folgenden Jahrhunderten wurde die Idee der Universität immer wieder von modernen politischen und geistigen Strömungen geprägt und verändert: „In der frühen Neuzeit wurde die Universität von verschiedenen Prozessen erfasst, die ihre Position im soziokulturell-politischen Gefüge verlagerten und wissenschaftlichen Wandel bewirkten, ohne die institutionelle Grundgestalt aufzulösen" (Weber, 2002, S. 71). Zu diesen Einflussfaktoren der Neuzeit zählt die seinerzeitige Veränderung zwischen kirchlicher und weltlicher Macht, die die Universitäten der Kirche entfernten und den Landesherren zutrieben und auch eine inhaltliche Neuorientierung im Sinne des Humanismus zur Folge hatte. Die Zuwendung zur klassischen Antike, zu den antiken Sprachen und dem antiken Wissen sollte eine neue kulturelle, soziale und politische Stabilität ermöglichen (ebd.).

Auch die sich Mitte des 17. Jahrhunderts entfaltende Aufklärung kann in ihrer Bedeutung für die Entwicklung der Universitäten nicht hoch genug eingeschätzt werden. Die aufkeimende Erkenntnis, dass es einen religiösen Absolutheitsanspruch nicht geben könne, öffnete die Suche nach einer neuen Basis für das

Weltverstehen und die Interpretation und Erklärung der Welt: Diese wurde bekanntermaßen in der Naturwissenschaft gefunden. Neben der Interpretation von Schriften gewann damit auch die (natur-)wissenschaftliche Forschung in den folgenden Jahrzehnten und Jahrhunderten an Bedeutung und wurde zu einer der zentralen Aufgaben von Universitäten.

Aus der Französischen Revolution wurden um 1790 europaweit Impulse sowohl zur Schließung als auch zur Neuausrichtung von Universitäten abgeleitet – die untrennbar mit dem Namen (und den Ideen) von Wilhelm von Humboldt verbunden waren. Wissenschaft solle, so die Idee Humboldts, als Grundlagenforschung nicht von Überlegungen der nützlichen Verwertung getrieben sein, sondern von dem Bedürfnis nach Welterkenntnis. Um derartige freie Forschung an den Universitäten zu ermöglichen, müsse die Verbindung von Forschung und Lehre im Austausch zwischen Studierenden und Lehrenden unter dem Dach einer Gesamtuniversität verwirklicht werden, so Humboldt.[4]

Gleichzeitig forderte die politische Leitung Preußens von Universitäten die Ausbildung politischer, wirtschaftlicher, kultureller und intellektueller Eliten zur Stärkung des Landes. Die Verbindung dieser beiden Ansätze zur Reform der Universitäten ging als „preußischer Lösungsversuch" und „Berliner Modell" in die Hochschulgeschichte ein (Fisch, 2015).

Die in den folgenden Jahrzehnten immer weiter steigenden Studentenzahlen[5] führten nicht nur zu einer Ausgestaltung weiterer hochschulischer Einrichtungen, wie beispielsweise „Technischer Hochschulen" oder „Handelshochschulen" (Weber, 2002, S. 159), sondern auch zur „Formalisierung und Reglementierung" (ebd.) des Universitätsbetriebs. Zudem werden seit dieser Zeit studienqualifizierende Schulabschlüsse verlangt, um den Zustrom von Studierenden zu steuern. Verglichen mit den ursprünglichen Ideen der Universität des Mittelalters veränderte sich auch das Verhältnis von Studierenden und Lehrenden: War es in den Anfangsjahren der Universitäten üblich, dass sich die Lehrenden geeignet scheinende Studenten auswählten, entwickelte sich ein auf formalen Qualifikationskriterien aufbauender Anspruch von Studierenden auf Zulassung zum Studium. Auch die Studienabschlüsse veränderten sich: Ergänzend zum Magister und Doktor positionierten sich Diplome in Fächern, denen eine hohe praktische Bedeutung und eine entsprechende Relevanz für die gesellschaftliche und industrielle Entwicklung zugesprochen wurde.

---

[4]   Inwieweit dieser Gedanke Humboldts noch heute zentral für die Ausrichtungen von Hochschulen ist, wird beispielsweise in den Beiträgen von Arnd Poetzsch-Heffter & Norbert Wehn in diesem Band diskutiert.

[5]   Hier kann tatsächlich noch von männlichen Studenten gesprochen werden, da Frauen an den meisten Universitäten erst ab Ende des 19. Jahrhunderts als Studierende zugelassen wurden.

Der Bedeutungsgewinn der Naturwissenschaften und der Technik drängte die bis dahin dominierenden philosophisch-geisteswissenschaftlichen Disziplinen zurück – sowohl an den Universitäten als auch durch die aufkommende Technikgläubigkeit in der gesellschaftlichen Wahrnehmung.

Die Erweiterung oder Verschiebung des universitären Fächerspektrums setzte sich schon vor dem 1. Weltkrieg fort, als wirtschaftswissenschaftliche Fächer, aber auch auftragsbezogene Forschung (neben der universitären Grundlagenforschung) zunehmend an Bedeutung gewannen und die Basis für die Ausbildung eines breiten universitären Mittelbaus bildeten, der diese neuen Forschungsfelder in weiten Teilen im Rahmen seiner Studien (beispielsweise im Rahmen von Dissertationen) abdeckte und bearbeitete.

In der Zeit um den zweiten Weltkrieg wurden die Universitäten durch die Vertreibung oder Ermordung der rund 1.000 jüdischen Professoren durch das NS-Regime nachhaltig geschwächt (ohne dass dies zu einem nennenswerten Protest an den Universitäten geführt hätte). Nach dem zweiten Weltkrieg konnte auch im deutschsprachigen Bereich eine weitere Ausdifferenzierung der Hochschularten beobachtet werden.

1.3 Ausdifferenzierung der Hochschularten und Entwicklung der Hochschulen bis heute

Schon im 18. Jahrhundert entstanden parallel zu den Universitäten Lehranstalten mit einem technischen Schwerpunkt. Ein herausragendes Beispiel stellt hier die schon 1775 gegründete Bergakademie in Clausthal dar, eine von mehreren montanistischen Ausbildungsstätten. Technische Schulen, im 19. Jahrhundert „Polytechnika" genannt, profitierten vom erwähnten technischen Aufschwung des Industriezeitalters und begründeten diesen – dennoch entsprachen sie im Ansehen nicht den Universitäten. Die vom Bedeutungsgewinn technischer Anwendungsfächer geprägte Zeit des 19. Jahrhunderts legte den Grundstein für die Entwicklung „Technischer Universitäten (TU)", wie sie beispielsweise in Karlsruhe, Berlin, aber auch als Polytechnisches Institut in Wien entstanden.

Parallel zu den Universitäten entwickelten sich aus Ingenieurschulen in Deutschland ab Ende der 1960er Jahre – und in Österreich ab den 1990er Jahren – die „Fachhochschulen" als Hochschulen mit ingenieur-, natur-, sozial-, wirtschafts- und rechtswissenschaftlichem sowie technischem und gestalterischem Profil. Ihr Alleinstellungsmerkmal sahen diese Fachhochschulen in der Lehre und Forschung mit anwendungsorientiertem Schwerpunkt. In den letzten Jahren begann sich dieser Hochschultyp im Zuge der Akademisierung der Gesundheitsberufe auch für Studienangebote aus dem Gesundheitswesen zu öffnen.

Im Rahmen des Bologna-Prozesses wurden die Fachhochschulen in Deutschland ab 2000 in „Hochschulen für Angewandte Wissenschaften (HAW)" umbenannt (in Österreich ist es bisher bei der alten Bezeichnung Fachhochschule geblieben). Die Bachelor- und Masterabschlüsse der Fachhochschulen und der Hochschulen für Angewandte Wissenschaften sind denen der Universitäten uneingeschränkt gleichwertig und daher gleichlautend; über ein Promotionsrecht wie die Universitäten verfügen die HAWs und Fachhochschulen jedoch nicht (auch wenn es diesbezügliche Forderungen und Pilotprojekte gibt).

In den letzten Jahren war die Entwicklung der Hochschulen geprägt von der bis 2010 erfolgten weitgehenden Umstellung und Vereinheitlichung der Studienabschlüsse zu Bachelor- und Masterabschlüssen sowie der Harmonisierung und Internationalisierung des europäischen Hochschulraums (Bologna-Prozess) und dem damit einhergehenden Bestreben, die Vergleichbarkeit und die Qualität einzelner Studiengänge durch Akkreditierung sicherzustellen (vgl. Brändle, 2010).

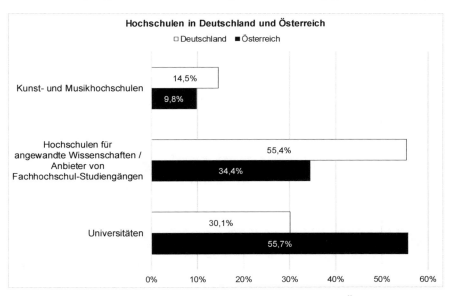

Abb. 1.2: Anteile einzelne Hochschultypen in Deutschland und Österreich im Vergleich.

Im Ergebnis dieser Entwicklungen gibt es aktuell in Deutschland 399 Hochschulen, davon sind 120 Universitäten (inklusive 9 Technischer Universitäten), 221

Hochschulen für Angewandte Wissenschaften sowie 58 Kunst- und Musikhochschulen. 240 Hochschulen hiervon sind in staatlicher Hand, 39 in kirchlicher Hand
und die restlichen 120 sind privat finanziert.

In Österreich gibt es aktuell 55 staatliche oder staatlich anerkannte Hochschulen, davon sind 34 Universitäten (inklusive 3 Technischer Universitäten), 21
Anbieter von Fachhochschul-Studiengängen (12 Fachhochschulen und 9 Erhalter
von FH-Studiengängen) sowie 6 Kunst- und Musikhochschulen. 22 Universitäten
hiervon sind in staatlicher Hand und die restlichen 12 privat finanziert. Die Fachhochschulen Österreichs haben in der Regel eine privatrechtliche Organisationsform, werden jedoch vom Bund auf Basis der genehmigten und besetzten Studienplätze finanziert.

1.4 Kritik während der frühen Entwicklung von Hochschulen

Kritik an Hochschulen begleitet deren Entwicklung seit dem Mittelalter. Solche
Kritik konnte dabei inneruniversitär sein, wie beispielsweise 1900, als neuhuma-
nistisch-bildungsintellektuelle und naturwissenschaftlich-technische Ansätze um
ihre Berechtigung und Stellung in der Universität kämpften und die Positionen
zum Kampf zwischen „echter Kultur" und „materieller Zivilisation" stilisierten
(Weber, 202, S. 159). Sie konnte auch außeruniversitär, wie etwa seitens der Politik, formuliert sein.

1.4.1 Kritik von Dozenten

Dozierende übten schon früh Kritik an veränderten Zugangsberechtigungen und
dem politischen Wunsch, die Quote der Studierenden bei den nachwachsenden
Generationen zu erhöhen, während die Zahl der Lehrenden nicht im gleichen
Maße erhöht wurde. Die dadurch bedingten gewandelten Betreuungsverhältnisse
führten auch zu einer Veränderung der soziokulturellen Verhältnisse zwischen
Lehrenden und Lernenden und damit zu einer Veränderung des Unterrichts. Deutlich wird dies beispielsweise an dem veränderten Verhältnis zwischen der steigenden Zahl der Studierenden und der Anzahl der Lehrenden: An der Universität Tübingen lag dieses 1830 noch bei 1: 22 und stieg bis 1989 auf über 1:120 (Weber,
2002, S. 181).[6]

---

[6]   Im Rahmen der aktuellen Bestrebungen zur Erhöhung der Akademisierungsquote verändern
        sich die Betreuungsverhältnisse weiter, wie verschiedene Beiträge in diesem Band aufzeigen.

Auf die steigenden Studierendenzahlen reagierten die Hochschulen mit der
verstärkten Einbindung nebenberuflicher Lehrender,[7] die im Status von Lehrbeauftragten Teile der Lehrveranstaltungen übernahmen. Aus wirtschaftlicher Sicht
war ein solcher Einsatz durchaus sinnvoll. Kritik seitens der Professoren entzün-
dete sich jedoch schon früh u.a. am Problem der Qualitätssicherung, da Hörsaalt-
üren üblicherweise für andere Lehrende verschlossen sind. Diese Kritik erscheint
aus heutiger Sicht nicht mehr ganz nachvollziehbar, zum einen weil sie still-
schweigend davon ausgeht, dass die Lehrqualität hauptamtlicher Hochschullehrerinnen und -lehrer automatisch höher sei als die nebenberuflich Lehrender. Zum
anderen wurde mit der Lehrevaluation an Hochschulen inzwischen ein Instrument
etabliert, das eine Qualitätskontrolle des Unterrichts sowohl von hauptamtlich als
auch von nebenberuflich Lehrenden ermöglichen soll.[8]

1.4.2   Kritik von Studierenden

Kritik artikulierte sich auf den verschiedenen Entwicklungsstufen des Hochschulwesens auch seitens der Studierenden. In diesem Zusammenhang sind etwa die
Sit-ins von Studierenden amerikanischer Hochschulen im Jahr 1960 zu nennen,
die damit ihre politische Positionierung gegen die andauernde Rassendiskriminie-
rung zum Ausdruck brachten und den Kampf um die Gleichstellung unterstützten
(Koch, 2008, S. 225). Studentenunruhen gab es auch 1964 in Berkley im Zusammenhang mit dem Vietnamkrieg. Für den europäischen Raum haben vor allem die
Studentenunruhen von 1967/68 nachhaltige politische Bedeutung erlangt. In ihnen
entluden sich Entwicklungen, die bereits einige Zeit zuvor (beispielsweise als Reaktion auf die Vietnam- und die Nahost-Politik) ihren Anfang genommen hatten
und am 02.06.1967 in den tödlichen Schüssen auf Benno Ohnesorg am Rande des
Besuchs des Schahs von Persien einen traurigen Höhepunkt erreichten – und in
der Folge noch im gleichen Jahr zu zahlreichen Studentendemonstrationen in der
Bundesrepublik führten. Diese Kritik richtete sich zunächst in großen Teilen ge-

---

[7]   Es sei an dieser Stelle darauf hingewiesen, dass sich der Anteil von Lehrbeauftragten im Ver-
      hältnis zu hauptamtlichen Professorinnen und Professoren nach Hochschulart (Universität,
      TU, Hochschule für Angewandte Wissenschaften) teilweise deutlich unterscheidet. Auch Un-
      terschiede zwischen Deutschland und Österreich sind auffällig, wenn – wie ein österreichi-
      scher Lehrbeauftragter berichtet „ […] mehr als die Hälfte der Lehrveranstaltungen einer ös-
      terreichischen Fachhochschule von externen Lehrbeauftragten durchgeführt werden".
[8]   Dass auf Qualitätsmängel des Unterrichts von Lehrbeauftragten mit personellem Austausch
      reagiert werden kann, ist ein Instrument, das in dieser Form bei verbeamteten Lehrenden nicht
      zur Verfügung steht. In beiden Fällen ist sicherlich eine hochschuldidaktische Qualifizierung
      das erste Mittel der Wahl.

gen politische und/oder gesellschaftliche Entwicklungen – weniger gegen die Institution der Universität selber. Sie wurde aber in Universitäten als dem vorrangi-
gen Lebens- und Denkraum der Studierenden artikuliert.

Ein Attentat auf Rudi Dutschke am 11.04.1968 führte dazu, dass, als ein
weiterer Höhepunkt der Studentenunruhen, rund 60.000 Demonstrierende die
Auslieferung von Zeitungen des Springer-Konzerns verhinderten, dem vorgewor-
fen wurde, durch seine Berichterstattung das Attentat herbeigeführt zu haben.

*Abb. 1.3: Eine der berühmtesten studentischen Protestaktionen ist die Enthüllung
eines Transparents durch D. Albers und G. H. Behlmer während der Amtseinführung des neuen Rektors der Universität Hamburg am 09.11.1967.*

Der studentische Protest in den Jahren 1967/68 richtete sich aber nicht ausschließlich gegen gesellschaftliche und politische Verhältnisse, sondern auch gegen Teile
der Universität selbst und das aus Sicht der Studierenden überholte und antiquierte
Selbstverständnis der als hierarchisch und undemokratisch erlebten Hochschulen.
Immer wieder wurden in dieser Zeit Lehrveranstaltungen und hochschulische Feiern von verschiedenen studentischen Gruppen gestört, um politische Positionen zu
artikulieren und zu diskutieren. Eine der öffentlichkeitswirksamsten Störungen
dieser Art war sicherlich das von Detlev Albers und Gert Hinnerk Behlmer bei der
Amtseinführung des neuen Rektors der Universität Hamburg am 09.11.1967 ge-
zeigte Spruchband mit der Aufschrift „Unter den Talaren Muff von 1000 Jahren".
In der Folge der Studentenbewegung änderte sich nicht nur der Umgang der Studierenden mit den Professoren, es wurden auch neue Hochschulgesetze erlassen,

die Macht und Verantwortung von einzelnen Funktions- und Titelträgern auf Hochschulgremien übertrugen – in denen seither auch Studenten vertreten sind.

1.4.3 Kritik der Politik

Wie bereits skizziert, besteht schon seit dem Mittelalter ein Interesse von Machthabern und Geldgebern daran, die Arbeit der Hochschulen an den eigenen Bedürfnissen auszurichten und in diesen beispielsweise die für das Funktionieren der Gesellschaft notwendigen Berufsgruppen (wie Juristen, Mediziner, Lehrer etc.) ausbilden zu lassen. Dieses Interesse, das eher von pragmatischen gesellschaftlichen oder politischen Ausbildungszielen geprägt war und ist als von dem Ziel, möglichst vielen Gesellschaftsmitgliedern eine umfassende Bildung zu bieten, war auch ein zentraler Antrieb für die vergangenen Schul- (G8-Abitur versus G9) und Hochschulveränderungen (Vereinheitlichung der Studienabschlüsse zu Bachelor und Master). Ein Ziel war es hierbei, die hochschulischen Bildungswege so zu gestalten, dass Studierende schneller mit entsprechenden Zertifikaten dem Arbeitsmarkt zur Verfügung gestellt werden können (siehe weiterführend beispielsweise Kellermann, 2009; Walter, 2006).

1.4.4 Kritik der Hochschularten untereinander

Kritisch begleitet wurden in den vergangenen Jahrzehnten auch der zunehmende Erfolg der Fachhochschulen und HAWs und die sich daraus entwickelnde Diskussion um Daseinsberechtigung, Bedeutung und Funktion der einzelnen Hochschultypen im Bildungswesen, die sich beispielsweise im Wunsch der HAWs nach einem Promotionsrecht niederschlägt. Das Bestreben der Fachhochschulen und HAWs, mit Universitäten „auf Augenhöhe" wahrgenommen zu werden, führte beispielsweise zu Pilotprojekten im Bereich der Fachhochschul-Promotionen (Rhein & Kempen, 2016), Unterschiede wurden aber beispielsweise durch die jeweiligen Titel der Lehrenden („Universitäts-Professor" versus „Professor") in den aktuellen Hochschulgesetzen festgeschrieben. Aber auch an Universitäten finden Anpassungsprozesse an FHs und HAWs statt, wenn beispielsweise Kurse zur Unterstützung in Studieneingangsphasen angeboten werden, bei denen Anwesenheitpflicht und feste Stundenpläne bestehen – wie dies bisher an Universitäten unüblich war, an FHs und HAWs aber seit langem praktiziert wird. Auch der Konflikt um die Zulassung von Absolventen von HAWs und Fachhochschulen zum höheren Staatsdienst ist vor dem Hintergrund der Positionskämpfe der unterschiedlichen Hochschularten zu sehen (Osel, 2015).

1.5 Digitalisierung der Lebens- und Arbeitswelt als aktuelle Grundlage der Hochschulentwicklung

Die Kritik an der Entwicklung der Hochschulen in den vergangenen Jahren stammt zwar nicht von grundlegend anderen Interessengruppen oder aus grundlegend anderen Perspektiven als in den Jahrzehnten oder Jahrhunderten zuvor. Dennoch macht eine neue Sortierung der kritischen Perspektiven Sinn, da zahlreiche Argumente und Diskussionsbeiträge – wie sie auch in den folgenden Kapiteln dieses Buches dargestellt werden – gerade die aktuellen technischen und gesellschaftlichen Entwicklungen der vergangenen zehn Jahre zum Anlass ihrer Überlegungen nehmen: die Digitalisierung.

Schon mit der Einführung von Homecomputern und Personal Computern in den 1970er und 1980er Jahren wurde die Diskussion angestoßen, inwieweit diese damals neuen Technologien auch in Schulen und Hochschulen didaktisch sinnvoll eingesetzt werden können und sollen (anschaulich sind diese Entwicklungen bei Seidl & Lipsmeier, 1989 und bei Euler, 1992 dargestellt). In der Schul- und Hochschulverwaltung wurden schnell die Vorteile gesehen, auch in der Forschung gab es zunächst keine ausgeprägte Diskussion um Sinn oder Unsinn des PC-Einsatzes. Ganz anders verhielt es sich beim möglichen Einsatz von Computern im Lehr- und Lernkontext in Schule und Hochschule, aber auch im Bereich der betrieblichen Aus- und Weiterbildung, hier wurden um den Jahrtausendwechsel umfangreiche (Pilot-)Programme in der Lehre initiiert (dargestellt beispielsweise in Kreidl, 2011; Albrecht & Wagner, 2001; Arnold, 2001; Rinn, & Wedekind, 2002; Dittler, 2002). Auf der Basis dieser Erfahrungen konnten in den folgenden Jahren zahlreiche Konzepte entwickelt werden, bei denen Präsenzlernformen mit computervermittelten Formen der Aus- und Weiterbildung in Blended Learning-Szenarien kombiniert wurden (siehe hierzu beispielsweise Dittler, Krameritsch, Nistor, Schwarz & Thillosen, 2009; Dittler, 2017). Diese zwischenzeitlich etablierten Konzepte fokussierten mehrheitlich auf vernetzte PCs (in stationärer oder tragbarer Form) als Lernmittel.

Seit der Einführung des ersten Smartphones durch die Firma Apple im Jahr 2007 haben sich die medialen Kommunikations-, Informations- und Unterhaltungsmöglichkeiten massiv gewandelt. Diese gesellschaftlichen Entwicklungen führ(t)en zu entsprechenden Anpassungen in (hoch-)schulischen und betrieblichen Lehr- und Lernkontexten. Die durch das mobile Internet seit 2007 ausgelösten Veränderungen sind nicht geringer, als diejenigen, die die Einführung des PCs in den 40 Jahren zuvor nach sich zogen. Denn mobile Internet Devices wie Smartphones und Tablet-PCs sind unter den nachwachsenden Kindern, Jugendlichen und jungen Erwachsenen weit verbreitet und ubiquitär verfügbar:

Gemäß einer aktuellen Studie des Medienpsychologischen Forschungsverbunds Südwest (MPFS) sind in praktisch allen Haushalten, in denen Jugendliche und junge Erwachsene leben, Mobiltelefone oder Smartphones (zu 99 %, laut MPFS, 2016) sowie Computer und Internetzugänge (zu 98 % bzw. 97 %, ebd.) verfügbar. Tablet-PCs gewinnen in diesen Familien an Bedeutung (von 2014 auf 2016 stieg die Verbreitung in den Familien um 17 % auf 65 %, ebd.).

Fokussiert man die Betrachtung von der familiären Verfügbarkeit auf den Medienbesitz der Jugendlichen und jungen Erwachsenen, so zeigt sich, dass 98 % der befragten Mädchen und 95 % der befragten Jungen ein eigenes Smartphone besitzen. Tablet-PCs besaßen 31 % der Mädchen und 29 % der Jungen (ebd.). Diese Geräte dominieren auch mit Abstand die Internetnutzung dieser Generation: 76 % der Befragten gaben an, zur Nutzung des Internets am häufigsten das Smartphone zu verwenden, 18 % nutzen dazu einen mobilen oder stationären Computer, 4 % einen Tablet-PC und 1 % eine Spielkonsole.

Die hohe jederzeitige und ubiquitäre Verfügbarkeit des mobilen Internets hat auch massiven Einfluss auf das Kommunikations-, Unterhaltungs- und Informationsverhalten der nachwachsenden Generationen.

Gemäß den aktuellen Ergebnissen der ARD-Studien (ARD, 2017; ARD/ZDF, 2017), hat das Internet als meistgenutztes *(Leit-)medium* das jahrzehntelang dominierende Fernsehen inzwischen fast abgelöst: Die durchschnittliche tägliche Internetnutzung in Deutschland wird mit 169 Minuten angegeben, gegenüber 190 Minuten täglicher Fernsehnutzung. Eine Betrachtung unterschiedlicher Altersgruppen zeigt, dass bei den 14- bis 29-Jährigen die Internetnutzung mit durchschnittlich 272 Minuten deutlich vor deren Fernsehnutzung (mit durchschnittlich 149 Minuten täglich) liegt. Bei den 30- bis 49-Jährigen liegen beide Nutzungszeiten quasi gleichauf (durchschnittlich 168 Minuten tägliche TV-Nutzung und 164 Minuten tägliche Internetnutzung), während bei den über 50-Jährigen die TV-Nutzung (mit durchschnittlich 220 Minuten täglich) noch vor der Internetnutzung (mit durchschnittlich 116 Minuten täglich) liegt. Diese Zahlen, die die altersabhängige unterschiedliche Mediennutzung belegen, können kaum verwundern, da zu erwarten ist, dass Menschen weitgehend den Informations-, Unterhaltungs- und Kommunikationsmedien treu bleiben, mit denen sie ihm Rahmen ihrer Mediensozialisation ihr Mediennutzungsverhalten gelernt haben (Vollbrecht & Wegener, 2009).[9]

---

[9]   Während bei der Fernsehnutzung weitgehend von einer unterhaltungsorientierten Nutzung ausgegangen werden kann (abgesehen von der Informationsvermittlung beispielsweise in Nachrichtensendungen), kann die Internetnutzung in Unterhaltung, Kommunikation und Information unterteilt werden. Durch die zunehmende Rezeption von Inhalten aus TV-Mediatheken und anderen Streaming-Diensten stellt sich ohnehin die Frage, wie trennscharf die TV- versus Internet-Nutzung von den Rezipienten erlebt und benannt werden kann.

Ein differenzierender Blick auf die von der Gruppe der 14- bis 29-Jährigen genutzten Internetdienste und -funktionen zeigt, dass es weniger die Unterhaltungsangebote als vielmehr die *Kommunikationsangebote* sind, die den größten Teil der Nutzungszeit auf sich vereinen: 98 % der Befragten gaben an, täglich Kommunikationsdienste wie Facebook, WhatsApp oder Social-Media-Angebote zu nutzen, zu chatten oder E-Mails zu schreiben oder zu lesen (ARD/ZDF, 2017). Demgegenüber nutzen nur 44 % das Internet täglich für *Informationssuche* (recherchieren im Internet, z.B. bei Google oder Wikipedia) und fast gleich viele (43 %, ebd.) nutzen das Internet täglich zum Spielen von Onlinespielen. Die seit Jahren vorhergesagte Konvergenz der unterschiedlichen Medien schlägt sich auch darin nieder, dass 76 %, (ebd.) der Befragten angaben, das Internet täglich zur Mediennutzung zu verwenden, also Videos und Fernsehsendungen zu schauen, Radio, Audios oder Musik zu hören oder Nachrichten/News im Internet zu lesen.

Die große Dominanz der Kommunikationsfunktion bei der täglichen Internetnutzung (im Vergleich zu den Funktionen Unterhaltung oder Informationssuche) ist durch wenige Dienste bedingt: 90 % der befragten 14- bis 29-Jährigen nutzen täglich Instant-Messaging-Dienste wie WhatsApp (MPFS, 2016), 44 % checken täglich ihre E-Mails und 51 % nutzen täglich Online-Communities wie Facebook. Microblogging-Dienste wie Twitter spielen hingegen nur für 10 % täglich eine Rolle, wichtiger sind da noch Fotocommunities wie Instagram, die 26 % täglich nutzen (ebd.).[10]

1.6 Aktuelle Kritik und Veränderungsimpulse

Die Lebenswelt der nachwachsenden Generationen ist, wie gezeigt werden konnte, massiv geprägt von der Verfügbarkeit und Nutzung elektronischer Kommunikations-, Unterhaltungs- und Informationsmedien auf der Basis des mobilen Internets. Auch die Industrie orientiert sich und ihre Produktionsprozesse neu an den Möglichkeiten, die das unbiquitäre und jederzeitige Internet bietet und wie sie derzeit für alle Produktions- und Dienstleistungsbereiche unter dem Stichwort „Industrie 4.0" diskutiert werden (siehe hierzu exemplarisch Kaufmann, 2015; Bousonville, 2016; Schwab & Pyka, 2016).

Für die Hochschulen zeigen Kritiker in diesem Zusammenhang auf, dass vielerorts die Möglichkeiten der Digitalisierung bisher nur unzureichend realisiert wurden. Scheer (2015) arbeitet beispielsweise für die Bereiche Lehre, Forschung, Hochschulverwaltung und Strategieentwicklung anschaulich heraus, inwieweit

---

[10] Inwieweit sich aus der ubiquitären und jederzeitigen Nutzung von mobilem Internet über Smartphones und Tablet-PCs neue Formen des E-Learning ergeben können, haben wir an anderer Stelle thematisiert: Dittler & Kreidl, 2016.

Hochschulen in den einzelnen Bereichen bereits reagiert und sich angepasst haben
– und wo noch Handlungsbedarf besteht.

Aber die notwendige zukunftsorientierte Neuanpassung von Hochschulen
an die veränderte Lebenswelt der Studierenden ist nur ein Aspekt; nicht weniger
wichtig ist eben das Reagieren auf die sich massiv verändernden Bedingungen der
Arbeitsmärkte. In dem Maße, wie die Verfügbarkeit von Smartphones und mobilem Internet in den vergangenen zehn Jahren das private Kommunikations-, Infor-
mations- und Unterhaltungsverhalten verändert hat, wird die Digitalisierung die
Produktions- und Arbeitsbedingungen in den kommenden Jahren verändern. Jeder
einzelne der beiden Aspekte legt Anpassungen der Hochschulen auf verschiedenen Ebenen nahe, zusammen genommen sind diese unvermeidlich!

Notwendigkeiten der Anpassung der Hochschulen ergeben sich daher auf
verschiedenen Ebenen und aus verschiedenen Impulsen, von denen hier nur drei
Beispiele kurz und exemplarisch skizziert werden sollen, welche in den folgenden
Beiträgen dieses Buches detaillierter dargestellt werden.

1.6.1 Ein veränderter Zugang zu Wissen erfordert eine Technisierung von Lernprozessen

In den oben kurz beschriebenen (medialen) Lebenswelten der nachwachsenden
Generationen von Studierenden stehen nicht mehr die klassischen (Lehr-)Bücher
oder vom Lehrenden zusammengestellten Reader als zentrales Selbstlernmedium
im Zentrum der studentischen Selbstlernphasen, sondern (wie auch beispielsweise
die Beiträge von Jutta Pauschenwein & Gerd Lyon sowie von Andreas Hebbel-
Seeger in diesem Band zeigen) internetbasierte Kommunikations- und Informationsmedien. Auf dieses veränderte Mediennutzungs- und Lernverhalten muss die
Hochschullehre Rücksicht nehmen und sowohl den Präsenzunterricht als auch das
Lehr- und Lernmittelangebot für die Selbstlernphasen entsprechend den Kompetenzen und Erwartungen der Lernenden anpassen. Hierzu gibt es zahlreiche konstruktive Ansätze, wie sie beispielsweise bei Wachter et al., 2016 und bei Arnold
et al., 2015 sowie schon bei Issing & Klimsa (2009) dargestellt werden und oft
unter dem Begriff „Lehre 4.0" firmieren.

1.6.2 Akademisierungswellen verschiedener Berufe und steigender Weiterbil-dungsbedarf

Es ist zu beobachten, dass in den vergangenen Jahren im Pflege- und/oder Gesundheitsbereich verstärkt neue Bildungsangebote an Hochschulen geschaffen
wurden. Diese Akademisierung der Gesundheitsberufe ist ein Beispiel für die zunehmende Ergänzung oder Ersetzung klassischer Ausbildungsberufe durch akademische Qualifikationswege. Aber es entstehen nicht nur neue Angebote. Auch in

einigen bestehenden Studiengängen (beispielsweise Informationstechnologie, Computerwissenschaften und Mathematik) wird es in den kommenden Jahren zusätzlicher Studienmöglichkeiten bedürfen, da im Rahmen der Umstellung auf die Industrie4.0 entsprechende Kompetenzen dringend notwendig sind, wie beispielsweise Popp & Ciolau (2017) zeigen. Neue und größere Zielgruppen von Studierenden müssen angesprochen und unterrichtet werden, auf diese veränderten Anforderungen müssen Hochschulen zukünftig stärker reagieren.

Zudem ergibt sich in zahlreichen Branchen ein erheblicher Weiterbildungsbedarf, um langjährige Mitarbeiter für die veränderten Erfordernisse der Industrie4.0 zu qualifizieren (siehe hierzu beispielsweise Bauernhansel, ten Hompel & Vogel-Heuser, 2004; Kollmann & Schmidt, 2016). Auch dies erfordert Anpassungen auf Seiten der Hochschulen.

1.6.3 Gesellschaftliche und politische Forderung nach mehr Hochschulbildung

Auf politischer Ebene gibt es zum einen den Wunsch nach einem höheren Anteil an jungen Menschen mit akademischem Bildungsabschluss (wie dies auch die OECD von Deutschland wünscht), um Jugendarbeitslosigkeit zu vermeiden.[11] Dieser Wunsch nach einer Steigerung der Akademisierungsquote führte in den vergangenen Jahren einerseits zu einem quantitativen Ausbau bestehender Studienplätze – andererseits aber auch zu einer qualitativen Diskussion der Veränderungen, die eine solche, stellenweise als „Akademisierungswahn" beschriebene Entwicklung nach sich zieht (siehe hierzu beispielsweise Nida-Rümelin, 2014).

In diesem Kontext ist auch eine Diskussion um die zukünftige gesellschaftliche Bedeutung von Hochschulen entstanden (siehe hierzu beispielsweise Elkana & Klöpper, 2012). Erweitert wird diese Diskussion zur Zielsetzung und Qualität der hochschulischen Bildung um eine – in der Öffentlichkeit stärker beachtete – Diskussion zur Qualität der schulischen Bildung (siehe hierzu beispielsweise Liessmann, 2008), auf deren Ergebnisse die die Hochschulen unmittelbar reagieren müssen (beispielsweise mit qualifizierenden Eingangskursen).

Diese hier nur exemplarisch und skizzenhaft genannten drei Bereiche zeigen auf, wie vielfältig die Anforderungen sind, die an die Veränderung der Hochschulen derzeit gestellt werden. Zahlreiche konstruktive und detaillierte Vorschläge, wie mit diesen Anforderungen umgegangen werden kann, finden sich in den Beiträgen

---

[11]   In Deutschland liegt der Anteil der 20- bis 24-Jährigen, die weder arbeiten noch eine Ausbildung oder Weiterbildung machen, bei 10,1 %, in Österreich bei 12 %. Der OECD-Durchschnitt liegt bei 17,9 %, bedingt vor allem durch die in diesem Bereich bekannt hohen Werte in der Türkei (36,3 %), in Italien (34,8 %), Griechenland (31,3 %) und Spanien (29 %).

dieses Buches; zunächst soll jedoch im folgenden Beitrag der aktuelle „Status quo" der medialen Lebenswelt der Studierenden vorgestellt werden.

Quellenangaben

Albrecht, R. & Wagner, E. (Hrsg.). (2001). Lehren und Lernen mit neuen Medien: Plattformen, Modelle, Werkzeuge. Münster: Waxmann.

Arnold, P.. (2001). Didaktik und Methodik telematischen Lehrens und Lernens. Münster: Waxmann.

Arnold, P.; Kilian, Lars; Thillosen, A. & Zimmer, G. (2015). Handbuch E-Learning: Lehren und Lernen mit digitalen Medien. Bielefeld: Wbv.

Bauernhansel, T.; ten Hompel, M. & Vogel-Heuser, B. (2014). Industrie 4.0 in Produktion, Automatisierung und Logistik: Anwendung · Technologien · Migration. Wiesbaden: Springer Vieweg.

Bousonville, T. (2015). Logistik 4.0: Die digitale Transformation der Wertschöpfungskette. Berlin: Springer Gabler.

Brändle, T. (2010). 10 Jahre Bologna-Prozess: Chancen, Herausforderungen und Problematiken. Wiesbaden: Verlag für Sozialwissenschaften.

Cardini, F. & Beonio-Brocchieri, M. T. F. (1991). Universitäten im Mittelalter: Die europäischen Stätten des Wissens. München: Südwest Verlag.

Dittler, U. & Kreidl, Ch. (2016). Was nun – stehen wir an der Schwelle zum Smart Social eLearning? In: Knoll, Matthias & Meinhardt, Stefan. (Hrsg.). Mobile Computing: Grundlagen, Prozesse und Plattformen, Branchen und Anwendungsszenarien. Berlin: Springer Vieweg. S. 159–172.

Dittler, U. (Hrsg.). (2002). E-Learning: Erfolgsfaktoren und Einsatzkonzepte mit Interaktiven Medien. München: Oldenbourg.

Dittler, U. (Hrsg.). (2017). E-Learning 4.0: Mobile Learning, Learning mit Smart Devices und Lernen in Sozialen Netzwerken. München: Oldenbourg.

Dittler, U.; Krameritsch, J.; Nistor, N.; Schwarz, C. & Thillosen, A. (Hrsg.). (2009). E-Learning: Eine Zwischenbilanz – Kritischer Rückblick als Basis eines Ausblicks. Münster: Waxmann.

Elkana, Y. & Klöpper, H. (2012). Die Universität im 21. Jahrhundert: Für eine neue Einheit von Lehre, Forschung und Gesellschaft. Hamburg: edition Köber-Stiftung.

Faßler, M. & Halbach, W. (Hrsg.). (2001). Geschichte der Medien. München: Wilhelm Fink Verlag.

Fisch, S. (2015). Geschichte der europäischen Universität: Von Bologna nach Bologna. München: C.H. Beck.

Frei, N. (2008). 1968: Jugendrevolte und globaler Protest. München: dtv.

Gilcher-Holtey, I. (2008). Die 68er Bewegung: Deutschland, Westeuropa, USA. München: C.H. Beck.

Issing, L. & Klimsa, P. (Hrsg.). (2009). Online-Lernen: Handbuch für Wissenschaft und Praxis. München: Oldenbourg.

Kaufmann, T. (2015). Geschäftsmodelle in Industrie 4.0 und dem Internet der Dinge: Der Weg vom Anspruch in die Wirklichkeit. Berlin: Springer Vieweg.

Kellermann, P. (2009). Zur Kritik Europäischer Hochschulpolitik: Forschung und Lehre unter Kuratel betriebswirtschaftlicher Denkmuster. Wiesbaden: Verlag für Sozialwissenschaften.

Koch, H.-A. (2008). Die Universität: Geschichte einer europäischen Institution. Darmstadt: Wissenschaftliche Buchgesellschaft.

Kollmann, Tobias & Schmidt, Holger. (Hrsg.). (2016). Deutschland 4.0: Wie die Digitale Transformation gelingt. Wiesbaden: Springer Gabler.

Konegen-Grenier, Ch. & Winde, M. (2017). Bildungsinvestitionen der Wirtschaft: Ausgaben der Unternehmen für Studierende und Hochschulen. Essen: Edition Stifterverband.

Kreidl, Ch. (2011). Akzeptanz und Nutzung von E-Learning-Elementen an Hochschulen: Gründe für die Einführung und Kriterien der Anwendung von E-Learning. Münster: Waxmann.

Liessmann, K.P. (2008). Theorie der Unbildung – Die Irrtümer der Wissensgesellschaft. Wien: Zsolnay.

MPFS. (2016). JIM-Studie 2016: Jugend, Information, (Multi-)Media. Stuttgart: Medienpädagogischer Forschungsverbund Südwest.

Nidda-Rümelin, J. (2014). Der Akademisierungswahn: Zur Krise beruflicher und akademischer Bildung. Hamburg: Edition Körber.

Osel, J. (2015). Höherer Dienst, höhere Ansprüche. Süddeutsche Zeitung. Unter http://www.sueddeutsche.de/bildung/studium-beamtenlaufbahn-hoeherer-dienst-hoehere-ansprueche-1.2798464. Abgerufen am 20.07.2017.

Popp, H. & Ciolau, M. (2017). Lehre 4.0 revolutioniert E-Learning in Hochschule und Weiterbildung. In: DNH Die Neue Hochschule. 04-2017. S. 12–15. Bonn.

Rhein, B. & Kempen, B. (2016). Passt der Doktorhut zur Fachhochschule? Zeit Campus unter http://www.zeit.de/2016/48/promotion-fachhochschule-pro-contra. Abgerufen am 20.07.2017.

Rinn, U. & Wedekind, J. (Hrsg.). (2002). Referenzmodelle netzbasierten Lehrens und Lernens: Virtuelle Komponenten der Präsenzlehre. Münster: Waxmann.

Schanz, H. (Hrsg.). (1998). Handbuch der Mediengeschichte. Stuttgart: Alfred Kröner Verlag.

Scheer, A.-W. (2015). Hochschule 4.0. Whitepaper Nr. 8. Saarbrücken.

Schwab, K. & Pyka, P. (2015). Die Vierte Industrielle Revolution. München: Pantheon.

Seidel, Ch. & Lipsmeier, A. (1989). Computerunterstütztes Lernen: Entwicklungen, Möglichkeiten, Perspektiven. Stuttgart: Verlag für angewandte Psychologie.

Vollbrecht, R. & Wegener, C. (Hrsg.). (2009). Handbuch Mediensozialisation. Heidelberg: VS Verlag für Sozialwissenschaften.

Wachter, J.; Ebner, M.; Gröblinger, O.; Kopp, M; Bratengeyer, E; Steinbacher, H.-P.; Freisleben-Teutscher, Ch. & Kapper, Ch. (2016). (Hrsg.). Digitale Medien: Zusammenarbeit in der Bildung. Münster: Waxmann.

Walter, Th. (2006). Der Bologna-Prozess: Ein Wendepunkt europäischer Hochschulpolitik? Wiesbaden: Verlag für Sozialwissenschaften.

Weber, W. E. J.. (2002). Geschichte der europäischen Universität. Stuttgart: Kohlhammer Urban.

Yehuda, E. & Klöpper, H. (2012). Die Universität im 21. Jahrhundert: Für eine neue Einheit von Forschung und Gesellschaft. Hamburg: Edition Körber-Stiftung.

2 Wo stehen wir? Ergebnisse einer umfassenden empirischen Studie zu Lernen und Unterricht an Hochschulen heute

Honorar-Prof. Dr. Christian Kreidl & Prof. Dr. Ullrich Dittler

Abstract

Dieses Kapitel präsentiert die Ergebnisse einer umfassenden empirischen Studie, in deren Rahmen über 4.000 Studierende aus Deutschland und Österreich sowohl anhand eines Fragebogens quantitativ als auch ergänzend anhand von Interviews qualitativ befragt wurden. Inhaltlich wurde einerseits ein Schwerpunkt auf den aktuellen Status quo im Einsatz von technischen Devices und damit verbundenen Diensten gelegt, andererseits aber auch gezielt nach den Wünschen und Vorstellungen zur Gestaltung einer zukünftigen Hochschule gefragt. Es zeigte sich, dass zahlreiche technische Möglichkeiten von den Studierenden bereits sehr intensiv genutzt werden, die Verwendung dieser Tools aber durchaus unterschiedlich und differenziert erfolgt. Eine große Vielfalt ergab sich hinsichtlich des Lernverhaltens und der Wünsche an eine Hochschule der Zukunft.

2.1 Rahmen der Studie

Zielsetzung dieser empirischen Studie ist es einerseits, einen umfassenden Einblick in die aktuellen Studien- und Lerngewohnheiten der Studierenden zu bekommen, und andererseits, auch deren Wünsche und Einstellungen zu erheben. Der Schwerpunkt wurde – auch bedingt durch zahlreiche dementsprechende Prognosen – auf eine mögliche digitale Unterstützung des Lehrens und Lernens in der Zukunft und auf die Änderung der Organisationsformen von Hochschulen gelegt.

Die Studie besteht aus zwei Teilen: Zunächst wurden insgesamt 4.094 Studierende mithilfe von Fragebögen in Form einer quantitativen Studie befragt. Um ausgewählte weiterführende Informationen zu erhalten, aber auch um die Zukunftsvorstellungen der Studierenden in einer angemessenen Ausführlichkeit erheben zu können, wurden ergänzend 11 qualitative Leitfaden-Interviews durchgeführt.

Zeitraum der Datenerhebung war von Mai bis Juli 2017. Da eine Darstellung aller Ergebnisse der quantitativen Studie den Rahmen dieses Beitrags sprengen würde, werden hier nur ausgewählte Ergebnisse präsentiert. Um die quantitativen Daten um qualitative Aussagen zu ergänzen, wurden die Interviews vollständig transkribiert und ausgewertet. Die kompletten Ergebnisse können in der Studie selbst nachgelesen werden (Dittler & Kreidl, 2017a).

Im Rahmen der quantitativen Studie wurden Studierende von Fachhochschulen in Deutschland und Österreich befragt, die genaue Verteilung ist in Abbildung 2.1 dargestellt.

Land	Deutschland	Österreich
n = 4.094	3.088	1.006
100 %	75,4 %	24,6 %
Geschlecht	**Weiblich**	**Männlich**
n = 3.863	54,3 %	45,4 %

Abb. 2.1: Herkunftsland und Geschlecht der Befragten

Die befragten Studierenden waren im Durschnitt 23,1 Jahre alt (dies ist der Mittelwert, maximales Alter waren 55 Jahre und minimales Alter 18 Jahre). Die weitaus meisten Befragten gaben ihr Alter zwischen 19 und 24 Jahren an. Das Studiensemester lag im Durchschnitt bei 3,97 (Minimum 1. Semester, Maximum 16. Semester), hier befanden sich die meisten Studierenden zwischen dem 1. und dem 6. Semester.

Bei der Auswertung wurden Unterteilungen nach Ländern (Deutschland im Vergleich zu Österreich), nach Geschlecht sowie nach Studienfortschritt vorgenommen. Für die meisten dieser Gruppen wurde auch ein Test auf Unterschiedlichkeit (meist T-Test) durchgeführt (detailliert dargestellt in Dittler & Kreidl, 2017a).
   In den Interviews wurden sowohl Studierende aus Deutschland (5 Personen) als auch aus Österreich (6 Personen) befragt. Um zu eventuellen ergänzenden Aussagen aus dem Universitätsbereich zu gelangen, wurden neben 8 Studierenden von Fachhochschulen auch 3 Studierende von unterschiedlichen Universitäten in die Studie mit aufgenommen.

2.2 Vorhandene Infrastruktur und Nutzung von Diensten

2.2.1 Welche Devices besitzen die Studierenden, welche nehmen sie in den Unterricht mit?

In einem ersten Schritt wurde der Frage nachgegangen, welche Hardware Studierende heute besitzen und welche (davon) sie in den Unterricht mitnehmen. Abbildung 2.2 zeigt die Ergebnisse dieses Themenblocks.

Fast alle Studierenden (knapp 95 %) gaben an, einen Laptop zu besitzen. Interessanterweise wird dieser aber nur von knapp 45 % in den Unterricht mitgenommen. Das Device, das praktisch alle Studierende in den Unterricht mitnehme, ist mit über 95 % das Smartphone. Weder der Tablet-PC noch das relativ neue Device „SmartWatch" werden derzeit von vielen Studierenden in den Unterricht mitgenommen.

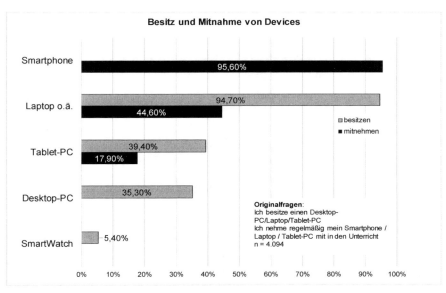

Abb. 2.2: Besitz und Mitnahme von Devices[12]

Bei der geschlechterspezifischen Analyse gibt es vor allem hinsichtlich des Besitzes von Desktop-PCs einen beachtlichen Unterschied: Während immerhin noch

---

[12] Der Besitz von Smartphones wurde nicht eigens erhoben, da in anderen Studien mit vergleichbaren Zielgruppen ein diesbezüglicher Wert von über 98 % ermittelt wurde.

51 % der Männer solch ein Gerät besitzen, sind es bei den Frauen nur noch knapp 22 %. Auch bei der SmartWatch zeigt sich ein geschlechtsspezifischer Unterschied, allerdings auf einem generell eher niedrigen Niveau: Ca. 8 % der Männer gaben an, eine SmartWatch zu besitzen, bei den Frauen waren es nur 3,2 %. Ein dritter deutlicher Unterschied ergab sich im Vergleich, wer den Laptop regelmäßig in den Unterricht mitnimmt: Waren es bei den Herren 61 %, so lag dieser Wert bei den Frauen nur bei knapp 40 % (vgl. Dittler & Kreidl, 2017a, S. 8ff.).

2.2.2 Wie gehen die Vortragenden mit den Devices im Unterricht um?

„Also entweder hat er nichts gesagt und dann war es auch in Ordnung. Oder er hat von Anfang an gesagt ‚keine Smartphones!‘, und wenn dann Smartphones aufgetaucht sind, gab es Ärger, was auch in Ordnung und verständlich ist" (IV 2, S. 9, Z. 67).

Nach der Standortbestimmung in Bezug auf den Besitz von Hardware soll als Nächstes ein erstes „Blitzlicht" auf deren Verwendung im Unterricht dargestellt werden. (Ausführlicher wird diese Frage dann im weiteren Verlauf behandelt.) Abbildung 2.3 zeigt die Ergebnisse dieses Themenfeldes.

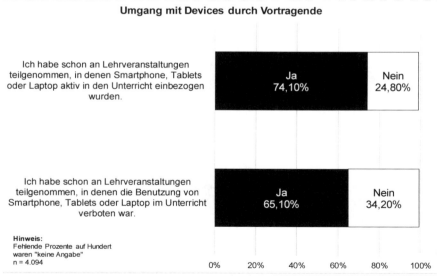

Abb. 2.3: Umgang mit Devices durch die Vortragenden

Fast drei Viertel der befragten Studierenden gaben an, schon an Lehrveranstaltungen teilgenommen zu haben, bei denen Smart Devices aktiv in den Unterricht einbezogen wurden. Es dürfte also schon einige Ansätze geben, die didaktischen Konzepte auf diese neue Möglichkeit hin auszulegen. Auf der anderen Seite gaben 65 % der Befragten an, schon einmal mit einem Verbot von Devices in der Lehrveranstaltung konfrontiert gewesen zu sein. Vielleicht ist aber an dieser Stelle die andere Seite interessanter: Immerhin ein gutes Drittel hat solch ein Verbot noch nie wahrgenommen. Wie an späterer Stelle ausgeführt wird, ist die Frage der Verwendung von Devices im Unterricht eine durchaus vielschichtige (vgl. Abschnitt „Auswirkungen und Stimmung durch die Nutzung").

2.2.3 Welche Dienste werden von den Studierenden genutzt?

Ein Erfolgsfaktor für die Verbreitung von Smartphone und Tablet-PCs sind sicher die zahlreichen Dienste und Apps, die mithilfe dieser Devices verwendet werden können. Aus diesem Grund wurde auch erhoben, in welcher Form und Intensität die wichtigsten heute verfügbaren Dienste und Anwendungen von den Studierenden in Anspruch genommen werden. In Abbildung 2.4 sind die Prozentsätze der Nutzungsintensität der von den Studierenden am meisten verwendeten Dienste dargestellt, Abbildung 2.5 zeigt die Werte der am häufigsten genutzten Dienste in grafischer Form. (Eine Übersicht über alle erhobenen Dienste findet sich in Dittler & Kreidl, 2017a, S. 17f.)

Dienst	Mehrmals täglich	Täglich	1x wöchentlich	Eher passiv	Nicht
WhatsApp	88,7 %	7,6 %	0,8 %	0,9 %	2,0 %
Facebook	41,7 %	31,7 %	4,9 %	12,0 %	9,7 %
Instagram	25,4 %	17,3 %	4,3 %	7,5 %	45,6 %
ShapChat	16,4 %	13,8 %	5,9 %	9,0 %	54,8 %
Google plus	2,7 %	5,2 %	3,7 %	18,5 %	69,9 %
Skype	1,8 %	4,0 %	15,3 %	47,8 %	31,1 %
Twitter	2,1 %	2,6 %	3,4 %	10,2 %	81,6 %
Jodel	10,1 %	11,1 %	7,7 %	12,7 %	58,3 %
Tumblr	0,8 %	1,1 %	2,7 %	5,8 %	89,7 %
Pinterest	1,7 %	5,1 %	10,1 %	13,4 %	69,7 %

Dienst	Mehrmals täglich	Täglich	1x wö-chentlich	Eher passiv	Nicht
Xing	0,7 %	2,4 %	10,0 %	16,0 %	70,9 %
LinkedIn	0,6 %	2,2 %	6,1 %	9,8 %	81,3 %

Originalfrage: Ich nutze Facebook / WhatsApp ...
n = 4.079

Abb. 2.4: Nutzung von Kommunikationsdiensten

Wenig überraschend zeigte sich, dass WhatsApp der mit Abstand am intensivsten genutzte Dienst ist. Aber auch Facebook wird von fast drei Viertel der Studierenden noch täglich genutzt. Von den anderen abgefragten Diensten ergab sich für Instagram sowie SnapChat eine relativ häufige Nutzung. Dies deckt sich auch mit dem Ergebnis, dass WhatsApp mittlerweile als das wichtigste Kommunikationsmedium für den privaten Bereich angesehen wird (vgl. Dittler & Kreidl 2017b, S. 78).

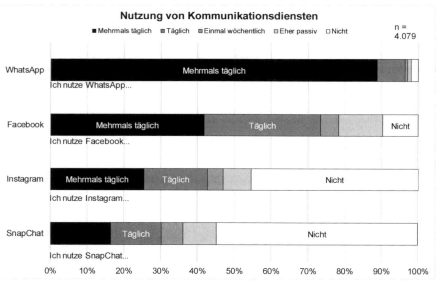

Abb. 2.5: Nutzung von Kommunikationsdiensten

Beim geschlechterspezifischen Vergleich erwies sich, dass alle Kommunikationsdienste von Frauen intensiver genutzt werden als von Männern. Abbildung 2.6 zeigt die jeweiligen Unterschiede des Mittelwerts zwischen Frauen und Männern. Alle Unterschiede erwiesen sich als höchst signifikant (p < 0,01)

Dienst	Mittelwert Frauen	Mittelwert Männer
Facebook	2,07	2,28
WhatsApp	1,15	1,26
ShapChat	3,57	3,92
Instagram	3,06	3,62

Angabe der Häufigkeit der Nutzung, 1 = mehrmals täglich, 5 = nicht

Abb. 2.6: Geschlechtsspezifischer Vergleich der Nutzung von Kommunikationsdiensten

2.3 Art und Intensität der Nutzung

„Es gibt auch Leute, die schauen Filme in den Vorlesungen. Das ist ein bisschen ablenkend für alle, die dahinter sitzen. Aber sonst ist mir das eigentlich <egal>." (IV 6, S. 54, Z. 60)

2.3.1 Verwendung der Medien: Kommunikation, Information, Unterhaltung?

Nachdem aufgezeigt wurde, welche Hardware grundsätzlich vorhanden ist und welche Dienste und Apps die Studierenden regelmäßig nutzen, stellt sich als Nächstes die Frage, ob und wie die Hardware und die Dienste während des Unterrichts verwendet werden. Abbildung 2.7 gibt die Verwendung von Medien bzw. Diensten im Unterricht wieder, wobei die klassische Einteilung der Mediennutzung nach Information, Kommunikation und Unterhaltung erfolgt. Der Bereich Kommunikation wurde mit der Frage nach der Nutzung von Facebook und/oder WhatsApp im Unterricht abgedeckt. YouTube im Unterricht wurde als ein Beispiel für Unterhaltungsdienste verwendet. Und der Bereich Information wurde mithilfe einer etwas ausführlicheren Frage („Ich nutze regelmäßig das Internet während der Lehrveranstaltung, um dem Unterricht besser folgen zu können") abgedeckt.

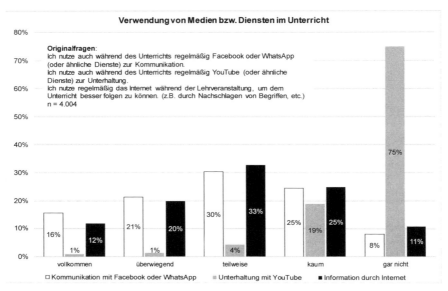

Abb. 2.7: Verwendung von Medien bzw. Diensten im Unterricht

Es ergab sich, dass die Studierenden während des Unterrichts sowohl unterschiedlich intensiv mit Facebook und/oder WhatsApp kommunizieren als auch das Internet zur Informationsbeschaffung nutzen. Interessant ist in beiden Bereichen die relativ große Streuung: Beispielsweise stimmten im Bereich Facebook oder WhatsApp zur Kommunikation 16 % der Befragten der vorgegebenen Aussage vollkommen zu, gleichzeitig aber auch 8 % gar nicht. Ein ähnlich gestreutes Ergebnis lässt sich im Bereich Information erkennen. Lediglich im Bereich Unterhaltung mit YouTube während der Lehrveranstaltung gaben die meisten Studierenden (in Summe rund 94 %) an, dies „kaum" oder „gar nicht" in Anspruch zu nehmen.

2.3.2   Intensität, Häufigkeit und Art der Nutzung

> *„Naja, wenn man in der Vorlesung drinnen sitzt und sich denkt, damit kenne ich mich schon aus oder das ist mir momentan wirklich zu langweilig, um zuzuhören. Ich schaue mir das später daheim nochmal an. Dann holt man das Handy halt raus und will die Zeit totschlagen, dann geht man halt auf diverse soziale Netzwerke oder so was." (IV 2, S. 8, Z. 9)*

Nachdem erhoben wurde, für welche Zwecke die Studierenden die Devices im Unterricht einsetzen sollten, wurde auch der Frage nach der Intensität der Nutzung im Unterricht nachgegangen. Abbildung 2.8 zeigt die Intensität der Nutzung von Smartphones und Tablets im Unterricht. Dabei werden die Ergebnisse aus Kapitel 1.2 (Vorhandene Infrastruktur und Nutzung von Diensten) insofern bestätigt, als die Smartphones während des Unterrichts deutlich intensiver genutzt werden als die Tablet-PCs.

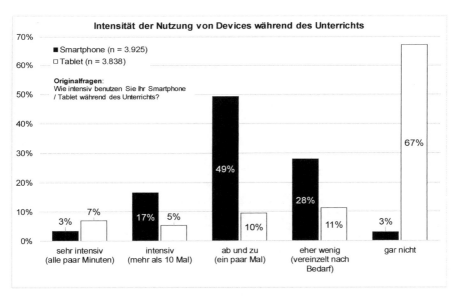

Abb. 2.8: Intensität der Nutzung von Devices während des Unterrichts

Auch die Ergebnisse einer direkten Frage nach der Häufigkeit der Nutzung, dargestellt in Abbildung 2.9, weisen in die gleiche Richtung. Auffallend ist in diesem Fall jedoch die weitaus größere Streuung der Antworten bei der Nutzung des Tablets.

> *„Wenn man die Smartphones nicht hat, wenn man sich ablenken möchte, findet man ja immer eine Möglichkeit. (…) Wenn die Vorlesung so interessant gestaltet ist, dann würde man das auch nicht so oft machen." (IV 3, S. 18, Z. 165)*

*„Also wenn ich jetzt z.B. weiß, ich muss jetzt aufpassen, dann lege ich na-
türlich mein Handy weg. Wenn ich weiß, dass jetzt ein Thema prüfungsrelevant ist, dann höre ich natürlich eher zu und lege dann mein Handy weg
und passe auf." (IV 5, S. 43, Z. 125)*

Device	Mittelwert	Median	Min	Max	Stabw
Smartphone	5,20	3,00	0	99	6,50
Tablet	4,05	0,00	0	100	14,767

Originalfrage: Wie oft haben Sie in der letzten Lehrveranstaltung (90 Minuten) Ihr Smartphone/Tablet benutzt? Bitte tragen Sie die Anzahl ein!

Abb. 2.9: Anzahl der Nutzung von Devices während des Unterrichts

*„Wenn man die Smartphones nicht hat, wenn man sich ablenken möchte,
findet man ja immer eine Möglichkeit. (…) Wenn die Vorlesung so interessant gestaltet ist, dann würde man das auch nicht so oft machen." (IV 3, S.
18, Z. 165)*
*„Also wenn ich jetzt z.B. weiß, ich muss jetzt aufpassen, dann lege ich na-
türlich mein Handy weg. Wenn ich weiß, dass jetzt ein Thema prüfungsrelevant ist, dann höre ich natürlich eher zu und lege dann mein Handy weg
und passe auf." (IV 5, S. 43, Z. 125)*

Im Rahmen der durchgeführten, qualitativen Interviews ergaben sich noch weitere
interessante Einblicke. Die Benutzung der Smartphones könnte auch als unmittelbares Feedback interpretiert werden, als wie interessant oder prüfungsrelevant die
derzeitigen Informationen eingeschätzt werden. Wahrscheinlich war dies in der
Zeit vor den Smartphones nicht grundsätzlich anders, allerdings nicht immer so
offen sichtbar für die Lehrenden – wenn beispielsweise nur die Gedanken ab-
schweiften oder die Studierenden sich zwar anderweitig, aber unauffälliger beschäftigt haben.

2.3.3 Unterrichtsbezogen oder privat?

*„Dafür habe ich dann den Laptop nebenher offen, um einfach Notizen zu
machen, dass ich mir eigentlich schon eine Zusammenfassung während der
Vorlesung machen kann. Und natürlich zum Recherchieren, wenn jetzt ein*

Begriff auftaucht, den man nicht kennt, dass man einfach schnell schauen kann." (IV 4, S. 27, Z. 24)

Die Smart-Device-Nutzung während des Unterrichts kann jedoch zwei grundlegend verschiedene Bereiche betreffen: Entweder kann es eine unterrichtsbezogene Nutzung sein – also beispielsweise das Nachschlagen eines Fachbegriffs im Internet oder auch ganz simpel die Verwendung der Taschenrechner-App auf dem Smartphone – oder aber eine private Nutzung in unterschiedlichster Form (bei manchen Studierenden käme noch eine dritte bedeutende Kategorie dazu, nämlich die berufsbezogene Nutzung; Auf diesen Bereich wurde allerdings im Rahmen der Studie kein Schwerpunkt gelegt). Abbildung 2.10 umfasst die Ergebnisse der Frage nach einer unterrichtsbezogenen im Gegensatz zu einer privaten Nutzung.

In diesem Bezug unterscheidet sich die Nutzung von Smartphones von der Nutzung der Tablets: Bei Smartphones überwiegt der private Bereich. Ungefähr die Hälfte der Studierenden gab aber an, das Smartphone für beide Nutzungsarten im Unterricht zu verwenden. Bei den Tablets könnte man das Ergebnis – auch im Zusammenhang mit der bereits dargestellten Verbreitung – folgendermaßen zusammenfassen: Wenn tatsächlich ein Tablet im Unterricht verwendet wird, so erfolgt dies überwiegend für unterrichtsbezogene Zwecke (ca. 62 % der Antworten).

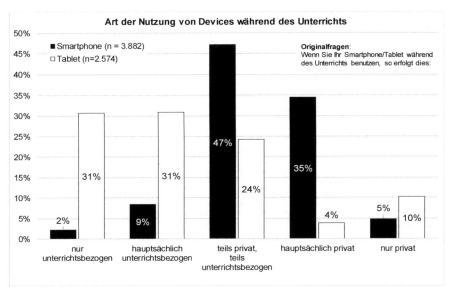

Abb. 2.10: Art der Nutzung von Devices während des Unterrichts

„Also manchmal, wenn ich jetzt etwas nicht verstehe, dann schaue ich das mal schnell nach. Manchmal ist es auch direkt gefordert vom Vortragenden, etwas zu recherchieren oder so." (IV 7, S. 60, Z. 11)

Manche Studierende berichten bereits davon, dass Smartphones von den Vortragenden in den Unterricht miteinbezogen werden. Viele Studierende antworteten auch, dass sie immer wieder Fachbegriffe nachschlagen oder eigene Wissenslücken direkt in der Lehrveranstaltung selbständig schließen. Eine ausführliche Betrachtung der möglichen Auswirkungen von Smart Devices auf das Verhalten findet sich im Kapitel „Auswirkungen der Devices auf das Verhalten".

2.3.4 Digitale Dienste bei der Organisation des Studiums

„Wir haben innerhalb von den ganzen Studierenden in unsrem Jahrgang eine Facebook-Gruppe. Und das ist extrem praktisch, da findet natürlich sehr viel Kommunikation statt. Natürlich auf einer ganz anderen Sprachebene.
(...) weil wir einfach nicht so genau wissen, wie das jetzt ausschaut, inwiefern da jetzt trotzdem Lektoren Einsicht haben und ob man da nicht vielleicht irgendwas falsch macht oder irgendwas tut, was man eigentlich gar nicht darf." (IV 8, S. 67, Z. 84 und Z. 116)

Nicht nur für unterrichtsbezogene (oder private) Themenbereiche sind Smart Devices für Studierende von zentraler Bedeutung, auch für die Organisation des Studiums stellen digitale Dienste und damit im Zusammenhang auch entsprechende Devices eine wichtige Unterstützung dar. Abbildung 2.11 zeigt, inwiefern Smartphones, WhatsApp oder auch Facebook eine Rolle bei der Organisation des Studiums spielen.

Fast zwei Drittel der Befragten stimmten der Aussage „Ohne Smartphone und digitale Dienste wäre eine Organisation des Studiums kaum möglich" entweder vollkommen oder überwiegend zu. In der Wahrnehmung der Studierenden sind also die digitalen Hilfsmittel – wohl ähnlich wie in anderen Lebensbereichen – nicht mehr wegzudenken. In der Detailbetrachtung nach Geschlechtern stimmten Frauen dieser Aussage etwas stärker zu als Männer. Außerdem nimmt einer Auswertung nach Studienfortschritt zufolge die Einschätzung der Bedeutung von digitalen Diensten mit steigendem Semester ab: Am wenigsten können sich die Studienanfänger vorstellen, ihr Studium ohne Smartphone und digitale Dienste zu organisieren.

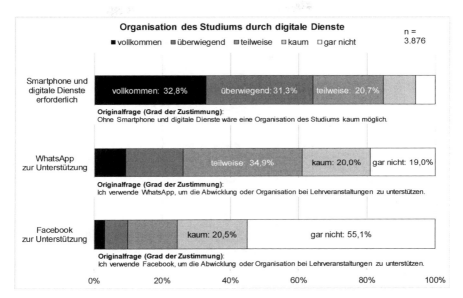

Abb. 2.11: Organisation des Studiums durch digitale Dienste

Gezielt nach WhatsApp oder Facebook gefragt, sinkt der Grad der Zustimmung deutlich. Dies ist insbesondere interessant, da die interviewten Studierenden fast alle von Facebook-Gruppen und Foren im Rahmen ihres Studiums berichtet haben.

Außerdem besteht offensichtlich ein Wunsch nach Kommunikationsformen außerhalb des (kontrollierten) Hochschulsystems. In manchen Fällen wird dann auch auf externe Angebote zugegriffen, die die Bedürfnisse der Studierenden, beispielsweise nach exakter Prüfungsvorbereitung, besser erfüllen als die direkten Angebote.

> *„Wie ist diese Seite von der Studienvertretung aufgebaut?"*
> *„Es gibt auch eine Moodle-ähnliche Plattform, und da gibt es dann eben gesammelte Fälle, Klausuren von Professoren und dergleichen."*
> *„Und die ist für Sie hilfreicher als die Moodle-Plattform?"*
> *„Ja schon, weil die Fälle, die man in der Übung durchgeht, sind um einiges einfacher als die, die dann zur Diplomprüfung kommen." (IV 9, S. 80, Z. 49)*

2.3.5   Auswirkungen und Stimmung durch die Nutzung

„Manche [Vortragenden] sagen, dass man das Handy weglegen soll, was eigentlich gut ist, worüber wir uns aber trotzdem immer ärgern." (IV 1, S. 3, Z. 70)

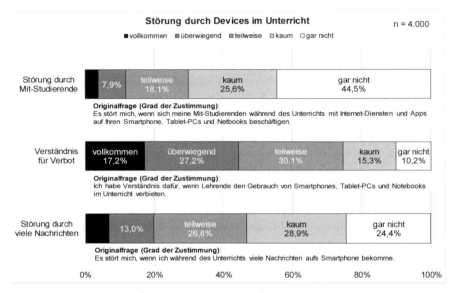

Abb. 2.12: Störung durch Devices im Unterricht

Wie bereits dargestellt, nutzen Studierende ihre Smart Devices in der Lehrveranstaltung. Welche Auswirkung hat diese Nutzung auf die Stimmung – sowohl der Studierenden als auch der Lehrenden? Fühlen sich die Studierenden dadurch gestört und haben sie Verständnis dafür, wenn die Lehrenden die Nutzung einschränken? Abbildung 2.12 zeigt die Antworten auf diese Fragen.

Der weitaus größte Teil der Studierenden, nämlich ungefähr 70 %, fühlt sich nicht oder kaum gestört, wenn die Mit-Studierenden sich während des Unterrichts mit dem Smartphone beschäftigen. Ganz anders sehen dies übrigens die Vortragenden: Wie in einer vorangegangenen Studie (mit 266 Lehrenden) gezeigt werden konnte, fühlen sich Vortragende erheblich gestört, wenn Studierende sich während der Vorlesung mit dem Smartphone beschäftigen (vgl. Kreidl & Dittler 2016, S. 90). Auch die Tatsache, dass manchmal viele Nachrichten während des Unterrichts auf dem Smartphone eintreffen, stört die Studierenden nicht wesentlich.

Auch wenn sich die Studierenden wenig gestört fühlen, haben sie dennoch größtenteils – oder zumindest teilweise – Verständnis für ein Verbot von Devices im Unterricht. Nur rund ein Viertel der Befragten äußerte kein oder kaum Verständnis dafür, wenn Lehrende den Gebrauch von Smartphones und Ähnlichem im Unterricht verbieten.

> *„Also ich finde nicht, dass mir jemand jetzt verbieten sollte, mein Smartphone zu nehmen, weil es wirklich meine eigene Verantwortung ist." (IV 7, S. 61, Z. 72)*

Auch wenn die Studierenden sich ihr Nutzungsverhalten nicht grundsätzlich einschränken lassen wollen, besteht doch weitgehend Verständnis für die Sicht der Vortragenden. Interessant ist dabei die Tatsache, dass es aus Sicht der Studierenden weniger um inhaltliche Störungen oder Aufmerksamkeitsverlust geht, sondern ein offensichtliches Verwenden des Smartphones als Respektlosigkeit gegenüber den Vortragenden empfunden wird.

> *„Wie gehen Dozenten damit um, dass der eine oder andere immer mal zu seinem Smartphone greift?"*
> *„Ich glaube, dass die das als respektlos empfinden, würde ich selber wahrscheinlich auch. (...) Weil der Moment, wenn man da Vorlesung hat, da nimmt sich der Professor Zeit und das muss man eigentlich schon wertschätzen." (IV 3, S. 16, Z. 104)*
> *„Weil ich finde es ist ein bisschen respektlos, wenn der da vorne steht und man dann mit dem Handy die ganze Zeit herumschaut." (IV 6, S. 54, Z. 66)*

2.3.6 Auswirkungen der Devices auf das Verhalten

> *„Wie verändern denn technische Geräte wie Smartphones Ihrer Meinung nach den Unterricht?"*
> *„Auf jeden Fall wird weniger gefragt, die Vortragenden. Ich glaube, dass die Leute eher im Internet schnell googeln, die Fragen, die sie haben, als dass Sie den Lehrer dann fragen." (IV 10, S. 91, Z. 110)*

Vor allem im Rahmen der Interviews tauchten einige interessante Aspekte dahingehend auf, inwieweit die Devices (und natürlich die damit verwendeten Dienste und Angebote) das Verhalten der Studierenden verändern.

Ein wesentlicher Gedanke mehrerer Befragter war, dass sich durch das jederzeit mögliche Recherchieren bzw. Nachschlagen von Informationen Fragen an die

Vortragenden vermeiden lassen. Vor allem von den Universitäts-Studierenden, die ja auch häufiger in großen Gruppen mit mehreren hundert Kolleginnen und Kollegen sitzen, wurde dieser „Vorteil" genannt.

> *„Warum stellen Sie keine Fragen in der Vorlesung?"*
> *„Ich stehe nicht gerne im Mittelpunkt einer so großen Gruppe. Dann meide ich meistens den Mittelpunkt." (IV 9, S. 83, Z.152)*
> *„Ich persönlich mache es z.B. immer wieder so, wenn es jetzt Sachen sind die ich eigentlich wissen müsste und was mir dann unangenehm (wäre) wenn ich nachfragen muss, da schaue ich einfach ganz gerne nach. (IV 8, S. 66, Z. 30)*

Die Möglichkeit, die Inhalte der Veranstaltung bei Bedarf auch aus anderen Quellen als durch den direkten Vortrag zu bekommen, beeinflusst die Aufmerksamkeit und das Verhalten der Studierenden im Unterricht. Aus diesem Grund dürfte wohl das Wecken von Interesse und ein (noch) stärkerer Versuch der Vortragenden, an die Erfahrungswelt der Studierenden direkt anzuknüpfen und so direkte Motivation zum Zuhören zu erzeugen, in Zukunft noch wichtiger werden. Man könnte es aber auch etwas pointiert aus der Sicht der Studierenden formulieren: Niemand muss sich mehr durch eine langweilige Vorlesung quälen!

> *„Inwieweit schätzen Sie persönlichen den typischen Präsenzunterricht dann noch im Vergleich dazu, dass Sie sich alles im Netz besorgen können?"*
> *„Ja, genau deshalb passen viele Leute ja auch nicht auf. (...) Ich habe mir dann auch so gedacht: Das interessiert mich nicht, ist auch relativ langweilig für mich, später wird sowieso jemand seine Zusammenfassung teilen. Warum sollte ich dann aufpassen?" (IV 2, S. 10, Z. 96)*

Eigentlich im Hinblick auf einen anderen Aspekt, nämlich die Notwendigkeit und Nützlichkeit von klassischen Vorlesungen (ausführlich behandelt im Abschnitt „1.5.1 Braucht es noch Präsenzlehrveranstaltungen?"), offenbarte sich noch ein weiterer, sehr interessanter Aspekt:

> *„Sie würden aber trotzdem nicht auf die klassische Vorlesung verzichten wollen?"*
> *„Nein, komplett nicht. (...) Ich finde das schon wichtig, dass man an einem anderen Ort ist. Ich lerne z.B. auch nicht daheim, sich gehe dafür in die Bibliothek meistens oder in einen anderen Raum. (...)"*
> *„Die Bibliothek als bevorzugter Ort, weil Sie Bücher brauchen?"*

„Nein, weil es da ruhig ist. Dort hat man einen Tisch, Strom, alles was man so braucht." (IV 3, S. 20, Z. 248)

2.4 Lernverhalten und Wünsche

2.4.1 Unterrichtsvorbereitung, Selbstlernphasen und Klausurvorbereitung

Nach dieser Darstellung des derzeitigen technischen Hintergrunds soll im Folgenden der Blick auf das Lernverhalten und die Wünsche der Studierenden gelenkt werden. Abbildung 2.13 bietet einen ersten Überblick über das studentische Lernverhalten und die Wahrnehmung der durch die Hochschulen angebotenen Unterstützung.

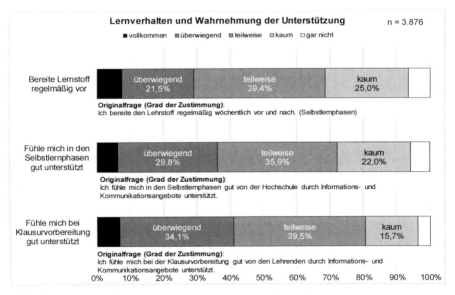

Abb. 2.13: Lernverhalten und wahrgenommene Unterstützung

Die regelmäßige Vorbereitung des Lernstoffs fällt sehr unterschiedlich und breit gestreut aus, es lässt sich eine nahezu gleiche Verteilung sowohl in die eine Richtung (ca. 30 % stimmen der Aussage eher zu, den Lehrstoff regelmäßig wöchentlich vor- und nachzubereiten) als auch in die andere Richtung (ca. 32 % gaben an, kaum bis gar nicht regelmäßig vor- und nachzubereiten) konstatieren. Hierbei bestand ein relativ deutlicher geschlechterspezifischer Unterschied: Die befragten Studentinnen gaben an, den Lehrstoff regelmäßiger bzw. intensiver vorzubereiten als die Studenten. Auch bei der Detailanalyse nach Studienfortschritt war ein leichter Trend zu erkennen: Je höher das Semester, desto geringer ist die regelmäßige Vor- und Nachbereitung.

Auch die Ergebnisse in Bezug auf die wahrgenommene Unterstützung durch die Hochschule in den Selbstlernphasen fällt sehr unterschiedlich aus – allerdings mit einer leichten Tendenz in Richtung ausreichende Unterstützung: Immerhin 36 % stimmten dem Statement „Ich fühle mich in der Selbstlernphase gut von der Hochschule durch Informations- und Kommunikationsangebote unterstützt" voll oder überwiegend zu und nur 28 % kaum oder gar nicht. Geschlechterspezifisch ist ein leichter Unterschied erkennbar: Die weiblichen Studierenden fühlen sich weniger gut unterstützt als die männlichen. Ein ähnliches Bild gibt es bei der wahrgenommenen Unterstützung für die Klausurvorbereitung.

2.4.2 Sozialverhalten beim Lernen

> *„Inwiefern schätzen Sie denn persönlich den typischen Präsenzunterricht?"*
> *„Sehr, ich bin auch stark dagegen, dass die FH jetzt immer mehr E-Learning macht. (...) einfach auch deshalb, weil dieses ganze Studium und das ganze FH-Leben sehr viel von den Freundschaften, die sich dadurch entwickeln [lebt]."* (IV 8, S. 71, Z. 224)

Bei der Betrachtung des Status quo in Bezug auf das Lernverhalten der Studierenden ist auch die Frage interessant, ob diese in den Selbstlernphasen und/oder zur Klausurvorbereitung eher alleine oder in anderen Sozialformen lernen. Abbildung 2.14 zeigt die Ergebnisse aus diesem Bereich.

Sowohl bei der Klausurvorbereitung als auch in Bezug auf Selbstlernphasen gab ein Großteil der Studierenden (jeweils ungefähr 50 %) an, grundsätzlich alleine zu lernen. Rund ein Viertel der Befragten sind in ihrem Lern- und Sozialverhalten flexibel (Antwort „mal so mal so") und ein kleinerer Teil organisiert sich regelmäßig mithilfe von Lernpartnern oder Lerngruppen. Der Anteil der weiblichen Studierenden, die eine Selbstlernphase oder Klausurvorbereitung alleine gestalten, erwies sich dabei als höher als der entsprechende Anteil der männlichen Studierenden. Die Gestaltung der Selbstlernphasen erfolgt dabei eher unabhängig vom Studienfortschritt, bei der Klausurvorbereitung ist ein leichter Trend zu erkennen: Je weiter die Studierenden im Studium fortgeschritten sind, desto weniger bereiten sie sich alleine auf die Klausur vor.

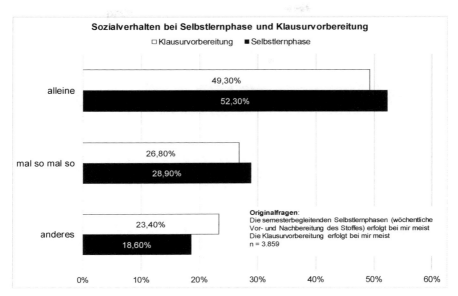

Abb. 2.14: Sozialverhalten beim Lernen

2.4.3 Lernort

> *„Ich lerne daheim am Balkon, wenn schönes Wetter ist. Ich lerne aber auch gerne mal in der Bibliothek, wenn ich sage, ich muss mich jetzt komplett darauf konzentrieren und brauche keinerlei Ablenkung." (IV 2, S. 10. Z. 111)*

Neben der Sozialform des Lernens ist noch eine andere Frage zum Lernverhalten interessant: Wo, also an welchem Ort, lernen die Studierenden am häufigsten? Auch dieser Bereich wurde im Rahmen der Studie beleuchtet und könnte für die zukünftige Gestaltung von Lernräumen, Selbstlernzentren oder Lerninseln in Hochschulen von zentraler Bedeutung sein. Abbildung 2.15 stellt die Ergebnisse aus diesem Themenbereich dar.

Sowohl die Selbstlernphase als auch die Klausurvorbereitung erfolgt beim überwiegenden Teil der befragten Studierenden zu Hause. Ungefähr 20 % der Befragten nutzen dafür die Projekt-/Lernräume der Hochschule oder deren Bibliothek; nur ein geringer Teil gestaltet diese Phasen anders und lernt beispielsweise in einem Café, im Park oder einer öffentlichen Bibliothek.

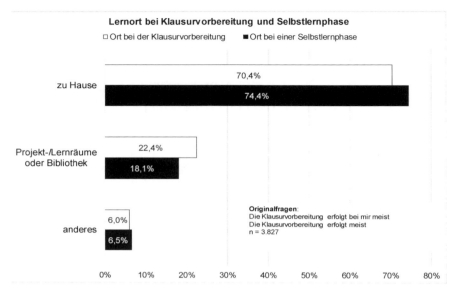

Abb. 2.15: Lernort von Studierenden

     Die Interviews ergaben, dass die Bedürfnisse und Präferenzen der Studierenden hinsichtlich des Lernortes ebenso unterschiedlich sind wie die entsprechenden Begründungen. Manche können zu Hause nicht ungestört lernen und gehen deswegen in die Bibliothek, andere entscheiden sich bewusst für den Lernort zu Hause, eben weil sie dort aus eigener Sicht ungestört sind.

> *„An welchem Ort lernen Sie denn am liebsten?"*
> *„In der Bibliothek. Weil mir das Umfeld guttut. Ich bin deutlich motivierter, wenn ich Leute um mich herum habe, die auch lernen und nicht mit mir reden – oder wenn ich zu Hause bin, wo mich alles ablenkt." (IV 10, S. 92, Z. 178)*

2.4.4   *Wünsche für die Gestaltung*

> *„Ich würde mir wünschen, dass man das Besprochene auf die Lernplattform Moodle hochlädt und auch die Lösungsschematik und die Lösungstechnik. Weil bei manchen Professoren weiß man dann einfach nicht, wofür es bei der Klausur Punkte gibt und wofür nicht."*
> *„Wenn das alles online stehen würde, würde das irgendetwas an Ihrer Anwesenheit ändern?"*

„Höchstwahrscheinlich schon. Ich würde mir den Gang zur Uni sparen."
(Hinweis: Student einer Universität, IV 9, S. 80, Z. 68)

Nach zahlreichen Fragen zu den tatsächlichen Verhaltensweisen wurde abschließend – insbesondere im Hinblick auf zukünftige Entwicklungen der Hochschule – nach den Einschätzungen und Wünschen der Studierenden gefragt. Abbildung 2.16 zeigt Ergebnisse aus drei Themenbereichen der Wünsche und Präferenzen. Rund drei Viertel der Studierenden (ca. 76 %) gaben an, sich zumindest teilweise mehr Unterstützung durch die Hochschule auch außerhalb der Vorlesungen zu wünschen (wobei man hier natürlich sofort die begrenzten Mittel an vielen Hochschulen ins Feld führen könnte, auch wenn der Wunsch an sich ja sowohl verständlich als auch legitim ist). Bei dieser Aussage unterschieden sich die Ergebnisse zwischen Frauen und Männern nicht.

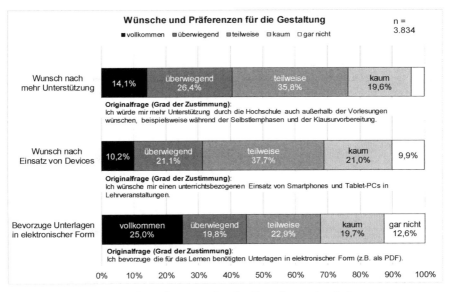

Abb. 2.16: Wünsche und Präferenzen für die Gestaltung der Lehre

Der Wunsch nach einem unterrichtsbezogenen Einsatz von Smartphones oder Tablet-PCs ist eher gemischt ausgeprägt: Einerseits wünschen sich dies ca. 31 % „vollkommen" oder „überwiegend", andererseits besteht dieses Bedürfnis bei ca. 31 % „kaum" oder „gar nicht". Dies könnte ein Hinweis auf ganz unterschiedliche

Präferenzen der Studierenden in Bezug auf die Unterrichtsgestaltung sein. Die Be-
urteilung dieser Aussage fiel bei den weiblichen und den männlichen Studierenden
signifikant unterschiedlich aus: Männer wünschen sich öfter den Einsatz von
Smart Devices im Unterricht als Frauen.

Auch bezüglich der technischen Gestaltung von Lernunterlagen, also der Aussage,
dass Lernunterlagen in elektronischer Form bevorzugt werden, sind die Ergebnisse
breit gestreut – mit einer leichten Tendenz: Rund 45 % bevorzugen die elektronischen Unterlagen „vollkommen" oder „überwiegend", im Gegensatz dazu nur ca.
32 % „kaum" oder „gar nicht". Trotzdem kann eindeutig festgehalten werden:
Eine generelle und deutliche Präferenz für elektronische Unterlagen konnte nicht
festgestellt werden. Auch hier zeigte sich ein klarer und höchst signifikanter Unterschied zwischen den Geschlechtern: Die männlichen Studierenden hatten eine
höhere Präferenz für elektronische Unterlagen.

    Von Studierenden an Universitäten kam auch der Wunsch nach Vorle-
sungsaufzeichnungen und gestreamten Vorlesungen, die man sich zu späterer Zeit
nochmals anschauen kann. Dies war in einem Falle einem Platzproblem (der Hörsaal war einfach komplett voll) geschuldet. Ein anderer diesbezüglicher Gedanke
war es, versäumte Vorlesungen nachholen zu können. Interessant ist dabei einerseits, dass als Begründung der Abwesenheit die Arbeit angegeben wurde, und andererseits offensichtlich durchaus der Wunsch besteht, die Vorlesung zu konsu-
mieren.

> *„Welche anderen Formen der Unterstützung seitens der Hochschule wür-
> den Sie sich wünschen?"*
> *„Vorlesungs-Streaming, dass die Vorlesungen online übertragen werden.
> Dass, falls man mal nicht in die Vorlesung kann, damit man sich das nach-
> träglich ansehen kann." (IV 10, S. 89. Z. 37)*
> *„Am Anfang vom Studium hat es bei uns gegeben, vor allem wie die
> Hörsäle noch voll waren, dass manche Vorlesungen oft gestreamt worden
> sind. Das war eigentlich ganz hilfreich." (IV 11, S. 97, Z. 37) – Uni-Stu-
> dent.*

Allerdings geht es bei den geäußerten Wünschen nicht nur um eine zeitgemäße
Gestaltung von Hochschulveranstaltungen, sondern auch darum, dass Studierende
teilweise durchaus traditionelle Formen der Lehre präferieren:

> *„Aber ist das noch zeitgemäß, wenn da einer vorne steht und die Tafel voll-
> schreibt? Denn das haben wir ja tatsächlich auch noch. Sie schreiben es
> dann ab und lesen es sich nochmal durch."*

„Ja."
„Aber Sie wollen nicht darauf verzichten? "
„Nein." (IV 5, S. 44, Z. 179)

2.4.5 Einschätzung der Möglichkeiten

Der letzte Teil der quantitativen Studie widmete sich der Frage, wie die Möglichkeiten von Smart Devices für den Unterrichtsgestaltung eingeschätzt werden – die Ergebnisse hierzu sind in Abbildung 2.17 dargestellt.

Zusammenfassend kann hier festgehalten werden, dass die befragten Studierenden die Möglichkeiten von Smartphones und Tablet-PCs für den Unterricht als sehr positiv einschätzen. Nur ca. 12 % glauben, dass diese Devices „kaum" oder „gar nicht" neue und sinnvolle Möglichkeiten bieten. Und auch nur ca. 11 % denken, dass der Einsatz von Smart Devices den Unterricht „kaum" oder „gar nicht" verbessern. In beiden Fällen sind die Frauen etwas zurückhaltender, allerdings immer noch mit deutlicher Zustimmung. Es werden also mehrheitlich große Chancen für die Gestaltung des Unterrichts mithilfe von Smart Devices gesehen.

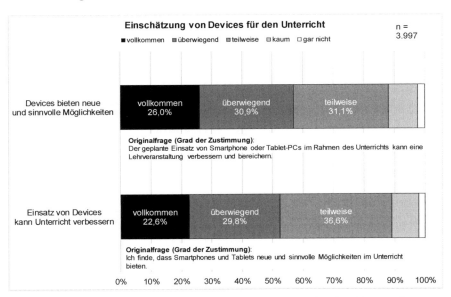

Abb. 2.17: Einschätzung von Möglichkeiten der Devices für den Unterricht

2.5 Rolle der Hochschule in Zukunft

Nach der ausführlichen Darstellung des Status quo in den vorherigen Kapiteln soll nun eine erste Brücke zu den nachfolgenden Beiträgen dieses Buches geschlagen werden. Zwei zentrale Fragen haben wir im Rahmen der Interviews mit den Studierenden erhoben: die Rolle von Präsenzlehrveranstaltungen und die Kernrolle und Kernfunktion der Hochschule der Zukunft.

2.5.1 Braucht es noch Präsenzlehrveranstaltungen?

> *„Ist es noch zeitgemäß, so eine klassische Vorlesung?"*
> *„Ich finde schon. Mir ist es so lieber, als Veranstaltungen jetzt irgendwie online zu besuchen (...). Ich schätze den Vortragenden auch insoweit, dass er halt die wichtigen Sachen für uns raussucht." (IV 1, S. 5, Z. 114)*
> *„Weil ich weiß nicht, ob man das so ernst nehmen kann, was man da im Internet alles an Information findet." (S. 6, Z. 184)*

Das Hauptargument für Präsenzveranstaltungen aus Sicht der Studierenden ist – eigentlich sehr logisch und wenig überraschend – die Interaktion mit den Vortragenden. Fragen stellen zu können und Inhalte auch öfters erklärt zu bekommen (wobei dies ja eigentlich heißen müsste – unterschiedlich erklärt zu bekommen, denn gerade bei E-Learning-Angeboten können die Erklärungen ja beliebig oft angesehen werden, es sind allerdings häufig immer wieder die gleichen Erklärungen!).

> *„Also ich würde nie zu einer betriebswirtschaftlichen Prüfung antreten, ohne vorher in der Vorlesung gewesen zu sein. Da merke ich selber, dass ich den Unterricht brauche."*
> *„Ist Ihrer Meinung nach die klassische Vorlesung heute noch notwendig oder zeitgemäß?"*
> *„Ja, ich finde schon, vor allem wenn es um komplexe Inhalte geht (...) das kann ich mir nicht selber beibringen." (IV 7, S. 62, Z. 111)*
> *„Ich finde, dass bestimmte Inhalte von Face to Face rübergebracht werden müssen, um sie richtig aufzunehmen und richtig zu verstehen. (...) Ich kann irgendwo eine Formel lesen, aber ich verstehe <nicht>, was die bedeutet, wenn mir das nicht wer sagt und ich da noch 10-mal nachfragen kann – das brauche ich!" (IV 7, S. 65, Z. 224)*

Die Rolle der Vortragenden wird vor allem in Bezug auf deren Fachkenntnisse eingeordnet. Die meisten Studierenden (vor allem an Fachhochschulen) schätzen es, wenn die Vortragenden über viel praktische Erfahrung im Gebiet verfügen und daher „wissen, wovon sie sprechen". Interessanterweise wurde von einer interviewten Person aber auch das Gegenteil angeführt: Zu großes Expertenwissen könnte dazu führen, dass die Erklärungen gegenüber Anfängern unverständlich werden, weil mit zu vielen Details versehen.

> *„Also, wenn man jemand hat, der sich wirklich gut damit auskennt und der schon darin gearbeitet hat und der weiß, wovon er redet (...), dann finde ich das besser, als wenn man aus dem Buch lernt." (IV 6, S. 56, Z. 131)*

> *„Ich glaube, dadurch dass die Lehrperson einfach so viel darüber weiß, wird einfach unbewusst viel tiefergehend erklärt, wie es eben für den jetzigen Stand nötig ist. Wo ich dann sage, bevor ich mich verwirren lasse in der Vorlesung, schaue ich es für mich selber an und kann dann ja (...) noch darüber hinausschauen. Aber was mir erstmal hilft, mit Basics und dann aufbauen." (IV 4, S. 31, Z. 189)*

Wie viel in diesem Bereich natürlich vom Eigeninteresse und der Grundmotivation der Studierenden abhängt, zeigte sich sehr pointiert in einem Interview:

> *„Also, ich kann es mir anders auch gar nicht vorstellen, dass es gar keine Hochschulen gibt."*
> *„Aber Sie haben doch auch ein Hobby, um das das Sie sich sozusagen ohne Lehrer kümmern?"*
> *„Ja."*
> *„Da klappt es doch auch, dass Sie sich Wissen aneignen, ohne dass da jetzt jemand vorne steht und irgendetwas erzählt?*
> *„Ja, aber mein Hobby macht mir auch Spaß." (IV 5, S. 51, Z. 459)*

2.5.2 Was ist eigentlich die Kernrolle der Hochschule?

Abschließend wurden die Studierenden danach gefragt, worin sie eigentlich die Kernrolle der Hochschulen in der heutigen Zeit – in der ja das meiste Wissen frei verfügbar ist – sehen. Es kristallisierten sich folgende drei Bereiche heraus:

- Zertifizierung von Wissen: die Hochschule als qualitätssichernde Institution, auf deren Ausbildung man sich verlassen kann
- Organisation von Wissen: Auswahl der Inhalte und Gestaltung der Studienpläne

- Aufbau von Wissensgemeinschaften: Erhalten einer Community, sowohl was die Expertinnen und Experten auf der einen Seite, als auch was die Studierenden auf der anderen Seite betrifft

Abbildung 2.18 illustriert diese drei Bereiche, mit entsprechenden Beispielstatements versehen.

Zentraler Gedanke	Beispielstatement
Zertifizierung von Wissen: Qualitätssicherung der Ausbildung, Prüfungen	*„Wofür werden heutzutage Hochschulen überhaupt noch benötigt?"* *„Sie werden benötigt! Meiner Meinung nach hauptsächlich wegen dem Abschluss auch. (…) man kann in der Bewerbung ja schlecht schreiben, ich saß 1 Jahr lang daheim und habe mir persönlich 3D-Animationen beigebracht. Sondern man muss da ja was vorlegen können, und meiner Meinung nach ist das hauptsächlich wegen dem Abschluss." (IV 2, S. 12)* *„Daher fällt es mir auch so schwer zu lernen, weil ich mir denke, das ist nicht relevant, das werde ich nie wieder brauchen."* *„Warum machen Sie dann weiter?"* *„Weil ich doch diesen Zettel haben will, wo Bachelor draufsteht." (IV 3, S. 24. Z. 426)* *„Wozu werden Hochschulen überhaupt noch benötigt?"* *„Für den Titel. Zum Großteil. (…) Wenn ich aber einen Hochschulabschluss habe, habe ich quasi ein Stück Papier, was mir das auch bestätigt.* *Was spricht Ihrer Meinung nach gegen eine Fernuni? Da haben Sie ja das gleiche Zertifikat?* *Im Grund eigentlich gar nichts." (IV 8, S. 77, Z. 477)*
Organisation von Wissen: Auswahl der Inhalte, Gestaltung der Studienpläne	*„Wofür werden denn Hochschulen überhaupt noch benötigt?* *Um einen Leitfaden darzustellen. Für eine Ausbildung zu einem bestimmten Beruf."* *„Sie meinen Leitfaden im Sinne von Studienplan?"* *„Ja."* *Gibt es ja auch online?*

Zentraler Gedanke	Beispielstatement
	„Ja, wenn man das dann selbständig diszipliniert durchführt, bräuchte man keinen Unterricht. Aber Prüfungen glaube ich sind wichtig, um das Können nachzuweisen." (IV 10, S. 94, Z. 263)
Aufbau von Wissensgemeinschaften: Erhalten der Community	*„Braucht es noch so was wie Hochschulen?"* *„Ja, ich glaube schon, weil dieses Zusammenkommen von vielen Leuten, die sich mit einem großen Themenbereich beschäftigen, wichtig ist. Klar, es gibt überall Informationen, aber es fehlen dann einfach die Ansprechpartner, die vor Ort sind." (IV 4, S. 37, Z. 438)*

Abb. 2.18: Kernrollen von Hochschulen aus der Sicht der Studierenden

Ein möglicher zusammenfassender Gedanke könnte aber auch sein, dass die Sicht der Studierenden sehr stark von deren bisherigen (Lern-)Erfahrungen geprägt ist und es somit nicht der einzige Zugang sein sollte, die Studierenden nach ihren Wünschen zu fragen. Vielmehr sollten neue, sinnvoll erscheinende Möglichkeiten ausprobiert und bei Erfolg beibehalten werden, auch wenn diese zunächst nicht von den Studierenden explizit gewünscht werden:

> *„Es gibt ja auch Fernunis. Würde ich zum Beispiel niemals machen, weil ich finde es besser, wenn man an Ort und Stelle ist und dann der Professor eben dort steht. Weil ich kenne es eben nur so. Der Professor steht vorne und erzählt von seinem Skript und ich schreibe es mit und ich finde es richtig gut. Ich brauche, als ich finde es gut so." (IV 5, S. 51, Z. 445)*

> *Was ist denn Ihrer Meinung nach der wichtigste Teil der Hochschule, den man nicht ersetzten kann?*
> *Im Prinzip – ersetzen kann man alles. Es kommt halt auf die Person an, ob es sinnvoll für einen ist oder nicht." (IV 11, S. 103, Z. 298)*

2.6 Fazit und Ausblick

Die empirische Untersuchung zeigte deutlich, dass Smart Devices und die damit verbundenen Dienste seht intensiv in der Lernwelt der Studierenden angekommen sind. Zahlreiche technische Möglichkeiten werden verwendet, allerdings erfreuen sich auch „herkömmliche" Methoden und Konzepte nach wie vor großer Beliebt-heit – nicht nur bei den Lehrenden, sondern auch bei den Studierenden.

Ausgehend von diesem Status quo wird sich die Hochschule wohl verändern müs-sen – denn die Vorlesung im ursprünglichen Sinn hat ihre Existenzberechtigung weitgehend eingebüßt. Dennoch zeigen die persönlichen Antworten der Studie-renden, dass wir derzeit weit weg vom Wunsch nach einer totalen Digitalisierung und vollständigen Auflösung der Präsenz- und vor allem Sozialphasen sind. Die Herausforderung der Zukunft liegt darin, neue Möglichkeiten und Gegebenheiten sinnvoll (!) zu nutzen, ohne die noch gewünschten und bewährten Konzepte des-wegen zu verwerfen. Ganz unterschiedliche Vorschläge hierzu werden in den kommenden Beiträgen dieses Buches vorgestellt.

Quellenangaben

Dittler, U. & Kreidl, Ch. (2017a). Ergebnisse der empirischen Studie zum Einsatz neuer Technologien im Unterricht. Abrufbar unter https://opus.hs-furtwangen.de/fi-les/2579/Ergebnisse+Gesamtdaten+Juli+2017-1.pdf

Dittler, U. & Kreidl, Ch. (2017b): Erwartungen der digital natives an Bildungsangebote: Mediennutzung und Medienwünsche im Zeitalter des E-Learning 4.0. In: Dittler, U.(Hrsg.). E-Learning 4.0: Mobile Learning, Lernen mit Smart Devices und Lernen in Sozialen Netzwerken. München: Oldenbourg.

Kreidl, Ch. & Dittler, U. (2016). Second Screen & Second Blackboard: Nutzung von Smart-phones und Tablet-PCs im Hochschulunterricht ... und was die beteiligten Lernenden und Lehrenden dabei empfinden. In: E-Learning: Warum nicht? Eine kritische Aus-einandersetzung mit Methoden und Werkzeugen. Tagungsband zum 15. E-Learning Tag. Graz: Verlag der FH Joanneum.

3 Humboldt 2.0: Über die Rolle Innovativer Universitäten im deutschen Wissenschaftssystem

Prof. Dr. Arnd Poetzsch-Heffter & Prof. Dr. Norbert Wehn

Prolog

Die Welt erlebt derzeit eine atemberaubende Entwicklung. Die Innovationsprozesse haben eine nie gekannte Geschwindigkeit aufgenommen. Vor allem die digitalen Techniken mit ihren exponentiell wachsenden Rechen- und Speicherkapazitäten ermöglichen Innovationen in allen Bereichen von Gesellschaft, Wirtschaft und Wissenschaft mit teilweise disruptiven Auswirkungen auf bestehende Organisationsformen und Handlungsprozesse. Neue Produkte und Dienstleistungen erreichen innerhalb weniger Jahre Milliarden von Menschen. Die digitalen Techniken werden auch gravierende Änderungen in Forschung und Lehre mit sich bringen. Aber reicht es wirklich aus, nur über den Einsatz digitaler Medien in der Lehre und die Nutzung digitaler Techniken in der Forschung zu diskutieren? Diese Diskussionen sind sicher wichtig. Es bleibt dann allerdings immer noch die grundsätzlichere Frage, wie das Universitätssystem insgesamt auf die gestiegene Innovationsgeschwindigkeit reagieren sollte. Vor dem Hintergrund dieser Fragestellung plädiert der folgende Beitrag für einen Universitätstyp, bei dem Bildung, Wissenschaft und Innovation neu ausbalanciert werden.

3.1 Einführung

Die Universitäten gehören mit zu den ältesten Einrichtungen unserer Gesellschaft. Sie sind – zumindest derzeit noch – das Rückgrat des Wissenschaftssystems in Deutschland. Sie bilden den akademischen Nachwuchs und leisten grundlegende Beiträge zu Forschung und Technologie. Aber große Veränderungen der letzten Jahre haben sie in der Substanz angegriffen, und prognostizierte Bildungsszenarien stellen ihre Zukunftsfähigkeit infrage. Die Verschulung durch den Bologna-Prozess, eine immer weitergehende quantitative Öffnung der Universitäten ausgelöst durch einen unverstandenen Bildungsliberalismus, Incentivierung von Quantität statt Qualität in der Lehre[13] und Stärkung der Forschung auf Kosten der Lehre

---

[13]   Zum Beispiel durch den Hochschulpakt

im Exzellenzwettbewerb haben sehr deutliche Spuren hinterlassen. Darüber hinaus suggeriert die Digitalisierung der Bildung eine Zukunft, die auf die institutionelle Integration von Forschung und Lehre verzichten kann.

Ist die Idee der deutschen Universität, die Anfang des 19. Jahrhunderts entwickelt wurde und weltweit Einfluss auf die Wissenschaftslandschaften genommen hat, obsolet? Was bedeutet Universität in einer Zeit, in der immer mehr Institutionen sich als solche bezeichnen? Brauchen wir weitere Ausdifferenzierungen oder ganz neue Organisationsformen für die Aufgaben, die bisher von den Universitäten erfüllt wurden? Welche dieser Aufgaben lassen sich durch digitale Technik und Medien ersetzten? Und was hätte das für Konsequenzen? In dem aktuellen Diskurs zu diesen Fragen kann man insbesondere drei Gruppen erkennen, nennen wir sie die *Traditionalisten*, die *Opportunisten* und die *Technophilen*.

Die *Traditionalisten* beklagen die Verletzung der humboldtschen Ideale durch die Verschulung im Zuge des Bologna-Prozesses, die Öffnung hin zu einer immer breiteren und heterogeneren Studierendenschaft sowie die wachsende Bürokratisierung an den Universitäten. Für die Traditionalisten sollte man die Wissenschaft auch immer getrennt von möglichen Anwendungsbezügen denken.

Die *Opportunisten* sind verantwortlich für eine defensive Hochschulpolitik, in der konsensuale Prozesse wichtiger sind als sachgerechte Entscheidungen. Dies äußert sich unter anderem in einer immer weiteren Öffnung der Universitäten und Abwertung der Abschlüsse. So wird beispielsweise ernsthaft bei der Aufnahme ins Masterstudium die Gleichsetzung von einer Meisterprüfung im Handwerk mit einem universitären Bachelorabschluss diskutiert. Auch wird zunehmend ignoriert, dass ein Universitätsstudium selbst bei ausgezeichneter Lehre ohne hinreichende Qualifikation und Leistungsbereitschaft der Studierenden nicht in der Regelstudienzeit absolvierbar ist. Leistungsorientierte Zulassungsbeschränkungen in Sport, Musik und Kunst sind zulässig, aber nicht in den wissenschaftlichen Fächern wie z.B. in Mathematik, Elektrotechnik oder Philosophie.

Die *Technophilen* sehen die Digitalisierung als Chance, durch gravierende Veränderungen bei den Lehr- und Lernformen effizientere, kostengünstigere und offenere Bildungsformate zu schaffen. Dabei werden disruptive Auswirkungen auf die Organisation des Bildungsbereichs selten im Gesamtkontext betrachtet. Insbesondere bleibt offen, wie die sozialen Aspekte eines Studiums und das Zusammenwirken von Forschung und Lehre mit den neuen Bildungsformaten adressiert werden können.

Wenn es einerseits große Skepsis bei Veränderungen am Markenkern der deutschen Universität gibt, wichtige Aspekte in der politischen Diskussion nicht mehr offen angesprochen werden und gleichzeitig die Bildungsorganisation wegen neuer technischer Möglichkeiten für veraltet erklärt wird, kann es hilfreich sein, die Universitätslandschaft einmal insgesamt aus dem Blickwinkel der Aufgaben und Funktionen zu betrachten, die im Zusammenhang mit Bildung und Wissenschaft in einer modernen Gesellschaft wahrzunehmen sind. Eine derartige, knappgehaltene Aufgabenbetrachtung bildet den Ausgangspunkt unserer Überlegungen (Abschnitt 2).

Die Universitäten waren und sind weltweit für wissenschaftliche Bildung und Forschung zuständig. Aber die Wissenschaftssysteme haben sich in den Ländern im Laufe der letzten 200 Jahre unterschiedlich ausdifferenziert. Beispielsweise haben in Frankreich die Grands Ecoles eine dominierende Rolle entwickelt; in Deutschland bekamen die Technischen Hochschulen einen akademischen Status. In vielen Ländern wurden zusätzlich zu den Universitäten andere Hochschultypen und insbesondere auch eigenständige Wissenschafts- und Forschungseinrichtungen geschaffen. In Deutschland sind dies z.b. die Max-Plank-Gesellschaft, die Leibniz-Gemeinschaft, die Helmholtz-Gemeinschaft deutscher Forschungszentren oder die Fraunhofer-Gesellschaft, die alle im Bereich der Forschung von der Grundlagenforschung bis hin zur angewandten Forschung tätig sind. Nach einer kurzen Diskussion dieses Ausdifferenzierungsprozesses skizziert der Aufsatz einen neuen Universitätstyp, die sogenannten „Innovativen Universitäten" (Abschnitt 3). Die meisten Technischen Universitäten, aber auch viele andere Universitäten verfolgen Entwicklungen hin zu diesem Universitätstyp.

Der Ausdifferenzierungsprozess, aber auch weitere Faktoren haben die Rolle der Universitäten im Wissenschaftssystem unschärfer werden lassen. Insbesondere haben Studienbewerber Schwierigkeiten, zwischen den Studienangeboten verschiedener Hochschultypen zu unterscheiden. Diese Unklarheit, auch im politischen Diskurs, kann durchaus zu besorgniserregenden Entwicklungen führen. Eine kurze Diskussion dieser Bedrohungen, aber auch der Chancen für die Universitätsentwicklung (Abschnitt 4) bereitet auf den zentralen Teil des Aufsatzes vor, in dem thesenartig bestimmte Zukunftsfragen des Universitätssystems in Deutschland adressiert werden (Abschnitt 5). Dabei werden auch wichtige Aspekte der Digitalisierung angesprochen.

3.2 Aufgaben in Wissensdreieck

Moderne Gesellschaften stützen sich zunehmend auf komplexe Systeme, die in starkem Maße von Wissen und Wissenschaften abhängen. Rechts-, Verwaltungs- und Wirtschaftssysteme, medizinische Versorgung, Verteidigung, Energie-, Transport-, Logistik-, Produktions- und Kommunikationssysteme bilden das funktionale Rückgrat moderner Gesellschaften. Geistes- und Gesellschaftswissenschaften sind unverzichtbar für einen konstruktiven Diskurs in komplex organisierten Demokratien. Zusätzlich zu diesen funktionalen Aspekten liefert die Wissenschaft auch die Grundlage für vernunftgetragene Konfliktlösungen und faktenbasierte Entscheidungsprozesse. Die aktuellen Diskussionen in den USA über „Fake news" machen deutlich, dass die Akzeptanz wissenschaftlicher Argumentationen keine Selbstverständlichkeit ist. „Wissenschaft ist das organisierte Töten von Vorurteilen"[14] und liefert die Methoden zur Beherrschung von Komplexität. Wenn das so ist, ergeben sich daraus in natürlicher Weise für jede moderne demokratische Gesellschaft drei generelle Aufgabenbereiche, die nicht getrennt voneinander, sondern vielmehr in ihrem gegenseitigen Wechselspiel betrachtet werden müssen:

1. Wissenschaft und Forschung
2. Wissenschaftliche Bildung und Weiterbildung
3. Transfer und Innovation.

Bevor wir uns der Frage zuwenden, wie die Aufgaben in diesen Bereichen institutionell und organisatorisch bewältigt werden können, möchten wir uns die Aufgabenbereiche noch einmal kurz vergegenwärtigen. Denn nur vor dem Hintergrund der hohen Anforderungen, die diese Aufgaben stellen, wird die nachfolgende Argumentation verständlich.

3.2.1 Wissenschaft und Forschung

Die Wissenschaft hat zwei zentrale Aufgaben: das existierende Wissen zu *pflegen* und zu *mehren*. Sie soll also einerseits den Stand des Wissens aufbereiten, um ihn möglichst gut verfügbar zu machen (=pflegen), und andererseits diesen Stand durch neue Beiträge erweitern bzw. weiterentwickeln (=mehren).

Vereinfacht gesagt, macht wissenschaftlich gesichertes Wissen Aussagen über die Welt und liefert methodisch fundierte, nachvollziehbare Begründungen für diese Aussagen. In einem idealtypischen Wissensgebäude würde man alle Aussagen, die Erläuterungen der in den Aussagen verwendeten Begriffe, die Begründung für die Aussagen, die Bezüge zu anderem Wissen, die verwendeten Methoden und die möglichen Anwendungskontexte für die Aussagen geeignet und explizit zusammenstellen. Die Schwierigkeiten, ein solches Wissensgebäude zu konkretisieren, kann man an vielen Beispielen studieren (z.B. in der Klimaforschung). Aber gerade wegen der Schwierigkeiten ist eine konsolidierende Pflege des Wissens, d.h. das Herausarbeiten der Aussagen, Begründungen, Bezüge, Methoden und Anwendungskontexte, eine wichtige Aufgabe der Wissenschaft. Die Pflege

---

[14]   Zitat von Joachim Kügler nach Bucher (2016).

umfasst auch das wiederholte Prüfen von Ergebnissen, den Einbau neuer Erkenntnisse und den Umbau ganzer Gebäudeteile, wenn sie von neuen Erkenntnissen zum Einsturz gebracht wurden (Kuhn, 1996). Im Vordergrund der Wissenschaft, insbesondere in der öffentlichen Wahrnehmung, steht die Mehrung des Wissens durch kreative Ideen und methodische Forschung.

Die Konstruktion von expliziten, in Medien systematisch entwickelten Wissensgebäuden macht Fortschritte, ist welthistorisch gesehen vermutlich aber noch in einem Anfangsstadium. Ein Großteil des Wissens über Begründungen, Methoden und Anwendungskontexte wird von den Wissenschaftlern tradiert, wird also *von einer Wissenschaftsgeneration im Rahmen der wissenschaftlichen Bildung zur nächsten weitergegeben.*

3.2.2 Wissenschaftliche Bildung und Weiterbildung

Die wissenschaftliche Bildung, die auf eine qualifizierte Schulbildung aufsetzt, sollte Studierenden insbesondere vier generelle Kompetenzen vermitteln:

1. Wissenskompetenz, das heißt, Ausschnitte des Weltwissens in der mittlerweile existierenden großen Tiefe verstehen zu lernen und neue Erkenntnisse finden zu können.
2. Anwendungskompetenz, das heißt, existierende Erkenntnisse in unterschiedliche und neue Anwendungskontexte transferieren und dort erfolgreich anwenden zu können. Die Anwendungskompetenz ist insbesondere für gelingende Interdisziplinarität von großer Bedeutung.
3. Beurteilungskompetenz, das heißt, zwischen methodisch gesichertem Wissen, unsicherem Wissen und nicht fundierten Aussagen unterscheiden zu können, also die Belastbarkeit von Wissen in bestimmten Anwendungskontexten beurteilen zu können.
4. Selbstlernkompetenz, das heißt, das schon Gelernte und die erworbenen Kompetenzen durch selbst gesteuertes Lernen lebenslang wachsen und reifen zu lassen.

Alle vier Kompetenzen sind nicht nur für Wissenschaftler wichtig, sondern auch – in unterschiedlicher Gewichtung – für Menschen, die Führungspositionen in den unterschiedlichen Bereichen einer modernen Gesellschaft innehaben oder an Innovationsprozessen mitwirken.

Die Einlösung dieses Bildungsauftrags ist die zentrale Aufgabe eines universitären Studiums. Es unterzieht die Studierenden einem mehrdimensionalen menschlichen Entwicklungsprozess, in dem sie (fach-)sprachliche Fähigkeiten,

Abstraktionsvermögen, Wissen, Begründungsstrukturen, geistig-technische Kompetenzen und kritische Reflexionsfähigkeiten erwerben sollen. Ein solches Studium erfolgreich zu absolvieren, war immer eine menschliche Herausforderung und wird es wohl auch in Zukunft bleiben. Für ein solches Studium ist Motivation und ein stimulierendes soziales Umfeld durch Kommilitonen und Leitbilder wichtig, teilweise notwendig. Diese Aspekte werden oft unterschätzt, das Bild des selbstständigen, intrinsisch motivierten Studierenden vermutlich überschätzt.

Wissenschaftliche Weiterbildung hat die Aufgabe die wissenschaftliche Grundbildung in Breite, Tiefe und Aktualität weiterzuentwickeln. Dabei setzt sie auf die erworbene Selbstlernkompetenz des universitären Studiums auf und unterstützt Akademiker dabei, gemeinsam mit anderen neuere wissenschaftliche Entwicklungen und interdisziplinäre Ergebnisse zu studieren.

3.2.3 Transfer und Innovation

Eine moderne Gesellschaft ist darauf angewiesen, dass der wechselseitige Austausch zwischen dem Wissenschaftssystem einerseits und der Wirtschaft und Gesellschaft andererseits funktioniert, dass also zum einen die relevanten Ideen und Erkenntnisse der Wissenschaft die Innovationsprozesse in Wirtschaft und Gesellschaft befördern und zum anderen die Probleme und Herausforderungen aus Wirtschaft und Gesellschaft Eingang in die Forschung und Lehre finden. Die Bedeutung von Transfer und Innovation für moderne Gesellschaften, deren Komplexität und Technisierung immer weiter und schneller voranschreitet, wird selten bestritten. Es ist auch weitgehend Konsens, dass diese Bedeutung zunimmt. Über die Frage, wie dieser Aufgabenbereich in einer modernen Gesellschaft zu organisieren ist und wer dafür zuständig ist, gibt es allerdings geteilte Meinungen.

3.3 Innovative Universitäten organisieren die Aufgaben des Wissensdreiecks

Die drei im letzten Abschnitt skizzierten Aspekte des Wissenschaftssystems werden in jüngster Zeit oft als *Wissensdreieck* bezeichnet. Das Wissensdreieck steht einerseits für die Aufgabenbereiche „Wissenschaft", „Bildung" und „Innovation" und symbolisiert andererseits die Beziehungen

- „Wissenschaft und Bildung", meist mit „Forschung und Lehre" bezeichnet;
- „Wissenschaft und Innovation", meist enger als „Forschung und Anwendung" gefasst;
- „Bildung und Innovation", teilweise, aber unzulänglich im Begriffspaar „Studium und Beruf" angedeutet.

Während die ersten beiden Beziehungen und die daraus resultierenden Spannungsfelder viel diskutiert sind, erscheint uns eine kurze Anmerkung zur Beziehung von Bildung und Innovation angezeigt. Wissenschaftliche Bildung war schon immer auf Neuerungen in der Wissenschaft ausgerichtet. Bildung durch Wissenschaft hat aber auch das wichtige Potenzial, mit den durch sie vermittelten Kompetenzen (siehe Abschnitt 2) Menschen in die Lage zu versetzen, gesellschaftliche und wirtschaftliche Innovationsprozesse zu realisieren. Dieses Potenzial nutzbar zu machen und als Leitlinie in die universitäre Bildung einzubauen, ist die große Herausforderung für Universitäten, die ihre Studierenden bewusst auch auf die Mitwirkung bei den Innovationsprozessen in Wirtschaft und Gesellschaft vorbereiten will.

Jede moderne Gesellschaft muss Organisationsformen zur Bewältigung der drei genannten Aufgabenbereiche und zur Ausgestaltung ihrer Beziehungen finden. Dabei haben sich – historisch gewachsen – in unterschiedlichen Staaten teilweise recht verschiedene Organisationsformen herausgebildet. Ein paar Beispiele mögen verdeutlichen, was gemeint ist:

- Vertikale Gliederung der Bildung vs. Integration in einer Organisationsform: In den USA gibt es eine Trennung von Colleges, Forschungsuniversitäten und Business, Law und Medical Schools, während diese Aufgaben in vielen Ländern nur von Universitäten wahrgenommen werden.
- Spezielle Institutionen für spezielle Aufgaben: In Deutschland gibt es mit den Max-Planck-Instituten spezielle thematisch fokussierte Einrichtungen für die Grundlagenforschung und mit den Fraunhofer-Instituten spezielle thematisch fokussierte Einrichtungen für die anwendungsorientierte Forschung und den Transfer.
- Aufteilung beim Personal: z.B. durch Unterscheidung von Lehr- und Forschungsprofessuren.
- Auflösung der räumlichen Präsenz: z.B. in der Bildung durch reines Fernstudium.

Sehr unterschiedliche Organisationformen für die Aufgaben im Wissensdreieck können nebeneinander bestehen und sich ergänzen. Veränderte gesellschaftliche und technische Rahmenbedingungen können aber natürlich auch dazu führen, dass sich die Gewichte zwischen den Organisationsformen verschieben oder bestimmte Organisationsformen ihre Daseinsberechtigung verlieren.

In diesem Aufsatz interessieren uns die Zukunftsperspektiven eines bestimmten Universitätstyps, den wir als „*Innovative Universität*" bezeichnen. Dabei gehen wir von einem sehr breiten Begriff der Innovation aus, der insbesondere gesellschaftliche, wirtschaftliche, technische und wissenschaftliche Innovationen aller

Art umfasst. *Innovative Universitäten zeichnen sich dadurch aus, dass sie Bildung, Wissenschaft und Innovation in einer Institution zusammenführen und synergetisch im Rahmen ihrer Aufgaben integrieren.* Sie haben insbesondere folgende vier Eigenschaften:

1. Sie betreiben Wissenschaft auf internationalem Niveau und in Kooperation mit anderen Wissenschaftseinrichtungen sowohl in mehreren Einzeldisziplinen als auch interdisziplinär[15]. Viele der Disziplinen sind thematisch relevant für die Weiterentwicklung von Wirtschaft und Gesellschaft.

2. Sie sind Orte für persönlich vermittelte wissenschaftliche Grundbildung und führen einen Teil ihrer Studierenden bis zum eigenständigen wissenschaftlichen Arbeiten. Andere Studierende werden darauf vorbereitet, Führungsrollen bei gesellschaftlichen und wirtschaftlichen Innovationsprozessen zu übernehmen. Bildung für Innovation ist eine wichtige Leitlinie für die Ausgestaltung der Curricula an einer Innovativen Universität.

3. Sie sind eingebunden in ihre wirtschaftliche und gesellschaftliche Umgebung und aktive Partner der Innovationsprozesse in ihrer Großregion und darüber hinaus.

4. Sie betrachten die methodischen Unterschiede der Fachdisziplinen und die natürlichen Spannungen in den Beziehungen „Forschung und Lehre", „Forschung und Anwendung" sowie „Studium und Beruf" als Motor der gegenseitigen Befruchtung und Integration im Wissensdreieck und nicht als Effizienzbremse.

Die meisten Technischen Universitäten orientieren sich an diesen Eigenschaften. Wie die Diskussionen über Wissenschaftsregionen zeigen (siehe beispielsweise Borgwardt [2015]), gibt es aber auch viele andere Universitäten in Deutschland, die sich diesem Universitätstyp zurechnen würden. Aber sicherlich gibt es im Hinblick auf Eigenschaft 3 noch Präzisierungsbedarf. Ein prominentes Beispiel für eine Innovative Universität auf Exzellenzniveau ist die Stanford University[16].

---

[15]   Rudolf Stichwehs Interpretation von interdisziplinärer Forschung unterstreicht deren Bedeutung für die Innovative Universität: „Interdisziplinäre Forschung gehört in den Kontext angewandter Forschung und antwortet damit auf Probleme der sozialen Integration der Wissenschaft in die Gesellschaft. Ihre spezifische Leistung besteht darin, mehrere disziplinspezifische Perspektiven zum Zweck der Bearbeitung von Problemen der gesellschaftlichen Umwelt der Wissenschaft zu aggregieren." aus Stichweh (2013)

[16]   Leitspruch: "Stanford students create and apply knowledge by thinking and doing, preparing for leadership in a rapidly changing world."

Im Diskurs über die genannten Eigenschaften neigen die Traditionalisten dazu, den Begriff der Relevanz unter Punkt 1 zu hinterfragen und die Transfer- und Innovationsaufgaben von Punkt 3 und 4 infrage zu stellen. Für das Folgende sind uns diesbezüglich drei Aspekte wichtig:

- Die Diskussion über die Integration der Universität in die gesellschaftlichen und wirtschaftlichen Prozesse hat eine lange Geschichte. Schon Fichte hat darauf hingewiesen: „Man studiert ja nicht, um lebenslänglich und stets dem Examen bereit das Erlernte in Worten wieder von sich zu geben, sondern um dasselbe auf die vorkommenden Fälle des Lebens anzuwenden, und es so in *Werke* zu verwandeln; es nicht bloß zu wiederholen, sondern etwas Anderes daraus und damit zu machen; es ist demnach auch hier letzter Zweck keineswegs das Wissen, sondern vielmehr die Kunst, das Wissen zu gebrauchen." (Fichte, 2010). Und modernere Autoren haben diesen Aspekt immer wieder aufgegriffen, zum Beispiel Klaus Landfried: „Meine Devise hinsichtlich der Organisation des Unternehmens Universität lautet ganz einfach: Nur als wettbewerbsorientiertes, kostenbewusstes Unternehmen kann die Universität von morgen die nötigen Innovationsleistungen organisieren und den materiellen Spielraum für Bildung und freien Geist in sich selbst schaffen, ohne den wir in Forschung und Lehre unsere Humanität einbüßen würden." (Landfried, 1991).
- Wir sprechen bewusst von einem Universitätstyp. Andere Universitäts- und Hochschultypen können daneben existieren. Eine Typisierung ist aber eine wichtige Voraussetzung für die Transparenz gegenüber Studieninteressierten und die Kooperation gleichgesinnter Universitäten[17].
- Die Bedeutung der Beteiligung an den Innovationsprozessen der Gesellschaft steigt mit der Entwicklungsgeschwindigkeit und Komplexität der Gesellschaften. Insofern haben wir es heute diesbezüglich mit ganz anderen Rahmenbedingungen als am Anfang des 19. Jahrhunderts zu tun. Innovationszyklen sind heute deutlich kürzer als früher. Als Beispiel sei hier die Veränderung unserer Gesellschaft und Wirtschaft durch die Digitalisierung aufgeführt. Solche Innovationsprozesse aktiv mitzugestalten, ist eine zentrale Aufgabe der Innovativen Universitäten.

Die Innovative Universität ist also eine Organisation, die mehrere Fachdisziplinen umfasst und die Ziele in den drei Aufgabenbereichen ausbalancieren muss. Es gehört zu ihrem *Selbstverständnis* diese Aufgaben gleichberechtigt zu behandeln und

---

[17]   Vgl. auch die Diskussion in Abschnitt 5, These 5

deren Synergien herauszuarbeiten. Dies bedeutet jedoch nicht, dass jeder Professor oder jede Professorin sich diesen drei Aufgaben widmen muss, sondern vielmehr die Universität in ihrer Gesamtheit. Dementsprechend ist sie mit einer Heterogenität und inhärenten Integrationsaufgabe konfrontiert (siehe Eigenschaft 4). Damit die Integrationsaufgabe bewältigt werden kann, sollte man sie nicht unnötig durch weitere Heterogenität erschweren. Die Studierendenschaft, die jungen Wissenschaftler und Wissenschaftlerinnen und die Professorenschaft sollten im Hinblick auf qualitativen Anspruch, Leistungsbereitschaft und Leistungsfähigkeit in ihrer jeweiligen Gruppe eine gewisse Homogenität aufweisen. Institutionelles Zugehörigkeitsgefühl und persönliches Miteinander sind darüber hinaus wichtige Faktoren, damit die Integrationsaufgabe zum dreiseitigen Vorteil gelingen kann und die erhofften Synergieeffekte erreicht werden können.

3.4 Chancen und Bedrohungen

Mit der Innovativen Universität haben wir einen Universitätstyp skizziert, der sich nicht nur dem Spannungsfeld „Forschung und Lehre" aussetzt, sondern auch die Beziehungen zu anderen Hochschultypen, Forschungseinrichtungen, Wirtschaft und Gesellschaft aktiv gestaltet. In Deutschland gibt es viele Universitäten, die ein solches Selbstverständnis pflegen oder entwickeln. Andererseits gibt es aber auch eine Bewegung hin zu mehr Spezialisierung, zum Beispiel Forschungseinrichtungen für die Grundlagenforschung ohne Bildungsaufgaben. Im Folgenden wollen wir in Kürze die Chancen und Bedrohungen Innovativer Universitäten vor dem Hintergrund der aktuellen Situation in Deutschland diskutieren.

Chancen: Die Vorteile einer Integration von Wissenschaft und Bildung bzw. Forschung und Lehre sind lange diskutiert. Drei wichtige Aspekte dabei sind:

1. Die wissenschaftliche Bildung ist einem stetigen Veränderungsprozess unterworfen[18] und sollte deshalb inhaltlich von Personen, die selbst wissenschaftlich tätig sind, gestaltet werden.

---

[18]   Wilhelm von Humboldt schreibt dazu in seiner Denkschrift „Über die Innere und äussere Organisation der höheren wissenschaftlichen Anstalten in Berlin": „Es ist ferner eine Eigentümlichkeit der höheren wissenschaftlichen Anstalten, dass sie die Wissenschaft immer als ein noch nicht ganz aufgelöstes Problem behandeln und daher immer im Forschen bleiben, da die Schule es nur mit fertigen und abgemachten Kenntnissen zu tun hat und lernt."

2. Solche Personen als Lehrerinnen und Lehrer zu haben, ist für viele Studierende eine wichtige Motivation, um die großen Herausforderungen der wissenschaftlichen Grundbildung zu bewältigen, und gibt wichtige Orientierungshilfen.

3. Damit wird auch die Vermittlung der Wissenschaft an die nächste Generation, ein zentrales Element der Pflege der Wissenschaft, sichergestellt.

Im Hinblick auf die beiden anderen Integrationsdimensionen „Forschung und Anwendung" und „Studium und Beruf" gibt es auf Grund der aktuellen Entwicklung große Chancen für Innovative Universitäten. Der überwiegende Anteil der Studierenden strebt heute einen Beruf außerhalb der Wissenschaft an. Während akademische Berufsbilder außerhalb der Wissenschaft zunächst im Wesentlichen in den Rechtwissenschaften, der Medizin und der gymnasialen Lehre zu finden waren, dann im 20. Jahrhundert in den Ingenieursdisziplinen Einzug hielten, etablieren sie sich heutzutage in immer mehr Feldern der Berufswelt. Diese Veränderungen aktiv mitzugestalten, birgt große Chancen für die Universitäten.

Vielleicht noch größer sind die Chancen der Universitäten bei der Mitgestaltung der Innovationsprozesse und der Modernisierung von Wirtschaft und Gesellschaft. Insbesondere die Entwicklungen in den Natur- und Ingenieurwissenschaften bringen weitreichende Innovationspotenziale für fast alle Bereiche moderner Industriegesellschaften mit sich. Digitalisierung und Biotechnologie sind zwei wichtige Beispiele, die verdeutlichen, dass es dabei nicht nur um technische Neuerungen, sondern um organisatorische, rechtliche, ethische und gesamtgesellschaftliche Herausforderungen geht. Außerdem werden Universitäten auch als Partner für die Analyse und Lösungsentwicklung gesellschaftlicher Probleme akzeptiert.

Innovative Universitäten haben dabei die Chance, eine zunehmend wichtige Rolle zu übernehmen. Sie können die vermittelnde, gemeinsame Sprache zwischen den nachwachsenden Akademikern, den Wissenschaftlern und den Verantwortungsträgern in Wirtschaft und Gesellschaft bilden. Sie sind der Ort, an dem die persönlichen Netzwerke entstehen, die für die Vertrauensbeziehungen zwischen den gesellschaftlichen Teilsystemen so wichtig sind. *Die Etablierung und Pflege einer gemeinsamen Sprache und gesellschaftlicher Bindungen ist eine der zentralen Synergieeffekte, die Universitäten schon immer geleistet haben und die Innovative Universitäten im besonderen Maße leisten können.* Eine institutionelle Trennung von Bildung, Wissenschaft und Innovation bärge die Gefahr einer Entkoppelung dieser Teilsysteme mit möglicherweise kritischen Auswirkungen auf das konstruktive Zusammenwirken in modernen Demokratien und Wirtschaftssystemen.

Bedrohungen: Den skizzierten prinzipiell großen Zukunftschancen der Innovativen Universitäten, die zumindest in Deutschland politische Anerkennung und generelle Unterstützung erfahren, stehen viele unterschiedliche Bedrohungsaspekte entgegen, die in der Summe den Bestand und die weitere Entwicklung eines Systems von Innovativen Universitäten in Deutschland substantiell beschädigen können. Wenn man die Zukunft diskutieren will, ist es wichtig die Bedrohungen zu kennen:

- *Finanzielle Schwächung:* Die Finanzierung der deutschen Universitäten hinkt hinter deren Wachstum hinterher. Mittlerweile hat man sich an die schlechten Betreuungsrelationen gewöhnt. Der zusätzliche Aufwand durch die Umstellung auf Bologna wurde stark unterschätzt. Für verschärfte und neue Verordnungen und Gesetze, die zu steigenden Verwaltungs- und Personalausgaben führen, etwa im Bau-, Prüfungs-, Beihilfe- oder Arbeitsrecht, hat es keine Kompensationen gegeben. Für eine global wettbewerbsfähige Modernisierung fehlt es fast allen deutschen Universitäten an den nötigen Finanzmitteln. Digitalisierung der Lehre, Digitalisierung des Wissens, Forschungsdatenmanagement, Hochleistungsrechnen und zeitnahe Anpassung der Curricula übersteigen die Fähigkeiten der einzelnen Institutionen. Mit Ausnahme weniger Bereiche (z.B. dem Hochleistungsrechnen) fehlen die Entschlossenheit und die Governance-Strukturen, um die Modernisierung in universitäts- und länderübergreifenden Kooperationen in Angriff zu nehmen.

- *Verwässerung:* Die Begriffe „Universität", „Studium", „wissenschaftliche Veröffentlichung" werden auch von offiziellen und staatlichen Stellen mittlerweile für Hochschulen, Ausbildungen und Aufsätze verwendet, für die sie vor zwanzig Jahren verfehlt gewesen wären. Studiengänge, die erhebliche inhaltliche und qualitative Unterschiede aufweisen, werden von staatlicher Seite als gleichwertig erklärt. Es wird ernsthaft diskutiert, den Anspruch aufzugeben, dass die Promotion eine eigenständige Forschungsarbeit ist. Und es wird vielfach der Eindruck vermittelt, man könne ein akademisches Studium durch das Absolvieren von einem Dutzend Online-Kursen voll umfänglich ersetzen.

- *Verschulung:* Die Qualität der wissenschaftlichen Bildung ist immer mehr bedroht. So ist durch den Bildungsliberalismus die Lücke zwischen Hochschulzugangsberechtigung und wirklicher Hochschulreife immer größer geworden. Immer mehr Studierende in Deutschland sind auf die Herausforderungen eines wissenschaftlichen Studiums fachlich nicht hinreichend vorbereitet oder dafür nicht ausreichend motiviert. Das führt bei einem er-

heblichen Teil der Studierendenschaft zu Frustration und einem rein prü-
fungsorientierten Lernverhalten. Verschärft wird diese Situation durch eine
teilweise unbefriedigende curriculare Implementierung der Bologna-Vor-
gaben.

• *Auswüchse des Forschungswettbewerbs:* Forschungswettbewerb ist generell gut für eine zielgerichtete und angemessene Forschungsförderung.
Mittlerweile erleben wir aber, dass das Verhältnis von Grund- und Dritt-
mittelförderung aus dem Gleichgewicht gerät und die immensen Aufwände
für Antragstellungen, Begutachtungen und Evaluationen den vernünftigen
Bereich verlassen. Im Wettbewerb mit spezialisierten Forschungseinrichtungen, die auf andere Infrastrukturen zurückgreifen können, haben Universitäten teilweise das Nachsehen, was letztendlich zur Vernachlässigung
ihrer anderen Aufgaben, insbesondere der Lehre, führt.

• *Qualität und Finanzierung der Lehre:* Während der Forschungswettbewerb
insgesamt relativ professionell organisiert ist, ist die Wettbewerbs- und Fi-
nanzierungssituation im Bereich der Bildung kontraproduktiv. Im Wesentlichen findet derzeit eine Finanzierung nach Köpfen statt, was zu einer Ab-
wärtsspirale bezüglich der Qualität führt. Diese würde noch beschleunigt,
wenn entsprechend der aktuellen Diskussion eine Finanzierung hauptsäch-
lich über die Absolventen erfolgte, da damit der Druck auf eine Senkung
der Leistungsansprüche weiter stiege. Zudem gibt es in der Lehre keine
oder falsche Evaluationskriterien (siehe beispielsweise Uttl et al., 2017).
Ein akzeptierter, sinnvoller Begriff von Lehrleistung fehlt, und es gibt
kaum Ressourcen für eine aussagekräftige Evaluation. Darüber hinaus wird
auch die Lehre ähnlich zur Forschung zunehmend über zeitlich begrenzte
Programme finanziert. Die Exzellenzinitiative hat zudem zu einer Verschiebung der Gewichte hin zur Forschung und weg von der Lehre geführt.

Fast alle der skizzierten Bedrohungen sind seit Jahren bekannt. Angesichts der
globalen Veränderungen ist es aber bemerkenswert, vielleicht sogar erschreckend,
dass einige der zentralen Fragen im politischen Diskurs immer noch ausgeklam-
mert werden.

3.5 Thesen zur Zukunftsfähigkeit der Innovativen Universitäten

Grundsätzlich ist es die stetige Reformherausforderung der Universitäten, ihre
zentralen Aufgabenbereiche vor dem Hintergrund der sich ändernden politischen,
gesellschaftlichen und technologischen Rahmenbedingungen optimal auszugestal-
ten. Darüber hinaus ist es gleichzeitig die vornehme Aufgabe der Universitäten,

wichtige Aspekte dieser Rahmenbedingungen, insbesondere bezüglich der technischen Möglichkeiten, selbst mitzugestalten. Angesichts der Herausforderungen des globalen Wettbewerbs wird es aber nicht mehr ausreichen, dass jede Universität für sich die notwendigen lokalen Reformvorhaben umsetzt. Wichtige Modernisierungsschritte sollten von größeren Teilen des Wissenschaftssystems gemeinsam und koordiniert angegangen werden. Durch die weitgehend öffentliche Finanzierung und politische Steuerung des Wissenschaftssystems in Deutschland ist diese Forderung bei hinreichendem politischem Gestaltungswillen auch realistisch.

Mit den folgenden fünf Thesen plädieren wir dafür, die Rolle der Innovativen Universitäten im deutschen Universitäts-, Hochschul- und Wissenschaftssystems zu stärken.

These 1: Innovative Universitäten mit ihrer konzeptionellen und institutionellen Integration von Wissenschaft, Bildung und Innovation sind für das Gelingen moderner Gesellschaften in Zukunft von zentraler Bedeutung. Universitäten, die sich dieses Konzept zu Eigen machen, sollten darin gestärkt werden.

Angesichts der Beschleunigung der Innovationsprozesse von Wirtschaft und Gesellschaft ist eine spezifische Förderung dieser Integrations- und Vernetzungsaufgabe gerechtfertigt. Wichtig wird es sein, weiterhin herausragende Persönlichkeiten zu finden und zu motivieren, die in den Innovativen Universitäten ein geistiges Klima schaffen, in dem wissenschaftliche Bildung, Erkenntnisgewinn und Engagement für die innovative Gestaltung der Zukunft sich gegenseitig befruchten.

These 2: Die wissenschaftliche Bildung an den deutschen Universitäten steckt in der Krise. Dies gilt insbesondere für die Innovativen Universitäten, bei denen die MINT-Fächer eine besondere Rolle spielen. Kraftvolle Reformschritte sind nötig, um dem akademischen Nachwuchs eine Bildung zu geben, die es ihm ermöglicht, in Wissenschaft und Wirtschaft international erfolgreich sein zu können und damit auch zum Wohlstand der gesamten Gesellschaft beizutragen.

Die in Abschnitt 4 angesprochenen finanziellen Aspekte tragen wesentlich zur Krise bei. Es gibt aber auch wichtige nicht-monetäre Gründe:

- Das Leistungsniveau und die Leistungsbereitschaft eines erheblichen Teils der Studierendenschaft entsprechen nicht den Anforderungen für ein Universitätsstudium. Dies führt zu Frustration bei den Studierenden, die den Anforderungen nicht gerecht werden, und zu Ablenkung, Irritation und Demotivation der geeigneten Studierenden. Es beschädigt das Verhältnis von

Lehrenden und Lernenden, da die Lehrenden häufig die überwiegende Zeit für Studierende aufbringen müssen, die an anderen Hochschulen besser aufgehoben wären. Die Anzahl Fehlversuche bei Prüfungen und die prüfungsrechtlichen Auseinandersetzungen haben ein kritisches Ausmaß erreicht.

- Das Universitätsstudium hat in Deutschland die Aura des Besonderen verloren. Die schlechten Betreuungsrelationen und die Verschulungstendenzen wirken demotivierend. Studierende werden auf ihrem anspruchsvollen Weg nicht aktiv unterstützt.

Wir brauchen wieder mehr Verbindlichkeit zwischen Studierenden und Universität. Das beginnt mit der leistungsorientierten Auswahl der Studierenden und der Vereinbarung von Rechten und Pflichten. Das setzt sich fort in besseren Betreuungsrelationen, in mehr selbständigen Aktivitäten der Studierenden und einer gelebten Gemeinsamkeit aller Universitätsmitglieder. Insbesondere die Innovativen Universitäten brauchen mehr Raum für Experimente. Nur so kann die Universität wieder zu einem Ort werden, der durch seine geistige Lebendigkeit und vielfältigen Möglichkeiten wissensbegierige und gestaltungswillige junge Menschen anzieht, zu großen Leistungen motiviert und positiv auf die Innovationsprozesse in Wissenschaft, Wirtschaft und Gesellschaft vorbereitet.

These 3: Die Rolle der Innovativen Universitäten bei der Modernisierung von Wirtschaft und Gesellschaft muss konzeptionell weiterentwickelt, mit Anreizsystemen und systematischen Austauschformaten unterfüttert und strukturell besser verankert werden.

Die wechselseitigen Beziehungen zwischen dem Universitätssystem, den anderen Wissenschaftseinrichtungen, der Wirtschaft und der Gesellschaft sinnvoll zu intensivieren und über gewachsene persönliche Kontakte hinaus so zu systematisieren, dass Innovationsprozesse beschleunigt, aber auch angemessen kritisch begleitet werden, ist eine sehr anspruchsvolle Aufgabe, die sicherlich noch nicht vollumfänglich verstanden ist. Aber folgende Aspekte sind schon heute klar:

- Die rechtlichen Rahmenbedingungen sind teilweise sehr hemmend und demotivierend. Der unübersehbare rechtliche Dschungel (Beihilferecht, Fragen zum geistigen Eigentum, Unternehmensrecht, etc.) muss lichter werden.
- Die vielen Akteure in diesem Bereich (Unternehmen, Universitäten, Regierungen, Kammern, gesellschaftlichen Einrichtungen, etc.) müssen ihre Beziehungen klären und ggf. neu justieren.

- Die Instrumente und Infrastrukturen, um fachliche Expertise, Problemstellungen, Qualifikationen und Interessen geeignet und effizient zusammenzubringen, sind noch in den Kinderschuhen und müssen weiterentwickelt werden.
- Für den Aufgabenbereich „Transfer und Innovation" brauchen die Innovativen Universitäten eine Grundfinanzierung.

Gerade in demokratischen Gesellschaften gibt es in diesem Bereich eine inhärente Governance-Schwäche, die sich einerseits aus rechtstaatlichen Anforderungen, andererseits aus der relativ großen Autonomie der beteiligten Akteure ergibt. Als neutralen Partnern kommt deshalb den Innovativen Universitäten eine besondere Rolle zu.

These 4: Wenn die föderale Struktur in Deutschland erhalten bleiben soll, reicht es nicht, sich auf die Entwicklung von drei oder vier Exzellenzuniversitäten zu konzentrieren. Um ein Abwandern der innovativen Intelligenz in die Ballungsräume zu verhindern, ist ein System von etwa dreißig Innovativen Universitäten verteilt über Deutschland notwendig, die auf Augenhöhe kooperieren können und sichtbar in der internationalen Forschergemeinschaft verankert sind.

Eine besondere Eigenschaft der Innovativen Universitäten ist die Vernetzung mit den Innovationsprozessen in ihrer Großregion. Daraus ergibt sich automatisch eine gewisse Dislozierung in der Fläche. Dabei spielt die genaue Granularität eher eine untergeordnete Rolle. Wichtig ist, dass man die einzelnen Innovativen Universitäten nicht nur als Solitäre, sondern als Teil eines Systems Innovativer Universitäten versteht. In diesem System muss Wettbewerb und Kooperation mit einander kompatibel sein.

These 5: Die Modernisierung der Universitäten ist ohne eine erheblich verstärkte Kooperation im Wissenschaftssystem mit entsprechenden, auch länderübergreifenden Governance-Strukturen, nicht zu bewältigen.

Die Kooperationsfähigkeit innerhalb des Universitätssystems insgesamt und insbesondere unter ähnlich ausgerichteten Universitäten ist von entscheidender Bedeutung für die Zukunftsfähigkeit. In vielen Bereichen sind einzelne Universitäten überfordert, die anstehenden und zukünftigen Aufgaben alleine zu bewältigen. Wichtige Beispiele dazu sind:

- Bibliothekssysteme, Medienverwaltung: Mit geeigneter Infrastruktur würde es reichen, in Deutschland eine zentrale Universitätsbibliothek für alle wissenschaftsrelevanten digitalen Medien zu etablieren.

- Forschungsdatenmanagement: Die Entwicklung von Formaten und Infrastrukturen für ein zukunftsweisendes Forschungsdatenmanagement muss auf nationaler und internationaler Ebene erfolgen.

- Hochleistungsrechnen: Alle Innovativen Universitäten benötigen Rechenkapazitäten an Hochleistungsrechnern. Dafür braucht es eine länderübergreifend organisierte HPC-Infrastruktur.

- E-Learning, digitale Lehrmedien: Die Erstellung und nachhaltige Pflege von digitalen Lehrmedien sind sehr aufwendig und überfordern einzelne Universitäten. Ohne Kooperationen in diesem Bereich erscheint es unrealistisch, die Lehre in der Breite der Curricula in absehbarer Zeit durch professionelle Medien zu unterstützen.

Für die kooperative Bewältigung dieser und weiterer Aufgaben im Zuge der Digitalisierung fehlen derzeit entscheidungskräftige Governance-Strukturen. Eine gewisse Vorreiterrolle, an der man Möglichkeiten und Probleme studieren kann, nimmt hier das Hochleistungsrechnen ein.

Epilog

Die Welt wartet nicht. Angesichts der gestiegenen Innovationsgeschwindigkeit ist es von schwer zu überschätzender Bedeutung, Erkenntnisgewinn und Innovationsprozesse besser zusammenzuführen. Innovative Universitäten können dazu einen wichtigen Beitrag leisten. In ihrem Selbstverständnis verbindet sich die traditionelle Einheit von Forschung und Lehre mit dem Ziel der konstruktiven Mitgestaltung der Zukunft. Dabei werden digitale Techniken und Medien eingesetzt, um diesen Aufgaben bestmöglich gerecht zu werden. Die Innovative Universität versteht sich als ein Ort, an dem Menschen sich gemeinsam anstrengen, die Welt zu verstehen und einen Beitrag zu deren Weiterentwicklung zu leisten.

Quellenangaben

Borgwardt, A. (2015). Wissenschaftsregionen – Regional verankert, global sichtbar. Berlin: Friedrich-Ebert-Stiftung.
Bucher, E. (2016). Der Untergang der Fakten. http://www.zeit.de/2016/46/wissenschaft-fakten-politik-postfaktisches-zeitalter

Fichte, J.G. (2010). Deduzierter Plan einer zu Berlin zu errichtenden höheren Lehranstalt, die in gehöriger Verbindung mit einer Akademie der Wissenschaften stehe. https://e-doc.hu-berlin.de/bitstream/handle/18452/5303/9.pdf?sequence=1&isAllowed=y

Kuhn, Th. (1996). The Structure of Scientific Revolution. Chicago: University of Chicago Press.

Landfried, K. (1991). 20 Jahre Universität Kaiserslautern. https://www.leo-bw.de/web/guest/detail/-/Detail/details/DOKUMENT/bsz_swb/02765589X/20+Jahre+Universit %C3   %A4t+Kaiserslautern++1970+-+1990   %3B+eine+Dokumentation+-+ %5BHrsg+Klaus+Landfried %5D

Stichweh, R. (1993). Wissenschaft, Universität, Professionen – Soziologische Analysen. Bielefeld: Transcript.

Uttl, B.; White, C. A. & Gonzalez, D.W. (2017). Meta-analysis of faculty's teaching effectiveness: Student evaluation of teaching ratings and student learning are not related (Studies in Educational Evaluation, Vol. 54, Sept. 2017)

von Humboldt, W. (2010). Über die innere und äussere Organisation der höheren wissenschaftlichen Anstalten in Berlin. https://edoc.hu-berlin.de/handle/18452/5305

4   Die Hochschule der Zukunft: Versuch einer Skizze

Prof. Dr. Ulf-Daniel Ehlers

Abstract

Die Hochschulen sind nicht am Ende, aber die Hochschule der Zukunft wird anders aussehen, als die heutige. Eine stärkere Bildungsbeteiligung, die zunehmende Diversität der Lebenslagen, die Bedürfnisse der Studierenden und die Digitalisierung sind wesentliche Treiber, die die Hochschulen derzeit vor Entwicklungsaufgaben stellen. Wie die neue Hochschule genau aussieht kann wohl niemand so genau vorhersagen. Im Beitrag werden aber die derzeitigen Treiber der Hochschulentwicklung und die Bruchstellen, an denen die Herausforderungen des derzeitigen Modells sichtbar werden, analysiert. Es werden zudem Beispiele beschrieben, die zeigen, wie Hochschule sich heute schon den veränderten Rahmen- und Randbedingungen stellen und wie sie dabei auch Digitalisierung nutzen. Dabei wird die These untermauert, dass die erhöhte Bildungsbeteiligung und die Digitalisierung zu tiefgreifenden Änderungen der Konzeption der modernen Hochschule führen werden. Ein besonderes Augenmerk wird auf die Determinanten gelegt, die den Wandel der Hochschulen bestimmen werden.

4.1   Einleitung

Prognosen sind bekanntlich schwierig, vor allem, wenn sie die Zukunft betreffen. Das gilt auch für die Zukunft der Hochschule. Trotzdem ist es ein Thema, was immer wieder zu Konferenzen und Workshops inspiriert, meistens nicht so sehr, um nachzudenken, was sich ändern wird, sondern vor allem, was sich ändern *sollte*. Eines wird dabei durchweg deutlich, so weitegehend und kontrovers die Diskussionen auch sein mögen: Die Universität ist nicht am Ende. Wir müssen keinen Abschied feiern.

Sie ist in der Kritik und Begriffe wie ‚Bildung neu denken' und Digitalisierung spielen dabei wechselnde Rollen zwischen Begleiter und Treiber. Als die wichtigste gesellschaftliche Institution Europas kann sie sich behaupten (Rüegg, 1993). Ihr Ideal mag in Gefahr sein – das der *Universitas* (eigentlich *universitas magistrorum et scholarium*), als Gemeinschaft von Lehrenden und Lernenden, die gemeinsamen Grundzielen verschrieben ist. Interessant ist es, sich die derzeit führenden Treiber der Entwicklung und den Wandlungsdruck, dem die Universitäten ausgesetzt sind, vor Augen zu führen: es sind insbesondere zwei Entwicklungen, die hierbei hervorstechen, zum einen der enorm gestiegene Stellenwert von höherer Bildung in einer Bildungsgesellschaft, und zum anderen die Digitalisierung. Beides sind die Determinanten an denen sich die Zukunft der Hochschule ausrichtet.

Aber die Hochschule steht in der Kritik, das ist unüberhörbar, beispielsweise im Rahmen der Kritik am Bolognaprozess: So sei bereits eine starke „Verschulung" der neuen Studiengänge zu erkennen. Einige Kritiker sehen in den Reformen das endgültige Ende der humboldtschen Universität, der damit verbundenen Idee von Bildung und damit das „Ende einer Lebensform" (Seibt, 2007). Auch die zunehmende ‚Separierung von Forschung und Lehre' und die Ersetzung von ‚Innensteuerung' (Interesse an Inhalten) durch ‚Außensteuerung' (scheinorientiertes – d.h. an Leistungsnachweisen – Studium unter Zeitdruck) wird angeführt. Das bildungspolitische Ringen um den richtigen Weg zur Reform von Bildung, in Schule und Hochschule zeigt sich auch in bildungspolitischen Paradoxien: Aus der Erkenntnis, dass Bildung immer wichtiger wird, wird der Schluss gezogen, dass ein verkürztes zwölfjähriges Abitur in Zukunft ausreichen müsse und auch die Studienzeiten verkürzt werden müssten. Den Wunsch nach mehr Bildungsgerechtigkeit und mehr Hochschulabsolventen kombinierte man mit der Einführung von Studiengebühren. Größere wissenschaftliche Kompetenz versprach man sich von der Ausrichtung der Universitäten auf Drittmittelorientierung. Die Hochschule scheint derzeit allein, umringt von Reformern.

Doch lehrt uns die Geschichte, dass Entwicklung nicht zurück zu dem alten Zustand führen (sollte), sondern, dass ein neuer Zustand, der in einer Verbindung der Tradition und des Eingeübten, mit der neuen Möglichkeit liegt, anzustreben ist. Wie kann das für die heutige und die zukünftige Hochschule aussehen? Meine These ist, dass die erhöhte Bildungsbeteiligung und die Digitalisierung zu tiefgreifenden Änderungen der Konzeption der modernen Hochschule führen werden. Diese beiden Themenstellungen möchte ich im zweiten Abschnitt ausführlich diskutieren, auch und vor allem in ihren Auswirkungen auf die akademische Bildung. In Abschnitt 3 werde ich die Determinanten des Wandels der Hochschule beschreiben und im vierten Abschnitt konkrete mögliche Konzepte skizzieren, mit denen Universitäten auf die neuen Herausforderungen reagieren können.

4.2 Neue Herausforderungen für die Hochschule der Zukunft

Die Zukunft der Hochschule spannt sich wie ein Horizont. Luhmann (Luhmann, 1976) beschreibt, dass in allen sozialen Systeme Erwartungen gebildet werden, die maßgeblich sind dafür, wie sich das System, auch die Hochschule, in seinen Operationen auf die Zukunft ausrichtet. Daher ist es wichtig, für die Zukunft der Hochschule auch die Situation innerhalb der Hochschule und die Erwartungen ihrer Akteure mit einzubeziehen. Niklas Luhmann (ebenda) unterscheidet in diesem Zusammenhang zwei Aspekte, nämlich „gegenwärtige Zukünfte" – also Projektionen, etwa in Gestalt von Utopien – und »zukünftige Gegenwarten" in Gestalt von technologischen Orientierungen, kausalen oder stochastischen Verbindungen zukünftiger Ereignisse. Diese Skizze versteht sich eher als ein Beitrag einer zukünftigen Gegenwart. Die Hochschule der Zukunft wird sich in Organisationsstruktur und Arbeitsweise ändern müssen, will sie den geänderten Rahmenbedingungen einer Gesellschaft Rechnung tragen, in der akademischen Bildung die normalbiografische Erfahrung der Mehrheit einer Alterskohorte ist. Der Megatrend der gesellschaftlichen Entwicklung hin zu einer Bildungsgesellschaft mit all ihren Erscheinungsformen wird durch einen zweiten gesamtgesellschaftlichen Megatrend verstärkt, den der Digitalisierung. In beiden Entwicklungen sind eine Reihe von Ursache-Wirkungsbündeln enthalten, die in ihren Auswirkungen starken Einfluss auf die Entwicklung der Hochschule der Zukunft nehmen.

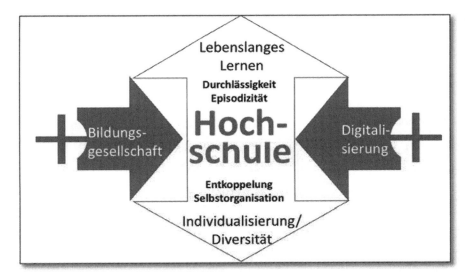

Abb. 4.1: Einflussfaktoren auf die Hochschule

4.2.1 Herausforderung 1: Bildungsgesellschaft

Universitäre Bildung war immer begehrt, aber nie so offen zugänglich wie derzeit. War die erst Hochschulausbildung im Bologna des 11. Jahrhunderts noch sehr auf die gesellschaftlichen Eliten ausgerichtet und hoch selektiv im Zugang für nur sehr privilegierte Zielgruppen, so ist durch die Bedarfe der industrialisierten Gesellschaft ausgelöst, ein wahrer Feldzug der Massenhochschulen eingetreten. Hochschulbildung zu erlangen wird heute zur Normalbiografie und Standarderfahrung (OECD, 2016). Auch in Deutschland studieren mittlerweile mehr als 50 % einer Alterskohorte. Die Quote der Studienberechtigten stieg 2012 bundesweit auf 53,5 Prozent (zu Akademisierungstrends siehe auch Alesi & Teichler, 2013), die der Studienanfängerinnen und Studienanfänger auf 54,6 %, und der Studienabsolventen auf 30 % (Dräger & Ziegele, 2014). Meyer und Schofer (Schofer & Meyer, 2005) zeigen anhand hochschulstatistischer Auswertungen, dass die Hochschulexpansion spätestens seit der Mitte des 20. Jahrhunderts ein in allen fortgeschrittenen Ländern der Erde beschleunigt auftretender Prozess ist, der jedoch durchaus mit unterschiedlicher Geschwindigkeit verläuft. Die durchaus bedenkenswerten kritischen Interventionen zum „Akademisierungswahn" sind demnach wichtige Reflexionsmomente, die jedoch am Faktum der stetig zunehmenden Bildungspartizipation nichts ändern (werden). Mit einer Hochschulpartizipationsrate deutlich oberhalb der 50 %-Marke wird man somit überall rechnen müssen (vgl. Teichler 2014; Baethge et al. 2014).

Die Bedeutung von Bildungsbeteiligung als Ermöglicher am kulturellen, sozialen und ökonomischen Kapital (Bourdieu, 1982) teilhaben zu können, steigt damit stetig weiter an. Der in der Pädagogik und Soziologie zunehmend stärker diskutierter Begriff der Bildungsgesellschaft (Mayer, 2000) ist hierfür kennzeichnend. Damit ist sie paradoxerweise nicht nur eine wichtige Option, sondern stellt auch zunehmend ein Risiko dar, sollte eine entsprechend Bildungsbeteiligung nicht stattfinden (können) (Beck, Risikogesellschaft, 1986). Option und Zwang liegen damit eng beieinander.

4.2.2 Digitalisierung der Universitäten

Ein zweiter wichtiger Änderungswind weht seit einiger Zeit aus Richtung der Digitalisierung auf die Hochschulen zu. Es ist kein von der oben beschriebenen Entwicklung zur Bildungsgesellschaft getrennt stehender Faktor, sondern beflügelt diesen eher noch. Die Digitalisierung führt zu Entgrenzungsprozessen akademischer Bildung und ihrer Organisation, die auf alle Bereiche der Hochschule einen Einfluss hat:

•   Das für ein akademisches Studium notwendige Wissen wird zunehmend frei digital verfügbar und von einer spezifischen akademischen Institution und ihren Akteuren abgekoppelt verfügbar. Die Koppelung von Wissenszugang und Institutionszugehörigkeit löst sich mehr und mehr auf. So ist beispielsweise ein Patchworkstudium mit unterschiedlichen akademischen Lehrveranstaltungen an unterschiedlichen Institutionen prinzipiell denkbar und wird auch zunehmend realisiert.

- Wissensvermittlungsprozesse verlieren ihre Raum- und Zeitgebundenheit und Studium kann neu und unabhängig von Seminarräumen und Präsenzveranstaltungen organisiert werden.

- Die Generierung neuen Wissens über Forschungsprozesse ist heute ohne digitale Medien und durch sie unterstützte Prozesse nicht mehr denkbar. Auch für die Interaktion zwischen Lehrenden und Lernenden, sowohl bei der Lehre als auch bei der Organisation des Studiums, werden zunehmend digitale Medien genutzt.

- Forschende, Lehrende und Studierende treten über digitale Medien zunehmend auch in einen globalen Austausch und Studium, Lehre und Forschung internationalisiert sich.

Die hier genannten Punkte stellen nur eine kleine Auswahl von Aspekten dar, die durch Digitalisierung in der Hochschule der Zukunft beeinflusst werden. Die Tatsache, dass mehr und mehr Universitäten Konzeptionen zur Digitalisierung in ihre Strategiebildungsprozesse aufnehmen, trägt dieser Entwicklung Rechnung und ist gleichzeitig Ausdruck davon (Hochschulforum Digitalsierung, 2016).

Die steigende Individualisierung von akademischen Bildungsprozessen und die Vielfalt von Ansprüchen, Ziele und Methoden des Studierens wird durch die Unterstützung der Lehre und des Studiums mit digitalen Medien im oben beschriebenen Sinne erst möglich. Die Digitalisierung wirkt wie ein Ermöglicher der Anforderungen, die gesteigerte Bildungsbeteiligung mit sich bringt. Die Digitalisierung der Hochschulbildung als Technisierung zu verstehen, wäre verkürzt und falsch. In ihrem Kern stehen Aspekte wie der freie Zugang zu Wissen, Wissensressourcen, entgrenzten Kommunikationsmöglichkeiten und Vernetzung. Es stellt sich die Frage, wie Bildungsprozesse aussehen müssen, wenn sie eben nicht mehr auf dem schon eingeübten Hierarchiegefälle der Lehrenden als der Wissensträger einerseits und der Studierenden als der Wissensempfänger andererseits ruhen kann. Vielmehr scheint das alte Ideal der Gemeinschaft der Studierenden und Lehrenden mit dem Ziel, innovative Ansätze durch Diskurs hervorzubringen, nun wieder aufzuscheinen – im gemeinsamen Diskurs Problemszenarien zu entwickeln und zu bearbeiten.

4.2.3 Zusammenfassung: Gestaltungsdruck und Gestaltungsrichtungen

Beides, sowohl die gestiegene Beteiligung an akademischer Bildung, als auch die zunehmende Digitalisierung der Hochschulbildung wirken wechselseitig verstärkend auf die Organisation und Ausgestaltung von Studium, Lehre und Forschung. Eine neue Vielfalt und Entkoppelungsprozesse sind die Folge und lösen einen immer stärker spürbaren Gestaltungsdruck in Richtung Individualisierung und lebenslanger akademischer Bildungsnotwendigkeit aus.

Zunahme von Vielfalt, Selbstorganisation und Entkoppelung

„Diversität" ist das große Stichwort der Hochschulbildung in jüngster Zeit. Sie wächst auf dem Zusammenhang, dass akademische Bildung einen immer größer werdenden Stellenwert für die soziale Teilhabe an der Gesellschaft besitzt, dass Bildungsprozesse zunehmend individueller (also auf den jeweiligen Bedarf der/ der einzelnen Person und Biografie zugeschnitten), und dadurch auch diversifizierter und an die jeweiligen Lebenslagen in Form und Inhalt angepasster werden (also weniger an Standartangeboten orientiert sind). Diese neue Vielfalt ist eine Heterogenität, die die große Herausforderung der Universitäten in den nächsten Jahren darstellt. Die ‚klassische Klientel' wissenschaftsaffiner und akademisch orientierter Studierender wird zu einer Minderheit an den Hochschulen werden. Der Bologna-Prozess gibt eine immer stärker berufsorientierte Hochschulausbildung vor, die für immer mehr Studierende der Beweggrund für ein Studium ist. Hochschulen werden sich auf die Vielfalt einstellen müssen, weil sie andernfalls weder den sich verändernden gesellschaftlichen Anforderungen gerecht werden, noch ihre Studierenden verstehen können. Derzeit besteht an Hochschulen oftmals der Eindruck, dass es kein großes Problem gäbe: Die Abbruchquoten in Deutschland mit um die 25 % im OECD-Durchschnitt insgesamt eher niedrig. Jedoch geht es nicht nur darum, möglichst alle Studierenden wie bisher durch die erprobten Studienkonzeptionen zu schleusen, sondern die Frage zu stellen, welche neuen Fähigkeiten und Kompetenzen die Studierenden mit ins Studium bringen und wie deren Interessen zu einer Bereicherung der Lehre beitragen könnten.

Im Umgang mit mehr Vielfalt wird es für Hochschulen wichtig, Selbststeuerungsprozesse durch Studierende zu ermöglichen, um die potenziell sehr unterschiedliche Zielstellungen einer Studienkohorte miteinander in Einklang zu bringen. Während es in einem Fall noch darum geht, ein grundständiges Studium zu absolvieren, ist es in anderen Fällen ein berufsbegleitendes oder ein praxisintegriertes Studienmodell, hier besteht vielleicht das Interesse an einem Kontaktstudium und dort an einer vertieften fundierten Studieneinheit in einem Spezialfach.

Diese unterschiedlichen Bedarfe und Interessen müssen zukünftig durch intelligente und modularisierte Studienmodelle miteinander kombinierbar werden. Studierende nehmen für sich ein stärkeres Wahlverhalten in Anspruch und nutzen die Möglichkeit zum Studium aus vielfältigsten Lebenslage und Positionen im Lebenslauf. So resultiert der Studienabbruch in der Mehrheit der ersten Semester mittlerweile nicht mehr aus Leistungsgründen, sondern aus der Tatsache, dass Studierende sich innerhalb der ersten Studienphase umentscheiden, vielleicht ein anderes Fach studieren möchten, eine andere akademische Institution wählen oder ganz aus dem Studium aussteigen möchten, was sie vielleicht später wiederaufnehmen wollen. Um solchen Bildungsverläufen gerecht zu werden muss die Konzeption eines akademischen Studiums neu gedacht werden: Kleinere akademische Qualifikationseinheiten zu konzipieren, diese in intelligenten Weisen miteinander koppeln zu können und dabei gleichzeitig nicht die großen Qualifikationslinien aus den Augen zu verlieren. Zertifizierung, Prüfung, Examen nur noch für ein gesamtes Studium abzunehmen, das Studium aus 'einer Hand', einer Institution, an einer Hochschule von A bis Z, wird zukünftig der Vergangenheit angehören oder zumindest neben das heute bekannte Normalmodell treten.

Eine dritte Entwicklung sind die sich abzeichnenden Entkoppelungsprozesse. Zum einen ist zu erkennen, dass sich die Vorstellung, die für einen Beruf notwendigen Qualifikationen und Kompetenzen ließen sich in klare und überdauernd gültige Curricula verpacken, als zunehmen absurd erweist. Es ist vielmehr eine Entwicklung von einem beruflichen und an Berufsdefinitionen orientierten System der Arbeit zum einem flexiblen System der Arbeit zu erkennen, in dem Berufsdefinitionen nicht mehr starre Tätigkeitsbündel umfassen, sondern sich stetig weiterentwickeln. Lisop und Beck sprechen hierbei von einem Abschied vom „Berufe-Konstrukt als qualifikatorischer und pädagogischer Fundierung" (Lisop, 1997; Beck, 1986). Die Hochschule der Zukunft kann akademische Qualifikationen zukünftig nicht mehr als starres 'Paket' eng umgrenzter beruflicher Qualifikationen konzipieren. Vielmehr bedingt eine industriell hoch entwickelte Struktur von Produktion, Forschung, Entwicklung und Dienstleistungen einen raschen Wechsel der Qualifikationen. In der Konsequenz sind Universitäten aufgefordert, sich mehr an übergreifenden Kompetenzen und weniger an passgenauen Qualifikationen zu orientieren.

Im Bereich der Studienorganisation zeichnen sich ebenfalls Entkoppelungsprozesse ab: So bei der Entkoppelung von Studium und Abschluss. Akademisches Studium wird zukünftig nicht ausschließlich mit dem Ziel eines Abschlusses durchgeführt werden. Vielmehr wird der Bedarf an akademischer Weiterbildung steigen, an phasenweise verfügbarer akademischer Vertiefung von beruflich relevanten Themen. Auch werden die Motive akademische Bildung als 'Genuss im Lebensvollzug' in Anspruch zu nehmen wichtiger werden. In einem zunehmend digitalisierten Markt für akademische Bildungsangebote werden akademische Qualifikationen zukünftig auch nicht mehr nur noch aus einer Hand, von einer Institution und vollumfänglich betreut werden (können). Vielmehr werden Studierende auf Grundlage ihrer eigenen Präferenzen zunehmend ihre eigene Zusammenstellung von Angeboten und Institutionen vornehmen. Damit entkoppelt sich das akademische Studium auch von einer ‚Ein-Campusmentalität', hin zu einer potenziell entkoppelten ‚Viel-Campusmentalität', in der Studium und Institution voneinander getrennt zu sehen sind.

Ein weiterer Entkoppelungsvorgang ist die Entkopplung der Zeitspanne, in der ein Studium stattfindet: Akademische Qualifizierung wird zukünftig nicht mehr als ‚Qualifikation auf Vorrat' direkt nach einem Abschluss einer weiterführenden Schule in Anspruch genommen werden, sondern in episodischen Verläufen, prinzipiell unbegrenzt über die gesamte Lebensspanne hinweg. Der Markt akademischer Weiterbildung, in dem dieses Bildungssegment derzeit angesiedelt ist, wird sich von einem Nischenmarkt (heute) zu einem Standardangebot zukünftiger Universitäten entwickeln.

Lebenslange, akademische Bildung: Von einer Option zur Notwendigkeit

Glaubt man dem beckschen Postulat der Risikogesellschaft (Beck, 1986), dann stellt kontinuierliche (akademische) Bildung zünftig einen wichtigen Weg der Risikovermeidung dar. Dabei wandelt sich ständige akademische Weiterbildung im Sinne des Lebenslangen Lernens von einer *Möglichkeit* zur Vermeidung von Lebensrisiken zu einem Zwang, von der Option zur Obligation. Damit einher geht auch die Entwicklung der Employability, die nicht mehr als Berufsfähigkeit, also Vorbereitung auf einen Beruf durch ein universitäres Studium, sondern als Beschäftigungsfähigkeit, also auf die Lebensspanne zielt: Vom ‚lifetime employment' zur ‚lifetime employability'. Das Aufweichen traditioneller Biographiemuster im Zuge der Modernisierung gehört mittlerweile zur weit verbreiteten Erfahrung. Biographien sind durch Unterbrechungen und Veränderungen, durch Neuorientierungen und Umstellungen gekennzeichnet sind, und ihnen wohnt das permanente Risiko des Abgleitens oder Abstürzens inne (vgl. (Beck, Giddens, & Lash, 1996). Für die Qualifizierung bedeutet das: sie ist nie wirklich abgeschlossen. Auch hier besteht ein Druck auf Hochschulen, Bildungsprozesse verstärkt als episodisch und nicht als einmal und für immer abgeschlossen zu betrachten.

Zusammenfassend sind folgende Aspekte der Qualifikationsentwicklung zu beobachten, die auf die Hochschule der Zukunft wirken:

- Qualifikationen werden immer unvorhersehbarer.
- Fachliche Qualifikationen unterliegen einer raschen Entwertung.
- Es gibt keinen fixierten Wissensbestand (body of knowledge) mehr.
- Es findet eine weitgehende Entkoppelung von Arbeit und Qualifikation statt.
- Es ist eine zunehmende Entgrenzung von Qualifikationen und Qualifizierung zu beobachten.
- Lerninhalte werden globaler.

Damit wird ein Wandel von der Vorstellung des Studiums als Ziel und Voraussetzung für das Berufsleben beschrieben, hin dazu, akademische Bildung als ein `episodisches Muster´ in einer Biographie zu verstehen.

4.3 Hochschule der Zukunft

Legt man die geänderten Rahmenbedingungen in einer Bildungsgesellschaft zugrunde und den Änderungsdruck, der auf akademische Qualifizierungsprozesse wirkt, so ergeben sich auch für Hochschulen neue Anforderungen an ein modernes, weiterentwickeltes Hochschulmodel. Die folgenden Aspekte (Tabelle 1) sind das Ergebnis eines Gedankenexperiments und sicher nicht vollständig, zeigen aber den Entwicklungskorridor auf, in den Hochschulen sich derzeit befinden. Die Hochschule der Zukunft wird sich entlang dieser Profilpunkte ausrichten müssen.

Modernes, jetziges Hochschulmodell	Postmodernes, zukünftiges Hochschulmodell
Von ... (möglicher Entwicklungspfad) ... zu	
Dimension Abschlüsse:	
Ziel ist das Erreichen eines klar definierten Gesamtabschlusses für das Studium, dabei werden die Abschlussbezeichnungen hoheitlich von der Hochschule vergeben.	Das Studium setzt sich aus kleinen Studieneinheiten zusammen, die auch von unterschiedlichen (Hochschul-) Anbietern kommen können.
	Es wird mehr Kurzformate geben, mehr Zertifikatskurse, mehr Kontaktstudienmöglichkeiten, mehr Short-Courses geben. Daran entstehen Patchwork-Studienverläufe, die dann

Modernes, jetziges Hochschulmodell	Postmodernes, zukünftiges Hochschulmodell
Von ... (möglicher Entwicklungspfad) ... zu	
	zu größeren Abschlusszertifikaten, wie beispielsweise einem Studienabschluss, zusammengefügt werden können und von einer Hochschule zertifiziert werden können.
Dimension Anerkennung vorheriger Kenntnisse & Erfahrungen	
Anerkennung möglich, aber wenig tatsächliche Anerkennungspraxis	Viel Anerkennungspraxis, Hochschulen entwickeln professionelle Prozesse für Kompetenzdiagnose und die Anerkennung von Vorleistungen und Erfahrungen
Dimension Zertifizierung	
Lehre/ Vermittlung (Tutoring, Lehrveranstaltungen) und Prüfung und Zertifizierung sind gekoppelt im Rahmen einer Institution	Lehre/ Vermittlung (Tutoring, Lehrveranstaltungen) und Prüfungen und Zertifizierung (Abschlussprüfung) sind entkoppelt und können von verschiedenen Institutionen durchgeführt werden
Dimension Studienpfad / Taktung	
Studienverlauf ist durch Modul- und Prüfungsplan in der Studienordnung klar und nur mit geringer Flexibilität vorgegeben. Studium ist anhand von Zeiteinheiten strukturiert (ECTS). Klare Unterscheidung von Teilzeit und Vollzeitstruktur	Studienverlauf ist flexibel und durch große Wahlbereiche bestimmt. Studium ist anhand von inhaltlichen Kriterien strukturiert. Flexiblere, individuelle Zeitstruktur. Mehr berufs- und lebensbegleitende Modelle

Modernes, jetziges Hochschulmodell	Postmodernes, zukünftiges Hochschulmodell
Von ... (möglicher Entwicklungspfad) ... zu	

Dimension Curriculum

Im Studium sind klar definierte Qualifikationsziele vorgegeben, die für alle Studierenden gleichermaßen gelten und aus denen die Inhalte und Methoden der Module im Studienverlauf abgeleitet werden.	Studieninhalt ist zunehmend orientiert an langfristiger Beschäftigungsfähigkeit und an individuellen Bildungszielen, Interessen und Bedürfnissen.
Berufsprofile werden als normatives Paradigma für Studieninhalte herangezogen.	Im Vordergrund stehen mehr grundlegende Handlungskompetenzen und die Befähigung zum Umgang mit übergreifenden Fähigkeiten.
Ein Methoden- und Inhaltskanon ist an Fakultäten und Disziplinen orientiert.	Das Curriculum ist an zentralen Problemstellungen eines Praxisfeldes orientiert
	Die Problemorientierung bedingt eine stärker interdisziplinäre Ausrichtung
Wenige digitaler Import von Curriculum	Viel digitale Kooperation und digitaler Import und Export zwischen akademischen Institutionen

Dimension Wissenschafts-/Hochschulstruktur

Hochschulen sind in disziplinäre Einheiten, die Fakultäten strukturiert, sie sind inhaltlich maßgebend und für das Studium strukturgebend.	Hochschulen sind stärker durch interdisziplinäre / transdisziplinäre Kooperationsformen organisiert
	Das Studium ist stärker anhand von übergreifenden Fragestellungen und interdisziplinären / transdisziplinären Arbeitseinheiten organisiert.

Modernes, jetziges Hochschulmodell	Postmodernes, zukünftiges Hochschulmodell
Von ... (möglicher Entwicklungspfad) ... zu	

Dimension Lernmodell

Lernen folgt prinzipiell einer Vorstellung eines Wissens-gefälles, welches es auszu-gleichen gilt. Die Lehre ist Expertinnen- bzw. Expertenorientiert Professorinnen und Profes-soren organisieren Wissens-transfer	Lernen folgt der Vorstellung, dass Studierende und Lehrende eine Lerngemeinschaft bilden (Renaissance des Ideal der Universitas)
Prüfungsorientiertes Lernen: Lernen ist auf Prüfungen ausgerichtet Studium folgt der Vorstellung, dass es darum geht, die Hürde der Zertifizierung zu überwinden Viele Prüfungen für detaillierte Modulstruktur	Die Lernerfahrung steht im Mittelpunkt, die sich aus eigenen Interessen und selbstentwickelten Fragestellungen speist. Prüfung finden in größerem Rahmen zu übergreifenden Themen und Kompetenzen statt Übergreifenden Kompetenzen aus größeren Zusammenhängen steht im Vordergrund

Dimension Prüfungen

Viele Prüfung, an Modulen orientiert, oft eher auf Reproduktion von Wissen hin orientiert	Prüfungen sind kompetenzorientiert, finden in größeren Abständen und Einheiten statt, decken größere Gebiete ab.

Dimension Organisationsrahmen

Institutionelle Struktur: Eine Hochschule fungiert als Studienort/ -anbieter	Institutionelle Vielfalt: Mehrere akademische Institutionen sind beteiligt

Modernes, jetziges Hochschulmodell	Postmodernes, zukünftiges Hochschulmodell
Von ... (möglicher Entwicklungspfad) ... zu	
	Studierender organisiert Studienrahmen und flexibles und an Bedürfnisse angepassten Studienprozess
Dimension Reputation	
Die Reputation der Hochschule bestimmt Wert des Abschlusses auf dem Arbeitsmarkt	Studierende dokumentieren ihre Fähigkeiten und Erfahrungen eher in Assessments, auch durch qualitative Elemente, wie beispielsweise auch Portfolios
	Der Wert des Hochschulabschlusses orientiert sich vor allem auch am Praxisbezug des Studiums, den dort gemachten und dokumentierten Erfahrungen und demonstrierter Handlungskompetenz
Dimension Durchlässigkeit	
Zwischen Schule, Berufsausbildung und Hochschule existieren klare Schwellen zwischen akademischen und nichtakademischen Programmen	Durchlässiges Kontinuum zwischen den Bildungsbereichen Schule, Berufsausbildung und Hochschule und den jeweiligen anschlussfähigen Bildungsniveaus der nationalen und Europäischen Qualifikationsrahmen
Die Durchlässigkeit ist nicht durchgängig gegeben	

4.4 Schritte in Richtung der Hochschule der Zukunft

Universitäten gehen bereits Schritte in Richtung Zukunft. Digitale Medien bieten Hochschulen neue Möglichkeiten die Studienstruktur oder die Studienorganisation weiter zu entwickeln. Die Ergebnisse der jüngsten Debatte über „Hochschulbildung digital" zeigt, dass Digitalisierung nicht als Technisierung sondern als Ermöglicher für didaktische Phantasie in der Lehre steht (Digitalisierung, 2016). Zu erkennen ist, dass es Universitäten darum geht, junge Menschen in der Entwicklung ihrer Fähigkeit zur selbstständigen und eigenverantwortlichen Arbeit in heterogenen Teams zu unterstützen und sie bei der Entwicklung von Handlungskompetenzen durch die Lösung komplexer Probleme zu fördern. Hochschulen und ihre Akteure in der Lehre setzen digitalen Medien in großer Vielfalt ein und nutzen die sich dadurch ändernden Rahmenbedingungen, um produktiv neue Wege zu gehen. Dabei wird Hochschullehre jenseits von reinem monodirektionalem Wissenstransferkonzepten und Massenveranstaltungen attraktiv gestaltet. Dann wird Hochschullehre zum Reallabor, in dem Konzeptionen entwickelt und umgesetzt werden, in denen Studierende als reflektierende Praktikerinnen und Praktiker in `Reflexionslaboratorien (Ehlers, 2014) lernen, in denen sie kollaborativ zusammenarbeiten und in denen sie in ihrer Entwicklung zu autonomen und selbstgesteuerten Lernenden unterstützt werden. Digitalisierung verfolgt dabei nicht das Ziel der ‚Technisierung', sondern fordert auf, zur didaktischen, curricularen und organisatorischen Innovation in der Lehre.

Im Folgenden werden in Kürze acht Konzepte beschrieben, mit denen Universitäten sich aufgemacht haben, um die Zukunft akademischer Lehre zu verändern.[19]

1. Verzweigte Studienpfade und Abschlüsse ermöglichen

„Hochschulbildung digital" bedeutet in Hochschulen heute auch, dass Fakultäten und Studiengänge enger zusammenrücken und stärker miteinander kooperieren, vor allem und auch digital. Über digitale Medien werden Studienangebote miteinander koordiniert und verzahnt. Das kann zu flexibleren Studienangeboten führen, in denen Studierende mehr Selbststeuerungsmöglichkeiten haben, und sich im Laufe ihres Studiums gemäß ihren Interessen fachlich noch weiter verzweigen können. In zunehmenden Maße werden von Hochschulen aus vernetze Curricula angeboten, auch als Y-Studienpfad bezeichnet. Dabei wird zunächst ein curricularer Kernbereich studiert, auf dem dann eine mögliche Verzweigung in zwei oder mehr Studienrichtungen folgt. Beispielsweise schreiben sich Studierende für den Bachelor Informatik ein, können aber im Studienverlauf auf Wirtschaftsinformatik verzweigen. Für Fakultäten erfordert diese Vorgehensweise eine neue Kooperati-

---

[19]   Die im Folgenden beschriebenen Konzeptionen sind das zusammengefasste Ergebnis einer Analyse der über 100 Konzeptionen, mit denen sich Hochschulen auf die Ausschreiben des Programms „Curriculum 4.0" beworben haben, welches von der Carl-Zeiss-Stiftung und dem Stifterverband mit dem Ziel ausgeschrieben wurde, curriculare Reformprojekte auszeichnen, die neue Lösungsansätze im Umgang mit digitalen Medien aufzeigen.

onsbereitschaft, da Module nun – oftmals digital – für unterschiedliche Studienverläufe geöffnet und angeboten werden und nicht nur für den eigenen Studiengang.

2. „Probleme folgen keiner Disziplin" - Interdisziplinäre Modulkombination und polyvalente Module

Eine Variante der oben beschriebenen Flexibilisierung des Studienverlaufs ist auch eine stärkere interdisziplinäre Gestaltung von Studienangeboten durch den Einsatz digitaler Medien. Dabei werden flexible Wahlbereiche definiert, um Module und Veranstaltungen auch aus anderen, und auch fachfremden Fachbereichen zu studieren. Denkbar sind Beispiele wie die Theologin, die auch Managementseminare belegen möchte, der Manager, der an Gruppenpsychologie interessiert ist etc.. Hochschulen beginnen, Module aus Bachelor- und Masterstudiengängen als sog. ‚polyvalente Module' zu definieren. Das hat Auswirkungen auf die Kapazitätsberechnung und Auslastung von Studiengängen. Digitalisierung ermöglicht eine zeit- und ortsunabhängige Präsentation und Erreichbarkeit von entsprechenden Inhalten, auch über Fakultäts-, Department-, Campus- und sogar Hochschulgrenzen hinweg. Ein Beispiel ist hierfür ist etwa die Virtuelle Hochschule Bayern, über die viele bayrische Universitäten mittlerweile über 300 Lehrveranstaltungen und Module digital anbieten.

3. Virtuelles ERASMUS – virtuelle Mobilität (Digitale Importe von Curricula)

Eine weitere Möglichkeit, Studienverläufe interdisziplinärer und flexibler zu gestalten, mehr Wahlmöglichkeiten zuzulassen und die Selbstorganisation der Studierenden zu stärken ist der digitale Import von Curricula anderer akademischer Institutionen, in engl. mittlerweile auch „virtual Erasmus" oder „virtual mobility" bezeichnet. Studierenden belegen in diesem Fall eine Lehrveranstaltung, eine Sommerschule oder ein Praktikum, welches in Form eines Online-Kurses vermittelt wird, an einer anderen akademischen Einrichtung als der Hochschule bei der sie eingeschrieben sind, oft auch im Ausland. Das so belegte Studienangebot wird als vollwertiges Studienleistung anerkannt und kann in das eigene Studium mit allen Leistungspunkten integriert werden. Der digitale Import von Lehre aus anderen akademischen Einrichtungen kann begünstigt werden, wenn Fakultäten sich von vornherein um die möglichen Importmöglichkeiten Gedanken machen und

Regeln dazu aufstellen und diese in einem Wahlkatalog für virtuelle Mobilität für die Studierenden beigefügt werden.[20]

4. Ausweitung der Anerkennungspraxis

Hochschulen in Deutschland sind verpflichtet, Kompetenzen aus dem akademischen (bis 100 %) und nicht akademischen (bis 50 %) Bereich als Vorkenntnisse im Studium auf die zu erbringenden Prüfungsanforderungen anzuerkennen. Die Erfahrung mit solchen Anerkennungspraktiken ist jedoch nicht groß und führt oftmals zu Unverständnis auf Seiten der Lehrenden, da unklar ist, ob die zur Anerkennung eingebrachten Vorleistungen auch wirklich adäquate Kompetenzen beinhalten. Anerkennung ist aber der wesentliche Schlüssel für die Ermöglichung neuer (digitaler) Vielfalt für Studienverläufe. Digitale Lehrveranstaltungen (auch anderer Fakultäten und akademischer Institutionen) können erst dann vollwertig neben in Präsenz erbrachte Lehrveranstaltungen treten, wenn sie auch vollwertig anerkannt werden. Er erfordert jedoch in vielen Fällen die Ausweitung der Anerkennungspraxis. Dabei sind individuelle (Anerkennung individuell eingebrachter Leistungen) als auch institutionalisierte Konzepte (Kooperationsmodelle, in denen die von anderen Einrichtungen anerkennungsfähigen Leistungen im Vorfeld geprüft wurden) denkbar.

5. Praxisintegration fördern: Arbeitsplatznahes studieren

In praxisintegrierten, praxisnahen oder dualen Studiengängen können digitale Medien genutzt werden, um die dann i.d.R. vorhandenen zwei Lernorte – den Lernort Arbeitsplatz und den Lernort Hochschule – miteinander zu vernetzen. Dabei eignen sich beispielsweise Kursformate, die den Studierenden ermöglichen, auf Inhalte, die sie für Projekt- und Forschungsarbeiten, die am Praxislernort angefertigt werden, zuzugreifen, oder auch das Konzept des reflexiven Schreibens von Lerntagebüchern für Explorations- und Reflexionsaufgaben, die die Studierenden während der Studienphase an der Hochschule anhand von theoretischen Konzepten erarbeiten, und die am Lernort Praxis durchgeführt werden sollen.

---

[20]   Das EU Projekt „OER Test" hat die hierbei denkbaren Möglichkeiten aufgearbeitet und publiziert: https://oerknowledgecloud.org/sites/oerknowledgecloud.org/files/Open-Learning-Recognition.pdf

6. Offene Hochschule gestalten: Vorkurse, Brückenkurse und onboarding ins Studium

Die Öffnung der Hochschulen für immer mehr junge Menschen eines Jahrgangs führt automatisch dazu, dass auch nicht-traditionelle Zielgruppen an die Hochschule strömen und erhöht die Diversität der Lebenslagen, in denen Menschen sich akademischer Bildung zuwenden. Das stellt für Hochschulen eine Herausforderung in Bezug auf den Studienerfolg dar. Gerade in den mathematisch naturwissenschaftlichen Studienfächern sind Hochschulen häufig mit mathematischen Eingangsqualifikationen der Studienanfängerinnen und Studienanfängern konfrontiert, die nicht ausreichen, um die Studieneingangsphase erfolgreich zu überstehen (Heublein, Richter, Schmelzer, & Sommer, 2014). Mehr und mehr Hochschulen experimentieren nun mit Online-Kursen, die die Studierenden bereits im Vorfeld zum Studium belegen und die ihnen die Möglichkeit geben, sich in den notwendigen Bereich das notwendige Qualifikationsniveau zu erarbeiten.[21]

Eine weitere Möglichkeit, eher zur Unterstützung der Öffnung von Hochschulen auch für nicht-traditionelle Zielgruppen, sind sog. Brückenkurse, die auch mit Äquivalenzprüfungen gekoppelt werden können. Wollen beispielsweise Berufstätige mit langer Berufspraxis wieder ins Studium zurück, bietet es sich an, sie mit ‚onboarding Kursen', Propädeutika o.ä. zu unterstützen, wieder in ein akademisches Studium hineinzukommen – und zwar ohne, das sie regelmäßig bereits in Präsenzkurse an die Hochschule kommen müssen.

7. Digital Medien nutzen, um authentische Fragen, komplexe Probleme und regelmäßige Reflexion zu ermöglichen

Für die individuelle Kompetenzentwicklung müssen Lernsituationen geschaffen werden, in denen selbstgesteuertes, anwendungsbezogenes, situatives, emotionales, soziales und kommunikatives Lernen gefördert wird (Mandl & Krause, 2001). Die Integration komplexer und authentischer Probleme in unscharfen Ausgangssituationen ist dabei ein wesentliches Element in kompetenzorientierten digitalen Lernszenarien. Digitale Lernumgebungen können Studierende unterstützen, jenseits der Beschäftigung mit künstlich aufgearbeiteten Fragestellungen im Seminarraum, digital mit Betroffenen, Akteuren und Experten in Kontakt zu kommen, und sich zusätzlich zum theoretischen Wissensbestand ein reales, authentisches Problemszenario zu erarbeiten. In der Hamburg Open Online University wird

---

[21]   Ein Beispiel dafür ist das Projekt OPTES der Dualen Hochschule Baden-Württemberg, die im Verbund mit anderen Hochschulen eine digitale Infrastruktur für Studierende entwickelt, um sie in der Studieneingangsphase bei der Studienorganisation und ihren mathematischen Kompetenzen zu unterstützen: http://www.optes.de

diese Verzahnung von akademischer Analyse und realer Problemwelt anhand von vielen Projekten real angegangen, indem Studierende über Lernplattformen mit Protagonist/innen der jeweiligen Themenfelder zusammenarbeiten. Weiterhin können digitale Medien auch hier Möglichkeiten bieten, individuelle Reflexionen per Videotake oder über reflexives Schreiben, beispielsweise in Weblogs, zu praktizieren und in die Hochschullehre zu integrieren. Die Integration von Weblogs in die Lernumgebung stellt eine solche Möglichkeit dar.

8. Kompetenzorientierung bei digitalen Prüfungs- und Bewertungsverfahren

Im Sinne des Ansatzes des constructive Alignments (Biggs, 2011) sind kompetenzorientierte Lehr- und Lernszenarien nur dann sinnvoll, wenn auch die Prüfung und Bewertung kompetenzorientiert vorgenommen wird. In der deutschen Hochschuldidaktik wird dieses Thema bereits stark fokussiert, in der Realität der Hochschullehre ist es oftmals zugunsten von Massenprüfungen, die nach ‚Auswendiglernen und Wiedergeben', einem eher reproduktiven Verständnis folgen, noch nicht sehr verbreitet. So ist es auch für Hochschulbildung digitale eine Herausforderung. Digitale Medien werden seit längeren auch für Prüfungs- und Bewertungsprozesse herangezogen. Die in 2015 erschienene Studie „Digitales Prüfen und Bewerten" gibt einen strukturierten Überblick über den Stand der Dinge und die Vielfalt der (teil-)digitalisierten Prüfungsformate, die derzeit bereits an Hochschulen zum Einsatz kommen. Eine kritische Anmerkung sei mit Gabi Reinmann (Reinmann, 2014) – an dieser Stelle gestattet: Kompetenzorientierung zu Ende denken würde bedeuten, nur Prüfungen zuzulassen, die tatsächlich versuchen, Kompetenzen zu erfassen, und die Anforderungen integrierter Prüfungen erfüllen. Dabei ist allerdings Bescheidenheit geboten, denn kompetenzorientierte Prüfungen sind ein Ideal, dem man sich nur annähen kann. Präzise und eindeutige Feststellungen, über welche Kompetenz jemand in welcher Ausprägung verfügt, sind theoretisch und praktisch kaum möglich. Notwendig sind komplexe Prüfungen, die Kompetenzen mit einem reflektierten Anspruch erfassen. Sowohl die Gestaltung als auch die Durchführung solcher Prüfungen sind sehr aufwändig. Es zeigt sich, dass kompetenzorientiertes Prüfen ein aufwändiges Vorhaben ist, bei dem digitale Medien fruchtbar eingesetzt werden können und sollten. Im Sinne des Ideals der Universitas würden dann auch nicht mehr ein Abprüfen von Auswendiggelerntem im Vordergrund stehen, sondern die Disputation von Neuem und Bemerkenswerten.

4.5 Fazit

Viele Universitäten habe sich bereits auf den Weg gemacht, in die Zukunft. Dabei werden die im Beitrag beschriebenen zwei Haupteinflussfaktoren so wirken, dass akademische Bildung sich in Organisation, Didaktik, Profil und institutioneller Ausrichtung weiterentwickeln muss. Digitalisierung ist dabei kein Allheilmittel für Hochschulen und die hochschuldidaktische Gestaltung. Aber Hochschulbildung digital hat das Potenzial die Transformation der Hochschule in Bezug auf ihre gesellschaftlichen Anforderungen zu unterstützen. Hochschulen stehen daher mehr denn je heute vor einer Gestaltungsaufgabe, digitalen Medien sinnvoll zu integrieren.

Hochschulen sind zu Reallaboren geworden, in denen mutige Konzeptionen entwickelt werden. Digitalisierung wird dabei meistens als Didaktisierung erlebt, denn mit dem Einsatz von neuen Medien stellen sich lernorganisatorische und didaktische Fragen (endlich) wieder neu. Es sind digitale Medien, die oft zunächst erst sichtbar machen, dass das Ideal der Universitas im Hochschulalltag nicht gelebt wird. Im Beitrag werden konkrete Hinweise gegeben, an welchen Punkten die Entwicklung der Hochschule der Zukunft beginnen kann, und wo sich Ansatzstellen bieten.

Quellenangaben

Alesi, B. & Teichler, U. (2013). Akademisierung von Bildung und Beruf – ein kontroverser Diskurs in Deutschland. In: E. Severin & U. Teichler, Akademisierung der Berufswelt? (S. 13-39). Bielefeld: Bertelsmann.

Baethge, M., Kerst, C., Lesczensky, M. & Wieck, M. 2014). Zur neuen Konstellation zwischen Hochschulbildung und Berufsausbildung. In: Forum Hochschule 3/2014.

Beck, U. (1986). Risikogesellschaft. Auf dem Weg in eine andere Moderne. Frankfurt am Main: Suhrkamp.

Beck, U., Giddens, A. & Lash, S. (1996). Reflexive Modernisierung. Eine Kontroverse. Frankfurt am Main: Suhrkamp.

Biggs, J. (2011). Teaching for Quality Learning at University. Buckingham: Open University Press.

Bourdieu, P. (1982). Die feinen Unterschiede. Kritik der gesellschaftlichen Urteilskraft. Frankfurt am Main: Suhrkamp.

Digitalisierung, H. (01. Dezember 2016). The digital Turn. Hochschulbildung im digitalen Zeitalter. https://hochschulforumdigitalisierung.de/: https://hochschulforumdigitalisierung.de/sites/default/files/dateien/Abschlussbericht.pdf

Dräger, J. & Ziegele, F. (2014). Hochschulbildung wird zum Normalfall. https://www.che.de/downloads/Hochschulbildung_wird_zum_Normalfall_2014.pdf

Ehlers, U. D. (2014). Open Learning Cultures. A Guide to Quality, Evaluation and Assessment for Future Learning. New York, Heidelberg: Springer.

Heublein, U., Richter, J., Schmelzer, R. & Sommer, D. (2014). Die Entwicklung der Studienabbruchquoten an den deutschen Hochschulen. Hannover: DZHW.

Hochschulforum Digitalisierung. (01. Dezember 2016). The digital Turn. Hochschulbildung im digitalen Zeitalter. https://hochschulforumdigitalisierung.de/sites/default/files/dateien/Abschlussbericht.pdf

Lisop, I. (01. 04 1997). Subjektbildung als Basis: Zum Umgang mit didaktischer Unbestimmtheit. DIE Zeitschrift für Erwachsenenbildung, S. 35.

Luhmann, N. (1976). The Future Cannot Begin: Temporal Structures in Modern Society. Socal Research (43), S. 130-152.

Mandl, H. & Krause, U.-M. (2001). Lernkompetenz für die Wissensgesellschaft. In: Bund-Länder-Kommission für Bildungsplanung und Forschungsförderung (Hrsg.), Lernen in der Wissensgesellschaft (S. 239-266). Innsbruck: Studienverlag.

Mayer, K. U. (2000). Die Bildungsgesellschaft. Aufstieg durch Bildung. In: A. Pongs. In welcher Gesellschaft leben wir eigentlich? Gesellschaftskonzepte im Vergleich 2 (S. 193-218). München: Dilemma-Verlag.

OECD. (2016). Bildung auf einen Blick. (OECD, Hrsg.) Paris: OECD.

Reinmann, G. (2014). Kompetenzorientierung und Prüfungspraxis an Universitäten: Ziele heute und früher, Problemanalyse und ein unzeitgemäßer Vorschlag. http://gabi-reinmann.de/wp-content/uploads/2014/10/Artikel_Berlin_Okt_14.pdf

Rüegg, W. (1993). Geschichte der Universität in Europa. Band 1: Mittelalter (Bd. 1). München: Beck.

Schofer, E. & Meyer, J. (2005). The World-Wide Expansion of Higher Education. Center on Democracy, Development, and The Rule of Law Stanford Institute on International Studies, Stanford.

Seibt, G. (21.6.2007). Ende einer Lebensform. Von Humboldt zu Bologna: Der atemberaubende Untergang der deutschen Universität. Süddeutsche Zeitung, S. 11.

Teichler, U. (2014). Hochschulsysteme und quantitativ-strukturelle Hochschulpolitik. Münster: Waxmann.

5 Die Hochschule als Partnerin des Lebenslangen Lernens

Prof. Dr. Ada Pellert

Abstract

Lebenslanges Lernen als Notwendigkeit der wissensbasierten modernen Gesellschaft wird zur Herausforderung für das Bildungssystem, insbesondere für die Hochschulen, ist doch damit ein Perspektivenwechsel von „Teaching to Learning", von der Wissens- zur Kompetenzorientierung verbunden, sowie eine veränderte Rolle der Lehrenden hin zu „Learning Facilitators". Durch die Digitalisierung ergeben sich neue mediale Möglichkeiten, aber auch klassische Ziele universitärer Bildung erhalten eine neue Aktualität.

5.1 Herausforderung Lebenslanges Lernen

Die wissensbasierte moderne Gesellschaft impliziert, dass Lebenslanges Lernen zu einer Notwendigkeit für alle Bevölkerungsteile wird. Lebenslangen Lernens (LLL) beinhaltet „alles Lernen während des gesamten Lebens, das der Verbesserung von Wissen, Qualifikationen und Kompetenzen dient" (Europäische Kommission 2001, S. 34). Die demografische Entwicklung hat zur Folge, dass alle Menschen im erwerbsfähigen Alter wiederkehrende Bildungsphasen durchlaufen müssen, um das erforderliche hohe Qualifikationsniveau aufrechtzuerhalten. Vor dem Hintergrund der internationalen Migrationsströme müssen auch bei der Entwicklung von Konzepten des LLL auch die Bedürfnisse unterschiedlicher Kulturen mit berücksichtig werden. Die Entwicklung hin zu einer wissensbasierten Wirtschaft stellt zudem immer komplexere Anforderungen an die Arbeitskräfte.

Aus wirtschaftspolitischer Perspektive betrachtet, ist eine der Kernaufgaben die Schaffung adäquater Rahmenbedingungen, damit die Beschäftigungsfähigkeit auch tatsächlich erhalten bleibt bzw. verbessert wird. Aber es geht auch darum, mithilfe des Lebenslangen Lernens die aktive Teilhabe des Individuums an der Gesellschaft zu verbessern. Chancengleichheit und Lebenslanges Lernen werden als Grundlage der sozialen Inklusion gesehen. Besonders wichtig ist in diesem Zusammenhang die Förderung sozial oder auch geografisch benachteiligter Gruppen sowie von Personen mit niedrigen Basisqualifikationen. Ziel ist, eine integrative Gesellschaft zu schaffen, die allen Menschen gleiche Zugangschancen zum Lernen und analoge Möglichkeiten der Teilnahme an Lernangeboten bietet.

Eine der Kernideen des LLL ist, dass das Individuum in jeder Phase des Erwerbs- und Lebenszyklus in Lern- und Bildungsprozesse (wieder) einsteigen kann (Pellert & Cendon, 2007, S. 72ff): Das traditionelle Modell „zuerst Ausbildung, dann Berufstätigkeit" hat im Zuge der modernen Gesellschaftsentwicklung ausgedient. Sowohl Individuen als auch die Gesellschaft sind immer wieder gefordert, in unterschiedlichen Lebensphasen Umorientierungen und Anpassungsleistungen vorzunehmen. Diese gesellschaftliche Umgebung erfordert vom Individuum eine erhöhte Bereitschaft zur Übernahme von Verantwortung und zur Reflexion im Sinne der Steuerung des eigenen Bildungslebens. Dies ist verbunden mit der Gefahr der gesellschaftlichen Exklusion, wenn man den Einstieg in eine derartig von Lernen, Bildung und Weiterbildung geprägte Gesellschaft nicht schafft. Zudem sind die Anforderungen an die einzelnen Arbeitsplätze enorm gestiegen. Einfache Tätigkeiten stehen in immer geringerem Ausmaß zur Verfügung. Ohne Bildung kann man so leicht aus dem gesellschaftlichen Zusammenhalt herausfallen.

Das Individuum ist also insbesondere gefordert, sein (Bildungs-)Leben aktiv zu gestalten, wenn es darum geht, in einzelnen Lebensphasen wieder Lern- und Bildungsprozesse aufzugreifen. Um es darin zu unterstützen, werden transparente Angebotsformen und neue Beratungsdienstleistungen benötigt. Bildungsinstitutionen werden vor große Herausforderungen gestellt, weil damit ein Perspektivenwechsel von „Teaching to Learning" verbunden ist. Dazu kommt eine grundlegende Veränderung der Rolle der Lehrenden hin zu „Learning Facilitators", also Personen, die Lernprozesse ermöglichen, sowie zu Begleitenden von Lernprozessen. Dies erfordert die (Weiter-)Entwicklung didaktischer Konzepte, die z.B. auch Fernunterricht und E-Learning einschließen, sowie neue Formen der Verknüpfung verschiedenster Lernorte. Insbesondere formale und nicht-formale Lernumgebungen, wie z.B. Arbeitsplatz, Haushalt, Orte für Freizeit- und Sozialaktivitäten, gilt es zudem, lernförderlich zu gestalten (vgl. Pellert, 2013).

All das erhöht den Bedarf an Beratung dramatisch: Zur Verfügung gestellte Beratungsangebote müssen die Aspekte von Bildungs-, Berufs- und Karriereberatung beinhalten, um damit die verschiedenen Lebensphasen von Individuen mit den Anforderungen an Bildung verbinden zu können Diese Angebote müssen niedrigschwellig und zumindest teilweise unabhängig von Institutionen und anbieterübergreifend zur Verfügung gestellt werden. Dies erfordert eine Professionalisierung der Beratenden, die auch dabei unterstützen müssen, Lernen (wieder) zu erlernen, die Orientierungshilfen anbieten, die Potenziale der Lernenden feststellen und gleichzeitig deren Motivation fördern.

Soziale und wirtschaftliche Barrieren und Informationsdefizite können den Zugang zu Lebenslangem Lernen erschweren oder ganz verhindern. Hierbei ist die Gestaltung der Übergänge zwischen verschiedenen Bildungsbereichen von großer Bedeutung. Damit die Hochschule dies leisten kann, muss sie gute Austausch- und

Kommunikationsbeziehungen zu den anderen Bildungsbereichen haben, damit auch hinsichtlich des Theorie- und Bildungsverständnisses ein Bezug hergestellt werden kann zur tatsächlichen – und von den Individuen erlebten – Praxis von Bildungseinrichtungen.

5.2 Selbstverständnis der Hochschulen

Es ist zu beobachten, dass das lange gelebte Selbstverständnis vieler Hochschulen immer weniger zu den sich rasant verändernden Lebensläufen und Berufsbiografien sowie den sich wandelnden gesellschaftlichen Rahmenbedingungen einer wissensbasierten Gesellschaft passt (vgl. Kerres, Hanft, Wilkesmann & Wolff-Bendik, 2012). Organisation und Inhalte vieler hochschulischer Studienangebote gehen immer noch davon aus, dass die berufliche Entwicklung im Erwachsenenalter in klar gegliederten, nacheinander ablaufenden zeitlichen Phasen erfolgt: Nach dem Schulabschluss nimmt man ein Studium auf, mit Abschluss des Studiums beginnt man eine Berufstätigkeit und vielleicht bildet man sich dann im Laufe seiner Berufstätigkeit, eventuell vom Arbeitgeber unterstützt, punktuell weiter.

Strukturen und Leitbilder sind immer noch stark von der Vorstellung der 20-jährigen Vollzeitstudentin und des 20-jährigen Vollzeitstudenten durchdrungen, obwohl die Realität der Studierenden heute eine deutlich andere ist. Alle Untersuchungen zu „nicht-traditionell Studierenden" (vgl. Wilkesmann, Virgillito, Bröcker & Knopp, 2012) zeigen, dass diese beinahe die Mehrheit der Studierenden ausmachen.

Die Angebots- und Organisationsstrukturen der Hochschulen passen jedoch nur partiell zu diesen sehr vielfältigen Biografien und Lebensentwürfen. Studierende erwarten heutzutage vermehrt flexible Strukturen, die es ihnen ermöglichen, persönliche Lebensumstände, aber eben auch Berufstätigkeit mit dem Studium zu vereinbaren. Gerade Studierende, die schon ein Erststudium abgeschlossen und erste Berufsjahre hinter sich gebracht haben, sind zumeist auf der Suche nach einem Studienmodell, das es ihnen zum einen ermöglicht, ihr Berufs- und Privatleben mit einem „Bildungsleben" zu kombinieren. Sie sind also an zeitökonomischen, flexiblen Studienangeboten und -strukturen interessiert. Zum anderen ist für diese Zielgruppe die Reflexion ihrer beruflichen Erfahrungen von besonderer Bedeutung. Hans G. Schuetze und Maria Slowey (2012, zitiert in Wolter, 2011, S. 27) unterscheiden in Anlehnung an eine ältere OECD-Studie folgende Typen von „lifelong learners": „second chance learners" (z.B. Studierende des zweiten Bildungsweges), „deferrers" (z.B. Studierende, die nach dem Erwerb der Studienberechtigung zunächst eine Berufsausbildung absolvieren, erwerbstätig sind und erst danach ein Studium aufnehmen), „recurrent learners" (Studierende, die zum Erwerb eines weiteren akademischen Grades an die Hochschule zurückkehren –

diese Gruppe ist mit der Einführung der neuen Bachelor-/Master-Studienarchitektur deutlich angewachsen), „returners" (z.B. vorübergehende Studienabbrecher oder Studienunterbrecherinnen, die ihr Studium zu einem späteren Zeitpunkt wieder aufnehmen), „refreshers" (die ihr Wissen und ihre Kompetenzen auffrischen wollen) oder „learners in later life" (z. B. Seniorenstudierende). Die bislang typischen Zielgruppen wissenschaftlicher Weiterbildung sind vor allem die „Recurrent Learners" und die „Refreshers".

Nimmt man die tatsächliche Verfassung hochschulischer Lehre in den Blick, so fallen die Konzentration auf die fachliche Ebene und die Betonung der kognitiven Kompetenz auf. Hochschulische Lehre ist darin geübt, auf die inhaltlich-disziplinäre Ebene zu fokussieren. Selten steht die methodische Ebene im Sinne von Metakompetenzen oder gar sozial-kommunikativen, personalen Kompetenzen im Vordergrund, zumindest nicht als explizites curriculares Ziel, sondern eher als eine unbeabsichtigte Nebenwirkung des Hochschulstudiums. Auch steht die traditionelle Rolle der Lehrenden nach wie vor im Vordergrund, ein Wechsel zum „Lernprozessbegleiter", zum „Facilitator" oder was immer die modernen Begriffe für die geänderte Rolle der Hochschullehrenden sein mögen, findet sich im hochschulischen Alltag selten wieder. Dies ist nicht nur durch persönliche Vorstellungen der handelnden Personen selbst bedingt, sondern auch durch unzureichende Anreizstrukturen institutioneller (z.B. Indikatoren, nach denen die Lehre finanziert wird) und individueller Art (z.B. Karrierekriterien, die über eine akademische Karriere entscheiden). Das heißt, die weiter oben beschriebenen Tiefendimensionen des Bologna-Prozesses, die eigentlich eine Fokussierung auf Lebenslanges Lernen und Kompetenzorientierung, auf ein mehrmaliges „Kommen und Gehen" an die und von der Hochschule sowie auf den „Shift from Teaching to Learning" bedeuten, sind meist nicht angekommen in den Hochschulen (vgl. Pellert, 2015).

Die Bedeutung der geänderten gesellschaftlichen Rahmenbedingungen und die noch nie dagewesene Diversität von Studierenden und von Bildungszielen der Hochschule für die hochschulische Lehre sowie ihr Theorie-Praxis-Verhältnis sind hingegen selten Gegenstand hochschulischer Diskurse. Die mannigfaltigen Ansprüche an moderne Hochschulen sind wahrscheinlich auch nur durch eine Differenzierung im Inneren zu bewältigen, unter Beibehaltung der didaktischen Besonderheit von Hochschulen, die in der Verbindung von Forschung und Lehre besteht. Daher haben beispielsweise Hochschulen im Ausland, die sich schon länger mit sehr diversen Studierendenpopulationen und der gesellschaftlichen Durchlässigkeit befassen – auch aufgrund anderer Bildungstraditionen –, oft zu „School"-Konzepten gefunden, die es leichter ermöglichen, die Lebensphasen und bildungsbezogenen unterschiedlichen Bildungsziele zu realisieren (vgl. Pellert, 2015).

5.3 Digitalisierung

Die rapide Transformation der Gesellschaft ist nicht nur durch Wissensbasierung, sondern auch durch Technisierung und Globalisierung gekennzeichnet. Digitalisierung durchdringt viele Bereiche der Gesellschaft – zum einen geht es um Modernisierung gewohnter Abläufe, zum andern werden aber auch die Grundannahmen und Grundmodelle vieler Bereiche auf den Prüfstand gestellt (vgl. Pellert, 2016a). Im Hochschulbereiche sind die neuen Technologien im Wesentlichen bislang zur Bewältigung des Massenansturms verwendet worden, selten noch haben sie tatsächlich disruptive Innovation oder strategische Veränderungen in der grundlegenden Art und Weise Bildung zu vermitteln, ausgelöst (vgl. Al Ani 2016).

Folgende Auswirkungen auf den Hochschulbereich sind aber derzeit schon beobachtbar bzw. kündigen sich massiv an: Zum einen wird Lehre öffentlich – damit auch transparent – und vergleichbar (siehe MOOCs). Es werden sich die Rollen der Lehrenden verschieben (vgl. Pellert, 2016b), nicht alle werden sich nur auf die Produktion des global verfügbaren Contents konzentrieren können. „Scholarship" muss zukünftig auch darin gesehen werden, wie verschiedene Wissensquelle in sinnvollen Lernarrangements zusammengestellt werden. Auch braucht es verstärkt Mentoren, die die Studierenden durch die Vielzahl der Lernoptionen führen. Darüber hinaus verschieben sich die Rollen der Studierenden.

Zum anderen wird ihre Konsumentenmacht gestärkt, da sie – aufgrund gestiegener Transparenz – mehr aussuchen, vergleichen und bewerten können. Die „Edupunks" (vgl. Al Ani, 2016) werden zunehmen: Jene Individuen, die individuelle selbstgesteuerte Lernpfade als Alternative oder Ergänzung zu den klassischen universitären Strukturen entwickeln und dabei moderne soziale Informationstechnologien nutzen. Die neuen Medien ermöglichen aber nicht nur individualisierte Lernerfahrungen, es kann auch die Kooperation von Studierenden und Lehrenden verstärkt werden. Lernen in Communities ergänzt den selbstgesteuerten Lernpfad.

Die Studierenden werden aber auch verstärkt zu Produzenten und die Macht verschiebt sich in Richtung der Anwender. Lerninhalte kommen oft kostenlos von Peers als „Commons". Bildung wird zunehmend „de-institutionalisiert" (vgl. Al Ani, 2016). Gleichzeitig muss die Kompetenz der Studierenden zur Bewertung von Wissensquellen, zur Reflexion dieser Prozesse und zu kritischem Wissensmanagement gestärkt werden.

Die Rolle der Institutionen wird sich verändern: Neben der Zertifizierung als zentraler Kompetenz wird die Institution als Begleiterin, Beraterin in einer diversen Bildungslandschaft und als Partnerin des lebensbegleitenden Lebens gefragt sein. Reputation erhält die Einrichtung auch dadurch, wie qualitätsgesichert sie diese Rolle einnimmt. Der Aspekt der Qualitätssicherung wird entscheidend werden. Neue Berufsrollen wie etwa technischer und mediendidaktischer Support oder die Erstellung von digitalen Lehrinhalten im Team werden entstehen. Größere Durchlässigkeit zum gesamten Bildungswesen muss organisiert, inhaltlich beurteilt und validiert werden. Das Zusammenspiel von Bildung und Arbeit, Hochschule und Berufspraxis muss gestaltet werden, wenn Bildung verschiedene Lebensphasen begleiten soll – Prozesse, die durch digitale Medien erleichtert werden können (asynchrone Vermittlungsformen, synchrone Überbrückung von räumlicher Distanz). Auch gilt es Arbeitskräfte nicht nur einmalig auszubilden, sondern kontinuierlich zu begleiten. Es geht nicht mehr um das Lernen auf Vorrat, sondern um permanentes Lernen für neue Aufgaben (vgl. Pellert, 2016a).

Bildung muss für sehr heterogene, unterschiedlich gerüstete und vorbereitete Gruppen bereitgestellt werden (heterogene Zielgruppen/Lerngruppen-Diversität). Es geht auch darum, bildungsferne gesellschaftliche Gruppen zu qualifizieren und neue Zielgruppen anzusprechen, die heute noch nicht den Weg zur Hochschule finden: Personen aus Familien mit nicht akademischem Hintergrund, Ältere, Berufstätige. Alle diese Gruppen haben immer noch keinen guten Zugang zur den Hochschulen. Dieser ist aber für sie alle eine wichtige Form, sich gesellschaftlich in Beziehung zu setzen, nicht ausgegrenzt zu werden, ihre Berufsmöglichkeiten auszuweiten und gesellschaftlich zu partizipieren. Lebensbegleitendes Lernen mithilfe der neuen medialen Möglichkeiten ist wesentlich, um ein Auseinanderfallen der Gesellschaft zu verhindern; es braucht auch Medienkompetenz, um mitzubestimmen. Neue Medien bieten auch Möglichkeiten für soziale Bewegungen bzw. erweiterte Möglichkeiten, sich gesellschaftlich in Beziehung zueinander zu setzen.

Insbesondere ergeben sich dabei durch die neuen medialen Möglichkeiten gute didaktische Formen und Wege, Lerner zentriertes, individualisiertes Lernen und das Lebenslange Lernen zu unterstützen. So kann durch Blended Learning-Angebote die richtige Mischung für die jeweils einzelnen Lernenden gefunden werden. Grundsätzlich aber setzt individualisiertes Lernen eine hohe Flexibilität der anbietenden Bildungsorganisation einerseits und eine partielle Änderung der Rolle der Lehrenden andererseits voraus. Diese beiden Aspekte stellen bislang noch die größten Hindernisse für das stärker individuelle Maßschneidern der Lehr- und Lernformen dar.

5.4 Kompetenzorientierung

Auch Kompetenzorientierung ermöglicht individuellere und innovative Zugänge zum Lernen. Ganzheitlichere Kompetenzkonzepte betonen auch andere als fachlich-kognitive Dimensionen des Kompetenzerwerbs. Über die fachlichen Kompetenzen hinaus soll der Blick auf sozial-kommunikative, methodische, personale oder Aktivitätskompetenzen gerichtet werden. Diese didaktisch-inhaltliche Dimension der Kompetenzorientierung ermöglicht auch die Beschäftigung mit den „Tiefendimensionen" der Bologna-Reform. Bologna steht, oberflächlich betrachtet, für eine Strukturreform, die die Harmonisierung der Abschlüsse beabsichtigt. In der Tiefendimension geht es um ein didaktisches Paradigma, das tatsächlich das Lernen der Studierenden in den Mittelpunkt stellt. „From Teaching to Learning" lautet die einschlägige Parole – und Workload-Konzepte wie ECTS haben dann die Aufgabe, die Studierendenzentriertheit auch in den Curricula umzusetzen.

Aus der Forderung nach Kompetenzorientierung resultiert daher eine wesentliche Herausforderung für LLL-Konzepte, indem nicht-formales und informelles Lernen, Erfahrungslernen und soziale Kompetenzen transparent gemacht werden müssen (vgl. Pellert & Cendon, 2007). Gleichzeitig muss gewährleistet werden, dass die an unterschiedlichen Orten erworbenen Zertifikate von den verschiedenen Institutionen des Bildungsbereiches anerkannt werden. Wegweisend sind in diesem Zusammenhang Kompetenzportfolios, Diploma Supplements oder das dem ECTS vergleichbare European Credit System for Vocational and Educational Training (ECVET). Die Entwicklung eines nationalen Qualifikationsrahmens (NQF) auf Basis des Europäischen Qualifikationsrahmens für Lebenslanges Lernen (EQF) fördert darüber hinaus diese Transparenz der Anerkennung von erworbenen Qualifikationen und darstellbaren Kompetenzen.

Abgesehen von den Implikationen, die dieses Konzept für das Selbstverständnis von Lehrenden, für die Verknüpfung von Lernorten und auch für den Zugang der Studierenden zum Lernen hat, bedeutet die Erweiterung der Kompetenzdimensionen eine große Herausforderung für die formalen Bildungseinrichtungen. Hochschulen sehen sich im deutschen Sprachraum als vor allem für die Vermittlung fachlich-methodischer Fähigkeiten zuständig und haben ihre Curricula und Prüfungsmethoden auch primär dafür entwickelt. Wenn nun der Kompetenzbegriff auf personale und sozial-kommunikative oder gar Aktivitätskompetenzen erweitert wird, dann stellt sich für die gewachsenen Bildungssysteme zunächst einmal die Grundsatzfrage, ob und wie weit sie die Vermittlung dieser erweiterten Kompetenzen überhaupt als ihre Bildungsaufgabe ansehen.

Aus didaktischer Sicht muss am Anfang der Kompetenzorientierung zunächst die Einsicht stehen, dass Kompetenzerwerb ein intrapersonaler Vorgang ist, der bestimmten Voraussetzungen unterliegt. Am besten lernen Menschen, wenn sie selbst etwas ausprobieren, und Ausbildungssituationen müssen solche Primärerfahrungen ermöglichen. Kompetenzorientierung und Individualisierung sind daher eng verbunden. Es gilt darauf zu achten, über welche Kompetenzen eine Person zu einem bestimmten Zeitpunkt verfügt, wie sie diese Kompetenzen ganzheitlich weiterentwickeln kann und welche Art der Unterstützung sie dazu braucht.

Ein ganzheitliches, eher didaktisch motiviertes Kompetenzverständnis hat viel Ähnlichkeit mit dem Bildungsverständnis des deutschsprachigen Raums (vgl. Pellert, 2015). Bildung ist eindeutig mehr als Informationsaufnahme und Verarbeitung von Wissen, denn sie beinhaltet immer die Vorstellung der Entfaltung einer Persönlichkeit und versucht, möglichst allen menschlichen Rollen (nicht nur in der Erwerbstätigkeit) gerecht zu werden (Gruber o.J.). Bildung ist somit mehr als Qualifikation und umschließt verschiedene Kompetenzen, die für den oder die Einzelne beruflich und allgemein nützlich und verwertbar sein können. Die klassischen Ideale der Hochschulbildung wie Analyse-, Diskurs- und Reflexionsfähigkeit sowie Methodenkompetenz erscheinen vor dem Hintergrund der gesellschaftlichen Situation sowie der Bildungsdiskussion aktueller denn je.

Offensichtlich ist dies beispielsweise für die berufsvorbereitende Kompetenzentwicklung bei Hochschulabsolventen, denn sie gründet ja vor allem darin, dass die Absolventen und Absolventinnen entsprechende Fähigkeiten zur Reflexion und zur Analyse von Problemen entwickelt haben, dass sie zum fachübergreifenden und damit Professionen übergreifenden Diskurs befähigt wurden und eine Methodenkompetenz erworben haben, die sie auch in die Lage versetzt, neue Methoden im Sinne einer kreativen Problemlösung zu entwickeln.

So ist eine breite gesellschaftliche Akzeptanz für diesen ganzheitlichen Bildungsbegriff unter Auflösung der Zweiteilung zwischen allgemeiner und beruflicher Bildung zu beobachten. Zudem wächst die Einsicht in die Notwendigkeit von Allgemeinbildung. Auch macht der rasche Wandel der Gesellschaft es schlichtweg unmöglich, die Qualifikationen, die morgen gebraucht werden, treffsicher vorauszusagen. Dies führt zu einem Rückbezug auf sogenannte Schlüsselkompetenzen – ein Begriff, der in einem gewissen Sinn für Allgemeinbildung steht. Es wächst die Erkenntnis, dass es in allen Bildungsstufen wichtig ist, dass Lernen lustvoll bleibt, dass Bildungsmotivation gegeben ist, dass man in der Lage ist, sich eigenständig neue Inhalte zu erarbeiten und Probleme zu analysieren. Persönlichkeitsbildung durch Bildung, Bildung durch Wissenschaft, das mit dem klassischen Bildungsideal assoziierte Stiften und Herstellen von Zusammenhängen, all das ist heute gesellschaftlich wichtiger denn je, um angesichts der enorm erhöhten Komplexität handlungsfähig zu bleiben.

5.5 Durchlässigkeit

Die Kompetenzorientierung bezieht sich auch auf die Durchlässigkeit zwischen verschiedenen Bereichen des Bildungssystems, aber auch und vor allem auf diejenige zwischen dem Bildungs- und dem betrieblichen Bereich.
Im deutschsprachigen Raum fällt das „Schisma" (vgl. Baethge, 2006) zwischen Allgemeinbildung und Berufsbildung auf: Beide Bereiche der Bildung werden in

getrennten Institutionen mit unterschiedlichen Theorien und Zugängen „verwaltet" und die Durchlässigkeit zwischen diesen Bereichen ist nur gegen große Widerstände zu organisieren. Aus einer gesellschaftlichen Perspektive betrachtet, löst sich diese Dichotomie von allgemeiner und Berufsbildung heute immer mehr auf, denn ursprünglich berufliche Inhalte werden zu allgemeinbildenden und es kommen neue Kompetenzen hinzu, die nicht mehr der einen oder anderen Seite zuzuordnen sind (Gruber o.J.). Das macht eine Diskussion des für die Hochschulen handlungsleitenden Bildungsbegriffes besonders notwendig.

Dass Kompetenzorientierung sowohl im Wirtschafts- als auch im Bildungsbereich thematisch-konzeptionell eine wichtige Rolle spielt, erhöht die Chance zur Verständigung beider Systeme. Das wechselseitige Unverständnis, welches das Verhältnis des betrieblichen Bereichs zum Bildungsbereich im deutschen Sprachraum derzeit noch kennzeichnet, hat auch mit den bislang sehr unterschiedlichen Zugängen zum Wissen sowie unterschiedlichen Strukturen zu tun. Selbst im international hoch gelobten dualen Bildungsbereich stehen bei genauerer Betrachtung zwei Welten einander oft unverbunden gegenüber, in die sich dann die einzelne Person, die sich in einer dualen Ausbildung befindet, selbst integrieren muss. Außerdem gibt es ein Verhältnis der Über- und Unterordnung, durchaus eingebettet in historische Bildungstraditionen, in dem abstrakt-lexikalisches Wissen gegenüber dem praktisch-betrieblichen eine übergeordnete Stellung innehat. Kompetenzorientierung als neuer Schüsselbegriff in beiden Systemen könnte nun ein Anknüpfungspunkt für die wechselseitige Verständigung sein.

Wenn etwa Diskussionen über einen europäischen Qualifikationsrahmen und seine nationalen Pendants dazu genutzt werden, die auf den einzelnen Stufen erwerbbaren Kompetenzen breit und offen anzusprechen, kann die Kompetenzorientierung auch sehr viel zur Durchlässigkeit zwischen den Systemen beitragen. Dann stellt sich aber nicht nur die Frage, wie man mit einem breiteren Kompetenzbegriff im Sinne der Bewertung sozial-kommunikativer Kompetenzen umgeht, sondern noch viel radikaler: Wie kann man informell, etwa im Arbeitsleben, erworbene Kompetenzen in formal zertifizierten Bildungsabschlüssen in gleichwertige Kompetenzstufen übersetzen?

5.6 Theorie-Praxis-Verhältnis

Für eine höhere Durchlässigkeit ist auch hilfreich, dass sich auch in der Wissenschaftstheorie in den letzten Jahrzehnten die Diskussionen intensiviert haben, die das klassische Modell des Theorie-Praxis-Verhältnisses – nach Schön das *Modell der Technischen Rationalität,* (Schön, 1983, S. 21) – kritisch reflektieren (vgl. Pellert, 2016b). Stellvertretend sei hier Schöns Modell der Unterscheidung von „Knowing in Action", „Reflection in Action" und „Reflection on Action" genannt, wodurch Theorie und Praxis in einem wechselseitigen Reflexionsbezug gesehen werden, durch den praktische Situationen einer theoretischen Reflexion zugeführt werden. Die klassische Vorstellung, dass es nur Aufgabe der Wissenschaftlerinnen und Wissenschaftler sei, grundlegende Theorien zu entwickeln, die dann durch Praktikerinnen und Praktiker bei der Problemlösung angewendet werden, wird als zu einfache und der Realität der modernen reflexiven Wissensgesellschaft nicht angemessene Konzeption des Theorie-Praxis-Verhältnisses gesehen.

Dieses diskursivere Verständnis von Forschung und Wissenskonstruktion lässt die Unterschiede zwischen Forschung und Lehre ein Stück weit verschwimmen. Wissen ist nach diesem Verständnis sozial konstruiert und das Ergebnis individueller Teilnahme und Beteiligung. Der Wissenserwerb ist somit ein gemeinsamer Entwicklungsprozess und die Wissensgenerierung kein wertfreier, objektiver Prozess, sondern ein Prozess, in dem ausdrücklich Werte und persönliche Beteiligung notwendig sind (Barnett, 1990, S. 43). Dies zieht eine Betonung insbesondere des Vermittlungs- und Kommunikationsaspektes nach sich, wodurch Forschung und Lehre sich einander wieder annähern. Zudem ergeben sich aus der wachsenden Bedeutung von Lehre und Wissensvermittlung auch neue Anforderungen an die Forschung. Und: Das kritische Reflexionspotenzial der Hochschule muss sich auch in ihrer Lehrfunktion realisieren. Eine Aufwertung von Lehre bzw. Wissensvermittlung ist zudem eine wichtige Voraussetzung für ein erfolgreiches Engagement der Hochschulen im Lebenslangen Lernen. Gleichzeitig ist die Hochschule als Organisation in der Wissensgesellschaft mit den vielen unterschiedlichen Wissensproduzenten viel stärker als bisher aufgerufen, über ihre Besonderheiten nachzudenken. Zu diesen zählt nun aber gerade die Einheit von Forschung und Lehre (Pellert, 1999, S. 66f.).

Aus diesen Entwicklungen ergibt sich auch eine Reihe von Forderungen, die für die Gestaltung Lebenslangen Lernens an Hochschulen erforderlich sind: Zum einen muss der Anschluss an Erfahrungswissen ermöglicht werden, etwa dadurch, dass Lernen sich auch an den Anforderungen des beruflichen Alltags orientiert, dass Praxisfälle aus dem Berufsleben der Studierenden als Lernmaterial mit einbezogen werden, vor allem aber dadurch, dass problembasiertes Lernen ermöglicht wird.

Zum anderen muss „Peer Learning", also das Lernen von- und miteinander, einen hohen Stellenwert haben bzw. bekommen: So sollte ein Erproben von Handlungsoptionen durch die Simulation beruflicher Alltagssituationen ermöglicht werden, ebenso wie Gelegenheiten geschaffen werden sollten, Problemstellungen aus unterschiedlichen Perspektiven heraus zu beleuchten und zu behandeln. Wenn Wissensproduktion als gemeinsamer sozialer Prozess verstanden wird, dann müssen sich Lehrende und Studierende als Partner und gemeinsam Gestaltende in diesem Prozess begreifen.

Immer noch ist die Reflexion der beruflichen Praxis im akademischen Kontext nicht üblich. Um den beschriebenen Entwicklungen Rechnung zu tragen, muss Reflexion aber konsequent in alle Lehr- und Lernprozesse integriert werden. Die Erfahrung zeigt: Auch auf Seiten der (erfahrenen) Studierenden braucht es Zeit, Übung und Bereitschaft, als reflektierende Partner zu agieren. Studier- und Lernfähigkeit kann als Bereitschaft verstanden werden, sich selbst immer wieder infrage zu stellen und als Lebenslang Lernende und Lernender zu begreifen sowie das eigene Handeln in der komplexen, globalisierten wissensbasierten Organisationsgesellschaft zu reflektieren.

In der hochschulischen Lehre muss ein bestimmtes Maß an Reflexivität als Besonderheit von wissenschaftlicher Bildung verbunden werden mit den Ansprüchen sehr heterogener Studierender und vielfältiger gesellschaftlicher Anforderungen. Eine Verschränkung von Theorie und Praxis – von Reflexion und Aktion – ist die zentrale didaktische Herausforderung, wenn die Hochschule Partnerin des Lebenslangen Lernens vieler Menschen sein möchte. Klassische hochschulische Bildungsziele können ihren Wert auch in der Reflexion praktischer Situationen entfalten. Analytische und diskursive Kompetenzen sowie Methodenkompetenzen können auch an den tatsächlichen lebensweltlichen Umfeldern der Studierenden eingeübt werden. Die Forschungsbasierung – auch als Besonderheit hochschulischer Lehre – muss ihren Niederschlag finden im Sinne des forschenden Lernens und der Einübung von Argumentationsfähigkeit. Dazu müssen Formen entwickelt werden, die dies vielen und unterschiedlichen Studierenden ermöglichen. Denn heutige Studierende sind erwachsene Lernende in verschiedenen Phasen ihres Lebens. Ihre Erfahrungen sollten – jeweils phasenadäquat – mit der hochschulischen Lehre verknüpft werden (vgl. Pellert, 2016b).

Die moderne Hochschule sollte sich als ein spezifischer reflexiver Knoten in einer wissensbasierten, globalisierten Organisationsgesellschaft begreifen, und ihr wichtiges Bildungsziel sollten reflektiertes Denken und darauf aufbauendes Handeln sein. Praxis und Theorie zu verschränken, bedeutet also keinesfalls hochschulische, universitäre Ideale aufzugeben, sondern ihnen vielmehr in der realen gesellschaftlichen Situation des 21. Jahrhunderts zur Umsetzung zu verhelfen.

5.7 Fallbespiel FernUniversität in Hagen: Die Universität des Lebenslangen Lernens

Die FernUniversität in Hagen ist – nach Studierendenzahlen – die größte Hochschule mit berufsbegleitenden und weiterqualifizierenden Studienangeboten in Deutschland. Sie wurde 1975 gegründet mit dem Auftrag, ein Studiensystem zu entwickeln, das Menschen eine akademische Qualifizierung ermöglicht, die aus vielfältigen Gründen kein Präsenzstudium absolvieren können oder wollen. Das flexible, medienbasierte Blended Learning-System der FernUniversität ermöglicht ein orts- und zeitunabhängiges Studium, das neben beruflichen und familiären Verpflichtungen oder auch bei körperlichen und gesundheitlichen Beeinträchtigungen absolviert werden kann. Die Studiengänge sind modular aufgebaut, verbunden mit einem Management der gesamten Universität, das auf ein Teilzeitstudium ausgerichtet ist. 13 Regionalzentren in Ballungsregionen bundesweit ergänzen die fachliche Betreuung und Beratung zur persönlichen Studienorganisation. Im Sommersemester 2017 haben rund 75.000 Studierende das Angebot der Hochschule in Anspruch genommen, davon etwa ein Drittel mit Wohnsitz in Nordrhein-Westfalen.

5.7.1 Öffnung des Hochschulsystems für neue Zielgruppen

Sozio-demografische Merkmale	Studierende Fernuniversität	Studierende bundesweit[22]
Berufstätigkeit (mind. 19h/ Woche)	85 %	18 %
Elternhaus ohne HS-Abschluss	59 %	48 %
Alter	32 Jahre (zu Studienbeginn)	24,7 Jahre (alle)
Kinder	33 %	5 %
Beruflicher Abschluss	53 %	22 % (14 % Unis)
Beruflich Qualifizierte	11 %, 15 % im Bachelor	1 %

Abb. 5.1: Vergleich der sozio-demografischen Merkmale

Die FernUniversität trägt als Universität des Lebenslangen Lernens zur Durchlässigkeit des Bildungssystems bei. Entsprechend unterscheidet sich die Studierendenschaft der FernUniversität grundlegend von den Studierenden traditioneller Hochschulen. Kennzeichnend ist eine starke Diversität der Studierenden hinsichtlich ihres Bildungshintergrunds und der Bildungsziele. Hauptzielgruppe sind berufstätige Studierwillige mit schulischer, beruflicher oder akademischer Qualifi-

[22] 21. Sozialerhebung des Deutschen Studentenwerks, 2016; ohne Fernstudierende.

kation, die beispielsweise den ersten oder zweiten akademischen Abschluss nachholen oder eine Weiterqualifizierung auf akademischen Niveau absolvieren wollen, die auf ihren akademischen und beruflichen Erfahrungen aufbaut.

70 % aller beruflich Qualifizierten, die an einer Universität eingeschrieben sind, studieren in Hagen.

5.7.2 Forschungsbasierte Lehre

Mit ihrer Mission greift die FernUniversität in Hagen einen Kerngedanken des aus dem angelsächsischen Raum stammenden Konzepts der Open Universities auf. Ihr System unterscheidet sich allerdings durch die Konzentration auf ein stets forschungsbasiertes Lehrangebot. Als deutsche Volluniversität mit vier Fakultäten und knapp 90 Lehrstühlen macht die FernUniversität eine qualitätsgesicherte, forschungsbasierte Lehre zu ihrer Marke. Aktuell wird ein Forschungsschwerpunkt „Diversität, Lebenslanges Lernen und Digitalisierung – Konsequenzen für die Hochschulbildung" an der FernUniversität aufgebaut. Damit entsteht ein zusätzlich unterstützendes Umfeld für forschungsbasierte Entwicklungen. Der anwendungsorientierte Schwerpunkt soll insbesondere Impulse für die Weiterentwicklung der deutschen Hochschullandschaft liefern, auch in Zusammenarbeit mit der an der Hochschule eingerichteten Geschäftsstelle der Digitalen Hochschule NRW.

Diversität der Lehrendenrollen: Die Rollen der Lehrenden zeichnen sich durch eine hohe Diversität und dadurch aus, dass sie zu Lernbegleitenden der Studierenden werden. Zusätzlich zu den knapp 90 Professuren kommen über 400 Wissenschaftliche Mitarbeiterinnen und Mitarbeiter sowie knapp 300 Mentorinnen und Mentoren.

5.7.3 Diversität der Studienangebote

Derzeit greifen Gruppen mit verschiedenen Bildungszielen auf *ein* Studienformat zurück: Sowohl Studierende, die einen akademischen Grad erwerben möchten, als auch diejenigen, die nur an einem abgegrenzten Teilbereich des Studiums interessiert sind, schreiben sich in einen Studiengang ein. Eine zeitgemäße Antwort auf die in Vorbildung und Bildungszielen vielfältige Studierendenschaft sind vielgestaltige Studienformate in einem insgesamt durchlässigen Studiensystem. Damit greift die FernUniversität eine Entwicklung auf, die langfristig im gesamten Bildungssystem notwendig wird.

Im derzeit in Entwicklung befindlichen Studienstrukturmodell der FernUniversität in Hagen werden die Bachelor- und Masterstudiengänge ergänzt um eine diversitätssensibel gestaltete Studieneingangsphase und das Zertifikatsstudium. Im Zusammenspiel mit weiteren Bausteinen ergibt sich das Modell eines durchlässigen Studiensystems mit vielgestaltigen Studienformaten:

Abb. 5.2: Im Studienstrukturmodell der FernUniversität in Hagen werden die Bachelor- und Masterstudiengänge ergänzt um eine diversitätssensibel gestaltete Studieneingangsphase und das Zertifikatsstudium.

Ein *Online-Self-Assessment* für Studieninteressierte unterstützt bei der Entscheidung, sich unmittelbar in einen Bachelor-Studiengang, das Zertifikatsstudium oder bei besonderem Unterstützungsbedarf in das „Hagener Kollegstudium" einzuschreiben.

 Studieneingangsphase – „Hagener Kollegstudium": Die fakultative Studieneingangsphase richtet sich an Studieninteressierte, die noch unsicher über ihre Studienfachwahl, Studierfähigkeit oder Studienziele sind. Sie können hier erste Erfahrungen mit den Anforderungen eines universitären Fernstudiums sammeln.

 Zudem bestehen unterstützende Angebote zur Studierfähigkeit und Enkulturation in das akademische Denken etwa über fachliche Vorkenntnisse, wissenschaftliche Arbeitstechniken, Selbstorganisationsfähigkeit und medientechnische

Kompetenz. Nach dem maximal zweisemestrigen „Hagener Kollegstudium" entscheiden sich die Studierenden für einen Bachelor-Studiengang oder realisieren ihre individuellen Bildungsziele (zunächst) im Rahmen des Zertifikatsstudiums.

Das *Zertifikatsstudium* soll ein kompaktes (Kurz-)Studium ausgewählter, thematisch zusammenhängender Inhalte sowie einen Studienabschluss unterhalb des Bachelors ermöglichen. Es richtet sich an Personen:

- die sich in einem überschaubaren Zeitraum akademisch weiterqualifizieren wollen,
- die ihr Wissen auffrischen bzw. den Einstieg in die akademische Bildung vollziehen möchten,
- Zugleich kann das Zertifikatsstudium für Studierende, die das Studium nicht mehr zum Abschluss bringen möchten, als qualifizierter Studienausstieg fungieren.

Die Bachelor- und Masterstudiengänge stellen weiterhin die Kernbereiche des universitären Bildungsauftrags dar.

5.7.4 Weiterbildung

Die FernUniversität in Hagen ist dabei, eine eigenständige zentrale Weiterbildungseinrichtung zu errichten, um ihr vielfältiges Weiterbildungsangebot (mehr als 3.000 Studierende) zu bündeln und auszubauen. Die Angebote im Weiterbildungsbereich sind kostenpflichtig und gehen in besonderem Maße auf die beruflichen Vorerfahrungen der Studierenden ein. Sie ermöglichen eine individuellere Betreuung in kleineren Kohorten und zeichnen sich durch einen hohen Praxisbezug aus. Mit einer spezifischen Weiterbildungseinrichtung wird ein das Studienstrukturmodell des grundständigen Bereiches ergänzende Form geschaffen und die Öffnung auch hin zu Partnern aus Wirtschaft, Verwaltung und Politik erleichtert.

Quellenangaben

Al Ani, A. (2016). Hochschulstrukturen in der digitalen Ökonomie und Gesellschaft: Plattformen für selbstgesteuertes Lernen. In: M. Schönebeck & A. Pellert (Hrsg.): Von der Kutsche zur Cloud – globale Bildung sucht neue Wege. Das Beispiel der Carl Benz Academy. Wiesbaden: Springer 2016. S. 103 - 125.

Baethge, M. (2006). Das deutsche Bildungs-Schisma: Welche Probleme ein vorindustriel-
les Bildungssystem in einer nachindustriellen Gesellschaft hat. In: *SOFI-Mittei-
lungen.* 2006(3). S. 13 - 27.

Barnett, R. (1990). *The idea of higher education.* Buckingham: Open University Press.

Europäische Kommission (Hrsg.). (2001). *Einen europäischen Raum des lebenslangen Lernens schaffen.* Mitteilung der Kommission KOM(2001) 678 vom 21.11.2001.
http://www.bibb.de/dokumente/pdf/foko6_neues-aus-euopa_04_raum-lll.pdf
[22.09.2015].

Gruber, E. (o.J.). Kurze Geschichte des Bildungsbegriffs. URL: http://files.adulteduca-
tion.at/wba/1-Gruber_Elke_Bildung.pdf [11. 09. 2017].

Kerres, M., Hanft, A., Wilkesmann, U. & Wolff-Bendik, K. (Hrsg.). (2012): *Studium 2020.
Positionen und Perspektiven zum Lebenslangen Lernen an Hochschulen.* Münster:
Waxmann.

Pellert, A. & Cendon, E. (2007). Life Long Learning meets Bologna. Wissenschaftliche
Weiterbildung im Kontext des lebensbegleitenden Lernens in Österreich. In: F.
Gützow & G. Quaißer (Hrsg.). *Jahrbuch Hochschule gestalten 2006. Denkanstöße
zum lebenslangen Lernen.* Bielefeld: UniversitätsVerlagWebler. S. 69 - 80.

Pellert, A. (1999). *Die Universität als Organisation: Die Kunst, Experten zu managen.*
Wien: Böhlau.

Pellert, A. (2013). Rollenkonzepte in der akademischen Weiterbildung. In: A. Pellert, E.
Cendon & R. Grassl. (Hrsg.). (2013). *Vom Lehren zum Lebenslangen Lernen. Formate akademischer Weiterbildung.* Münster: Waxmann. S. 27 - 34.

Pellert, A. (2015). Zeitgemäße Interpretation des Bildungsauftrags in einer wissensbasierten Netzwerkgesellschaft. Nova Acta Leopoldina NF 121, Nr. 407, 00–00 (2015). i.
E.

Pellert, A. (2016a). Digitale Herausforderungen für Hochschulen. In: Das Netz 2016-2017.
Jahresrückblick Digitalisierung und Gesellschaft. (Hrsg.) iRights.Media. www.das-
netz.online.Berlin 2017. S.36 - 39

Pellert, A. (2016b). Theorie und Praxis verzahnen: Eine Herausforderung für Hochschulen.
In: E. Cendon, A, Mörth & A. Pellert (Hrsg.). Theorie und Praxis verzahnen. Lebenslanges Lernen an Hochschulen. Münster: Waxmann, 2016. S. 69 - 87

Schön, D. A. (1983). *The Reflective Practitioner: How Professionals Think in Action.* New
York: Basic Books.

Schuetze, H. G. & Slowey, M. (Hrsg.). (2012). *Global Perspectives in Higher Education
and Lifelong Learning.* London: Routledge.

Wilkesmann, U., Virgillito, A., Bröcker, T. & Knopp, L. (2012). Abweichungen vom Bild
der Normalstudierenden – Was erwarten Studierende? In: M. Kerres, A. Hanft, U.
Wilkesmann & K. Wolff-Bendik (Hrsg.). *Studium 2020. Positionen und Perspektiven
zum Lebenslangen Lernen an Hochschulen.* Münster: Waxmann. S. 59 - 81.

Wolter, A. (2011). Die Entwicklung wissenschaftlicher Weiterbildung in Deutschland. Von
der postgradualen Weiterbildung zum lebenslangen Lernen. In: *Beiträge zur Hochschulforschung.* 33(4). S. 8 - 34.

6 Die Rolle der Bildungsinformatik für die Hochschule der Zukunft

Martin Ebner, Philipp Leitner, Markus Ebner, Behnam Taraghi & Maria Grandl

Abstract

Durch die Erfindung des Computers hat sich das Leben in verschiedenen Bereichen stark verändert: Mobilität und Vernetzung halten Einzug in das tägliche Leben. Um am Puls der Zeit zu bleiben, ist es notwendig auch das bis jetzt nahezu unveränderte Bildungssystem in die Zukunft zu tragen. Ob der zahlreichen politischen Diskussionen konnte man sich bis heute nicht flächendeckend darauf einigen, Informatik als eines der grundlegenden Fächer im Schulbetrieb zu verankern. Ziel der Bildungsinformatik ist es ein Bewusstsein für die notwendigen Kompetenzen der informatischen und medialen Belange der Gesellschaft der Zukunft zu schaffen. Am Beispiel eines Learning-Management-Systems sollen die damit einhergehenden technischen und nicht-technischen Herausforderungen beleuchtet werden um damit auch die Notwendigkeit und Bedeutung der Bildungsinformatik zu verdeutlichen.

6.1 Die Erfindung des Computers und damit der Beginn des digitalen Zeitalters hat Einleitung

Die Erfindung des Computers und damit der Beginn des digitalen Zeitalters hat die Abläufe des alltäglichen Lebens in verschiedenen Bereichen in den letzten 40 Jahren stark verändert. Bereits im Jahr 1982 machte Klaus Haefner (Haefner, 1982) auf die notwendigen Veränderungen des Bildungswesens aufmerksam. Also zu einem Zeitpunkt, als das Internet lediglich zwischen wenigen Forschungsstätten als Prototyp funktionierte, mit der Idee militärische Agenden zu unterstützen. Mit dem Aufkommen des World Wide Web (WWW) wurde natürlich auch der Bildungssektor darauf aufmerksam und erste Prototypen entstanden (Maurer, 2013). Im Wesentlichen waren es Informationssysteme, welche die Lehradministration unterstützen sollten, welche heute unter dem Schlagwort Learning Management System (LMS) bekannt sind (Maurer & Scerbakov, 1996). Nach der Jahrtausendwende und dem Abflauen des ersten Hypes unter dem Stichwort „Dotcom-Blase" begann sich das Internet zu konsolidieren und sich weiter den Benutzer/innen zu öffnen. Bekannt unter dem Begriff „Web 2.0" (O'Reilly, 2006) oder „Mit-mach-Web", konnte die Gesellschaft erstmals selbst aktiv Inhalte verändern. Bei-träge in Weblogs, Wikis oder auch Podcasts wurden zum Standard. Kamen diese für Bildungszwecke zum Einsatz, wurde von „E-Learning 2.0" gesprochen (Dow-nes, 2005; Ebner, 2007). Darüber hinaus gab es große Diskussionen darüber, ob die Lernenden, also so genannte Digital Natives, sich verändern. Zahlreiche Ab-handlungen wurden auch darüber verfasst, dass sich die Studierenden von heute zwar deutlich in der technischen Ausstattung zu früheren Generationen unterschei-den, aber nur wenige Unterschiede im Umgang bestehen. Sie bleiben ohne Anlei-tung einfach passive Nutzer/innen des Internets (Ebner et al., 2011; Ebner et al., 2012; Nagler et al., 2017). Mit dem Aufkommen der Smartphones wurde die Welt zunehmend mobiler und Webinhalte ubiquitär verfügbar. Erstmals konnte die Vi-sion „Lernen von überall", welche bereits vor der Jahrtausendwende propagiert wurde, tatsächlich umgesetzt werden – aus der Forschung ist dies nun als *Mobile Learning* und *Seamless Learning* bekannt, wenn auch noch Sensoren und das Auf-kommen des *Internet of Things* gleich miteingeschlossen werden (Sad & Ebner, 2017).

Werden die letzten 20 Jahre betrachtet, so kann eine enorme technische Entwicklung festgestellt werden. Hatten wir damals noch einen Personal Compu-ter und versuchten uns mittels Modem in das Internet einzuwählen, besitzen wir heute mehrere Endgeräte, die in ständiger Verbindung mit dem weltweiten Netz stehen. Waren 1995 Mobiltelefone für die Masse noch Luxusartikel, stehen wir heute vor der Einführung von Virtual-Reality-Brillen, welche eine just-in-time re-alitätsnahe Kommunikation erlauben werden (Spitzer & Ebner, 2016). Im Ver-gleich dazu hat sich das Bildungssystem kaum verändert. Wir diskutieren immer noch über die flächendeckende Einführung von Informatik als verpflichtenden Ge-genstand in den Pflichtschulen, über die Vermittlung von Medienkompetenzen und den Umgang mit digitalen Endgeräten (Grandl & Ebner, 2017). Hochschulen ihrerseits negieren die Fähigkeiten der Jugendlichen und deren Alltag mit dem In-ternet (Feierabend et al., 2017) und unterrichten immer noch vorwiegend in über-füllten Hörsälen.

Daher scheint es nur logisch, dass bereits viele Expertinnen und Experten auf diesen Umstand hinweisen. Es wird von der Modernisierung des Bildungssys-tems durch die Erweiterung mit Medien oder sogar von einer Virtualisierung ge-sprochen; aktuell wird von der „*Digitalisierung der (Hoch-)Schule*" gesprochen.

Systematisch betrachtet, zeigte dies bereits Beat Döbeli Honegger (Honeg-ger, 2013) auf, indem er, wie viele Expertinnen und Experten aus verschiedensten Wissenschaftsdisziplinen, die Digitalisierung/Einführung des Internets als Auslö-ser eines Wandels, vergleichbar mit der Einführung der Schrift oder des Buchdrucks, bezeichnete. Darum wird dieser Wandel auch als Leitmedienwechsel bezeichnet. Beat Döbeli Honegger geht in seinem Artikel auf die Frage ein, wie die Schule auf diesen Leitmedienwechsel reagieren soll und nennt dabei acht unterschiedliche Reaktionsstufen, die im Bereich des Bildungswesens diesbezüglich beobachtet worden sind. Abbildung 1 stellt diese, geordnet nach zunehmender Veränderung gegenüber der momentanen Organisation von Schulen, dar.

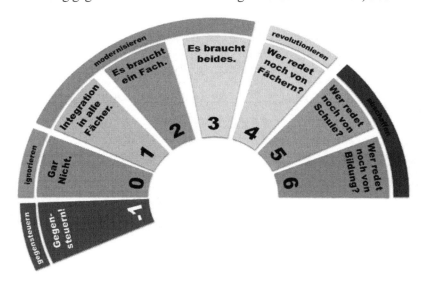

Abb. 6. 1: Leitmedienwechselreaktionsskala nach Beat Döbeli Honegger (Honegger, 2013)

Ähnliches lässt sich auch für die Hochschule berichten. So sind in den Diskussionen Personen, die keine Veränderung wollen, und solche, die keinen Stein auf dem anderen lassen wollen, zu finden.

Wir wollen mit unserem Beitrag die systematische Annäherung an dieses Problem unterstützen, indem wir versuchen, den im deutschsprachigen Raum noch kaum wahrgenommenem Begriff der „Bildungsinformatik" zu stärken und zu argumentieren, warum gerade dieses Fachgebiet wesentlich für die Hochschule der Zukunft ist.

6.2 Bildungsinformatik

An dieser Stelle wollen wir festhalten, dass die Digitalisierung der (Hoch-)Schule nicht durch ein Fachgebiet (wie z.b. Informatik, Pädagogik, Psychologie ...) alleine gelöst werden kann. Es handelt sich um ein ganzheitliches Problemfeld, welches interdisziplinäre Betrachtungs- und Herangehensweisen verlangt. Es lässt sich beobachten, dass die Digitalisierung zunehmend sämtliche Bereiche des Alltags und eben auch der Berufswelt durchdringt. Daher muss nicht nur das Bildungssystem, sondern auch die gesamte Lernforschung aktiv werden und darüber nachdenken, wie durch Technologie Mehrwerte geschaffen werden können. Im angloamerikanischen Raum hat sich hierzu bereits eine große EDTech-Community gebildet, (Wittke, 2017) gespeist von einem dahinter liegenden (Aus-)Bildungszweig zum Educational Technologist oder auch Instructional Designer (Schön et al., 2014).

Daraus wird die Definition von Bildungsinformatik abgeleitet, die sich primär für informatische Lösungen zu Bildungszwecken einsetzt unter Berücksichtigung von mediendidaktischen Gesichtspunkten und lerntheoretischen Grundsätzen. Die primären Forschungsmethoden sind angelehnt an die einzelnen Fachdisziplinen (a) hypothesen- und theorienprüfende Vorgehensweisen, sowie (b) hypothesen- und theoriengenerierende Verfahren, ergänzt um (c) anwendungsorientierte und gestaltende Verfahren, die neuartige Systeme und Konzepte entwickeln und überprüfen (Schön & Ebner, 2013).

Damit reiht sich die Bildungsinformatik nahtlos in zahlreiche andere Bindestrich-Informatiken ein. Auch hier steht, im Gegensatz zur theoretischen Informatik, die Informatik nicht mehr alleine im Zentrum der Betrachtung, sondern wird im Gegenteil zur Basis für eine Vielzahl von Anwendungen, um genau eine Sparte (in diesem Fall die Bildung) zu bedienen. Unter dem Begriff „„Bildungsinformatik" kommen also verschiedene interdisziplinäre Fachgebiete der Pädagogik, computergestütztes Lernen und Lehren und die anwendungsorientierte Informatik zusammen. So setzt sich beispielsweise auch bereits das Deutsche Institut für Internationale Pädagogische Forschung (DIPF) u.a. mit Bildungsinformatik auseinander. In der Abteilung „Informationszentrum Bildung" werden Forschungsaufgaben in der Bildungsinformatik, die sich aus den drei interdisziplinären Schwerpunkten Informationswissenschaft, Computerlogistik und Informatik zusammensetzt, behandelt. In Kooperation mit der Technischen Universität Darmstadt wird im Bereich der automatisierten benutzerbezogenen Wissensverarbeitung, u.a. mit dem Fokus auf Learning Analytics, geforscht. Die pädagogische Hochschule Ludwigsburg hat bereits im Jahr 2005 eine Modulbeschreibung für einen neuen online-gestützten Weiterbildungsstudiengang „Bildungsinformatik" veröffentlicht (Zendler et al. 2005). Die zu absolvierenden Module decken fünf verschiedene Bereiche ab: Bildungsinformatische Grundlagen, Informatik, Bildungswissenschaften, Lehr-und Lernwissenschaften sowie Methoden und Verfahren der Bildungsinformatik. Der Bereich Informatik umfasst beispielsweise die Module E-Learning- Plattformen, Internetprogrammierung, Content-Entwicklung mit Autorensystemen, Softwaretechnik und Informatik und ihre Didaktik. Zu den Modulen, die in anderen Bereichen zu finden sind, zählen u.a. Lehren und Lernen mit digitalen Medien, Medienpsychologie, Selbstgesteuertes Lernen, Neuropsychologie und -pädagogik des Lernens, statistische Verfahren und Copyright und Urheberrecht. Schon damals gaben die Autoren an: Sollte Bildungsinformatik als eigenständiges Studienfach angeboten werden, so müssen weitere Module, beispielsweise aus dem Bereich Informatik, Mensch-Maschine-Interaktion, Datenbanken, Content-Management-Systeme, Datamining und Statistikwerkzeugen, eingeführt werden.

Diese Beispiele zeigen die Notwendigkeit auf, sich diesem interdisziplinären Fach systematisch zu widmen, um ausreichend Nachwuchs für eine nachhaltige Entwicklung im Bereich der (Hoch-)Schule zu erhalten.

6.3   Beispiel Learning-Management-System (LMS)

Um die Gedanken weiter zu vertiefen und die Dringlichkeit darzustellen, mit der die Bildungsinformatik an (Hoch-)Schulen Fuß fassen muss, wollen wir an einem alltäglichen Beispiel aufzeigen, mit welchen digitalen Alltagsproblemen das Themenfeld zu kämpfen hat.

6.3.1   Einleitung

Learning-Management-Systeme (LMS) sind heute aus der Hochschule kaum mehr wegzudenken. Es handelt sich dabei um ein Informationssystem, welches die Hochschullehre administrativ, organisatorisch und auch didaktisch unterstützen sollte. Kurz gesagt: Die Lehre soll durch das System begleitet werden. Viele Hochschullehrende verwenden LMS nun seit vielen Jahren und werden dabei zumeist von entsprechenden Supportstellen unterstützt. Dort sind die Themen aber vielfältig, heterogen und interdisziplinär, wie an der folgenden Auflistung erkennbar ist.

Technische Herausforderungen

Abseits von typischen Programmieraufgaben, die zur Weiterentwicklung des Systems dienen, sind z. B. folgende Punkte zu nennen:

Datensicherheit

Allgemein wird unter Datensicherheit die Vertraulichkeit (nur autorisierte Benut-
zer/innen haben Zugang zu übertragenen und gespeicherten Daten), die Integrität
(Schutz vor beabsichtigten oder unbeabsichtigten Veränderungen), die Verfügbarkeit (Gewährleistung des ständigen Zugriffs auf die Daten) und die Kontrollier-
barkeit (Prüfung der Maßnahmen durch Protokollierung) verstanden (Glossar HS
Augsburg). Damit ist darauf Bedacht zu nehmen, wie das LMS die Daten sicher
vorrätig hält und keine Manipulation oder Zerstörung dieser zulässt.

Skalierbarkeit

Lern-Management-Systeme stehen auch vor der Herausforderung mit Größenver-
änderungen im Bereich des Systems, des dahinterliegenden Netzwerks oder auch
von Prozessen umgehen zu können. Durch eine zunehmende Digitalisierung der
Inhalte, nehmen selbstverständlich die Datenmengen, Nutzerzahlen, usw. stetig
zu, wodurch laufenden Adaptierungen notwendig sind.

Schnittstellen

Schnittstellen sind zweierlei von Relevanz: Einerseits besteht die Möglichkeit, Informationen von externen Systemen, beispielsweise über Standards wie LTI, kurz
für Learning Tools Interoperability, einzubinden. Andererseits besteht die Möglichkeit, Informationen (z.B. Prüfungsergebnisse) aus dem LMS direkt in ein
Campus-Management-System zu exportieren, um so die automatische Zusammenarbeit der Systeme zu ermöglichen. Der flexible Datenaustausch ist heute bereits ein notwendiger Standard bei solchen Systemen.

Zuverlässigkeit, Verfügbarkeit und Wartbarkeit

Das beste System hat keinen Wert, wenn es nicht die Voraussetzungen in Hinsicht
auf Zuverlässigkeit, Verfügbarkeit und Wartbarkeit erfüllt. So ist z.B. besonders
im Bereich von Lern-Management-Systemen eine hohe Verfügbarkeit zu gewähr-
leisten, da das „Lernen" ständig stattfindet und Studierende rund um die Uhr Inhalte abgreifen oder ihre Abgaben tätigen wollen.

Erweiterbarkeit

Abschließend wird immer wieder die Frage gestellt, wie ein hochschulweites System erweitert werden sollte. Wünsche vereinzelter Lehrenden und Lernenden können nur dann berücksichtig werden, wenn dies für eine breite Masse erforderlich ist und/oder das regelmäßige Update gewährleistet werden kann.

Webdesign / Usability / User Experience

Ein weiterer zentraler Punkt ist das Webdesign, da natürlich eine Plattform zu aller erst optisch auf die Nutzer/innen wirkt und die Freude am Umgang mit einem System stark mit dem Erscheinungsbild korreliert. Dazu ist es auch notwendig, die Usability übersetzt Benutzerfreundlichkeit, hoch zu priorisieren.

6.3.2 Nicht technische Problemstellungen

Datenschutz (Privacy)

Der Datenschutz ist ein kritischer Punkt in allen Belangen. Um personenbezogene Daten zu schützen, müssen verschiedene nationale wie auch internationale Vereinbarungen und Gesetze bedacht und eingehalten werden. Neben dem Datenschutz spielt auch die Datensicherheit, also Maßnahmen zur Erhaltung und Sicherung des gesamten Datenverarbeitungssystems und zum Schutz der Daten gegen Fehler, Missbrauch und höhere Gewalt, eine wesentliche Rolle. Hier sei besonders darauf hingewiesen, dass es nicht immer eine technische Lösung für ein juristisches Problem gibt.

Urheberrecht und Copyright

Aus Perspektive von Lehrenden, die urheberrechtlich geschütztes Material von Dritten nutzen möchten, sorgt das im jeweiligen Land geltende Urheberrecht für große Einschränkungen. Wissenschaftliche Publikationen, Lehrtexte, Vorlesungsunterlagen oder -skripte können nicht uneingeschränkt für Zwecke der Lehre digital gespeichert und ausgetauscht werden. Unterlagen für Vorlesungen, die an einer Hochschule entwickelt wurden, sind so auch an die Urheberinnen und Urheber gebunden und können mit deren Ausscheiden oder den Wechsel an andere Einrichtungen nicht bedenkenlos weiter genutzt oder verändert werden. Es ist ebenso nicht gewährleistet, dass Hochschullehrende das beste verfügbare Material in ihrer Lehre einsetzen können, da sie sich auf das Material beschränken müssen, das ihnen die Nutzung, z.B. zur Zurverfügungstellung der Vorlesungsunterlagen im Lernmanagementsystem der Hochschule, ermöglicht. Eine Lösungsmöglichkeit stellt die vermehrte Verwendung von Open Educational Resources (kurz OER: freie, d.h. offen lizenzierte und zugängliche Bildungsressourcen) dar. Um diesem Problem zumindest teilweise entgegen zu treten, hat u.a. das Forum Neue Medien in der Lehre Austria (fnm-austria) ein Empfehlungspapier verfasst, in dem versucht wird, eine nachhaltige Verankerung von OER in der Bildungslandschaft zu erzielen (Ebner et al., 2016).

Incentivierung

Warum sollten Lehrbeauftragte Lehrunterlagen auf einer Online-Plattform zur Verfügung stellen? Diese Frage führt zum Schlagwort *„Incentives"*. Gemeint sind damit die Beweggründe oder Anreize für eine digitale Bereitstellung. Diese können vielfältiger Natur sein:

- Finanzielle Anreize: Lehrende werden für die Kurserstellung bezahlt oder erhalten Fördergelder für nationale Ausschreibungen nur dann, wenn sie die nationale Plattform nutzen.
- Reputation: Lehrende erhalten Aufmerksamkeit und werden als Expert/inn/en auf diesem Gebiet wahrgenommen.
- Innovation: Lehrende können innovative Möglichkeiten ausprobieren und in einem interessanten Netzwerk Erfahrungen sammeln.
- usw.

Bei der Entwicklung eines Anreizsystems muss auch die Finanzierung der Anreize und wie und ob Aktualisierungen incentiviert werden, überlegt werden. Hier kann auf Erfahrungen mit Anreizsystemen aus vergleichbaren Beispielen zurückgegriffen werden, die z.B. mit Korrumpierungseffekten und anderen unerwünschten Folgen kämpfen. Auch wirkt das föderalistische Prinzip erschwerend, da auch noch der Konkurrenzkampf der einzelnen Bundesländer hinzukommen wird.

6.3.3 Einsatz des LMS

In all den vorangegangen Punkten haben wir Teilbereiche gelistet, die bei der Inbetriebnahme eines LMS zu beachten und auch an der entsprechenden Hochschule abzuklären sind. Dabei haben wir aber das Wichtigste noch gar nicht erwähnt: Der Einsatz des LMS. Denn ein derartiges System zeigt nur dann Wirkung, wenn es auch entsprechend von den Lehrenden und Studierenden verwendet wird.

Dazu braucht es aber in erster Linie qualitativ hochwertige digitale Materialien. Es gibt verschiedenste Möglichkeiten, diese Materialien zu erstellen. Jedoch ist dazu weit mehr Know-how notwendig, als die meisten heutigen Lehrenden besitzen. Mit anderen Worten werden Bildungsinformatikerinnen und Bildungsinformatiker auch in diesem Bereich benötigt, um bei der Erstellung von Lernvideos, interaktiven Lernobjekten, E-Books usw. zu helfen.

Geht es nun um den didaktisch sinnvollen Einsatz des LMS im eigenen Unterricht, so ist eine umfassende Kenntnis der Möglichkeiten ebenso notwendig wie mediendidaktische Grundkenntnisse über deren Wirkungsweisen. Auch hier scheint der Einsatz von entsprechendem Personal zur Schulung und Beratung unerlässlich.

6.4 Zusammenfassung

Am Beispiel des LMS und den stetig steigenden Erwartungen der Studierenden und Lehrenden haben wir versucht, zu verdeutlichen, dass das Gebiet der Bildungsinformatik ein stark interdisziplinäres (Forschungs-)Feld ist. Ebenso ist erkennbar, dass die Integration digitaler Prozesse im Bereich der Hochschulen ein komplexer und langjähriger Prozess ist, der sich nicht mit einer Einzelmaßnahme erreichen lässt.

Vor allem zeigen die vielfältigen Ausprägungen, Herausforderungen und nötigen Kompetenzen, dass es zwingend notwendig ist, die Bildungsinformatik zu forcieren und entsprechende Bildungsangebote zu schaffen. Auf diese Weise wird gewährleistet, dass die Hochschule zukünftig über das notwendige Know-how in diesem Bereich verfügt. Dies trägt dazu bei, dass die Hochschullehre den ständig wachsenden technischen Gegebenheiten auch Rechnung tragen kann.

Quellenangaben

Büchel, G. (2012). "Was ist Informatik?" Praktische Informatik: Eine Einführung. Vieweg + Teubner, S. 1 - 4.

DIPF: https://www.dipf.de/ (zuletzt besucht am 13.08.2017)

Downes, S. (2005). E-Learning 2.0. ACM eLearn Magazine, October 2005(10)

Ebner, M. (2007). E-Learning 2.0 = e-Learning 1.0 + Web 2.0?. In: The Second International Conference on Availiability, Reliability and Security, ARES 2007, IEEE, S. 1235 – 1239.

Ebner, M., Freisleben-Teutscher, C., Gröblinger, O., Kopp, M., Rieck, K., Schön, S., Seitz, P., Seissl, M., Ofner, S. & Zwiauer, C. (2016). Empfehlungen für die Integration von Open Educational Resources an Hochschulen in Österreich. In: Forum Neue Medien in der Lehre Austria.

Martin Ebner et. al.

Ebner, M., Nagler, W. & Schön, M. (2011). The Facebook Generation Boon or Bane for E-Learning at Universities? In: World Conference on Educational Multimedia, Hypermedia and Telecommunications 2011, p. 3549 - 3557. Chesapeake, VA: AACE.

Ebner, M., Nagler, W. & Schön, M. (2012). Have They Changed? Five Years of Survey on Academic Net-Generation. In: World Conference on Educational Multimedia, Hypermedia and Telecommunications 2012, S. 343 - 353. Chesapeake, VA: AACE.

Feierabend, S., Plankenhorn, T. & Rathgeb. T. (2016). JIM 2016 - Jugend, Information, (Multi-) Media: Basisstudie zum Medienumgang 12- bis 19-Jähriger in Deutschland. Stuttgart: Medienpädagogischer Forschungsverbund Südwest. https://www.mpfs.de/fileadmin/files/Studien/JIM/2016/JIM_Studie_2016.pdf (zuletzt besucht im Mai 2017)

Glossar HS Augsburg. Datensicherheit https://glossar.hs-augsburg.de/Datensicherheit (zuletzt besucht im August 2017)

Grandl, M. & Ebner, M. (2017). Informatische Grundbildung – ein Ländervergleich, Medienimpulse 02/2017, S. 1 - 9

Haefner, K. (1982). Die neue Bildungskrise, Basel: Birkhäuser.

Honegger, B. D. (2013). "Informatik ist mehr als Informatik! Oder: Warum sich die Informatik mit dem Leitmedienwechsel befassen muss." INFOS.

Lembke, G., & Leipner, I. (2015). Die Lüge der digitalen Bildung: warum unsere Kinder das Lernen verlernen. München: Redline Wirtschaft.

Maurer, H. (2013). Die Geschichte des WWW. Persönlicher Bericht aus europäischer Perspektive. In: M. Ebner & S. Schön (Hrsg.), Lehrbuch für Lernen und Lehren mit Technologien (L3T). URL: http://l3t.eu/homepage/das-buch/ebook-2013/kapitel/o/id/103/name/die-geschichte-des-www (zuletzt besucht im August 2017).

Maurer, H. & Scerbakov, N. (1996). Multimedia Authoring for Presentation and Education: The Official Guide to HM-Card, Bonn: Addison-Wesley. February 1996, S. 250.

Nagler, W., Ebner, M. & Schön, M. (2017). Mobile, Social, Smart, and Media Driven The Way Academic Net-Generation Has Changed Within Ten Years. In: J. Johnston (Ed.), Proceedings of EdMedia: World Conference on Educational Media and Technology 2017 (S. 826 - 835). Association for the Advancement of Computing in Education (AACE).

O'Reilly, T. (2006). Web2.0: Stuck on a name or hooked on values?, Dr. Dobbs Journal, 31(7), S. 10

Şad, S. N. & Ebner, M. (2017). Digital Tools for Seamless Learning (pp. 1 - 398). Hershey, PA: IGI Global. doi:10.4018/978-1-5225-1692-7

Schön, S., Ebner, M. & Kurma, S. (2014). The Maker Movement. Implications of new digital gadgets, fabrication tools and spaces for creative learning and teaching. In: eLearning Papers, 39, July 2014, S. 14 - 25., URL: http://www.openeducationeuropa.eu/en/article/Learning-in-cyber-physical-worlds_In-depth_39_2?paper=145315 (zuletzt besucht im Mai 2017)

Schön, S. & Ebner, M. (2013). Forschungszugänge und -methoden im interdisziplinären Feld des technologiegestützten Lernens. In: M. Ebner & S. Schön (Hrsg.), Lehrbuch für Lernen und Lehren mit Technologien (L3T). URL: http://l3t.eu/homepage/das-buch/ebook-2013/kapitel/o/id/110/name/forschungszugaenge-und-methoden-im-in-terdisziplinaeren-feld-des-technologiegestuetzten-lernens (zuletzt besucht im September 2017)

Spitzer, M. & Ebner, M. (2016). Use Cases and Architecture of an Information system to integrate smart glasses in educational environments. In Proceedings of EdMedia: World Conference on Educational Media and Technology 2016 (S. 51-58). Association for the Advancement of Computing in Education (AACE).

Wittke, A. (2017). Warum gibt es in Deutschland kaum EdTech? Blogbeitrag http://www.onlinebynature.com/2017/08/warum-gibt-es-in-deutschland-kaum-ed-tech/ (zuletzt besucht im September 2017)

Zendler, A., Klaudt, D., May, B. & Spannagel, C. (2005). Modulbeschreibungen für den Studiengang Bildungsinformatik. Notes on Educational Informatics—Section A: Concepts and Techniques, 1(1), S. 19-41.

7 Hochschule 4.0: Vier Missionen für die Zukunft

Prof. Dr. Peter A. Henning

Abstract

In diesem Beitrag wird zunächst eine Positionsbestimmung der Hochschulen im globalen Bildungskontext vorgenommen, der wesentlich durch die Digitalisierung bestimmt ist. Erläutert werden Probleme mit der Freiheit und Eigenverantwortlichkeit der Hochschulen, die zu den ältesten Grundsätzen akademischer Bildung gehört. Basierend auf einer Analyse des Lernens im digitalen Zeitalter werden danach die Aufgaben einer Hochschule der Zukunft diskutiert und vier Missionen identifiziert.

7.1 Einleitung

Der Entwurf einer „Hochschule der Zukunft" erfordert zunächst eine Bestimmung des *Bildungskontextes*, in dem sich diese Hochschule bewegt: Welche Rahmenbedingungen werden an Bildung und Forschung künftig durch die gesellschaftliche Realität gestellt? Anschließend wird sich dieser Entwurf den *Aufgaben* einer akademischen Bildung zu widmen – und deren Defiziten, wenn es um die Frage nach der Einmischung in gesellschaftliche Prozesse geht.

Diese Untersuchung muss natürlich fragmentarisch bleiben, dennoch wollen wir die Einzelaspekte hinterher zu einem Gesamtbild zusammensetzen.

7.2 Bildungskontext 2017-2037

Das System der Hochschulen ist insgesamt sehr viel stabiler als die meisten anderen gesellschaftspolitischen Institutionen. Nur wenige Dokumente drücken diese Kontinuität so deutlich aus wie die *Magna Charta Universitatum*, die am 18. September 1988 anlässlich des 900-jährigen Jubiläums der Universität Bologna verfasst wurde (Magna Charta, 1988). Sie beschwört zunächst die Tatsache, dass Hochschulen über den Kleinlichkeiten des politischen Alltags zu stehen haben:

> *In der Erfüllung ihres Auftrags überschreiten die Universitäten alle geographischen und politischen Grenzen und bekräftigen die zwingende Notwendigkeit der gegenseitigen Kenntnis und der wechselseitigen Beeinflussung verschiedener Kulturen.*

Enthalten sind ferner drei traditionelle Grundsätze:

1. Eigenverantwortung der Hochschulen gegenüber allen politischen, wirtschaftlichen und ideologischen Mächten.
2. Untrennbarkeit von Forschung und Lehre.
3. Freiheit der Forschung, der Lehre und der Ausbildung.

Die Betonung dieser jahrhundertealten Traditionen erschien noch 1988 als Programm für die Zukunft – sozusagen als Plan für die nächsten 900 Jahre. Dabei rollte schon zu dieser Zeit etwas an, das wie ein Tsunami erst flach und unsichtbar, dann aber disruptiv war: Die Entwicklung der Informations- und Kommunikationstechnologie hat seitdem die Art, wie wir Wissen erwerben, speichern, (ver-) teilen und (ver-) arbeiten drastisch gewandelt. Parallel dazu, und kausal damit verknüpft, hat das Weltwissen selbst solche Ausmaße angenommen, dass wir seiner ohne technische Hilfsmittel gar nicht mehr Herr würden.

Im Oktober 1988 waren zwar immerhin schon 56.000 Computer im Internet miteinander verbunden, und ein exponenzielles Wachstum dieses Netzwerks war klar erkennbar. Allerdings sei den Verfassern der Magna Charta Universitatum nachgesehen, dass sie dies weder wahrgenommen haben, noch sich der Konsequenzen des exponenziellen Wachstums bewusst wurden.

Der Tsunami türmte sich erst kurz danach zur globalen Sichtbarkeit auf. 1989 wurde das World Wide Web für die Zwecke der Forschung begründet, 1991 entstand https://arxiv.org/ zunächst als Preprint-Server für die Physik (vom Autor ab 1993 extensiv zur Publikation verwendet). Heute, im Jahr 2017, dient dieser Dienst für ganz unterschiedliche Bereiche der *hard core science* als Open Access Publikationsort, mit mehreren Millionen Artikeln und mehr als 11.000 Neupublikationen in jedem Monat. Eine ähnliche Wissensvermehrung, die nur noch mit digitalen Mitteln zu bewältigen ist, kann auch in anderen Wissenbereichen konstatiert werden. Neben der Wissensvermehrung hat diese Art der Publikation natürlich noch den Aspekt, dass jeder Nutzer des Internet diese Publikationen einsehen kann. Es gibt gute Beispiele dafür, dass sich dadurch revolutionäre Denkansätze schneller unter Laien verbreiten, als in der engen Fachgemeinschaft (für ein etwas exotischeres Beispiel siehe Alcubierre, 1994).

Das Internet ist heute die Institution, in der alle politischen und geografischen Grenzen überschritten werden, an dem universelles Wissen zu finden ist und in dem sich Kulturen gegenseitig beeinflussen. Und dies auch noch in einer Menge und Qualität, die den Verfassern der *Magna Charta Universitatum* mit hoher Wahrscheinlichkeit utopisch erschienen wäre.

Nun könnte man einwenden, dass das wahre Wissen nicht auf Web-Seiten zu finden ist, sondern ohne die Verbindung der klügsten Köpfe gar nicht zu realisieren ist. Dann müssen wir aber ergänzend beachten, dass für nahezu jedes Fachgebiet im Internet kommunikative Gemeinschaften (*Communities*) existieren, die genau dieses leisten. Auch der akademische Diskurs hat sich also ins Internet verlagert – egal, ob es sich nun um Ägyptologie handelt, oder um Ingenieurwissenschaften. Auf der Plattform https://www.stackoverflow.com sind an jedem durchschnittlichen Werktag etwa 4.000.000 Ingenieure gleichzeitig aktiv, um sich bei ihren Fragestellungen gegenseitig zu helfen. Kein nennenswertes Forschungsprojekt kann heute noch ohne digitale Kommunikation auskommen, „e-Science" gilt als Synonym für neue Arten der Zusammenarbeit.

Begleitet wird dieser Fortschritt bei den Inhalten auch durch einen Fortschritt beim Zugriff: Mobile Endgeräte, allen voran Smartphones, erlauben einen Zugriff auf dieses Weltwissen durch fast jede Person von fast jedem Ort und zu fast allen Zeiten aus. Nach der aktuellen Hochrechnung zu Jahresbeginn 2017 verfügen bereits 78 % der deutschen Bevölkerung über Smartphones. Während erst etwa 39 % der über 65-jährigen im Besitz von Smartphones sind, können wir bei der Gruppe der „jungen Menschen" von einer fast vollständigen Sättigung ausgehen (BITKOM, 2017).

Natürlich kann man kaum prognostizieren, wie sich diese Technologie weiter entwickeln wird. Größere Display, bessere Akkus, intuitive und perzeptive Benutzungsschnittstellen – vielleicht sogar so klein und unauffällig, dass sie am Menschen ohne invasive Untersuchung nicht entdeckbar sind. Ungeachtet weiterer quantitativer Entwicklungen wird aber der Bildungskontext für die nächsten 20 Jahre sicher dadurch bestimmt, dass für fast alle Menschen ein nahezu ubiquitärer Zugriff auf eine unglaublich große Wissensmenge besteht, und ein ebenso ubiquitärer Kommunikationsweg zu Milliarden anderer Menschen. Natürlich wirkt sich das auch auf *Wissenschaft* aus, wie wir im Weiteren sehen werden. Um den Effekt vorab plakativ zusammenzufassen: Kurz nach der Verfassung der Magna Charta Universitatum brach die *Wissenschaft* aus ihrem Gefängnis aus und wurde global. Damit ist eigentlich jeder der darin enthaltenen drei Grundsätze infrage zu stellen.

7.3 Eigenverantwortung und Freiheit der Hochschulen

Der erste Grundsatz der Magna Charta Universitatum ist die Eigenverantwortung der Hochschulen. Er wurde er bereits 1158 durch Kaiser Friedrich Barbarossa in der *Authentica habita* begründet, allerdings sind eindeutige Formulierungen des ersten und des dritten Grundsatzes erst seit der Aufklärung bekannt. Jedoch: Die Eigenverantwortung und die Freiheit an den Hochschulen sind den vergangenen zwei Jahrzehnten ausgehöhlt und verwässert worden.

Am 19. Juni 1999 wurde die so genannte Bologna-Erklärung der europäischen Bildungsminister verabschiedet, die als Ziel die Gründung eines europäischen Hochschulraumes hatte (Bologna, 1999). Weitgehend außerhalb der demokratischen Verfahren wurde danach auch in Deutschland unter dem Namen „Bologna-Prozess" eine massive Veränderung eingeleitet, die wesentlich dazu beigetragen hat, diese Eigenverantwortung schlichtweg zu demontieren.

Der Grund ist, dass mit diesem „Prozess" die Akkreditierung von Studiengängen eingeführt und seitdem in allen landesspezifischen Hochschulgesetzen Deutschlands verankert worden ist. Das Ziel der Akkreditierung ist zunächst einmal die Qualitätssicherung des Studiums – ein Ziel, dem sich kaum jemand widersetzen kann. Allerdings kommt es insbesondere (aber nicht nur) bei der Programmakkreditierung, in der einzelne Studiengänge durch externe Gutachter und Agenturen bewertet werden, zu einer massiven Einflussnahme auf Form und Inhalt wissenschaftlicher Lehre. Das deutsche Bundesverfassungsgericht hat am 17. Februar 2016 in einem denkwürdigen Beschluss diese Einflussnahme eindeutig festgestellt und für grundgesetzwidrig erklärt (Bundesverfassungsgericht, 2016). Allerdings mit dem leichten Haken, dass nicht die Einflussnahme selbst kritisiert wurde, sondern die Tatsache, dass hierfür keine gesetzliche Grundlage geschaffen wurde. Bis zum 1. Januar 2018 müssen deshalb die Bundesländer gesetzliche Regelungen zu den Bewertungskriterien, den Verfahren und der Organisation der Akkreditierung schaffen. Zum Zeitpunkt der Verfassung dieses Artikels waren die wesentlichen Änderungen noch nicht so konkret, dass eine kritische Betrachtung möglich wäre.

Dabei muss man natürlich bedenken, dass *Eigenverantwortung und Freiheit* niemals synonym zu *Unabhängigkeit* war. Eine Abhängigkeit der Hochschulen vom guten Willen ihrer Mittelgeber und, je nach Ausrichtung, des Strebens nach mehr oder weniger Studierenden hat schon immer dazu gehört. Allerdings hat die Ökonomisierung weiter Lebensbereiche die Hochschulen in weiten Teilen versklavt – und zwar sowohl in der Lehre, als auch in der Forschung. Zwei Beispiele mögen dies belegen.

Im Rahmen des so genannten Hochschulpaktes (Hochschulpakt, 2014) haben die politischen Gremien auf Bundes- und Länderebene der Tatsache Rechnung getragen, dass inzwischen in Deutschland nicht mehr „nur" 37 % eines Altersjahrgangs ein Studium aufnehmen, sondern mehr als die Hälfte. Die Forderung zur Erhöhung dieses Anteils wird seit Jahren von der OECD gestellt – und sie kostet natürlich Geld.

Zusätzliche Mittel sind zwar in erheblichem Umfang bereitgestellt worden – aber natürlich nicht in dem Umfang, der zu einem sachgerechten Ausbau der Studienkapazitäten ausgereicht hätte. Teilten sich 2004 nur 15,2 Studierende eine Vollzeitstelle des wissenschaftlichen und künstlerischen Betreuungspersonals, waren es 2014 immerhin schon 16,6. Besonders schlecht haben sich die Betreuungsrelationen in den ingenieurwissenschaftlichen Fächern entwickelt (22,4 in 2014), und bei vergleichbaren Fächern geht es den Fachhochschulen mit einem Wert von 24,9 gegenüber den Universitäten mit einem Wert von 19,2 noch deutlich schlechter (Statis, 2016).

Diese an sich schon erschreckenden Zahlen entfalten ihre volle Brisanz aber erst, wenn man sie neben den Text der Bund-Länder-Vereinbarung zum Hochschulpakt legt oder gar die entsprechende Mitteilung des Bundesministeriums für Bildung und Forschung BMBF liest (BMBF 2014):

Denn zur Nachhaltigkeit des Hochschulpaktes gehört, dass ein Studium nicht nur begonnen, sondern auch beendet wird und die Basis für einen guten Start in den Beruf bildet.

Faktisch also werden den Hochschulen nicht nur die adäquaten Mittel zur Betreuung ihrer Studierenden vorenthalten. Sondern sie werden einem erheblichen Druck ausgesetzt, alle Studienanfänger auch zu einem Abschluss zu führen – und zwar unabhängig von deren Eignung und Qualität.

Das zweite Beispiel ist der Forschung zu entnehmen. Hier ergibt sich das Problem, dass immer mehr Forschung durch „Projekte" finanziert wird. Dabei sind Anträge häufig bei Projektträgern einzureichen – oft in zweistufigen Verfahren. Bei diesen Projektträgern handelt es sich um kommerzielle Unternehmen, die im Auftrag der Forschungsförderungseinrichtungen (etwa des BMBF) die gesamte Abwicklung übernehmen. Ein wesentlicher Bestandteil des heutigen Zeitaufwands eines Wissenschaftlers ist daher das Schreiben von Anträgen – und die Bewilligungsquote ist etwa bei der Deutschen Forschungsgemeinschaft von 47 % im Jahr 2009 auf ca. 36 % in 2016 gesunken (bei leichtem Anstieg seit 2013, DFG, 2016). Das führt dazu, dass eine gesicherte Perspektive insbesondere für junge Wissenschaftler kaum vorhanden ist und langfristiges Denken in der Forschungsförderung keine Chance hat.

In diesen Statistiken werden so genannte „Projektskizzen", die als Vorstufe eines Antrages gelten, noch nicht einmal erfasst. Erst wenn diese Projektskizzen angenommen worden sind, wird man zu einer formellen Antragstellung aufgefordert. Daten über die Annahmequote solcher Projektskizzen sind von keinem Projektträger zu bekommen, sie liegt aber nach Schätzungen unter 10 %.

Parallel dazu wachsen die Projektträger immens – ein „nur" einstelliges jährliches Personalwachstum um ca. 10 % kann schon als Ausnahme gelten (Juelich, 2016). Erfahrungsberichte aus dem Kollegenkreis deuten darauf hin, dass sich dieses Personalwachstum in immer komplizierten Verfahren und umfangrei-cherem Berichtswesen niederschlägt. Schließlich muss das Personal beschäftigt werden.

Wohlgemerkt: Nicht alle Aspekte des Bologna-Prozesses sind negativ zu beurteilen (Henning, 2013), und eine wettbewerbliche Forschungsförderung ist nicht grundsätzlich abzulehnen. Aber in Bezug auf die Eigenverantwortlichkeit und Freiheit der Hochschulen haben sie sich nicht gut ausgewirkt.

Eine weitere Einschränkung hat sich durch die Einführung der Hochschul-räte ergeben. Durchaus nicht prinzipiell, oder gar flächendeckend: Viele Hoch-schulen haben hervorragende Hochschulräte, die sich als externes Beratergremium verstehen und der Hochschule gut tun. Es sind aber auch viele Fälle bekannt, in denen die Hochschulräte sich als Regenten der Hochschule verstehen und mit er-heblicher Einflussnahme eigene Agenden verfolgen. In den entsprechenden (Lan-des-)Hochschulgesetzen fehlen in der Regel die notwendigen *Checks and Balan-ces*, um solchen Einflüssen einen Riegel vorzuschieben.

Die mangelnde Wahrung der Eigenverantwortlichkeit und Freiheit in ge-genwärtigen Landeshochschulgesetzen wird dadurch unterstrichen, dass der Ver-fassungsgerichtshof Baden-Württemberg kürzlich die Regelungen des Landes-hochschulgesetzes zur Rektorenwahl für verfassungswidrig erklärte – eben weil sie keine ausreichende Mitbestimmung der Grundrechtsträger ermöglichten (VBMannheim, 2016).

Zu einer Hochschule der Zukunft, so die erste Schlussfolgerung, müsste deshalb eine Stärkung der *Eigenverantwortlichkeit und Freiheit* gehören.

7.4 Einheit von Forschung und Lehre

Der zweite Grundsatz der Magna Charta Universitatum, die „Untrennbarkeit von Forschung und Lehre" ist als Teil des Humboldt'schen Bildungsbegriffes sehr viel später als der erste entstanden. Für die Zukunft der Hochschulen spielt dies inso-fern eine Rolle, als die Schriften Wilhelm von Humboldts erst ab 1896 durch sei-nen Biografen Bruno Gebhardt in den USA bekannt wurden. Während die Einheit von Forschung und Lehre nicht nur für den deutschen Raum, sondern in ganz Eu-ropa Gründungsparadigma vieler Hochschulen war, und sich im 19. Jahrhundert schnell etabliert hat, gilt dies für die USA keineswegs. Die amerikanischen *Uni-versities* sind ganz klar zu unterteilen in lehrzentrierte und forschungszentrierte Einrichtungen, mit unterschiedlichen Zielrichtungen und Paradigmen, also einer starken und sehr pragmatischen Profilbildung. Dass dies nicht ganz falsch sein kann, lässt sich durchaus an verschiedenen Indikatoren ablesen – etwa an dem signifikant höheren Anteil der Nobelpreise in Physik, Chemie und Medizin, den das pragmatische System *heute* generiert (Henning, 2007).

Die logische Konsequenz wäre, auch in Deutschland für die Hochschule der Zukunft eine stärkere Profilbildung aller Hochschulen zu ermöglichen. Dem steht allerdings die deutsche Sondersicht entgegen, dass „Bildung" ein Wert an sich sei. Um deren Zustandkommen zu verstehen, muss man zunächst nach Großbritannien schauen, wo die erste industrielle Revolution nach 1830 einen großen Bedarf an einigermaßen ausgebildeten Arbeitskräften erforderte. In der Folge entstand eine große Zahl privater Schulen, viele davon nur mit einer einzigen Klasse. Motivation für den Schulbesuch war die Partizipation an der industriellen Revolution: Wenn man Bildung erlangte, konnte man Aufseher oder Vorarbeiter werden oder gar noch höher aufsteigen. Britische, auch französische und nach dem Erstarken der US-Universitäten insgesamt „westliche" Bildung hatte deshalb schon im 19. Jahrhundert ein konkretes Ziel: Partizipation am gesellschaftlichen Wandel und Ansammlung persönlichen Reichtums.

Im Gegensatz dazu ergab sich die industrielle Revolution Deutschlands um bis zu 50 Jahre verspätet. Das 18. und 19. Jahrhundert erforderten hier eher gebildete Verwalter und Bürokraten für die Vielzahl deutscher Kleinstaaten, denn gebildete Facharbeiter. In der Folge formte sich in Deutschland das so genannte "Bildungsbürgertum", das sich nicht durch materielle Werte gründete, sondern eben der Bildung einen "Wert an sich" zuwies.

Die pragmatische westliche Sichtweise wurde hierzulande bis ins 20. Jahrhundert hinein verachtet. An keiner Stelle wird dies so deutlich, wie in den *Betrachtungen eines Unpolitischen* von Thomas Mann (Mann, 1918), der Deutschland "Kultur" zuweist, den anderen westlichen Nationen aber lediglich "Zivilisation" – und daraus sogar die Rechtfertigung für den Ersten Weltkrieg ableitete. Es ist daher klar zu konstatieren, dass die äquivalente Unterscheidung zwischen einer höherwertigen "Bildung" und einer minderwertigen "Ausbildung" nicht nur auf romantischen Vorstellungen des 19. Jahrhunderts beruht (Stichweh, 1994), sondern sich bereits durch die Verquickung mit dem "Deutschen Sonderweg" vollkommen überholt hat (Kocka, 1990).

Die in Deutschland prinzipielle Unterscheidung in "Universitäten" (mit einem längst nicht mehr erfüllbaren "universalen" Anspruch) und "Fachhochschulen" muss deshalb für die Hochschule der Zukunft fallengelassen werden – und im Rahmen der pragmatischen Sichtweise allen Hochschulen in gleicher Weise die eigene Profilbildung ermöglicht werden.

Der europäische Trend lässt sich hierbei auch an der Lissabon-Konvention ablesen. Nach dieser Vereinbarung, die trotz der Bildungshoheit der Länder 2007 durch den deutschen Bundestag ratifiziert wurde und damit den Status eines Bundesgesetzes bekam, ist unter anderem jeder Studienbewerber, der *irgendwo* in Europa studieren könnte, an *allen anderen* Hochschulen ebenfalls prinzipiell studienberechtigt (Lissabon, 1997). Eine Universität kann also einem Studienbewerber nicht alleine deshalb die Zulassung verweigern, weil dieser nur eine Fachhochschulreife hat – sie kann ihn höchstens an einem Studieneingangstest scheitern lassen.

7.5 Lernen im digitalen Zeitalter

Modelle des Lernens gab es vor dem 19. Jahrhundert kaum (Comenius, 1654; Kant, 1803), Paradigmen wie Behaviorismus, Kognitivismus und Konstruktivismus etablierten sich erst im 20. Jahrhundert. In diesem Artikel sollen diese Lernermodelle nicht im Detail diskutiert werden, dazu sei auf spezialisierte Literatur verwiesen (für eine Kurzübersicht siehe Henning 2017). Allerdings wollen wir kurz beleuchten, welche Herausforderungen für die Hochschule der Zukunft dadurch entstehen, dass viele Lehrende ihr Material nach einem dieser Modelle strukturieren, weil sie glauben, dass diese den menschlichen Geist beschreiben und damit unabhängig vom Bildungskontext sind (Ertmer 1993).

Betrachten wir zunächst den Behaviorismus, in dem der menschliche Geist als eine *Black Box* betrachtet wird. Lernen besteht in diesem Modell darin, einen Stimulus (Input) mit einer erwünschten Antwort (Output) zu verbinden, ohne jemals über die Natur dieser Verbindung nachzudenken. Fordert ein Lehrender aber nur den passenden Output, fordert er die Studierenden heraus, diesen Output ohne das erwünschte Lernen zu produzieren – indem Plagiate aus den Wissens-*Communities* im Internet gezogen werden. Ganze Wirtschaftsunternehmen haben es sich zur Aufgabe gemacht, auf diese Weise das Lernen auf den Output fokussierte Lernen zu unterlaufen, siehe etwa http://www.assignmentking.com. Eine Schätzung australischer Universitäten geht von bis zu 25 % Plagiaten bei Master-Abschlussarbeiten aus, für den europäischen Bereich fehlen entsprechende Daten.

Die Erweiterung des Behaviorismus zum Social Learning (Bandura, 1977) spielt im digitalen Zeitalter eine wichtige Rolle – eben über das informelle Lernen in den Wissens-*Communities* des Internet.

Mit kognivistischen Ansätzen versuchte man schon früh, die behavioristische *Black Box* zu öffnen, um die inneren Abläufe der Lernenden zu erkennen und zu modifizieren. Man könnte nun annehmen, dass dieses Modell dem digitalen Zeitalter besonders angemessen ist , weil es doch sehr der Programmierung von Computern ähnelt. Allerdings verstehen wir trotz jahrzehntelanger Forschung bis heute die "Programmiersprache" des menschlichen Denkens nicht. Es gibt zwar viele anerkannte "Programmierhilfen", etwa Wiederholungsmodelle, die Loci-

Methode oder gestenunterstütztes Lernen (Moé, 2005; Macedonia, 2011) und ebenso viele pseudo-wissenschaftliche Ansätze.

Doch die ungelöste Frage ist nach wie vor: Was ist denn eigentlich der physikalische Unterschied zwischen einem Gehirn, das gelernt hat – sagen wir, ein neues Wort in einer fremden Sprache – und demselben Gehirn vor dem Lernprozess? Seit etwa 1962 bis vor wenigen Jahren glaubte man, dass dieser Unterschied biochemischer Natur sei und sich in RNA-Molekülen manifestieren würde – die sogar auf andere Individuen übertragbar sein könnten (McConenell, 1962). Allerdings hat sich seit den Arbeiten des Nobelpreisträgers Eric Kandel ein wesentlich komplexeres Bild ergeben (Kandel, 2007): Tausende von Molekülen und epigenetische Schalter sind – irgendwie – beteiligt.

Unser Verständnis des Lernens hat sich erst verbessert, als sich um 1970 der Konstruktivismus entwickelte. Danach ist das Lernen ein aktiver Prozess, der Lerner erweitert sein Wissen, indem er eine mentale Repräsentation der äußeren Welt schafft (Copper, 1993).

Der Schlüssel zum Verständnis des Konstruktivismus in der digitalen Welt liegt darin, dass er den Lernenden dort abholen muss, wo dieser sich gerade befindet. Er muss, in anderen Worten, bereits eine Menge von Begriffen und Relationen kennen – also in der Sprache der Informatik über eine Ontologie verfügen. Ontologien sind ein Kernbestandteil des Semantic Web (Berners-Lee, 1999). Im semantischen Zugang werden Daten von Metadaten (Annotationen) aus unterschiedlichen Wissensgebieten (Domänen) begleitet, die es erlauben, die Bedeutung der Daten zu inferenzieren. Diese Bedeutung erlaubt eine Klassifikation der Begriffe und Relationen und ist der anerkannte Weg, Wissen zu speichern (Staab, 2001).

Ein neueres Modell des Lernens, das ganz wesentlich auf der informationellen Vernetzung der Lernenden beruht, wurde 2005 unter dem Namen *Konnektivismus* begründet (Siemens, 2005). Es hat sich seitdem etwas weiter entwickelt (Downes, 2010), wird aber wegen vieler unpräziser Begrifflichkeiten zu Recht stark kritisiert (Chatti, 2010). Aus heutiger Sicht befasst sich der Konnektivismus lediglich mit einem Ausschnitt des Konstruktivismus – hat aber immerhin aufgezeigt, dass das Lernen in der Zukunft ein vernetztes Lernen mit einer entsprechenden Didaktik sein muss (Meder, 2006).

Zum Verständnis der aktuellen Diskussion müssen wir die berühmte Frage wiederholen, die Kant bereits früh in der Bildungstheorie stellte: *"Wie kultiviere ich die Freiheit bei dem Zwange?"* (Kant, 1803). Er erkannte, dass jede Art des Lernens in gewissem Umfang Druck auf den Lerner ausübt – und dass „gutes" Lernen erreicht wird, wenn es gelingt, den Lerner davon zu überzeugen, dass dieser Druck zu seinem eigenen Vorteil besteht. Gutes Lehren besteht also darin, den Lerner anzuleiten, seine eigene Freiheit auszunutzen um dem Druck zu folgen.

Im Rahmen des EU-Projektes INTUITEL haben wir ein Modell des Lernens entwickelt, bei dem der Weg des Lernenden als Trajektorie in einem abstrakten Raum beschrieben wird, der einem vieldimensionalen Hyperwürfel äquivalent ist. Dieses *HyperCube Model* ist unabhängig davon, wie das Lernmaterial präsentiert wird. Es kann auf alle Modalitäten des Lehrens angewandt werden, einschließlich des klassischen Frontalunterrichtes, des selbstgesteuerten Lernens mit Büchern oder Videos und des technologiegestützten Lernens mit der Hilfe eines Computers (Henning et al., 2014a; 2014b; Fuchs et al., 2016; Fuchs & Henning, 2017).

Letzteres war natürlich der Startpunkt für das Projekt INTUITEL, das Lernpfadempfehlungen auf Basis von vier Schichten aus Ontologien erzeugt. Der Lerner wird dabei nicht als separate Entität gesehen, sondern bildet zusammen mit dem Lehrsystem eine neue Entität, einen *hybriden Aktor* im Rahmen der Aktor-Netzwerk-Theorie (Latour, 1996) – sehr viel konkreter, als dies im Konnektivismus beschrieben wird.

Der aktuelle Stand der Forschung führt deshalb zur Feststellung, wie das Lernen der Zukunft aussehen muss – auch an der Hochschule. Die entsprechenden Thesen (Henning, 2017) werden wir hier nicht einzeln wiederholen, sondern in die Konstruktion einer *Hochschule der Zukunft* einbeziehen.

7.6 Programm gescheitert – Was tun?

Hochschule der Zukunft ist sicher ein gewagtes Wort – denn die bisherigen Ausführungen zeigen ja nur, dass sich die Magna Charta Universitatum eben nicht als Blaupause für die nächsten 900 (oder auch nur 90) Jahre eignet:

- Eigenverantwortung und Freiheit der Hochschulen sind in Gefahr, weil immer mehr ökonomischer Druck in Forschung und Lehre erzeugt wird.
- Die Einheit von Forschung und Lehre ist eine romantische Vorstellung, die zugunsten eines pragmatischeren Ansatzes aufgegeben werden muss.
- Die universelle und ubiquitäre Verfügbarkeit von Wissen und Expertise durch das Internet hat immensen Einfluss auf die Hochschule der Zukunft.

Zum Abschluss wollen wir uns deshalb jetzt der Frage zuwenden, welche Aufgaben die Hochschule der Zukunft eigentlich hat. Diese Aufgaben werden seit etwa 15 Jahren in drei Bereiche eingeteilt:

- *First Mission,* Erste Aufgabe der Hochschule ist die Lehre.
- *Second Mission*, Zweite Aufgabe der Hochschule ist die Forschung.

• *Third Mission,* Dritte Aufgabe ist der Dienst an der Gesellschaft.

Bereits mit den beiden ersten *Missions* wird nicht nur die romantische Verklärung der Einheit von Forschung und Lehre aufgehoben – sondern die Frage nach der Priorisierung gestellt. Offensichtlich muss sich die Hochschule der Zukunft hier klar positionieren: Was ist ihre eigene First Mission – Forschung oder Lehre ? Natürlich muss eine akademische Ausbildung auch künftig auf *Wissenschaft* beruhen, sie muss evidenzbasiert und kritisierbar sein. Aber *Forschung* setzt sie im Zeitalter des universellen Zugriffs auf wissenschaftliche Ergebnisse anderer Personen und Institutionen sicher nicht voraus.

Umgekehrt sollte sich eine Forschungshochschule (oder eine Forschungsfakultät innerhalb einer Hochschule) nicht mit der Massenausbildung befassen müssen und sich auch nicht über die Studierendenzahl definieren. Es ist eine Verschwendung von Ressourcen, wenn Universitäten viermal so viele Studienbewerber aufnehmen, wie sie sinnvoll ausbilden können und diese dann – gerne über das Fach Mathematik – ausdünnen.

Die dritte *Mission* ist schon alleine deshalb kritisch zu sehen, weil sie vielfach auf die Aufgabe „Transfer" reduziert wird. In ingenieurwissenschaftlichen Bereichen mag diese Reduktion vielleicht nützlich sein – aber spätestens wenn es um geisteswissenschaftliche Fächer geht, wird sie geradezu abstrus. Die bereits erwähnte Ökonomisierung der Welt fördert natürlich den gesellschaftspolitischen Anspruch, „etwas für unser Geld zu bekommen". Da wir in Deutschland ein demografisches Problem haben, steht hierbei gegenwärtig und vermutlich noch in den beiden nächsten Dekaden der Anspruch an erster Stelle, Fachkräfte als Nachwuchs für die Wirtschaft zu generieren. Und da viele Unternehmen die Risiken eigener Forschung scheuen, kommt an zweiter Stelle der Anspruch nach Transferleistungen. Die Hochschulen mögen doch, bitte sehr, den Unternehmen und dem Staat in irgendeiner Weise zuarbeiten (Laredo, 2007). Glücklicherweise verstehen sich alle Hochschularten breiter, als es nach dieser eingeengten Sichtweise auf die *Third Mission* der Fall sein könnte (Roessler et al., 2015).

Die Hochschule der Zukunft darf sich nicht als Bestandteil einer separaten akademischen Welt sehen, wie dies noch aus der Magna Charta Universitatum abzulesen ist (First und Second Mission). Sie darf sich aber auch nicht darauf beschränken, Dienst an der Gesellschaft zu leisten (Third Mission). Sondern muss sich einer weiteren Aufgabe stellen:

• *Fourth Mission,* Vierte Aufgabe der Hochschule der Zukunft muss die aktive und formende Wirkung in die Gesellschaft hinein sein.

Diese vierte *Mission* wird erst seit kurzer Zeit diskutiert – unter verschiedenen Aspekten wie z.B. der Friedensstiftung (Chao, 2014) oder der aktiven Beeinflussung wirtschaftlicher Prozesse (Cocorullo, 2017; Kretz, 2013). Gemeinsam ist diesen Ansätzen aber, dass sie die vornehm-akademische Zurückhaltung als ein Relikt auffassen und sie zu Gunsten einer aktiven Einmischung aufzugeben fordern. Dass diese Einmischung dringend notwendig ist, ergibt sich schon aus den modernen gesellschaftlichen Krisen – die aus den Hochschulen heraus eher wenig kommentiert werden. Auch in Deutschland wurde eine entsprechende Debatte begonnen, allerdings bisher ohne sichtbare Konsequenzen (Hartung, 2015). Dass dies nicht so bleiben muss, zeigte sich im Frühjahr 2017, als die durch die offene Wissenschaftsfeindlichkeit des US-Präsidenten die Bewegung des „March for Science" ausgelöst wurden, an der weltweit immerhin mehr als 100.000 Personen teilnahmen (Reardon, 2017).

Im Prinzip schließen wir damit den Kreis, denn eine solche Einmischung in gesellschaftliche Fragestellungen (egal, ob es um den Dieselmotor oder um die historische Einordnung von Migrationsströmen geht) erfordert natürlich die *Eigenständigkeit und Freiheit* der Hochschule.

7.7 Hochschule 4.0

Auf der Basis der bisherigen Ausführungen lässt sich nun ein Modell der Hochschule der Zukunft konstruieren. Es muss offensichtlich die folgenden Rahmenbedingungen erfüllen:

- *Die Hochschule der Zukunft hat die vier Missionen Lehre, Forschung, Dienst an der Gesellschaft und Einwirkung auf die Gesellschaft.*
- *Die Hochschule der Zukunft nimmt ihre Eigenständigkeit und Freiheit sehr viel ernster als heute und verteidigt sie aktiv.* Faustische Hochschulpakte und ideologisch motivierte Projektförderung sollten nicht länger akzeptiert, sondern offen bekämpft werden. Landeshochschulgesetze müssen diese Freiheit wahren – und dürfen sie nicht zu Gunsten der Einflussnahme externer Regenten einschränken.
- *Die Hochschule der Zukunft wird sich im Spannungsfeld zwischen Lehre und Forschung sehr viel freier und klarer positionieren müssen, als dies heute der Fall ist.* Ob sie lehrzentriert oder forschungszentriert arbeitet, ist eine Frage der eigenen Profilierung und nicht des formalen Namens. Die noch bestehende Abgrenzung zwischen Universitäten und Fachhochschulen ist ein Relikt der Vergangenheit.

- *Das Lernen an der Hochschule der Zukunft wird konstruktivistisch, individualisiert und adaptiv sein.* Die Analyse des aktuellen Lernverhaltens („Learning 4.0") und der wachsenden Bedeutung digitaler Medien führt zwangsläufig zu dieser Prognose (Henning, 2017).
- *Lernen und Forschen wird in der Zukunft zu einem großen Teil digital und unter Nutzung des Internet erfolgen.* Das bedeutet nicht, dass Lernen und Forschen ausschließlich unter Verwendung digitaler Medien und Hilfsmittel erfolgt. Und es wird weder der Tod des gedruckten Lehrbuches noch des handgeschriebenen Laborjournals sein.
- *Lernen und Forschen wird in der Zukunft zu einem großen Teil netzwerkorientiert erfolgen.* Mitmenschen, die wir auf Kongressen oder in Sozialen Netzwerken treffen, digitale Datenbanken und Wissensarchive aller Art werden zu einem persönlichen Wissensnetzwerk zusammengefasst.
- *Lernen und Forschen wird in der Zukunft divers sein.* Informelle Umgebungen, bei denen Social Learning stattfindet, werden sich (räumlich und zeitlich) mit formellen Umgebungen mischen, in denen ein Lernender vordefinierten Lernpfaden folgt.
- *Der Dienst an der Gesellschaft als dritte Aufgabe ist für die Hochschule der Zukunft eine Selbstverständlichkeit.* Fragen der Beruflichkeit der Absolventen spielen dabei ebenso eine Rolle wie die Klärung der eigenen Bildungsziele und die Profilbildung.
- *Die Hochschule der Zukunft wirkt aktiv auf die Gesellschaft ein.* Sie gibt Beispiele für Lösungen, kommentiert Abläufe und versteht sich als Korrektor der Gesellschaft der Zukunft.

Es ist sicher verfrüht, aus diesen Thesen konkrete Forderungen nach veränderten Organisationsformen abzuleiten. Vielmehr ist aus Sicht des Verfassers ein gewisser Optimismus angebracht, dass sich eine eine *eigenständige und freie Hochschule* auch selbst reformieren kann.

Quellenangaben

Alcubierre, M. (1994). The warp drive: hyper-fast travel within general relativity. Classical and Quantum Gravity. 11 (5). arXiv:gr-qc/0009013

Bandura, A. (1977). Social Learning Theory. New York: General Learning Press.

Berners-Lee, T. & Fischetti, M. (1999). Weaving the web: the original design and ultimate destiny of the World Wide Web by its inventors. San Francisco: HarperCollins.

BITKOM. (2017). Umfragedaten des Branchenverbandes BITKOM, https://www.bitkom.org/Presse/Presseinformation/Mobile-Steuerungszentrale-fuer-das-Internet-of-Things.html

BMBF. (2014). Pressemitteilung des BMBF zum Hochschulpakt III, https://www.bmbf.de/de/hochschulpakt-2020-506.html

Bologna. (1999). Der Europäische Hochschulraum. Gemeinsame Erklärung der Europäischen Bildungsminister, 19. Juni 1999, Bologna, http://www.bologna-berlin2003.de/pdf/bologna_deu.pdf

BVERFG. (2016). Beschluss des Bundesverfassungsgerichtes zur Akkreditierung vom 17.2.2016, https://www.bundesverfassungsgericht.de/SharedDocs/Pressemitteilungen/DE/2016/bvg16-015.html

Chao, R. (2014). Global Peace-building – The university's fourth mission. University World News May 2014. Issue No. 322.

Chatti, M.A. (2010). The LaaN Theory. In: Personalization in Technology Enhanced Learning: A Social Software Perspective. Aachen: Shaker Verlag, p. 19-42.

Cocorullo, A. (2017). University Fourth Mission. Spin-offs and Academic Entrepreneurship: a theoretical review through the variety of definitions. EURASHE 27th Annual Conference – Professional Higher Education 4.0: A Change for Universities of Applied Sciences – Le Havre (France), 30-31 March 2017.

Comenius, J.A. (1654). Auffgeschlossene Güldene Sprachen-Thür oder Ein Pflantz-Garten aller Sprachen und Wissenschafften: das ist: ... Anleitung, die Lateinische vnd alle andere Sprachen ... zu lernen ... = Janua linguarum reserata aurea. Leipzig: Gross.

Cooper. P.A. (1993). Paradigm Shifts in Designed Instruction: From Behaviorism to Cognitivism to Constructivism. Educational technology, 33(5), 12 - 19.

DFG. (2016). Bewilligungsstatistik der DFG http://www.dfg.de/dfg_profil/zahlen_fakten/statistik/bearbeitungsdauer_erfolgsquoten/

Downes, S. (2010). New technology supporting informal learning. Journal of Emerging Technologies in Web Intelligence, 2(1), 27 - 33.

Ertmer, P.A. & Newby, T.J. (1993). Behaviorism, cognitivism, constructivism: Comparing critical features from an instructional design perspective. Performance improvement quarterly, 6(4), 50 - 72.

Fuchs, K. & Henning, P.A. (2017). Computer-Driven Instructional Design with INTUITEL: An Intelligent Tutoring Interface for Technology-Enhanced Learning. River Publishers Series in Innovation and Change in Education. Delft: River Publishers.

Fuchs, K., Henning, P.A. & Hartmann, M. (2016): INTUITEL and the Hypercube Model - Developing Adaptive Learning Environments. Journal on Systemics, Cybernetics and Informatics No. 14 Vol.3, p. 7 – 11.

Hartung, M. (2015). Was tut ihr, Hochschulen? DIE ZEIT, 8. Oktober 2015 (und weitere Texte zur Frage unter http://www.zeit.de/professoren).

Henning, P.A. (2007). I18N. zur Internationalisierung der Deutschen Hochschulen. Liberales Institut der Friedrich Naumann-Stiftung, Juni 2007.

Henning, P.A. (2013). Zehn Jahre Bologna-Prozess. Liberales Institut der Friedrich Naumann-Stiftung, Dezember 2013.

Henning, P.A. (2017). Learning 4.0. In: K. North (Ed): Managing Knowledge in Digital Change. Heidelberg: Springer, in press.

Henning, P. A., Heberle, F., Swertz, C., Schmölz, A., Burgos, D., De La Fuente Valentin, L., Gal, E., Verdu, De Castro, P., Parodi, E., Schwertel, U. & Steudter, S. (2014a):

Learning Pathway Recommendation based on a Pedagogical Ontology and its Implementation in Moodle. In: RENSING, C., TRAHASCH, S., (Eds) Proceedings of DeLFI 2014. GI Lecture Notes in Informatics P-233, p. 39-50

Henning, P.A., Fuchs, K, Bock, J., Zander, S. Streicher, A., Zielinski, A., Swertz, C., Forstner, A., Badii, A., Thiemert, D. & Garcia Perales, O. (2014b). Personalized Web Learning by joining OER. In: C. Rensing & S. Trahasch. (Eds) Proceedings of DeLFI 2014. GI Lecture Notes in Informatics P-233, p. 127 - 135

Hochschulpakt. (2014). Bund-Länder-Vereinbarung zum Hochschulpakt III https://www.bmbf.de/files/Verwaltungsvereinbarung_Hochschulpakt_III_vom_11.12.2014.pdf http://www.hrk.de/fileadmin/redaktion/hrk/02-Dokumente/02-07-Internationales/02-07-05-Mobilitaet-und-Anerkennung/lissabonkonvention.pdf https://verfgh.baden-wuerttemberg.de/fileadmin/redaktion/m-stgh/dateien/161114_1VB16-15_Urteil.pdf

Jülich. (2016). Jahresbericht 2015 des Projektträgers Jülich, https://www.ptj.de/lw_resource/datapool/_items/item_7415/geschaeftsbericht_reduziert.pdf

Kandel, E.R. (2009). The biology of memory: A forty-year perspective. J. Neurosci. 29 (41) p. 12748 – 12756

Kant, I. (1803). Über Pädagogik. Königsberg: Friedrich Nicolovius

Kocka, J. (1990). German Identity and Historical Comparison: After the Historikerstreit. In: P. Baldwin. (Ed.). Reworking the Past. Boston: Beacon Press p. 283 - 284

Kretz, A. Sá. C. (2013). Third Stream, Fourth Mission: Perspectives on University Engagement with Economic Relevance. Higher Education Policy, Volume 26, Issue 4, pp 497- 506

Laredo, P. (2007). Revisiting the Third Mission of Universities: Toward a Renewed Categorization of University Activities? Higher Education Policy December 2007, Volume 20, Issue 4, pp 441 - 456

Latour, B. (1996). Social theory and the study of computerized work sites. In: W.J. Orlikowiski et.al. (Eds.). Information Technology and Changes in Organizational Work. London, Chapman and Hall, p. 295 - 307.

Lissabon. (1997). Lissabon-Konvention vom 11. April 1997,

Macedonia, M. & Knösche, T.R. (2011). Body in Mind: How Gestures Empower Foreign Language Learning. In: Mind, Brain, and Education 5, p. 196 – 211

Magna Charta. (1988). Magna Charta Universitatum, Dokument zum 900-jährigen Bestehen der Universität Bologna vom 18. September 1988 http://www.magnacharta.org/pdf/mc_pdf/mc_german.pdf

Mann, T. (1918). Betrachtungen eines Unpolitischen. Berlin: S.Fischer.

McConnell, J.V. (1962). Memory transfer through cannibalism in planarium, J. Neuropsychiat. 3 suppl 1 542-548.

Meder, N. (2006). Web-Didaktik. Eine neue Didaktik webbasierten, vernetzten Lernens. Bielefeld: Bertelsmann.

Moé, A, De Beni, R. (2005). Stressing the efficacy of the Loci method: Oral presentation and the subject-generation of the Loci pathway with expository passages. Applied Cognitive Psychology 19 (1) p 95 - 106

Reardon, S., Phillips, N., Abbot, A., Casacassus, B., Callaway, B, Wietze, A. & Lok, C. (2017). What's happening at March for Science events around the world. Nature, 21. April 2017

Roessler, I., Duong, S., & Hachmeister, C. (2015). Welche Missionen haben Hochschulen? Third Mission als Leistung der Fachhochschulen für die und mit der Gesellschaft. Arbeitspapier Nr. 182, Gütersloh: Centrum für Hochschulentwicklung

Siemens, G. (2005). Connectivism: A Learning Theory for the Digital Age. International Journal of Instructional Technology and Distance Learning, Vol. 2 No. 1

Staab, S., Studer, R., Schnurr, H.-P., & Sure, Y. (2001). Knowledge processes and ontologies. IEEE Intelligent Systems Vol. 16 No. 1, p. 26-34

Statis. (2016). Hochschulen auf einen Blick. Ausgabe 2016, Statistisches Bundesamt 2016.

Stichweh, R. (1994). The Unity of Teaching and Research. In: S. Poggi & M. Bossi. (Eds.). Romanticism in Science. Boston Studies in the Philosophy of Science, Volume 152, p. 189-202

VBMannheim. (2016). Beschluss Verfassungsgerichtshofes Baden-Württemberg zum Landeshochschulgesetz 1VB 16/15 vom 14.11.2016.

8 Ist die Zukunft der Hochschullehre digital?

Dr. Jutta Pauschenwein & Dr. Gert Lyon

Abstract

Hochschullehrende fragen sich (selbst)kritisch, ob ihr Unterricht noch zeitgemäß ist, sowohl in Bezug auf die Inhalte als auch auf die Werkzeuge. Auf junge Studierende wartet eine unsichere Zukunft, und es ist nicht klar, welches Wissen und welche Kompetenzen sie brauchen werden. Ältere Studierende kommen mit komplexen Fragen aus ihrem Berufsalltag und suchen die individuelle Auseinandersetzung.

Als erste Annäherung an das Thema wird ein Adoleszenter nach seinen Lernerfahrungen und -präferenzen befragt und dann wird versucht, die sogenannten 'Digital Natives' zu beschreiben, die derzeit an den Hochschulen studieren. Es folgt die Beschreibung von vielfältigen Formen der Digitalisierung und der Entwicklung von Online-Lernprozessen, die einer großen Anzahl von Studierenden differenzierte Lernmöglichkeiten bietet.

Des Weiteren werden Bildungsziele in einer sich rasch verändernden Welt, im Spannungsfeld von Globalisierung, Kommerzialisierung und dem zunehmenden Einfluss von Wirtschaft und Industrie auf die Hochschulen diskutiert.

Schließlich wird der Versuch unternommen, einige der wichtigsten Herausforderungen der kommenden Jahre zu benennen.

8.1 Einleitung

An der Hochschule fragen sich die Lehrenden, wie sie ihre Studierenden zum Lernen motivieren können. Sie beklagen, dass die Grundkenntnisse der Jungen jedes Jahr abnehmen, dass sie Arbeitsaufträge oft nur minimalistisch ausführen und wenig Begeisterung am jeweiligen Fach zeigen. Diese Bemerkungen, oft im Rahmen von informellen Gesprächen und bei Schulungen oder in Workshops zur Hochschuldidaktik, geäußert, nahmen wir zum Anlass, einen jungen Mann zu seinen Lernerfahrungen zu befragen und dazu, wie er in Zukunft lernen möchte.

L. (19 Jahre, derzeit Schüler einer höheren technischen Lehranstalt mit Medienschwerpunkt) beginnt seine Ausführungen mit dem Statement, dass er in Gruppen lernen möchte. Seine Schulerfahrung reflektierend beginnt er von dem Fach Dramaturgie zu schwärmen, in dem nach dem Input des Lehrers in Kleingruppen an einem Praxisbeispiel gearbeitet wird. Der fachliche Teil des Unterrichts erfolgt im Dialog basierend auf Unterlagen und einer Visualisierung, wobei die Schüler und Schülerinnen die Präsentation des Lehrers hinterfragen. Im Praxisteil arbeiten acht bis zehn Gruppen gemäß der jeweiligen Aufgabenstellung an ihrem Praxisbeispiel. Auf jeden Umsetzungsschritt folgt eine umfangreiche Feedback-Session. Die Ergebnisse der Gruppen werden vorgestellt und diskutiert, wobei es Feedback von Mitschüler und Mitschülerinnen und dem Lehrer gibt.

Der Wunsch an zukünftige Lernszenarien von L. enthält die vier Elemente (1) Lernen in Gruppen, (2) Hinterfragen der Theorie im Dialog und (3) praktisch Umsetzen, sowie (4) Feedback geben und erhalten. L. nimmt an, dass er in den nächsten Jahren oft in Online-Umgebungen lernen wird. Er hat bereits Erfahrung mit Lernprozessen in MOOCs (massive open online courses), und weist da nochmals dezidiert auf die wichtige Rolle des Feedbacks hin. Auch wenn es Zeit braucht, erachtet er die Rückmeldung von vielen unterschiedlichen Personen als wesentlich. Zudem legt er großen Wert auf kritisches Feedback und schwärmt von der Sandwich-Regel, bei der ein positiver Aspekt zu Beginn und ein positiver Aspekt am Ende die kritische Rückmeldung umrahmen.

Erstaunlich ist, dass ein junger Mensch so genau beschreiben kann, was er zum Lernen braucht und dass seine Wünsche mit grundlegenden didaktischen Prinzipien übereinstimmen. Nach Illeris (2006, S. 31) beinhaltet Lernen einen externen Interaktionsprozess zwischen Lernenden und ihrer Umwelt und einen internen psychologischen Prozess mit einer kognitiven und einer emotionalen Komponente. Im oben genannten Beispiel begibt sich der Lehrer während des Fachinputs durch den Dialog in einen Interaktionsprozess mit den Schüler und Schülerinnen, in der Feedback-Session interagieren die Schüler und Schülerinnen miteinander und mit dem Lehrer. Die kognitive Auseinandersetzung findet verstärkt im praktischen Umsetzungsprozess statt. Die emotionale Komponente färbt die Kommunikations- und Gruppenprozesse.

Im Rahmen einer quantitativ-qualitativen Erhebung zur Qualität der Lehre an der Universität zu Köln (Mirastschijski et al., 2017) evaluierten 1.852 Studierende 25 ausgewählte Lehrveranstaltungen zu Semesterbeginn und in der Mitte des Semesters und gaben dabei über 10.000 Einzelnennungen zu ihrer Wahrnehmung von guter Lehre ab. Die Auswertung ergab, dass aktivierende und unterstützende Merkmale in Bezug auf Materialien und Lerninhalte wesentlich sind, und dass die Studierenden Praxisbezüge, die Möglichkeit Fragen zu stellen und gute Präsentationen schätzen.

Auffallend ist, dass das Web als Lernort fast nicht vorkommt. Im Interview erwähnt L. zwar MOOCs, wobei seine Bekanntschaft mit dieser Form des Online-Lernens auf privatem Interesse beruht. In der Reflexion seines Schultags ist ihm die Rolle des Web, von Online-Ressourcen und sozialen Netzwerken in seinen Lernprozessen nicht bewusst. Auch in der Erhebung zur Qualität der Lehre an der Universität zu Köln spielt E-Learning keine Rolle, weder wird in der Kategorie

„Veranstaltungsart" noch bei den „Materialien" oder in der Kategorie „Soziale Aspekte" Bezug auf mögliche Online-Prozesse genommen. Eine empirische Studie der Wiener Arbeiterkammer zeigt, dass Computer zwar in knapp 20 % des Schulunterrichts täglich eingesetzt werden, aber in mehr als 30 % gar nicht verwendet werden (Ikrath, 2016).

Wie kommt es, dass die Digitalisierung, die unsere Welt so stark verändert hat, die Schul- und Hochschulszenarien so unberührt zu lassen scheint?

Die Generationen X und Y

Bereits 2001 sprach Prensky von den Digital Natives und meinte „Our students have changed radically" (S. 1). Wer sind nun die jungen Menschen, die sich im Leben und an den Hochschulen anders verhalten, als von den Eltern und Lehrenden erwartet?

Zum Einstieg in die Auseinandersetzung mit dieser Frage erscheint das Konzept der „Generation" durchaus geeignet, auch wenn es – ähnlich wie der Begriff der Digital Natives (Kirschner, 2013) – kritisch hinterfragt werden sollte (Scholz, 2014, S 14-19). Historische Ereignisse der Jugendzeit prägen eine Generation und bewirken die Herausbildung ähnlicher Werte. Gemäß dieser Annahme werden unterschiedliche Generationen benannt, wobei die zeitliche Abgrenzung zwischen ihnen je nach Quelle etwas unterschiedlich ist. Seit 1950 wurden folgende Generationen identifiziert: die Babyboomer, die Generation X, sowie die Generationen Y (zwischen 1980/1985 und 1995/2000 geboren) und Z (nach 1995 /2000 geboren). Relevant für die Hochschulen sind vor allem die Generationen Y und Z, die jetzt in ihren Zwanzigern oder Dreißigern sind.

Während die Mitglieder der Generation Y bereits früh mit Medien, Konsum- und Freizeitangeboten konfrontiert wurden, sind sie im Berufsleben und bei der Familiengründung eher Spätstarter. Ihre Jugendzeit ist ausgedehnt, einerseits bedingt durch eine früh einsetzende Pubertät, andererseits durch deren offenes Ende. Sie sind mit einem Überangebot an Waren aufgewachsen und haben es gelernt, Entscheidungen zu treffen, trotz einer Vielzahl von Aspekten, die sie nicht vollständig identifizieren und bewerten können. Ihr Leben verläuft nicht geradlinig und planbar; sie sind es gewohnt zu improvisieren. Vertreterinnen und Vertreter der Generation Y beziehen sich auf ihre eigenen Interessen und versuchen, sich möglichst viele Optionen offen zu halten (Ewinger et al., 2016). Daher wird diese Generation von Jeges (2014) auch „Generation Maybe" genannt. Viele von ihnen sind an einer bestmöglichen Ausbildung interessiert, ist das doch ein Parameter, den sie selbst beeinflussen können. Um diese „High Performers" bemüht sich derzeit die Wirtschaft (Hurrelmann & Albrecht, 2014, S11-43). Beruflicher Erfolg ist wichtig, aber auch das Privatleben sollte nicht zu kurz kommen. In dieser Generation entstand der Begriff „Work-Life-Balance" (Scholz, 2014, S 35).

Die Generation Z ist noch intensiver mit elektronischen Medien aufgewachsen als die Generation vor ihr und zählt ebenfalls zu den Digital Natives. Im Vergleich mit der Generation Y ist ihr Freizeit wichtiger, der Wunsch nach beruflichem Erfolg ist eher in den Hintergrund getreten. Grundeinstellungen der Generation Z sind der Realismus und eine gewisse „Flatterhaftigkeit" (Scholz, 2014, S 38). Von den Eltern behütet und verwöhnt, lassen sie sich auch als junge Erwachsene noch mit dem Auto chauffieren und zum Tag der offenen Tür an der Hochschule begleiten. Die Generation Z nimmt wahr, wie Unternehmen Mitarbeiterinnen und Mitarbeiter „optimieren" und entlassen. Ihrem Unternehmen gegenüber sind sie nicht loyal, erwarten aber auch keine Loyalität von Seiten des Unternehmens (Scholz, 2014, S 59). Als Digital Natives sind sie Teil von Online-Gemeinschaften, digitale Spuren hinterlassen sie relativ unbekümmert.

Welche Lernszenarien sind für Vertreterinnen und Vertreter der Generationen Y und X geeignet?

8.2 Digitalisierung und Online-Lernprozesse

Bereits vor 30 Jahren verwendeten Studierende der Theoretischen Physik das Internet und kommunizierten über Mails oder Chat in der wissenschaftlichen Community. Sie fühlten sich elitär und dachten nicht daran, dass diese Werkzeuge, noch dazu in einer grafischen Oberfläche, zukünftig allen zur Verfügung stehen würden[23].

Mittlerweile folgte auf das statische Web1.0 das Web2.0 mit Social Media Anwendungen, dann das Web3.0, welches Informationen semantisch verknüpft, und das Web4.0 oder Internet der Dinge mit Bezug zu realen Gegenständen – wobei es sich bei dieser Aufzählung um eine von vielen möglichen Klassifizierungen handelt. Im Januar 2017 lebten fast 7,5 Milliarden Menschen auf der Erde, nach Kemp (2017) benutzen 3,7 Milliarden von ihnen das Internet, 4,9 Milliarden benutzen ein Handy, 2,5 Milliarden ein Smartphone. Für die Menschen, die mittels Computern oder mobilen Geräten online gehen, steht ein umfassendes Angebot an Materialien und Lernangeboten bereit.

Weller (2011) spricht vom *Überfluss im Netz* und der Herausforderung eine geeignete Pädagogik zu entwickeln („pedagogy of abundance"), um mit der Vielfalt und Vielzahl an Lernmaterialien umzugehen. Konzepte, Aufgaben und Anleitungen, erstellt von Lehrenden unterschiedlicher Disziplinen (manchmal auch als

---

[23]   Die Autorin dieses Artikels studierte in den Achtzigerjahren Theoretische Physik an der Universität Graz

„open educational resources" - *OER*[24]), ergänzen die professionell entwickelten Lerninhalte von (Elite-) Hochschulen. Darüber hinaus sind heutige Nutzer und Nutzerinnen fähig, eigene Materialien zu entwickeln, von *Videos*, oft als Handlungsanleitungen konzipiert, bis zu *Portfolios*, die selbsterstellte Produkte, erworbene Kompetenzen und Reflexionen zum Wissenserwerb enthalten[25]. „Wie gelernt und gelehrt wird, ist nicht allein eine Frage der verwendeten Technologie, wird jedoch von ihr beeinflusst" (Schaffert & Kalz, 2008, S.1). Dem schließt sich Muuß-Merholz (2015) an, der eine dreifache Herausforderung für die digitale Lernkultur sieht: die Auseinandersetzung mit dem Fach (1), mit dem Lernprozess selbst (2) und mit der sich rasch verändernden Medienwelt (3).

Doch wie kann innovative Hochschullehre aussehen, wenn die Halbwertszeit von Wissen rasch abnimmt und das, was Bachelor-Studierende im ersten Jahr gelernt haben, möglicherweise bei Studienabschluss bereits überholt ist (etwa in IT-Studiengängen)? Und wenn die Vorstellung von erfolgreichen Lernszenarien und Lernstrategien zwischen Lehrenden und Studierenden stark differieren? Wenn Lehrende Laptops und mobile Geräte im Unterricht verbieten und von der Wirksamkeit der Handschrift schwärmen, während junge Erwachsene lieber online spielen und YouTube-Videos ansehen? Wenn sorgsam zusammengestelltes Lernmaterial in der jeweiligen Lernplattform ungenutzt bleibt, und stattdessen (unhinterfragt) Quellen im Netz zitiert werden?

Schaffen wir Lehrende es, unsere Studierenden im Erwerb der 21st Century Skills „problem-solving", „communication", „creativity", „collaboration" zu unterstützen (Chung et al., 2016)? Im Weiteren werden exemplarisch drei Herangehensweisen an moderne Lernszenarien und ihre praktische Umsetzung beschrieben.

8.2.1 Technisch-gestützte Lehre 4.0

Moderne Lehre braucht "neben interaktivem Präsenzunterricht individualisierte, zielorientierte digitale Lernprozesse und Entlastung für die WissensvermittlerInnen" meint Popp & Ciolau (2017, S. 8) und identifiziert folgende Bestandteile der Lehre 4.0.

---

[24]   Unter freien Bildungsressourcen werden „sowohl Lerninhalte, Software-Werkzeuge, die den Lernprozess unterstützen, Repositorien von Lernobjekten (Learning Object Repositories, LOR) als auch Kurse und andere inhaltliche Materialien verstanden" (Zauchner & Baumgartner, 2007, S. 245)

[25]   Studierende des Content-Strategie Studiengangs der FH JOANNEUM erstellen OER-Materialien als Dokumentation der Lehrveranstaltungen http://oer.fh-joanneum.at/contentstrategy/, in individuellen Portfolios beschreiben sie den Transfer in ihr Arbeitsumfeld und reflektieren ihre Lernprozesse http://oer.fh-joanneum.at/contentstrategy/cos-feeds/.

Eine *personalisierte Lernumgebung* dient den Lernenden, die sich, ausgehend von ihren Bedürfnissen Inhalte, Lernressourcen und Lernwerkzeuge zusammenstellen (Schaffert & Kalz, 2008). Popp meint mit Personalisierung auch, dass Lerntypen, wie etwa Praktiker, Punktweise Wissen Suchende, Maßgeschneidert Lernende, Klassische E-Learning Studierende, Videolernende und Chattenden unterschiedliche Lernpfade vorfinden. Ein *spielerischer Zugang* kann die Motivation steigern bzw. auf den Kompetenzen der Lernenden aufbauen (Mossböck, 2017), *Virtual Reality*-Darstellungen dienen der Anschaulichkeit.

Die hohe Durchdringung *mobiler Devices* fördert die Online-Vernetzung von Lernenden. Wenger (1998) sah informelle Lernprozesse als Basis der Communities of Practice, damals handelte es sich dabei noch um Gemeinschaften, die face-to-face miteinander arbeiteten und lernten. 2011 hält er fest, dass die zunehmende Informationsvielfalt im Web den Bedarf nach Communities of Practice nicht mindert, sondern dass die vielen Werkzeuge im Netz das Entstehen von Communities of Practice erweitern (Wenger, 2011, S.6).

Adaptive Lernumgebungen machen es möglich, dass Inhalte an Vorkenntnisse und Lernverhalten angepasst werden, etwa durch Einstiegstests oder Microinhalte zur Vor- oder Nachbereitung von Lehreinheiten. Ergänzt werden adaptive Inhalte durch Methoden der *Learning Analytics*, um gefährdete Studierende frühzeitig erkennen zu können.

Die beiden letzten von Popp beschriebenen Elemente dienen der Unterstützung der Lehrenden. *E-Assessments* mindern den Prüfungsaufwand, intelligente Teletutoren etwa in Form von *Chatbots* übernehmen einen Teil der Kommunikation zwischen Lehrenden und Studierenden. Auch Erpenbeck & Sauter (2013) sehen in ihrer Vorschau auf das Jahr 2025 den Computer als Lernpartner und Coach.

8.2.2 Didaktik von Online-Lerngruppen

Pauschenwein (2016) legt den Schwerpunkt auf *gemeinsame Lernprozesse* im Online-Raum, wobei die Konzepte zur Entwicklung virtueller Gruppen von Salmon (2012, 2013) die Basis für ihre Lernszenarien bilden. Lerntheorien und Lernansätze, die Kooperation und Netzwerken fördern, reichen vom sozialen Konstruktivismus und Communities of Practice über Konnektivismus bis zu emergenten Lernprozessen. Im gemeinsamen Raum agieren Lernende nach ihren eigenen Bedürfnissen und Fähigkeiten (Vygotsky, 1978). In der Gemeinschaft (community) wird etwas bearbeitet oder geübt (practice), Personen nehmen unterschiedliche Rollen ein (identity) und verhandeln Bedeutungen und Grenzen (Wenger, 1998). Beim Eintritt in Lerncommunities müssen Grenzen überwunden und oft ein neues Vokabular und informelle Regeln erlernt werden (Land et al., 2010). Im konnektivistischen Verständnis interagieren autonome und diverse Lernende in offenen

Online-Lernprozessen, indem sie Inhalte sammeln und ordnen (aggregate), mischen (remix), in-den-eigenen Kontext-setzen (repurpose) und mit anderen teilen (feed forward) (vgl. Siemens 2005, Downes 2012). Offene Lernumgebungen fördern emergentes Lernen nahe an den eigenen Lernbedürfnissen – dies kann auch zu Ergebnissen führen, die von den Lehrenden nicht geplant wurden (vgl. Williams et al., 2011).

Pauschenwein (2016) empfiehlt das Potenzial von *Visualisierungen* in Bezug auf Lernprozesse auszuschöpfen. Grafisch aufbereitete Abläufe und Anleitungen, auch in Form von Comics (Sousanis, 2015), stoßen bei Studierenden auf Zuspruch und motivieren sie, Aufgaben zu erledigen. Bildhaft dargestellte Reflexionsprozesse, wie etwa die Footprints of Emergence (Williams, 2012), fördern die ganzheitliche Erfassung von Lernszenarien und visualisieren das komplexe Zusammenspiel von Studierenden, Lehrenden und Lehrdesign (Pauschenwein et al., 2013). Die Auswertung von Online-Diskussionen kleiner Gruppen mittels der Social Network Analysis ermöglicht die Feststellung des Reifegrades der Online-Gruppe und visualisiert Aspekte der Gruppendynamik und auch die Rolle einzelner Lernender (Pauschenwein, 2015).

In den letzten Jahren wurde für Lernräume gerne die Metapher eines Ökosystems verwendet (Kerres, 2017). Damit wird betont, dass in der digitalen Umwelt ein komplexes Zusammenspiel mehrerer Einflussgrößen stattfindet, die selbst in einem dynamischen Wechselspiel zueinanderstehen. Es gibt Wachstum, Veränderungen und Teile sterben ab. Die Entwicklung ist nicht linear beschreibbar, sondern ein emergenter Prozess. Akteure in diesem Ökosystem sind Lehrende und Lernende sowie die digitale Technik selbst. Bereits 2005 sah Siemens Computerprogramme und Algorithmen als Akteure in einem konnektivistischen Lernraum „Learning may reside in non-human appliance".

Aus Lehrendenperspektive besteht ein *Ökosystem*, das Online-Lehr- und Lernprozesse gut unterstützt, aus zumindest drei Bausteinen.

• Eine klassische Lernplattform, wie etwa Moodle[26] ist gut geeignet die Struktur der Lernveranstaltung abzubilden, statische Lernmaterialien (etwa Folien) zur Verfügung zu stellen und die Abgabe von Projekten und Arbeiten zu verwalten.

• Für die asynchrone, also zeitversetzte Kommunikation mit Studierenden – ausformulierte Aufgabenstellungen, Beantwortung von Fragen, Einzel-

---

[26]   https://moodle.com/

und Gruppen-Feedbacks – braucht es eine unkomplizierte, mobile Plattform wie etwa Slack[27].

- Synchrone Abstimmungsprozesse und Diskussionen zu Inhalten sind mühsam zu organisieren – alle müssen zum selben Zeitpunkt online sein – können jedoch die Auseinandersetzung unterstützen und manchmal auch ver-
  einfachen. Das Angebot an Videokonferenzen, Webinar-Software oder Vi-
  deochats ist groß, allerdings muss man damit rechnen auf technische
  Schwierigkeiten zu stoßen. Daher ist es unabdingbar, das System mit allen
  Beteiligten vorab zu testen.

Das von den Lehrenden gestaltete Lernökosystems wird durch die Medien, Netzwerke und Werkzeuge der Studierende ergänzt[28].

8.2.3   Lernen in Massive Open Online Courses (MOOCs)

Die MOOC-Bewegung wurde 2008 von Siemens und Downes mit dem Connectivism and Connective Knowledge MOOC (CCK08)[29] eingeleitet, der über 2000
Lernende anzog. Der nächste Schub kam 2011, als Thrun von der Stanford-Uni-
versity über 120.000 Wissbegierige weltweit dazu brachte sich in seinem MOOC
zum Thema „Artificial Intelligence" anzumelden (Ng & Widom, 2014). Die New
York Times rief 2012 zum Year of the MOOC aus (Pappano, 2012). Expertinnen
und Experten des NMC Horizon Report zum Thema Higher Education beurteilten
2013 MOOCs als wichtigen Bildungstrend (Johnson et al., 2013). Die Europäische
Kommission (2013) reagierte mit dem Aktionsplan „Opening up Education" zur
Förderung von innovativem Lernen und Lehren, wobei MOOCs eine wichtige
Rolle spielen sollten. Im Projekt BizMOOC[30] wurde die Rolle untersucht, die europäische Hochschulen in der MOOC-Produktion spielen (Driha et al., 2017). In-
terviewpartner an 50 Hochschulen mit wenig oder keiner Erfahrung mit MOOCs
gaben an, dass sie mit MOOCs vertraut seien und diese als wichtiges Angebot für
formales und informelles Lernen sähen. Zum Zeitpunkt der Interviews waren 20

---

[27]   https://slack.com/
[28]   Eine Studierende des Content-Strategie Studiengangs der FH JOANNEUM beschreibt in ei-
         nem Portfolio-Post, dass neben der im Studiengang verwendeten Kommunikationsplattform
         Slack unter den Studierenden auch der Facebook Messenger im Einsatz war. (Binder, 2017)
[29]   Siehe auch https://de.slideshare.net/Downes/mooc-and-mookiesthe-connectivism-connec-
         tive-knowledge-online-course-presentation
[30]   BizMOOC – Knowledge Alliance to enable a European-wide exploitation of the potential of
         MOOCs for the world of business, 2016-2019, Reference Number: 562286-EPP-1-2015-1-
         AT-EPPKA2-KA. http://bizmooc.eu/

% dieser Hochschulen bereits in die Produktion eines MOOCs involviert. Schwierigkeiten werden bei der formalen Anerkennung von MOOCs, bei mangelhaften Sprachkenntnissen und in der Qualitätssicherung verortet. Technisch betrachtet ermöglichen MOOC-Plattformen individuelle und gemeinsame Lernprozesse von vielen tausenden Nutzerinnen und Nutzern, didaktisch gesehen brachen MOOCs die geschlossenen E-Learning Räume der klassischen Lernplattformen auf. Mackness (2016) richtet ihre Aufmerksamkeit auf die Schutzbedürftigkeit von Lernenden in MOOCs in Bezug auf Datenschutz, Mobbing, etc. Sie plädiert für eine gut fundierte Praxis, die ethische Grundsätze berücksichtigt und eine an den Bedürfnissen der Lernenden orientierte Didaktik.

Vor vier bis fünf Jahren wurde noch recht genau zwischen *cMOOC*-Angeboten mit einer offenen Didaktik beruhend auf dem Ansatz von Siemens (2005) und Downes (2012) und *xMOOC*-Angeboten, optimiert für eine möglichst große Anzahl von Lernenden und beruhend auf einer eher konservativen Didaktik mit Videomaterial und automatisierter Wissensüberprüfung, unterschieden. Mittlerweile sind unterschiedliche Mischformen von MOOCs entstanden, die zwischen einem sehr strukturierten und linearen xMOOC und einem offenen, netzwerkartigen cMOOC positioniert werden können (Weller & Bridgeman, 2017).

Die *Integration von MOOCs* in die Hochschullehre kann auf unterschiedliche Weise geschehen. Jede Hochschule kann selbst MOOCs entwickeln, die sowohl für eigene Studierende und als auch für Lernende weltweit offen sind. Dies war die Strategie der xMOOC-Anbieter im Jahr 2011. Oder sie kann MOOCs anerkennen, die von anderen Hochschulen entwickelt wurden. Dazu braucht es Kooperationsverträge und Vertrauen. Innerhalb einer einzelnen Lehrveranstaltung können die Lehrenden ihren Unterricht rund um die Lernerfahrung der Studierenden im MOOC bauen. Dies passiert eher selten, da es einerseits in den Ablauf des Semesters passen muss und andererseits Hochschullehrende eher zögern, ,fremde' Inhalte in ihren Unterricht zu integrieren. Im „Competence for Global Collaboration – cope15" MOOC[31] ist es gelungen, Studierende unterschiedlicher Disziplinen im Rahmen ihrer jeweiligen Lehrveranstaltungen lernen zu lassen, wobei die aktive Teilnahme am MOOC mit einem ECTS anerkannt wurde (Pauschenwein & Friedel, 2017).

8.3 Bildung im Kontext

Möchte man über die Zukunft der Hochschullehre nachdenken, sollten Überlegungen zum Begriff der Bildung nicht fehlen. Was ist 'Bildung', was soll sie bewirken, was ermöglichen, was verhindern, wem soll sie dienen, was darf sie kosten,

---

[31]   http://cope15.at/

wer ist qualifiziert, sie zu vermitteln, wer definiert die Bildungsziele, welche Veränderungen, welche Organisationsformen werden in Zukunft nötig sein?

8.3.1 Bildungsziele und ökonomisches Umfeld

Zu folgenden Bildungszielen kann in den industrialisierten Ländern der westlichen Welt (Staaten mit Bekenntnis zu Menschenrechten, Gleichberechtigung, Demokratie und der Trennung von Kirche und Staat) hoffentlich ein breiter Konsens gefunden werden.

Es geht um die Aneignung von grundlegenden Kompetenzen, wie sinnerfassendes Lesen, Schreiben und das Beherrschen der Grundrechnungsarten. Und es geht – vom Kindergarten bis zur Hochschule – um die Entwicklung und das Anwenden sozialer Fähigkeiten. Dazu gehören:

- kritisch und selbstreflexiv denken zu können. Für Paul & Elder (2003) ist das eine der wesentlichen Voraussetzungen, um dogmatisches und opportunistisches Denken in allen Wissenschaften zu vermeiden. Auch Kruse (2010) sieht kritisches Denken als Leitziel der Hochschullehre.
- historisch denken zu können (wie bin ich, wie ist jemand, wie ist eine Situation so geworden, wie sie ist?)
- und empathisch denken zu können; Man kann Empathieverweigerung als eine der Bedingungen verstehen, die den Holocaust erst möglich gemacht haben. (Schwarz-Friesel & Reinharz, 2013),
- sowie die Fähigkeit Dialoge zu führen und Perspektivenwechsel vorzunehmen und nicht zuletzt, sich mit Wertvorstellungen auseinanderzusetzen.

Das hier implizite Welt- und Menschenbild steht in der *Tradition der Aufklärung* und geht davon aus, dass wir gute, nachhaltige Lösungen der bestehenden und zukünftigen Probleme nur entwickeln können, wenn wir Verantwortung für das Ganze übernehmen, wenn wir auch den globalen Kontext berücksichtigen, wenn wir die Befriedigung von Partial-Interessen auf Kosten des Ganzen und Aller verhindern.

Dazu gehört etwa auch die Absage an die unhinterfragte Priorisierung von Markttauglichkeit, Wettbewerbsfähigkeit und Standortsicherung. Der globale Umbau von Politik und Ökonomie in den letzten 30 Jahren – weg von einem sozialstaatlichen Arrangement hin zu einer neoliberalen Konkurrenzwirtschaft –, schlägt sich auch im Bereich der Bildung, der Schulen und Hochschulen nieder.

Die Definition der gesellschaftlichen Aufgaben von Hochschulen verändert sich unter dem Einfluss der *Kommerzialisierung und Globalisierung*. Akteure der

Wirtschaft und der Industrie greifen tief in die Strukturen der Hochschulen ein, zum Beispiel indem sie Studienabgängerinnen und Studienabgänger mit spezialisierten Fähigkeiten („Employability") fordern. Wenn der Wert einer Hochschule vorwiegend als Faktor für die wirtschaftliche Entwicklung gesehen wird, definiert der Markt die Forschungs- und Ausbildungsprioritäten und was als finanzierungswürdiges Wissen gilt. Eine der unvermeidlichen Folgen der Kommerzialisierung der Hochschulen ist das Schwinden des Vertrauens der Öffentlichkeit in die Unabhängigkeit und „Objektivität" von wissenschaftlicher Forschung, – eine vermutlich unterschätzte „Nebenwirkung" (Sursock, 2004).

Nichtsdestotrotz sollen Studierende nach dem Studium gut für ihre Arbeit gerüstet sein. Praxiswissen spielt also eine wichtige Rolle. Cendon et al. (2016) plädieren für die Theorie-Praxis-Verzahnung an Hochschulen und streichen hervor, dass Hochschulen in einer wissensbasierten, globalisierten Organisationsgesellschaft Handlungskompetenz fördern sollten, die auf reflektiertem Denken aufbaut.

8.3.2 Implikationen der digitalen Zukunft

Viele Diskussionen über die Zukunft von Bildung, Aus- und Weiterbildung stehen im Dienst der Angstabwehr vor einer digitalen Zukunft, die nicht nur bestimmt, wie wir uns morgen verhalten sollen, was wir essen werden, sondern auch was wir denken und wie wir uns fühlen sollten. Es kann tiefe Schuld- und Schamgefühle auslösen, wenn wir anders denken und fühlen als tagaus-tagein von uns erwartet wird. Oft werden diese Diskussionen einseitig geführt: auf der einen Seite stehen die in *die technischen Entwicklungsmöglichkeiten* Verliebten, auf der anderen die auf *das humanistische Bildungsideal* Setzenden. Wenn die Vertreterinnen und Vertreter beider Positionen übermäßig mit ihren Standpunkten identifiziert sind, verhindert das den Dialog und das Infrage-stellen der grundlegenden Annahmen und Konzepte. So bleiben beide Standpunkte unvollständig.

Nur ist der eine Standpunkt, der technologische, heute mit einer Macht ausgestattet, sich über alles hinwegzusetzen, was sich ihm in den Weg stellt[32] und der andere in Gefahr sich im wissenschaftlichen Elfenbeinturm zu verschanzen und einem Kulturpessimismus zu erliegen[33]. Das technologische Paradigma ist eine konsequente Fortsetzung der Aufklärung und nun werden wir die Geister, die wir riefen, nicht mehr los.

---

[32]   „So wie die Theoretiker der Frankfurter Schule die Industrialisierung nicht einfach wegschreiben konnten, wird auch der Ekel manches Bildungsbürgers vor der Digitalisierung von den Tatsachen des digitalen Zeitalters überrollt." Tschiggerl & Walch (2017)

[33]   „Der Grundirrtum besteht darin, dass man vergisst, dass Lernen im Wesentlichen ein sozialer Prozess ist, ansonsten könnte man die Schulen auflösen und jeden zu Hause oder im Garten vor sein Tablet setzen." Liessmann (2017)

Die Kontroverse über *Kompetenzorientierung versus Wissensvermittlung* fügt weitere Aspekte zum Bildungsbegriff hinzu. Heyse et al. (2015, S.15) streichen die Wichtigkeit der Fachkompetenz hervor, die sie als „Legierung" von Fachwissen und Schlüsselkompetenzen bezeichnen. Gerade in Unternehmen reicht Wissen alleine als Entscheidungsgrundlage nicht aus, wichtige Entscheidungen werden aus dem Bauch heraus getroffen, basierend auf jahrelanger Erfahrung und der im Laufe dieser Zeit angesammelten Fachkompetenz. Ganz anders wird der Kompetenzbegriff im Rahmen der „1. Frankfurter (In-)Kompetenzkonferenz"[34] im Juli 2017 gesehen. Im Einladungstext heißt es „Seit PISA 2000 dominiert die inkompetenzproduzierende Kompetenzorientierung die Lehrpläne an den Schulen. Nun schwappt die Welle auch durch die universitären Curricula." Zwar wird Kompetenzorientierung im Bildungswesen nicht prinzipiell kritisiert und „Sachverstand" ähnlich wie die „Fachkompetenz" (Heyse, 2015, S.15) definiert als theoretisches Wissen (Wissen über die Sache) und Fähigkeiten im Umgang mit der Sache. Kritisiert wird die Einschränkung des Lernens auf eine Aufgabe, für einen ökonomischen Zweck und dass mehr Wissen als nötig als unökonomisch angesehen wird.

Digitalisierung wird oft als *Einsparungsstrategie* gesehen. Lehrende müssen darüber nachdenken, klären, was im Bildungsbereich in den Schulen und Hochschulen an Digitalisierung, Virtualisierung, Computerisierung unvermeidlich ist, was wünschenswert und sinnvoll und was nicht. Wo, in welchen Abläufen, dient der Einsatz von Algorithmen, von Robotern, von künstlicher Intelligenz den Interessen aller Menschen und wo nur Partikular-Interessen, also nur einer Minderheit? Wo, wann, in Bezug auf welche Kompetenzen, Lehr- und Bildungsziele ist die unmittelbare (face-to-face-) Beziehung zu einem Gegenüber nötig oder erleichtert den Lernprozess? Wann und wo sind wir als Lernende auf Empathie und auf die Resonanz- und Spiegelungsvorgänge angewiesen, die nicht in virtuellen, sondern nur in realen Beziehungen entstehen können? Wo liegen die Vorteile von Online-Lernprozessen und welche Lernenden fühlen sich online vielleicht sogar wohler als im face-to-face Unterricht? Wie kann der geeignete „blended" Mix für jeweilige Lehrveranstaltung aussehen?

8.4 Die Zukunft

Die Grenzen zwischen Prophetie, unseriöser Trend-'forschung', Science-Fiction und ernsthafter Auseinandersetzung mit den in näherer Zukunft zu erwartenden Herausforderungen sind fließend, Vorhersagen also nur von begrenztem Wert und mit großer Vorsicht zu machen.

---

[34]   https://bildung-wissen.eu/veranstaltungen-1/kompetent-in-kompetenz.html

Doch basierend auf der bisher dargestellten Wahrnehmung von Lernprozessen an Hochschulen, kann man die folgenden vordringlichen Herausforderungen benennen.

8.4.1 Herausforderung: steigende Studierendenzahlen bei begrenzten Ressourcen

Arbeits- und Produktionsbedingungen ändern sich, Schulen und Hochschulen werden und müssen sich weiterentwickeln. Neue Technologien ermöglichen globale Lernprozesse, und Sparmaßnahmen im öffentlichen Sektor betreffen auch das Bildungsangebot (Al-Ani, 2016a, 2016b). Zugleich steigt der Bedarf an Hochschulbildung. War es 2006 nur eine von 100 Personen, die einen akademischen Abschluss hatte, so waren es 2016 bereits sieben (Reilich & Infusino, 2016). Vor allem für Studienangebote auf Bachelor-Niveau und für Hochschulbildung in den Schwellenländern gibt es viel zu wenig Angebote für die steigende Zahl der Lernhungrigen.

Massive Open Online Courses könnten einen Teil dieses Bedarfs decken. Lernen muss nicht mehr an realen Hochschulen ablaufen, sondern kann auch online passieren. Nach Central Class, einem Web-Service, das MOOC-Angebote zusammenfasst, meldeten sich 2016 58 Millionen Lernende für einen MOOC an, im Vergleich zu 35 Millionen angemeldeten Teilnehmerinnen und Teilnehmer im Jahr 2015 (ICEF, 2017). Laurillard (2014) erkennt das Potenzial von MOOCs an, Online-Materialien einer großen Anzahl von Lernenden zur Verfügung zu stellen. Für die Auseinandersetzung mit diesen Materialien braucht es jedoch Zeit sowie Führung und Unterstützung durch Lehrende dort, wo Peer Review und automatisierte Feedbacks nicht ausreichen.

8.4.2 Herausforderung: Flexibilisierung[35]

Basierend auf den gesellschaftlichen Veränderungen stehen auch die Hochschulen unter Druck flexiblere Angebote zu entwickeln. In Österreich gibt es derzeit 294 berufsbegleitende und 18 berufsermöglichende Studienangebote[36]. Großteils handelt es sich um Angebote von Fachhochschulen, wenige Angebote stammen von Privatuniversitäten. Berufsbegleitende Angebote sind meist als Blended Learning-

---

[35] Der Begriff „Flexibilisierung" wird hier in einem Alltagssprachverständnis verwendet, im Unterschied zur spezifischen soziologischen Bedeutung, wie etwa bei Sennett (1998).

[36] https://www.uni.at/studien/?study_search=&discipline=0&commitment%5B%5D=Berufsbegleitend&region=0&orderby=name

Angebote[37] konzipiert. Das Studienjahr beginnt im Lauf des Septembers und dauert bis in den Juli hinein. Die Flexibilität erstreckt sich jedoch nicht soweit, dass der Studienbeginn beliebig ist, die Unterrichtszeit während des Sommers stattfindet, wenn die Räumlichkeiten meist leer sind und die Anzahl der Studierenden von Semester zu Semester wechselt[38]. Raetzsch et al (2016) schlagen in ihrem Bericht "The future of higher education" vor, die Räumlichkeiten an Hochschulen während der Sommer- und Winterferien für Studierende, die größtenteils online studieren, zu nutzen.

Ein Beispiel für hohe Flexibilität praktizieren die in Kooperation von sieben Universitäten entstandenen ‚Open Universies Australia' (OUA), die 2016 42.000 Studierende hatten[39]. Die OUA bietet eine Universitätsausbildung ohne Campus an. Sie vergibt keine Abschlüsse, sondern die Studierenden erhalten den Abschluss von der für das gewählte Programm verantwortlichen Universität. Das Jahr wird in vier Studiums-Perioden unterteilt. Dies ermöglicht eine individuelle Gestaltung des Studiums, angepasst an die eigenen Bedürfnisse und Rahmenbedingungen. Interessierte können mit einem Studium beginnen oder ein oder zwei Module in einem Interessensbereich auswählen und erst später entscheiden, welche Qualifikation angestrebt wird. Wie viele Module pro Quartal belegt werden, hängt von den Studierenden ab. Pro Kurs, der in der Plattform der jeweiligen Universität abgewickelt wird, nehmen fünf bis einige Hundert Studierende teil. Neben asynchronen Aktivitäten gibt es auch synchrone Meetings. Um die Kurse positiv abzuschließen, müssen Projekte, Aufgaben und schriftliche Prüfungen abgelegt werden (Pauschenwein, 2010).

8.4.3 Herausforderung: Die Rolle der Lehrenden

Biesta (2013, S. 57) unterscheidet zwischen „unterrichtet werden" und „etwas selbst lernen". Studierende haben eine Meinung darüber, wie, wo und was sie lernen sollen, doch die Unterstützung durch Lehrende kann ihren Lernprozess erleichtern und vertiefen. Der Fokus auf dem Wort „Lernen" statt "Lehren" oder "Erziehung" (Biesta, 1998) bringt auch mit sich, dass Studierende „Lernservices" in Anspruch nehmen und damit Kunden von Anbietern in einem globalen Markt werden, der sich am Bedarf orientiert und der Effektivität gehorcht.

---

[37]   Blended Learning meint die zeitliche Abfolge von Präsenz- und Online-Phasen. Im Horizon Report (2017) werden Blended-Learning-Designs" als Trend für die nächsten ein bis zwei Jahren gesehen (Adams Becker et al., 2017).

[38]   Geäußerte Wünsche im Rahmen eines Beratungsgesprächs zur Konzeption eines berufsbegleitenden Masterlehrgangs im Juli 2017

[39]   https://www.open.edu.au/ , https://www.open.edu.au/yearinreview2016/

Zwar gibt es massenhaft freies Lernmaterial im Netz, doch es sind Lehrende, die diesen Web Content kuratieren und in Bezug zu einem Lernziel setzen (Laurillard, 2014). Welche Rolle hier die Technik spielen kann, ist zu evaluieren. Bayne (2015, S. 460) empfiehlt neue Wege in der Betrachtung der Lehrendenrolle einzuschlagen und das Potenzial der Automatisierung kritisch zu evaluieren. Auf diese Weise würde die technologische Entwicklung nicht dazu dienen, ein Problem zu lösen oder ein Defizit der Lehrenden zu adressieren, sondern es ginge um die Abstimmung zwischen der menschlichen und nicht menschlichen Unterstützung von Lernprozessen. Bei der Moderation von Online-Lerngruppen kann etwa ein Computerprogramm, ein sogenannter Bot, eine unterstützende Rolle spielen. So weist der Bot in der Plattform Slack etwa die Lehrende daraufhin, wenn ihre Aufgabenstellung nicht alle erreicht, weil einige Studierende dem für die Kommunikation verwendeten „Channel" noch nicht beigetreten sind. Mit Einverständnis der Lehrenden sendet der Bot den Studierenden eine Einladung für diesen „Channel". Es ist anzunehmen, dass in naher Zukunft Programme einen beträchtlichen Teil der Moderation von Online-Gruppen übernehmen können, insbesondere die Sichtung von Interaktionen und individuellen Beiträgen. Statt der kontinuierlichen Beobachtung der Online-Prozesse und dem damit verbundenen Kennenlernen der Studierenden und ihrer Rolle in der Gruppe durch die Lehrende würde ein Programm die Online-Beiträge auswerten. Welche Auswirkungen der Einsatz von neuen Instrumenten wie dem Bot auf Lehrende und Lernende haben wird, wird uns noch beschäftigen.

Zu den pädagogischen und den technischen Herausforderungen kommen schließlich noch die soziokulturellen und die ökonomischen dazu. Niemand kann sich, auch nicht die an Hochschulen Lehrenden können sich der mächtigen Logik der sozialen und kulturellen Imperative entziehen. Sie müssen sich mit den Auswirkungen der Dominanz der Ökonomie über die Politik, mit dem enormen Einfluss der global herrschenden Marktlogik auf unser alltägliches Leben, auch auf den Bereich der Hochschulbildung, auseinandersetzen (Polanyi, 1978, S. 54).

Aber, - "der Markt allein bietet keinen" geeigneten „Kompass, um wissenschaftliche Forschung und Bildung zu lenken." (Sursock, 2004, S 46). Und Lehrende müssen nicht vorauseilenden Gehorsam praktizieren. Sie unterliegen nicht nur den Sachzwängen, sondern haben auch Spielräume, Entscheidungsfreiheiten, Gestaltungsmöglichkeiten. Die gilt es zu nutzen, um sich der „fast unlösbaren Aufgabe" zu stellen „weder von der Macht der anderen noch von der eigenen Ohnmacht sich dumm machen zu lassen." (Adorno, S 64).

8.4.4   Herausforderung: die Bedeutung des Virtuellen beim Lernen

Bei diesem Thema sind sich Autorin und Autor dieses Kapitels nicht einig. Die eine liebt es, in der Rolle als Online-Moderatorin, ihre Studierenden individuell und flexibel zu begleiten,

Der Anreiz online zu lernen wird im Abstract zu einem Artikel über cMOOCs von Bali et al. (2015) beschrieben. In einem konnektivistischen MOOC befinden sich die Lernenden mitten in einem dynamischen Lernnetzwerk. Sie sind überhäuft mit Informationen, Kommentaren und Diskussionssträngen. Beharrlich und ermutigt durch die anderen Lernendne bauen sie an ihren persönlichen Lernpfaden (siehe auch Pauschenwein, 2012). Aus dem Übermaß an Knoten und Interaktionen bildet sich ein persönliches Lernnetzwerk, welches den Teilnehmerinnen und Teilnehmern genügend Stabilität gibt, profund und bedeutungsvoll zu lernen – flexibel nach einem eigenen Zeitplan, mit den Werkzeugen der eigenen Wahl, zu den Inhalten und im Austausch mit den Personen, die man gerade spannend findet.

Der andere Autor schätzt in seiner psychoanalytischen Praxis das Privileg der unmittelbaren Präsenz im 1:1 Kontakt wie auch in Gruppen.

Die Beziehung zu einem/r Lehrenden, einem Rollenmodell ist unersetzbar. Zur selben Zeit am selben Ort zu sein, ermöglicht den unmittelbaren Austausch, das lebendige Mit-Teilen und Feedback von den Lehrenden und von den Peer-Gruppenteilnehmer und Gruppenteilnehmerinnen. Face-to-face Begegnungen ermöglichen die sinnliche Wahrnehmung, den Blickkontakt, die Beobachtung von Mimik, Gestik, Körpersprache, die ebenso wichtig sind wie der verbale Ausdruck, die Sprache, die Aussprache, der Dialekt, der Akzent, die Lautstärke, das Beschleunigen und Verlangsamen, die Pausen. Die unmittelbare Präsenz von lebendigen Menschen kann begeistern und neue Ideen hervorbringen.

Die Notwendigkeit von face-to-face Lernprozessen ist unbestreitbar, was klar wird, wenn man an die fundamentalen Lernerfahrungen von Kleinkindern in den ersten fünf bis sechs Jahren denkt, die an die Bindung und Beziehung zu bedeutsamen Anderen geknüpft ist.

Die Bedeutung von Online-Lernen wird jedoch zweifellos stark zunehmen. Die Auswirkungen der digitalen Medien auf die frühkindliche Entwicklung und Beziehungsgestaltung sind derzeit noch kaum abschätzbar.

Mit dem schwindelerregenden Zuwachs an Wissen müssen wir uns vermehrt Fragen stellen, wie die nach dem, was gesellschaftlich wünschenswert ist, nach der ethischen Vertretbarkeit all dessen, was technisch machbar ist, nach der Verteilungs- und Chancengerechtigkeit, – auch und besonders im Bildungsbereich. Eine große Gefahr zukünftiger Entwicklungen ist die weitere Vertiefung der Spaltung in eine Mehrheit von armen und ungebildeten und eine Minderheit von reichen und gut ausgebildeten Menschen. Sowie die Ungleichheit von Ausbildungschancen symbolisiert durch billige Online-Lernprogramme für die Schwellenländer und die Massen und personalintensive und exklusive Lernoptionen für die sogenannten Eliten.

Quellenangaben

Adorno, Theodor W. (1994). Minima Moralia. Frankfurt: Suhrkamp.

Al-Ani, A. (2016a). Digitaler Klassenkampf. In: G. Sperl. (Hrsg.): Ungleichheit. Essays, Diskurse, Reportagen, Phönix, Band 3., Wien 2016. http://ayad-al-ani.com/pdf/ayad-al-ani-Digitaler-Klassenkampf.pdf

Al-Ani, A. (2016b). Lehren in digitalen Lernwelten. In: E. Cendon, A. Mörth & A. Pellert (Hrsg.): Theorie und Praxis verzahnen - Lebenslanges Lernen an Hochschulen. Münster: Waxmann , S. 247-257 http://www.ayad-al-ani.com/content/2-publikationen/2-gedruckte-publikationen/20160101-lehren-in-digitalen-lernwelten-neue-rollen-und-funktionen-von-lehrenden/ayad-al-ani-lehrenin-digitalen-lernwelten-neue-rollen-und-funktionen-von-lehrenden.pdf

Bali, M., Crawford, M., Jessen, R., Signorelli, P., & Zamora, M. (2015). What makes a cMOOC community endure? Multiple participant perspectives from diverse cMOOCs. Educational Media International, 52(2), 100-115.

Bayne, S. (2015). Teacherbot: interventions in automated teaching. Teaching in Higher Education, 20(4), 455-467

Biesta, G. J. (2013). The Beautiful Risk of Education. Paradigm Publishers.

Biesta, G. J. (1998). Pedagogy without humanism: Foucault and the subject of education. Interchange, 29(1), 1-16.

Binder, T. (2017). 8 unverzichtbare Tools fürs #cos Studium. Portfolio Blogpost http://noisetomusic.com/8-unverzichtbare-tools-furs-cos-studium/

Chung, A., Bond I.G. & O'Byrne I. (2016). Web Literacy 2.0. White paper, https://mozilla.github.io/content/web-lit-whitepaper

Cendon E., Mörth A. & Pellert, A. (2016). Einleitung. In: E. Cendon, A. Mörth & A. Pellert (Hrsg.): Theorie und Praxis verzahnen - Lebenslanges Lernen an Hochschulen. Münster: Waxmann , S. 19-22

Driha O.M., Makeienko M., Friedl C. & Jansen D. (2017). Identification of needs and gaps for the application of MOOCs by Higher Education Institutions. BizMOOC project. http://bizmooc.eu/mooc-manual/needs-and-gaps-to-moocs/report-heis/

Downes, S. (2012). Connectivism and Connective Knowledge. Essays on meaning and learning networks. Online im Internet: http://www.downes.ca/files/books/Connective_Knowledge-19May2012.pdf (p 495-498)

Erpenbeck, J. & Sauter, W. (2013). So werden wir lernen! Kompetenzentwicklung in einer Welt fühlender Computer, kluger Wolken und sinnsuchender Netze. Berlin: Springer.

European Commission. (2013). Opening up education: Innovative teaching and learning for all through new technologies and open educational resources. Brussels, Belgium. Retrieved from http://eur-lex.europa.eu/legal-content/EN/TXT/PDF/?uri=CELEX: 52013DC0654&from=EN

Ewinger D., Ternès A., Kerbel J. & Towers I. (2016). Arbeitswelt im Zeitalter der Individualisierung. Wiesbaden: Springer Fachmedien 2016: Essentials

Heyse, V., Erpenbeck, J., & Ortmann, S. (2015). Einleitung: Ein Meer von Kompetenzen. In: Heyse, V., Erpenbeck, J., & Ortmann, S. (Hrsg.): Kompetenz ist viel mehr: Erfassung und Entwicklung von fachlichen und überfachlichen Kompetenzen in der Praxis. Münster: Waxmann.

Hurrelmann, K. & Albrecht, E. (2014). Die heimlichen Revolutionäre: wie die Generation Y unsere Welt verändert. Weinheim: Beltz.

ICEF Monitor (2017). Global MOOC enrolment jumped again last year. http://monitor.icef.com/2017/01/global-mooc-enrolment-jumped-last-year/

Ikrath, P. & Speckmayr, A. (2016). Digitale Kompetenzen für eine digitalisierte Lebenswelt https://wien.arbeiterkammer.at/service/studien/digitalerwandel/Digitale_Kompetenzen_fuer_eine_digitalisierte_Lebenswelt.html siehe auch Langfassung https://media.arbeiterkammer.at/wien/PDF/studien/bildung/Digitale_Kompetenzen_Langbericht.pdf (S 46)

Illeris, K. (2006). Das „Lerndreieck". Rahmenkonzept für ein übergreifendes Verständnis vom menschlichen Lernen. In: E. Nuissl von Rein. (Hrsg.): Vom Lernen zum Lehren. Lern- und Lehrforschung für die Weiterbildung. 1. Aufl., Bielefeld 0. DOI: 10.3278/85/0005w https://www.die-bonn.de/doks/2006-lehr-lernforschung-01.pdf

Jeges, O. (2014). Generation Maybe: Die Signatur einer Epoche. Berlin: Haffnabs & Tolkemitt.

Johnson, L., Adams Becker, S. & Freeman, A. (2013). The NMC Horizon Report: 2013 Museum Edition. New Media Consortium. 6101 West Courtyard Drive Building One Suite 100, Austin, TX 78730.

Adams Becker, S., Cummins, M., Davis, A., Freeman, A., Hall Giesinger, C. & Ananthanarayanan, V. (2017). NMC Horizon Report: 2017 Higher Education Edition: Deutsche Ausgabe. Austin, Texas: The New Media Consortium. https://www.nmc.org/publication/nmc-horizon-report-2017-higher-education-edition-de/

Kemp, S. (2017). The incredible growth of the internet over the past five years – explained in detail. Blogpost https://thenextweb.com/insider/2017/03/06/the-incredible-growth-of-the-internet-over-the-past-five-years-explained-in-detail

Kerres, M. (2017). Lernprogramm, Lernraum oder Ökosystem? Metaphern in der Mediendidaktik. In Jahrbuch Medienpädagogik 13 (pp. 15-28). Wiesbaden: Springer.

Kirschner, P. A., & van Merriënboer, J. J. (2013). Do learners really know best? Urban legends in education. Educational psychologist, 48(3), 169-183.

Kruse, O. (2010). Kritisches Denken als Leitziel der Lehre. Auswege aus der Verschulungsmisere. In Georg Krücken / Gerd Grözinger (Hrsg.) Innovation und Kreativität an Hochschulen. Die Hochschule 1/2010. S77-86 http://www.hof.uni-halle.de/journal/texte/10_1/dhs_1_10.pdf

Land, R., Meyer J. H.F. & Baillie, C. (2010): Threshold Concepts and Transformational Learning. Editors Preface. In: J.H. Meyer, R. Land & C. Baillie. (Eds.). (2010). Threshold concepts and transformational learning (pp. 303-316). Rotterdam: Sense Publishers.

Laurillard, D. (2014, Jan 16). Five myths about MOOCs. Times Higher Education. https://www.timeshighereducation.com/comment/opinion/five-myths-about-moocs/2010480.article

Liessmann, K.P. (2017). Wir haben immer weniger im Kopf. Standard Artikel vom 7. Juni 2017. http://derstandard.at/2000058809898/Philosoph-Liessmann-Wir-haben-immer-weniger-im-Kopf

Mackness, J. (2016). Learners' experiences in cMOOCs (2008-2016). PhD. https://jenny-mackness.files.wordpress.com/2010/10/jenny-mackness-phd-pub-2017.pdf

Mirastschijski, I., Sachse, A. L., Meyer-Wegner, K., Salzmann, S., Garten, C., Landmann, M. & Herzig, S. (2017). Kriterien guter Lehre aus Studierendenperspektive. Baden-Baden: Nomos.

Mossböck C., Sfiri, A. & Pauschenwein, J. (2017). From digital games to learning and teaching at the FH Joanneum. Accepted paper at 11th European Conference on Games Based Learning (ECGBL), 5 - 6 October 2017, Graz, Austria

Muuß-Merholz, J.. (2015). Digital ist besser? Nicht automatisch. https://www.edugroup.at/innovation/news/detail/schule-im-zeitalter-der-digitalitaet-bei-den-edudays-2015.html

Ng, A., & Widom, J. (2014). Origins of the Modern MOOC (xMOOC). Hrsg. Fiona M. Hollands, Devayani Tirthali: MOOCs: Expectations and Reality: Full Report, 34-47. http://ai.stanford.edu/~ang/papers/mooc14-OriginsOfModernMOOC.pdf

Pappano L. (2012). The Year of the MOOC, The New York Times. 2. Nov. 2012 http://www.nytimes.com/2012/11/04/education/edlife/massive-open-online-courses-are-multiplying-at-a-rapid-pace.html

Paul, R., & Elder, L. (2003). Kritisches Denken: Begriffe und Instrumente-ein Leitfaden im Taschenformat. Stiftung für kritisches Denken,[Online: http://www.criticalthinking.org/files/german_concepts_tools.pdf

Pauschenwein, J. & Friedl C. (2017). BizMOOC for universities. Paper für die ICEM Konferenz: „Digital Universities in the MOOC Era: Redesigning Higher Education", 20 - 22 SEPTEMBER 2017, Naples

Pauschenwein, J. (2010). Flexibles Lernen an australischen Universitäten - Case Study mit besonderer Berücksichtigung der Griffith University. https://oerzml.files.wordpress.com/2017/08/case-study-australien-final.pdf

Pauschenwein, J. (2015). Einsatz von Social Network Analysis. Folien. https://www.slideshare.net/jupidu/einsatz-von-social-networks-analysis-im-elearning

Pauschenwein J. (2016). E-Teaching gestern – heute – morgen Aktives Lernen im Online-Raum Tagungsband ELT16, S. 11-18

Pauschenwein J., Reimerth, G. & Pernold E. (2013). Footprints of Emergence. Eine aussagekräftige Evaluierungsmethode für moderne Lernszenarien. In Claudia Bremer, Detlef Krömke (Hrgs): E-Learning zwischen Vision und Alltag, S 318-325. Münster, New York, München, Berlin, Waxmann http://www.waxmann.com/?eID=texte&pdf=2953Volltext.pdf&typ=zusatztext

Pauschenwein J. (2012). „Sensemaking" in einem Massive Open Online Course (MOOC)".
    In: G. S. Csanyi, F. Reichl & A. Steiner (Hrsg.) „Digitale Medien – Werkzeuge für
    exzellente Forschung und Lehre", Münster: Waxmann, S. 75-86, ISBN
    9783830927419   https://www.waxmann.com/?eID=texte&pdf=2741Volltext.pdf&
    typ=zusatztext
Polanyi, K. (1978). The Great Transformation – Politische und ökonomische Ursprünge
    von Gesellschaften und Wirtschaftssystem. Frankfurt am Main: Suhrkamp. S 54
Popp, H. & Ciolacu, M. (2017). Lehre 4.0 revolutioniert E-Learning in Hochschule und
    Weiterbildung. Die Neue Hochschule 4 2017, (in press)
Prensky, M. (2001). Digital natives, digital immigrants part 1. On the horizon 9.5 (2001):
    1-6. http://www.marcprensky.com/writing/Prensky %20- %20Digital %20Natives, %
    20Digital %20Immigrants %20- %20Part1.pdf
Raetzsch A., Rogers S., af Sandeberg I., Thuriaux-Alemán B., Berguiga M. & Bricout V.
    (2016). The future of higher education. Transforming the students of tomorrow.
    http://www.adlittle.at/uploads/tx_extthoughtleadership/ADL_Future_of_higher_edu-
    cation_2016_01.pdf
Reilich, G. & Infusino, J. (2016). If The World Were 100 People. Video. https://www.y-
    outube.com/watch?v=QFrqTFRy-LU Datenquelle http://www.100people.org/
Salmon, G. (2012). E-moderating: The key to online teaching and learning. Oxon:
    Routledge.
Salmon, Gilly (2013). E-tivities: The key to active online learning. Oxon: Routledge.
Schaffert, S., & Kalz, M. (2008). Persönliche Lernumgebungen: Grundlagen, Möglichkei-
    ten und Herausforderungen eines neuen Konzeptes. http://dspace.ou.nl/bitstream/
    1820/1573/1/schaffert_kalz_ple09_dspace.pdf
Scholz, C. (2014): Generation Z: Wie sie tickt, was sie verändert und warum sie uns alle
    ansteckt. Weinheim: Wiley-VCH.
Schwarz-Friesel, M., & Reinharz, J. (2013). Die Sprache der Judenfeindschaft im 21. Jahr-
    hundert (Vol. 7). Berlin: de Gruyter.
Sennett, R. (1998). Der flexible Mensch. Die Kultur des neuen Kapitalismus. Berlin: btb
    Verlag.
Siemens, G. (2005). Connectivism: A Learning Theory for the Digital Age. In: International
    Journal of Instructional Technology and Distance Learning, Vol. 2 No. 1, Jan 2005.
    http://www.itdl.org/journal/jan_05/jan_05.pdf
Sursock, A. (2004). Hochschulbildung, Globalisierung und GATS. In: Aus Politik und Zeit-
    geschichte B25, S. 41-46. Online abrufbar: http://www.bpb.de/apuz/28281/hoch-
    schulbildung-globalisierung-und-gats?p=all
Sousanis, N. (2015). Grids and Gestures: A Comics Making Exercise. Sane Journal Vol. 2
    Iss. 1, Art. 8 (p 1-5). Online im Internet:
    http://digitalcommons.unl.edu/sane/vol2/iss1/8/
Tschiggerl M. & Walch Th. (2017). Wischen statt wissen: Was es zu wissen gilt. Standard-
    Artikel vom 14. Juni, 2017 http://derstandard.at/2000059145991/Wischen-statt-wis-
    sen-Was-es-zu-wissen-gilt
Vygotsky, L. S. (1978). Mind in Society. Cambridge: Cambridge University Press.
Weller, M. (2011). A pedagogy of abundance. Spanish Journal of Pedagogy, 249, 223-236.

Weller, M. & Bridgman S. (2017). Existing types of MOOCs and approaches to MOOC didactics. BizMOOC-Project, http://bizmooc.eu/papers/types/

Wenger, E. (2011). Communities of practice: A brief introduction. https://scholarsbank.uoregon.edu/xmlui/bitstream/handle/1794/11736/A %20brief %20introduction %20to %20CoP.pdf?sequence=1&isAllowed=y

Wenger, E. (1998). Communities of practice: Learning, meaning, and identity. Cambridge university press.

Williams, R, Karaousu, R. & Mackness, J. (2011). Emergent Learning and Learning Ecologies in Web 2.0. The International Review of Research in Open and Distance Learning, 12(3) http://www.irrodl.org/index.php/irrodl/article/view/883

Williams, R., Mackness, J. & Gumtau, S. (2012). Footprints of Emergence. The International Review of Research in Open and Distance Learning, 13(4).

Zauchner, S. & Baumgartner, P. (2007). Herausforderung OER – Open Educational Resources. In: M. Merkt, K. Mayrberger, R. Schulmeister, A. Sommer & Ivo van den Berg. (Hrgs). Studieren neu erfinden – Hochschule neu denken. Münster: Waxmann S. 244-252 http://www.pedocs.de/volltexte/2015/11329/pdf/Zauchner_Baumgartner_2007_Herausforderung_OER.pdf

9 Lehren und Lernen an der Hochschule der Zukunft

Prof. Dr. Martin Lehner

Abstract

Überlegungen zur zukunftsorientierten Gestaltung von Hochschulen bedürfen gleichermaßen eines Blicks nach außen, der die hochschuldidaktischen, bildungstechnologischen usw. Entwicklungen in der nahen Zukunft thematisiert als auch eines Blicks nach innen, der die Möglichkeiten des Systems Hochschule mit ihren Protagonisten, den Studierenden und Lehrenden sowie der Hochschulleitung, fokussiert. Die methodische Diversität der Lehr-/Lernsettings in den Lehrveranstaltungen und Studienprogrammen gerät dabei ebenso in den Blick wie hochschuldidaktische Entscheidungen, die auf die Fachkompetenz der Lehrenden angewiesen sind. Dazu zählen beispielsweise herausfordernde Aufgaben als wesentliches Mittel zur kognitiven Aktivierung als auch unterschiedliche Prüfungsformate zur Sicherung der Lernergebnisse. Auf diese Weise bestünde dann auch die Möglichkeit, die fachliche und didaktische Expertise zu „verschneiden" und somit über die eingeforderte akademische Qualität der Abschlüsse eine inhaltlich getriebene Qualitätssicherung zu befördern.

9.1 System Hochschule – zwei Sichtweisen

Mit der Einladung, Überlegungen zur zukunftsorientierten Gestaltung von Hochschulen anzustellen, also eine Zukunft der Hochschulen zu skizzieren, sind unterschiedliche Fragen bzw. Perspektiven verbunden: Erstens natürlich die Frage nach den zukünftigen Aufgaben von Hochschulen vor dem Hintergrund der Wünsche und Anforderungen verschiedenster Interessensgruppen – dies ist die intentionale bzw. funktionale Perspektive, die eng mit der Profilbildung einer Hochschule verwoben ist und an dieser Stelle nur angedeutet werden kann. Zweitens die Frage sowohl nach den absehbaren als auch den bislang noch unabsehbaren hochschuldidaktischen, bildungstechnologischen usw. Entwicklungen in der nahen Zukunft, vor deren Hintergrund Hochschulen der Zukunft zu entwickeln bzw. weiterzuentwickeln und insbesondere auch hochschulische Rahmenbedingungen zu gestalten sind – dies ist der Blick nach außen. Drittens stellt sich die Frage nach den möglichen Wegen und Notwendigkeiten, die das Feld einer zielführenden Arbeit an den Hochschulen abstecken; hierbei gilt es die Möglichkeiten des Systems Hochschule mit ihren Protagonisten, den Studierenden und Lehrenden sowie der Hochschulleitung usw., zu betrachten – dies ist der Blick nach innen.

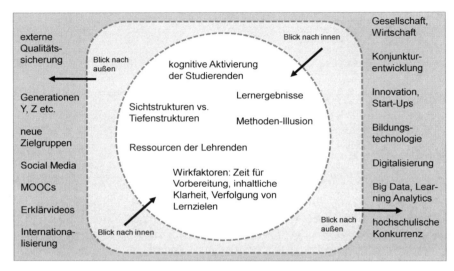

Abb. 9.1: Zwei Perspektiven: Blick nach außen vs. Blick nach innen

Im Vordergrund der folgenden Überlegungen stehen didaktische bzw. hochschuldidaktische Aspekte, wobei die Aufgabe der Didaktik darin besteht, festzustellen, wie Lernsituationen im jeweiligen Kontext beschaffen sind, Entwürfe für ihre Verbesserung zu liefern und gewonnene Einsichten umsetzen zu helfen (Lehner, 2009, S. 10). Demzufolge sind Bildungskonzepte auf ihre „Zukunftstauglichkeit" und mögliche Widersprüche innerhalb zukünftiger Settings hin zu reflektieren; dabei gilt es möglichst vielfältige und unterschiedliche Blickwinkel zuzulassen. In Anlehnung an die Überlegungen Frederic Vesters hinsichtlich komplexer Systeme scheint es sinnvoll, nicht ausschließlich die externe Sicht mit ihren möglichen Entwicklungsperspektiven, z.B. der Digitalisierung, zu fokussieren: „Normalerweise steht man im Inneren des betreffenden Systems und blickt nach draußen. Man richtet sich nach dem, was dort geschieht. Was macht der Nachbar, was macht die Konkurrenz, wie steht der Dollar, was tun die Japaner, wie wird sich der Markt entwickeln usw. Die Antwort auf diese Fragen beschafft man sich durch Expertenbefragungen, Marktanalysen und Hochrechnungen." (Vester, 1999, S. 100ff) Gerade im Bildungsbereich lässt sich dieses Phänomen in ausgeprägter Form beobachten, zumal neben den seriösen Studien auch viele selbsternannte Bildungsexperten und -expertinnen – Unternehmensberater, Bestsellerautorinnen usw. –

ihren, meist der medialen Aufmerksamkeit geschuldeten Beitrag, dazu leisten (Liessmann, 2014, S. 30ff). Um ein System, hier: das hochschulische System, besser zu verstehen, besteht die Möglichkeit, neben der Außenseite auch die Innenseite des Systems in den Blick zu nehmen (siehe Abb. 9.1), zumal einerseits inzwischen eine Vielzahl an Erkenntnissen über das hochschulische Lehren und Lernen verfügbar ist und andererseits Bildung sich auch in einer gewissen Weise widerständig geben muss, um sich nicht einer falsch verstandenen Adressaten-, Kunden- bzw. Serviceorientierung zu unterwerfen.

9.2   Der Blick nach außen: Digitalisierung und die Generationen Y etc.

„Die Digitalisierung ist ohne Zweifel eine bildungstechnologische Revolution" kommentiert Harald Mahrer, österreichischer Bundesminister für Wissenschaft, Forschung und Wirtschaft, die aktuellen Entwicklungen im Bildungsbereich (Mahrer, 2017). Es ist davon auszugehen, dass die zunehmende Digitalisierung „Veränderungen in technologischer, beruflicher und sozialer Hinsicht mit sich bringen und damit auch vielfältige Anforderungen an das Bildungs- und Ausbildungssystem stellen" (Österreichische Forschungsgemeinschaft) wird. Die Österreichische Forschungsgemeinschaft formuliert in ihrem Positionspaper „Hochschullehre in Zeiten der Digitalisierung" einen mehrfachen Nutzen digitaler Medien:

- die Erweiterung bzw. Ersetzung bisheriger Lehr- und Lernformen;
- die Erschließung neuer Zielgruppen (z. B. beruflich qualifizierte, second generation, learners in late life) für ein Studium;
- die Individualisierung des Lernens und
- die Verstärkung kollaborativer Lernszenarien (auch: die Veränderung der bestehenden Arbeits- und Kooperationsstrukturen an den Hochschulen) . (ebd.)

Dieser Nutzen erwächst aus den bildungstechnologischen Möglichkeiten, die sich bereits seit den 1990er Jahren im Rahmen des E-Learning und des Blended Learning abgezeichnet haben. Der recht unscharfe Begriff des digitalen Lernens – formuliert in Abgrenzung zum analogen Lernen – inkludiert die Möglichkeit des E-Learning bzw. des „elektronischen Lernens" und erweitert sie um die Möglichkeiten des Online Learning und des Social Learning. Betrachtet man die bildungstechnologischen Optionen im Einzelnen, so lassen sich diese heuristisch wie folgt differenzieren:

- Interaktivität von Lernobjekten (online wie offline): Lernhandlungen der Studierenden führen zu individuell-spezifischen Reaktionen der Lernobjekte. Beispiele: Interaktive Übungen zu Programmiersprachen und Statistik, Flashcards im Fremdsprachenerwerb.
- Flexible Verteilung der Lernzeiten: Lernen findet (auch) unabhängig von Präsenzelementen statt. Beispiele: Online-basierte Lernumgebungen, Vorlesungsaufzeichnungen (lecture casts), screen casts und audio casts, Online-Kurse mit großen Zahlen an Teilnehmerinnen und Teilnehmern (sog. Massive Open Online Courses bzw. MOOCs).
- Vernetzung asynchroner und synchroner Lernphasen: Die einzelnen Lernschritte können zeitgleich (z.B. Ideenfindung) oder zeitverschoben (z.B. individuelle Reflexion) stattfinden. Beispiele: Webinare (synchron), Online-Konferenzen (synchron), Chats (synchron) und Foren (asynchron) auf Lernplattformen bzw. in virtuellen Klassenräumen, Flipped bzw. Inverted Classroom-Ansatz mit medialen Angeboten wie Erklärvideos etc.
- Einbindung kollaborativer Elemente: Die Studierenden arbeiten miteinander an Aufgabenstellungen und entwickeln ein weitgehend gemeinsames Verständnis von den Inhalten; die Erreichung von Gruppenzielen kann auch Bestandteil eines solchen Vorgehens sein. Beispiele: Communities of practice in einem dualen Studiengang, Social Learning im Rahmen eines MOOCs
- Virtualisierung von Lernobjekten: In diesem Spezialfall werden schwer zugängliche reale Objekte bearbeitbar gemacht. Beispiele: Virtuelles Mikroskop, Fallarbeit mit virtuellen Patienten, allgemein: VR-Anwendungen (Virtual Reality).

Summiert man die einzelnen bildungstechnologischen Optionen auf, so begünstigen sie prinzipiell die Gestaltung individueller Lernpfade im Sinne einer freien Wahl der Lernzeiten, einer (jedenfalls teilweise) individuellen Wahl der zu bearbeitenden Lernobjekte und ggf. auch einer möglichst individuellen Rückmeldung zu den erbrachten Lernleistungen und somit zu den erzielten Lernergebnissen. Im hochschulischen Bereich steht hierfür prototypisch der Flipped Classroom-Ansatz, bei dem die Erarbeitung der Lerninhalte (Stoffvermittlung) vor der eigentlichen Präsenzveranstaltung erfolgt. Dazu stehen diverse mediale Angebote wie Erklärvideos, Folienskripten, audio casts oder screen casts, Web Based Trainings etc. zur Verfügung, wobei der Umgang mit denselben teilweise durch Lernaufgaben kanalisiert wird. In den Präsenzphasen erfolgt dann eine auf praktisches Handeln und die Bearbeitung von weiteren Aufgabenstellungen ausgerichtete Fokussierung auf die Anwendung der Lerninhalte. Auf der hochschulübergreifenden

Ebene stehen die MOOCs, das sind Online-Kurse mit großen Zahlen an Teilneh-merinnen und Teilnehmern, für die individuellen Lernpfade. Während die Darbie-tung der Lerninhalte über Videos, Lesematerial etc. erfolgt, werden die Lernin-halte in Foren, in denen die Studierenden miteinander – teilweise auch mit den Lehrenden – kommunizieren können, und in Selbststudienphasen verarbeitet.

Diese beispielhaft genannten methodischen Vorgehensweisen enthalten methodische Elemente, die die je individuelle Wahl und Bearbeitung von Lernob-jekten ermöglichen. Von einer Individualisierung des Lernens zu sprechen, scheint allerdings durchaus gewagt, da die Wahlmöglichkeiten der Studierenden metho-den-immanent sind, das heißt, dass Entscheidungen hinsichtlich des eigenen Lern-handelns nur im Rahmen des Flipped Classroom-Ansatzes bzw. des MOOC-An-satzes getroffen werden. Individualisierung im Sinne einer Flexibilisierung könnte auch bedeuten, dass Studierende flexibel entscheiden können, ob sie eher eine on-line-gestützte oder eine präsenzorientierte Lehr-/Lernvariante präferieren bzw. diese auch bei Bedarf kombinieren.

Der Blick nach außen wäre nicht vollständig, wenn nicht auch die potenzi-ellen Studierenden in den Blick genommen würden. Der Fokus ist bei diesem Blick nach außen eher generationstheoretisch auf eine bestimmte Altersgruppe ausgerichtet. Dabei ist differenziert vorzugehen, denn die Menschen einer Alters-gruppe sollen einerseits nicht „in einen Topf geworfen" werden, andererseits gilt es ihre jeweils spezifischen Sozialisationsbedingungen wahrzunehmen und hin-sichtlich des Lernens in einer Hochschule zu reflektieren. „Generationen definie-ren sich neben dem Alter über ihren Lebensentwurf, der sich im Laufe eines Ar-beitslebens auch ändern kann – nicht zuletzt in der Zusammenarbeit mit anderen Generationen." (Troger, 2016, S. 99)

Üblicherweise unterscheidet man die Generation Y (Jahrgänge 1985-2000) und die Generation Z (Jahrgänge ab 2000) (Hurrelmann & Albrecht, 2014, S. 17), bei denen sich vordergründig eine hohe Affinität zu digitalen Applikationen (Smartphones, Tablets etc.; Google, Facebook, YouTube, WhatsApp etc.), damit auch zum Megatrend Digitalisierung, feststellen lässt; der Begriff der sogenannten „digital natives" will diesen Sachverhalt bezeichnen. Diese jüngere Generation ist oft in familiären Kontexten aufgewachsen, in denen das Kind und die kindlichen Bedürfnisse im Mittelpunkt standen und Adaptionen der Lebensverhältnisse und - welten an diese Bedürfnisse der Regelfall waren. Diese erworbene Flexibilität – Hurrelmann & Albrecht sprechen von der „Kompetenz der hyperflexiblen Prob-lemverarbeitung" (ebd., S. 42) – bedient nun einerseits die Pluralisierung und Wahl der Lebensformen sowie die zunehmende Instabilität und Unkalkulierbar-keit von Arbeitsverhältnissen, sie ermöglicht andererseits aber auch den schnellen und unkomplizierten Zugang zu Wissen und Können, da die jüngeren Menschen

oft über eine schnelle Auffassungsgabe, eine hohe Lernbereitschaft und einen in-
tuitiven Umgang mit der Informationstechnologie verfügen. Zudem spielt der soziale Kontext eine wichtige Rolle, da die jüngere Generation – möglicherweise
gerade angesichts der instabileren Umwelten – großen Wert auf Orientierung, Zu-
gehörigkeit und Halt legt.

9.3 Der Blick nach innen: Kognitive Aktivierung und didaktische Wirkfaktoren

Hochschulisches Lehren und Lernen ist inzwischen keine „terra incognita" mehr.
In den letzten Jahrzehnten hat sich – auch aufgrund der intensiv betriebenen empirischen Lehr-/Lernforschung – ein umfangreiches Wissen über die Merkmale
erfolgreicher Lernprozesse und die dafür hilfreichen (hochschul-)didaktischen Gestaltungsfaktoren eingestellt. Dabei ist davon auszugehen, dass es „keine grundlegenden qualitativen Unterschiede zwischen Hochschullehre und anderen Arten
von Unterricht" gibt, zudem lassen sich auch keine generellen Unterschiede zwischen den einzelnen Fächern ausmachen (Schneider & Mustafić , 2015, S. 5f).

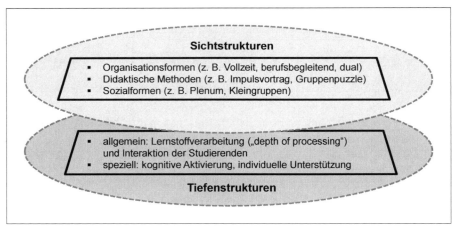

*Abb. 9.2: Unterrichtliche Sicht- und Tiefenstrukturen (in Anlehnung an Kunter &
Trautwein, 2013, S. 77)*

Unstrittig ist, dass Lernen ein aktiver Prozess ist, bei dem die Studierenden „ihre
Aufmerksamkeit auf das Lernmaterial richten, neue Informationen mit bereits vor-

handenem Wissen abgleichen, aktiv Probleme lösen, und somit ihre Wissensstrukturen ausbauen und erweitern. Eine solche Art zu lernen erfordert eine aktive Auseinandersetzung mit den Lerninhalten. In der Lehr-Lernforschung ist man sich einig, dass ein solches *higher order thinking* der zentrale Schlüssel ist, um langfristig eine gut vernetzte und transferfähige Wissensstruktur aufzubauen." (Kunter & Trautwein, 2013, S. 86). Um diese hochschuldidaktischen Herausforderungen in einem Lehr-/Lernarrangement verorten zu können, erweist sich die Unterscheidung von *unterrichtlichen Sicht- und Tiefenstrukturen* (Oser & Patry, 1990) als hilfreich:

- *Sichtstrukturen* bezeichnen alle unterrichtlichen Merkmale, die (auch für Außenstehende) durch Beobachtung leicht zugänglich sind: im Wesentlichen didaktische Methoden einschließlich der jeweiligen Sozialformen.
- *Tiefenstrukturen* fokussieren eher die Qualität der inhaltlichen Auseinandersetzung oder der Interaktionen: kognitive Aktivierung und individuelle Unterstützung der Studierenden (siehe Abb. 9.2).

Die Unterscheidung von Sicht- und Tiefenstrukturen ist für das Verständnis unterrichtlicher Arrangements aufschlussreich, „da die Forschung zur Effektivität von Unterricht zeigt, dass das Vorliegen bestimmter Sichtstrukturen und die Qualität der Tiefenstrukturen *weitgehend unabhängig voneinander* variieren, dass also innerhalb der gleichen Sichtstruktur Aufgabenstellungen oder die Interaktion zwischen Lehrenden und Lernenden völlig unterschiedlich gestaltet sein können." (Mareike Kunter/Ulrich Trautwein: Psychologie des Unterrichts, Paderborn 2013, S. 65) Ebenfalls empirisch gut belegt ist zudem, „dass die Tiefenstrukturen des Unterrichts das Lernen (…) deutlich stärker beeinflussen als die Sichtstrukturen, also die Organisationsformen oder Methoden" (Kunter & Trautwein, 1990, S. 76).

Eine der zentralen Konsequenzen aus der Differenzierung zwischen den wirksamen Tiefenstrukturen und den weniger wirksamen Oberflächenstrukturen besteht darin, dass es die beste oder wirksamste didaktische Methode nicht gibt. Prinzipiell lässt sich mit allen didaktischen Methoden – vom Impulsvortrag über das Gruppenpuzzle bis zum Flipped Classroom – gute Lehre gestalten, sofern es den Hochschullehrenden gelingt, die Studierenden zum Denken herauszufordern. „Entscheidend ist, ob aktive Denkprozesse ausgelöst werden – oder, um es in der Fußballersprache mit dem legendären Adi Preissler zu sagen: ‚Entscheidend is' auf'm Platz'." (Gold, 2015, S. 58)

Ergänzend zu diesem Wissen über die generischen Merkmale erfolgreicher Lernprozesse gibt es aus der empirischen Lehr-/Lernforschung viele Hinweise auf hilfreiche hochschuldidaktische Gestaltungsfaktoren. Schneider & Mustafić haben diesbezügliche Metaanalysen so aufbereitet, dass die Variablen hinsichtlich ihrer Effektstärke gereiht sind. Abb. 9.3 enthält die ersten 15 Gestaltungsvariablen, wobei Effektstärken in den empirischen Sozialwissenschaften um 0,5 als mittel und Effektstärken um 0,8 als groß einzuschätzen sind.

Variable	Stärke des Effekts (d)	Anzahl der Einzelstudien
Selbstwirksamkeitsüberzeugungen der Studierenden	1,81	315
Zeit, die der Dozierende in die Planung und Vorbereitung einer Veranstaltung investiert	1,39	32
Klarheit und Verständlichkeit der Dozierenden in den Veranstaltungen	1,35	32
Schulnoten	1,22	15
Verfolgung klarer Lernziele durch den Dozierenden	1,12	32
Ergänzung von Vorträgen durch Präsentationsfolien mit Schlüsselbegriffen	0,99	33
Anwesenheitsquote der Studierenden in der Präsenzlehre	0,98	69
Inhaltlich Zusammengehöriges auf Präsentationsfolien zusammen präsentieren	0,85	31
Konstruktion von concept maps	0,82	55
Offenheit des Dozierenden für Fragen und abweichende Meinungen	0,77	32
Anstrengungsregulation der Studierenden	0,75	126
Offene vs. geschlossene Fragen	0,73	14
Persönlicher Bezug der Lerninhalte zu den Studierenden	0,69	129
Gruppenarbeit (kooperatives Lernen) in der Präsenzlehre	0,68	166
Enthusiasmus der Dozierenden	0,57	32

Abb. 9.3: Wirksame Aspekte guter Hochschullehre (Schneider & Mustafić, 2015, S. 186f)

Lässt man die studierendenbezogenen Variablen – beispielsweise die studentischen Selbstwirksamkeitsüberzeugungen – außer Betracht, so ist festzustellen, dass die Effektivität hochschulischer Lehre insbesondere davon abhängt, inwieweit Lehrende sie handwerklich sorgfältig planen und durchführen („Zeit für Planung und Durchführung der Lehre"; d = 1,39) und inwieweit sie die Lerninhalte mit Bezug auf die Lernziele (Verfolgung klarer Lernziele"; d = 1,12) und unter Berücksichtigung des Vorwissens der Studierenden inhaltlich klar transportieren („Klarheit und Verständlichkeit"; d = 1,35). Die Befunde bekräftigen die Erkenntnis, dass es „die richtige" Art hochschulischer Lehre nicht gibt, sondern dass Lehrende auf unterschiedliche, aber nicht beliebige Art und Weise guten Unterricht gestalten können.

9.4 Perspektive 1: Didaktische Methoden – analog und digital

Methodische Präferenzen bzw. methodische Entscheidungen finden auf einer bestimmten Ebene im System des hochschulischen Lehrens und Lernens statt. Um sowohl den Kontext als auch mögliche Limitierungen derartiger Entscheidungen angemessen zu reflektieren, bietet sich eine Verortung der methodischen Ebene in Bezug auf andere konzeptionelle Ebenen an (siehe Abb. 9.4): Auf einer übergeordneten Ebene sind Beiträge von Rahmentheorien möglich; dazu sind bildungstheoretische Überlegungen, die die Auseinandersetzung mit den gesellschaftlichen und lebensweltlichen Bedingungen Studierender thematisieren, genauso denkbar wie sozialpsychologische Überlegungen, die den Menschen als soziales Wesen begreifen und eine im Wesentlichen analoge Beziehungsgestaltung einfordern. Lernpsychologische Ansätze können den aktiven und komplexen Prozess der Informationsverarbeitung genauso besprechbar machen wie den sozialen Kontext, in dem sich Lernen abspielt. Genuin hochschuldidaktische Überlegungen können beispielsweise die Ausrichtung der Lehrplanung von den intendierten Lernergebnissen über die Gestaltung der Lehre bis hin zu den lernergebnisorientierten Prüfungsaufgaben in den Blick nehmen oder aber über das Themenfeld der didaktischen Reduktion den Umgang mit Stofffülle und Komplexität thematisieren.

Derzeit sind die hochschuldidaktischen Überlegungen und Diskussionen genauso wie die bildungstechnologischen Aktivitäten stark methoden-getrieben. Dabei lassen sich zwei Effekte beobachten: Zum einen wird die akademische Lehre oft von den didaktischen Methoden her gedacht und konzipiert, zum anderen wird dieser Effekt sowie die damit einhergehende „Methoden-Illusion" durch die Ankündigung „innovativer Lehr- und Lernmethoden", die oft die Vorstellung erzeugen, nun habe man den didaktischen „Stein der Weisen" gefunden, noch verstärkt. Psychologisch lässt sich dies – mit einem Hinweis auf Dietrich Dörner – als verfehlten Umgang mit Komplexität erklären, der sich unter anderem in der „Zentralreduktion auf eine Variable" niederschlägt (Dörner, 1989, S. 290). Die Vorstellung, man müsse nur die „richtige" hochschuldidaktische Methode wählen, um alle Probleme im Lehr-/Lernfeld zu beseitigen, ist durchaus verlockend.

Der starke Methoden-Fokus, also das hochschuldidaktische Denken von den Methoden her, zeitigt noch weitere (Neben-)Wirkungen: Eine davon ist die meist implizite Annahme, Methoden seien quasi „inhaltsneutral" anstatt das Wechselspiel von der „Sache" und den Methoden in den Blick zu nehmen. Diese gilt auch für

alle elektronischen bzw. digitalen Varianten – Online wird sozusagen als „inhalts-
neutrale" Methode wahrgenommen. Hier ist noch im Besonderen zu prüfen, ob
die von dem Medienwissenschaftler Marshall McLuhan in den 1960er Jahren geprägte Formulierung „The Medium is the Message" nicht auch in diesem Fall Gül-
tigkeit beanspruchen darf, insofern als neue Bildungstechnologien unabhängig
von ihren Inhalten eine Veränderung der Wahrnehmung, des Denkens und eben
auch des Lernens bewirken: "Wir formen unser Werkzeug, und danach formt unser Werkzeug uns." (Schäfer, 2011)

1.	**Rahmentheorien,** z. B. Bildungstheorie, Sozialpsychologie, Sozialisationsforschung
2.	**Lernpsychologische Ansätze,** z. B. sozio-konstruktivistischer Ansatz, Informationsverarbeitungsansatz
3.	**Hochschuldidaktische Konzepte,** z. B. Constructive Alignment, Kompetenzorientiertes Prüfen, Didaktische Reduktion
4.	**Methodische (i.e.S.) Konzepte,** z. B. Flipped Classroom, Project Based Learning, Direkte Instruktion; auch: „digitale" und „analoge" Methoden
5.	**Leitlinien und Prinzipien,** z. B. an Vorwissen anschließen, kontinuierlich Feedback einholen, Lerninhalte vielfältig verarbeiten (elaborieren) lassen
6.	**Alltagstheorien von Lehrenden und Studierenden,** z. B. Praxisbezüge herstellen, richtige Antworten verstärken

Abb. 9.4: Hochschulisches Lehren und Lernen – konzeptionelle Ebenen

Grundsätzlich darf man festhalten, dass gegenwärtig bereits viele elektronisch gestützte Techniken und Methoden (online bzw. offline) Eingang in die hochschulische Lehre gefunden haben. Beispielhaft genannt seien etwa die ARS (Audience
Response Systeme), die den Vortragenden die Möglichkeit geben, während einer
Veranstaltung Fragen mit mehreren Antwortmöglichkeiten an die Studierenden zu
stellen, die diese dann mithilfe eines Klickers oder einer auf dem Mobiltelefon
installierten App zu beantworten. Zudem gibt es die Möglichkeit, screen casts
bzw. video casts zu erstellen, die Folienpräsentationen, Ausschnitte aus Vorlesungen usw. in einer audiovisuellen Form darbieten. Erklärvideos zu zentralen Themen der Lehrveranstaltung können zur Vorbereitung der Studierenden beitragen,
wie dies etwa im Flipped Classroom-Ansatz geschieht. Im Rahmen von social me-
dia-Anwendungen kann kollaboratives Lernen, beispielsweise unter Einsatz von
peer grading, stattfinden. MOOCs in allen Formen und Ausprägungen, das heißt
nicht nur als abgefilmte Vorlesung, sondern auch mit interaktiven Lernaktivitäten,
kollaborativen Elementen und Prüfungsteilen, runden das elektronisch geprägte
Spektrum ab.

Offensichtlich haben diese digitalen Bildungsformen und -produkte Eingang in die hochschulische Lehre gefunden. Ganz unaufgeregt darf man mit Schneider & Mustafić festhalten, dass sich etwa im Vergleich der Effektivität von Präsenz- und Fernstudienangeboten (mit Nutzung digitaler Medien) keine nennenswerten Unterschiede feststellen lassen: „Die in den Einzelstudien gefundenen Effektstärken hingen stärker von der didaktischen Qualität der Angebote ab (…) als von ihrer technologisch-medialen Qualität (…). Eine gute didaktische Aufbereitung der Lerninhalte ist also wichtiger als die Qualität der medialen Umsetzung, die wiederum wichtiger ist als die Frage, ob es sich um Online- oder Präsenzlehre handelt." (Schneider & Mustafić, 2015, S. 26). Ergänzend darf man festhalten, dass sich auch viele didaktische Methoden in einer E-Learning-Variante abbilden lassen: Aus dem Portfolio wird das E-Portfolio, die Murmelgruppe bzw. Miniaufgabe wird über ein Moodle Forum abgewickelt, und die Elevator Pitch kann über ein Online-Conference-System abgehalten werden.

Doch auch angesichts der Omnipräsenz elektronisch gestützter Techniken und Methoden, entsprechender Infrastruktur und Hardware sowie einer Vielzahl an Open Educational Resources stehen Hochschulen vor der Aufgabe, Entscheidungen über den Einsatz von hochschuldidaktischen Methoden zu fällen. Dabei ist das System eines Studiengangs bzw. Lehrgangs von besonderer Relevanz, denn hier ist zu prüfen, ob eine bestimmte didaktische Methode systemübergreifend eingesetzt werden soll oder ob sie eher einen Beitrag zur methodischen Vielfalt im Studiengang leisten darf. Entwicklungen aus der hochschuldidaktischen Historie illustrieren dies: In den 1990er Jahren begannen einzelne Hochschullehrende – insbesondere an den Fachhochschulen –, die Studierenden bestimmte Arbeitsergebnisse präsentieren zu lassen. Die Resonanz war zunächst positiv, und so übernahmen viele Kollegen und Kolleginnen aus der Lehre diesen Ansatz. Doch in dem Moment, wo die Studierenden in fast jeder Veranstaltung präsentieren durften, änderte sich die Einschätzung – aus der sinnvollen Gelegenheit, auch studentische Leistungen vorzustellen, wurde die dann als wenig lernförderlich und eher langweilig empfundene permanente Präsentationskultur. Gleiche Überlegungen gelten beispielsweise für den Projektunterricht, sodass durchaus zu fragen ist, wie sich der flächendeckende Einsatz von Klickern, E-Portfolios oder Flipped Classroom-Veranstaltungen auswirken mag.

Zudem sind Neuigkeitseffekte zu bedenken, denn eine bestimmte didaktische Intervention mit Neuerungscharakter wirkt eben aufgrund dieses Neuigkeitseffekts positiv. Das Erklärvideo ist hier zunächst interessanter als der persönliche Vortrag, und der Eintrag in ein Wiki reizt mehr als der in ein gewöhnliches Textverarbeitungsdokument. Diese Überlegungen sprechen eher für einen dosierten Einsatz hochschuldidaktischer Methoden denn für den singulären Einsatz be-

stimmter Methoden, der quasi eine „hochschuldidaktische Planwirtschaft" be-
gründen könnte. Obgleich sich auch einzelne Hochschulen finden, die sich einer
methodisch-didaktischen Monokultur verschrieben haben (z.B. Project Based
Learning, Problem Based Learning), scheint doch sowohl auf der Studienpro-
gramm- wie der Hochschulebene eine didaktische Breite bzw. Vielfalt stimmig.
  Anstelle der großen Entwürfe („Die digitalen Innovationen sind Wegbereit-
er einer neuen Pädagogik..." (Dräger & Müller-Eiselt, 2015, S. 160), die völlig
veränderte Rollen der Lehrenden postulieren („von Wissensvermittlern zu Lern-
begleitern" (ebd. S. 163)[40], sind die Hochschulen aufgefordert, innovative methodische Elemente, insbesondere aber auch solche digitaler Art, in die Lehre zu integrieren. Sowohl auf der Ebene der Lehrveranstaltungen wie der der Studienprogramme ließe sich hier begründet von einem Anreicherungskonzept sprechen, das
weder den Blick nach innen auf das Erfordernis einer kognitiven Aktivierung und
die Möglichkeit persönlicher Betreuung noch den Blick nach außen auf die zunehmende Digitalisierung und Eigenheiten zukünftiger Generationen von Studierenden scheut.

9.5 Perspektive 2: Inhalte, Aufgaben und Prüfungen

Während die Lehr- und Lernmethoden – oftmals in Verbindung mit den Labels
„innovativ" oder „digital" versehen – stets im Fokus hochschuldidaktischer Überlegungen stehen, lässt sich dies für eher inhaltlich geprägte Aspekte so nicht behaupten. Dabei ist es fast schon trivial, dass „Lehren und Lernen nie an sich, sondern immer in Verbindung mit einer bestimmten Inhaltlichkeit" stattfinden
(Terhart, 2002, S. 83). Dies liegt möglicherweise daran, dass methodische Entwürfe und mediale Neuerungen spektakulärer wirken als Schemata zur inhaltlichen Analyse und zur didaktischen Reduktion (Lehner, 2012, S. 25ff). Ein weiterer Grund könnte sein, dass etwa die Forschungsinteressen der empirischen Un-
terrichtsforschung auf internationale Vergleichbarkeit ausgerichtet sind, was dazu
führt, dass die Merkmale der unterrichtlichen Qualität nur konzeptunabhängig
bzw. konzeptübergreifend formuliert werden. Ähnliches gilt im Übrigen auch für
Maßnahmen der externen Qualitätssicherung, die oftmals nur in nahezu inhalts-
leerer Manier feststellen können, dass bestimmte Methoden eingesetzt bzw. bestimmte Lernergebnisse formuliert wurden, nicht aber, in welcher Güte dies geschehen ist. Dazu bedürfte es einer inhaltlichen Referenz.
Lehrende an Hochschulen haben als Fachleute ihrer Disziplin ein Naheverhältnis
zu den Inhalten, stehen sie doch vor der doppelten Herausforderung, sowohl dem

---

[40] Diese Formulierung findet sich bereits bei Eschelmüller (2008) und ähnlich bei Lehner & Ziep (1991).

Anspruch der „Sachen" gerecht zu werden, als auch den Anspruch der Studierenden zu bedienen. Sie sind also zugleich Sachwalter der Studierenden und der Sache, das heißt, sie vertreten

- einerseits die Studierenden mit ihren individuellen Bedürfnissen, Grenzen und Kompetenzen gegenüber den „Sachen", also gegenüber den Problemen, Phänomenen, Gesetzmäßigkeiten und Texten. Dies bedeutet auch, die „Sachen" mit Blick auf diese Studierenden auszuwählen und aufzubereiten;
- andererseits und gleichzeitig die „Sachen" gegenüber den ihnen anvertrauten Studierenden – und zwar mit deren Sachanspruch, ernst genommen und als Herausforderung angenommen zu werden. (Gideon, 1991, S554f)

Diese „doppelte Verbindlichkeit" (Klingberg, 1974, S. 46) verweist auch auf die Wechselwirkung zwischen fachlicher und didaktischer Expertise. Nur wer fachlich kompetent ist, ist auch in der Lage, angemessene hochschuldidaktische Entscheidungen zu treffen bzw. Handlungen zu setzen. Dies lässt sich beispielsweise an der sogenannten *„kognitiven Empathie"* (Pauli, 2015, S. 46) **nachvollziehen**, also der Fähigkeit, sich in die Studierenden kognitiv einzufühlen bzw. hineinzudenken, um dann die „richtigen" Zugänge und Erklärungen auszuwählen und die „geeigneten" Fragen zu stellen. Gleichfalls gilt dies, wenn herausfordernde Aufgaben zur kognitiven Aktivierung ausgewählt oder konstruiert werden müssen. Ohne gewisse inhaltliche Betrachtungen lässt sich die Eignung der Aufgabe – etwa im Hinblick auf das Verstehen eines Konzepts – nicht beurteilen (Drollinger-Vetter, 2011, S. 17).

Die Beschäftigung mit Aufgaben – sowohl als Lern- wie auch als Prüfungsaufgabe – verweist auf eine Perspektive, die Hochschulen in der Zukunft stärker akzentuieren könnten. Aufgaben sind das stärkste Instrument zur Steuerung der kognitiven Aktivierung von Studierenden, unabhängig davon, ob die Lernsettings eher analog oder digital sind. Sie variieren in ihrem kognitiven Anregungsgehalt, das heißt, sie fordern die Studierenden in unterschiedlich starkem Maß zur aktiven Auseinandersetzung mit den Inhalten heraus. Aufgaben mit einem geringen kognitiven Anregungsgehalt laden dazu ein, ein in der Regel bereits vorhandenes Routineschema zu nutzen oder auswendig gelernte Fakten in einfachen Kontexten wiederzugeben. Aufgaben mit einem hohen kognitiven Anregungsgehalt regen dazu an, neue Lösungswege zu finden bzw. Sachverhalte in neuen Problemkonstellationen zu bearbeiten.

Es kann durchaus sein, dass Aufgabenstellungen mit eher geringem kognitivem Anregungsgehalt nicht ganz leicht zu beantworten sind und als eher schwierig und mühsam empfunden werden, wie beispielsweise die Wiedergabe des Inhalts eines klassischen Romans oder einer bestimmten mathematischen Formel. Trotzdem werden durch diese Lernhandlungen in der Regel keine besonders tiefgreifenden Denkprozesse ausgelöst. Gleiches gilt für Aufgabenstellungen, die das praktische Handeln der Studierenden in den Vordergrund stellen – etwa in Stationen- oder Werkstattarbeit – oder die Studierenden ganz offensichtlich aktivieren – etwa bei bestimmten Gruppenarbeiten. Obgleich sich die Studierenden relativ aktiv verhalten, ist die kognitive Aktivität in diesen Fällen nicht zwangsläufig hoch.

- **Funktion:** Lernaufgabe oder Leistungs- bzw. Prüfungsaufgabe; auch: Übungs- bzw. Wiederholungsaufgabe

---

- **Kognitiver Prozess:** Reproduzieren und erläutern, anwenden und umsetzen, analysieren und entwickeln
- **Wissensart:** Fakten, Prozeduren, Konzepte; auch: Metakognition
- **Kompetenzbereich:** Fach-, Methoden, Sozial- und Selbstkompetenz
- **Schwierigkeit:** leicht, mittel, schwer, sehr schwer

- **Aufgabenformat:** Single Choice, Multiple Choice, Ordnungsaufgabe, Konstruktionsaufgabe usw.
- **Lebensweltbezug:** nicht vorhanden, konstruiert, authentisch, real
- **Offenheit:** geschlossen, halboffen, offen
- **Sprachlogische Komplexität:** niedrig, mittel, hoch
- **Codierung bzw. Repräsentationsform:** textuell, visuell

- **zugelassene Hilfsmittel:** keine, schriftliche Unterlagen, open book usw.
- **(vorgesehenes) Feedback:** keines, inhärent, Probe, unmittelbar mündlich, schriftlich usw.

Abb. 9.5: Merkmale von Aufgaben (in Anlehnung an Maier et al., 2014)

Über das kognitive Aktivierungspotenzial der – analog wie digital – zu bearbeitenden Aufgaben besteht die Möglichkeit, vielfältige Lernhandlungen der Studierenden zu initiieren. Gleichwohl scheint es so zu sein, dass diese Möglichkeiten (siehe Abb. 9.5) nur eingeschränkt genutzt werden, wobei die zeitökonomischen Rahmenbedingungen durchaus eine Rolle spielen. Sowohl bei der Konstruktion angemessener Aufgaben als auch bei deren Auswertung entsteht ein beträchtlicher Aufwand. Darüber hinaus sind gerade Aufgabenstellungen mit einem hohen Potenzial zur kognitiven Aktivierung nur mit einem beträchtlichen Aufwand auszuwerten. Dies sind etwa Aufgaben, bei denen mehrere Lösungen richtig sein können, oder Aufgaben, zu deren Lösung nicht alle Informationen vorliegen, sondern von den Studierenden selbst gefunden werden müssen (Kunert & Trautwein, 2013, S. 87f). Beispiele sind etwa die sogenannten Fermi-Aufgaben mit unvollständig definierten Problemstellungen („Bestimmen Sie aus der Luftaufnahme eines Pumpspei-cherkraftwerks dessen Energiegehalt." (TU Hamburg-Harburg, o.J.) oder die Aus-wahlaufgaben der Universitäten Oxford und Cambridge (Physik: „Warum kann man durch ein Glas sehen?"; Englische Literatur: „War Shakespeare ein Rebell?"; Medizin: „Wie würden Sie jemanden vergiften, dass die Polizei Ihnen nicht auf die Schliche kommt?" (Farndon, 2016).

In diesem Zusammenhang ist auch auf die Bedeutung des Verstehens im akademischen Kontext hinzuweisen. Lehrende an Hochschulen erwarten fast ein-hellig, dass die Studierenden Sachverhalte nicht nur reproduzieren, sondern sie eben auch verstehen. „Verstehen" bedeutet dabei, dass sich die Wahrnehmung ei-nes Sachverhalts auf eine Weise vollzieht, bei der sich das Neue stimmig in das vorhandene Wissen einfügt. Dieser aktive Konstruktionsprozess schafft Verknüp-fungen zwischen Bekanntem und Neuem und erweitert damit die individuellen Deutungsmuster der betreffenden Person. Gelingt ein Verstehen, dann lassen sich Sachverhalte „aus eigener Kraft" nachvollziehen. Zudem bewähren sich derlei Deutungsmuster auch im Umgang mit den Deutungsversuchen anderer Menschen, das heißt sie entwickeln sich zumindest in Richtung intersubjektiv nachvollzieh-barer, also auch belastbarer Interpretationen. Zudem ist Verstehen eine „holisti-sche Angelegenheit", das heißt, wenn jemand etwas (= X) in einem bestimmten Bereich versteht, dann versteht er auch einen ganzen Hof von Dingen um X herum (Scholz, 2011, S. 5). Derartige Transformationsleistungen sind grundsätzlich gut geeignet, um Verstehen zu diagnostizieren.

Leistungsfeststellungen, insbesondere solche abschließender Art, stellen nun für die Hochschulen der Zukunft eine beträchtliche Herausforderung dar. Ein wesentlicher Grund liegt darin, dass das Lernverhalten von Studierenden in hohem Maße von den Prüfungen her „getriggert" wird. Eine „open book"-Prüfung fordert eine andere Art der Prüfungsvorbereitung ein als eine „closed book"-Prüfung, die zumindest der Versuchung ausgesetzt ist, schwerpunktmäßig Reproduktionsleis-tungen einzufordern. Eine am „Constructive Alignment" ausgerichtete Leistungs-feststellung orientiert sich zuvorderst an den angestrebten Lernergebnissen oder schlichtweg am intendierten „Können" der Studierenden. Anspruchsvolle Lerner-gebnisse erfordern meist eine Vielfalt der Aufgabenformate und zumindest eine gewisse Variabilität bei den Prüfungsformaten. Die mancherorts bereits zu den „seltenen Prüfungsformaten" zählende mündliche Prüfung ist beispielsweise be-sonders gut geeignet, um die Transformationsleistungen, die für ein Verstehen er-forderlich sind, auch festzustellen. Das ubiquitäre Internet und die allgegenwärti-gen Smart Devices hingegen befördern möglicherweise eher das Format der Sin-gle- oder Multiple Choice-Aufgaben („The Medium ist the Message!"). Abgese-hen davon kann es aber auch ausgesprochen sinnvoll sein, das Aufgaben- bzw. Prüfungsformat an den Inhalten auszurichten – die „Einführung in die Organische

Chemie" verlangt vermutlich andere Formate als „Projektmanagement" oder die „Fallstudie XYZ".

9.6 Ausblick: Optionen für die Hochschulen der Zukunft

Die Zukunft der Hochschulen lässt sich nicht vorhersagen. Ganz im Sinne der nicht-deterministischen Sichtweise Karl Poppers („Die Zukunft ist offen"), die natürlich um die Sehnsüchte nach Zukunftsvisionen weiß, wird davon ausgegangen, dass jede Geschichtsschreibung, auch die des tertiären Sektors, im Jetzt und Heute an einem vorläufigen Ende angekommen ist und die Zukunft der Hochschulen maßgeblich von den Entscheidungen der handelnden Personen abhängt. In diesem Sinne muss es plausibel sein, Optionen für die Hochschulen der Zukunft zu bezeichnen. Diese Optionen schließen einander nicht aus.

Option 1: Den Blick nach außen *und* nach innen richten

Der „Blick nach außen" fokussiert Entwicklungen im nationalen und internationalen Hochschulraum. Dazu zählen die Erschließung neuer Studierendengruppen, die Anrechnung bzw. Zertifizierung von Kompetenzen und die diesbezügliche Ergänzung der Kompetenzen durch modularisierte Studienangebote. Ein verstärkter Zugang vieler (junger) Menschen – auch derjenigen mit Migrationshintergrund – zu den Hochschulen wird registriert und kann dazu beitragen, dass die hochschulische Erstausbildung in Kombination mit der zunehmend bedeutungsvolleren akademischen Weiterbildung zum Regelfall wird. Neuere bildungstechnologische Formen wie MOOCs, Learning Analytics usw. gelten als Teil dieser Entwicklung.

Der „Blick nach innen" richtet sich auf das System Hochschule mit seinen Wirkfaktoren. Erfolgreiches Lernen findet stärker über die Tiefenstrukturen des Unterrichts statt als über die Sichtstrukturen, dies bedeutet, dass insbesondere die aktive, inhaltlich tiefgehende Auseinandersetzung mit den Inhalten bedeutsamer ist als die Wahl der Methoden oder Organisationsformen. Kognitive Aktivierung fördert so den Aufbau langfristig gut vernetzter und transferfähiger Wissensstrukturen und leistet dies vor allem über anregende und herausfordernde Lern- und Prüfungsaufgaben. Als besonders wirksame Gestaltungsfaktoren hochschulischer Lehre erweisen sich (nebst anderen) die handwerklich sorgfältige „Planung und Durchführung der Lehre", die „Verfolgung klarer Lernziele" und die inhaltliche „Klarheit und Verständlichkeit". Nicht zuletzt nimmt der „Blick nach innen" auch die vorhandenen Ressourcen – von der finanziellen Ausstattung bis hin zu den Kompetenzen und Zeitbudgets des hochschulischen Personals – in Augenschein.

Option 2: Methodische Diversität der Lehr-/Lernsettings in den (a) Lehrveranstaltungen und (b) Studienprogrammen steuern

Mit Blick auf eine singuläre Lehrveranstaltung lassen sich viele methodische Entscheidungen treffen, u.a. auch in welchem Maß Online-Elemente in die Lehre integriert werden. Gewöhnlich unterscheidet man (1) die Anreicherung der Präsenzlehre durch Online-Elementen wie Klicker-Aufgaben, Foren, Chats, Online-Selbstlernkontrollen usw., (2) die Integration („Verzahnung") von Online- und Präsenzphasen über Blended Learning-Kurse mit Folienskripten, Erklärvideos, Web Based Trainings (WBT), Online-Prüfungen, Screencasts, Wikis usw. und (3) den Ersatz von Präsenzangeboten durch reine Online-Angebote (Virtualisierung), die beispielsweise als Online-Kurse oder MOOCs (allein, tutoriell begleitet oder kooperativ) durchgeführt werden. Es sei wiederholt darauf verwiesen, dass es die beste oder wirksamste didaktische Methode nicht gibt und dass man Lehre auf unterschiedliche Weise gut machen kann.

Mit Blick auf die Studienprogramme ließe sich entscheiden, in welcher Weise eine Profilbildung in der hochschulischen Lehre vorgenommen werden soll. Denkbar sind Szenarien, die ein einziges hochschuldidaktisches Setting für alle Lehrveranstaltungen favorisieren, beispielsweise Project Based Learning oder Flipped Classroom als methodische Großform für alle Lehrveranstaltungen eines Studienprogramms oder – auf der Ebene der methodischen Kleinformen – mindestens eine Online-Konferenz oder einen Online-Test pro Lehrveranstaltung vorsehen. Bei diesen Entscheidungen ist zu bedenken, inwieweit eine methodische Diversität im jeweiligen Studienprogramm einen Beitrag zum inhaltlichen Charakter einer Lehrveranstaltung und zur Motivation der Studierenden leisten kann.

Option 3: Kognitive Aktivierung, Aufgaben und Prüfungen stärker fokussieren

Hochschuldidaktische Entscheidungen sind auf die Fachkompetenz der Lehrenden angewiesen. Auch wenn gelegentlich die Auffassung anzutreffen ist, dass die Didaktik sozusagen ein „hochschulisches Add-on" sei, sind einige der für effektive Lernprozesse wichtigen Größen in hohem Maße auf die fachlich-inhaltliche Expertise der handelnden Personen angewiesen. Die kognitive Aktivierung zählt dabei zu den zentralen Elementen der Tiefenstruktur eines Lehr-/Lernsettings, deren erfolgreicher Einsatz ganz wesentlich davon abhängt, dass sich die Studierenden mit inhaltlich gehaltvollen und sie fordernden Aspekten des Themas auseinandersetzen.

Wenn etwa herausfordernde Aufgaben als ein wesentliches Mittel zur kognitiven Aktivierung ausgewählt oder konstruiert werden müssen, dann lässt sich die Eignung der Aufgabe ohne bestimmte inhaltliche Betrachtungen nicht beurteilen. Gleiches gilt für die verschiedenen Prüfungsformate, die inhaltlich von den Lernergebnissen her zu denken wären. Nicht zuletzt sind inhaltliche Auswahl- und Reduktionsentscheidungen ganz wesentlich auf eine inhaltliche Expertise angewiesen. In diesem Sinne gäbe es die Möglichkeit, die fachliche und didaktische Expertise zu „verschneiden". Ein Maß für das Gelingen wäre die intendierte und dann auch eingeforderte akademische Qualität der Abschlüsse. Dies wäre dann auch eine inhaltlich getriebene Qualitätssicherung.

Quellenangaben

Dörner, D. (1989). Die Logik des Misslingens, Reinbek bei Hamburg: Rowolt.

Dräger, J. & Müller-Eiselt, R. (2015). Die digitale Bildungsrevolution, München: Deutsche Verlags Anstalt.

Eschelmüller, M. (2008). Lerncoaching: Vom Wissensvermittler zum Lernbegleiter. Mülheim: Verlag an der Ruhr.

Lehner, M. & Ziep, K.-D. (1991). Phantastische Lernwelt – Vom Wissensvermittler zum Lernhelfer. Weinheim: Deutscher Studien Verlag.

Farndon, J. (2016). Können Thermostate denken? Absurde Fragen, die Sie ins Grübeln bringen. Stuttgart: Springer.

Gideon, J. (1991). Das „Princip der Reduction" – Bemerkungen über das Verhältnis von Deutschunterricht, Germanistikstudium und Referendariat. In: Neue Sammlung 31 (1991), 4, S. 554 f.

Gold, A. (2015). Guter Unterricht – Was wir wirklich darüber wissen. Göttingen: Verlagsgruppe Vandenhoeck & Ruprecht.

Hurrelmann, K. & Albrecht, E. (2014). Die heimlichen Revolutionäre - Wie die Generation Y unsere Welt verändert. Weinheim: Beltz.

Klingberg, L. (1974). Einführung in die Allgemeine Didaktik. Berlin.

Kunter, K. & Trautwein, U. (2013). Psychologie des Unterrichts. Paderborn: Schöningh.

Lehner, M. (2009). Allgemeine Didaktik. Bern: UTB.

Lehner, M. (2012). Didaktische Reduktion. Bern: UTB.

Liessmann, K.P. (2014). Geisterstunde – Die Praxis der Unbildung – Eine Streitschrift. Wien: Paul Zsolnay.

Mahrer, H. (o.J.). Vorwort. In: bmwfw: Beste Bildung durch digitale Chancen. https://www.bmwfw.gv.at/Presse/Documents/EduTech_Studie.pdf, abgerufen am 10.7.2017

Maier, U., Kleinknecht, M., Metz, K. & Bohl, T. (2010). Ein allgemeindidaktisches Kategoriensystem zur Analyse des kognitiven Potentials von Aufgaben. In: Beiträge zur Lehrerbildung 28 (1), 2010; Christian Kollmitzer: Zum Zusammenhang zwischen Aufgaben und Lernhandlungen. Unveröffentlichte Dissertation, Alpen-Adria-Universität Klagenfurt 2014

Oser, F. & Patry, J.-L. (1990). Choreographien unterrichtlichen Lernens: Basismodelle des Unterrichts. (Berichte zur Erziehungswissenschaft Nr. 89). Freiburg (CH): Pädagogisches Institut der Universität Freiburg.

Österreichische Forschungsgemeinschaft (2014). Hochschullehre in Zeiten der Digitalisierung − Herausforderungen und Empfehlungen. http://www.oefg.at/wp-content/uploads/2014/01/Positionspapier- %C3 %96FG-2017-Hochschullehre-in-Zeiten-der-Digitalisierung.pdf, abgerufen am 10.7.2017

Pauli, Ch. (2015). Einen Sachverhalt erklären, Pädagogik, 67(3), 2015, S. 46

Schäfer, F. (2011). Das Medium sei die Massage. In: Die ZEIT, 17.5.2011, http://www.zeit.de/kultur/literatur/2011-05/mcluhan-coupland,   abgerufen   am 10.7.2017

Schneider, M. & Mustafić, M. (Hrsg.). (2015). Gute Hochschullehre: Eine evidenzbasierte Orientierungshilfe, Heidelberg. S. 5 f.

Scholz, O. (2011). Verstehen verstehen. In: M. Helmerich, K. Lengnink, G. Nickel & M. Rathgeb: Mathematik verstehen − Philosophische und didaktische Perspektiven, Heidelberg.

Terhart, E. (2002). Fremde Schwestern. Zum Verhältnis von Allgemeiner Didaktik und empirischer Lehr-Lern-Forschung. In: Zeitschrift für Pädagogische Psychologie, 16(2), 2002, S. 83

Troger, H. (2016). 7 Erfolgsfaktoren für wirksames Personalmanagement − Antworten auf demografische Entwicklungen und andere Trends. Wiesbaden: Springer.

TU Hamburg-Harburg (Hrsg.) (o.J.). Auf dem Prüfstand − Lernen bewerten in technischen Fächern. S. 9; „Oberfläche, Tiefe und Höhenunterschied der Speicherbecken müssen dabei als relevante Größen erkannt und deren Werte auf dem Bild abgeschätzt werden. Das dadurch erhaltene Ergebnis (Größenordnung) ist durch Vergleich mit anderen bekannten Werten auf Plausibilität zu überprüfen."

Vester, F. (1999). Die Kunst vernetzt zu denken − Ideen und Werkzeuge für einen neuen Umgang mit Komplexität, 2. Aufl. München: Deutsche Verlags Anstalt.

10 Die Rolle der Forschung für eine zukunfts-orientierte Gestaltung der universitären Lehre

Prof. Dr. Gabi Reinmann

Abstract

Dieser Beitrag beschäftigt sich *nicht* mit der Zukunft von Hochschulen als einem Zustand zu einem Zeitpunkt X in einem umfassenden Sinne. Er beschäftigt sich vielmehr mit dem Weg von Universitäten in die Zukunft bezogen auf die Lehre als einer ihrer Kernaufgaben und der Frage, welche Rolle auf diesem Weg die wissenschaftliche Forschung spielt. Ich nehme also eine *dreifache* Eingrenzung sowie eine Konkretisierung vor: Universitäten als Orte der Forschung und Lehre unterscheiden sich nach wie vor von anderen Hochschulen, auch wenn die Differenzen – speziell in der Lehre – stellenweise verschwimmen. Eben darum lohnt es sich aus meiner Sicht, den Fokus auf *Universitäten* (versus Hochschulen generell) zu legen. Die universitäre Lehre hat im Zuge des Bologna-Prozesses eine tiefgreifende Veränderung erfahren, was in besonderer Weise für deren weitere Entwicklung sensibilisiert. Daher betrachte ich schwerpunktmäßig die *Lehre* (versus Forschung) an Universitäten, wobei speziell die Verbindung der Lehre mit der Forschung für Universitäten wichtig ist. Wie die Gesellschaft oder einzelne Bereiche der Gesellschaft in 10, 20, 50 oder mehr Jahren aussehen werden, beschäftigt viele Menschen in und außerhalb der Wissenschaft, aber nur wenige tun dies tatsächlich forschend, sodass nicht selten offenbleibt, wie die zahlreichen Zukunftsbilder überhaupt zustande kommen. Umso wichtiger erscheint es mir, sich Gedanken über den *Prozess* (versus Zustand) zu machen, wie wir zu Zukunftsvorstellungen – hier zur universitären Lehre – gelangen. Ganz konkret beleuchtet der vorliegende Text die *Rolle der Forschung* (die damit auf anderem Wege wieder ins Spiel kommt) in diesem Prozess. Dies ist deswegen naheliegend, weil die Universität als ein Ort der Forschung und Lehre im Prinzip über alle Möglichkeiten verfügt und angesichts der ihr zugrundeliegenden Idee auch die Pflicht dazu hat, sich forschend mit der Zukunft der Lehre als einer ihrer Kernaufgaben zu beschäftigen.

10.1 Wo die Zukunft herkommt

10.1.1 Ausgangslage

Wenn von der Zukunft der universitären Lehre die Rede ist, dann meist als *Reaktion* auf gesellschaftliche Veränderungen und damit zusammenhängende Ansprüche an die Lehre. Ein großes übergeordnetes Thema ist in diesem Zusammenhang die Digitalisierung und alle damit verbundenen Auswirkungen vor allem auf die Arbeitswelt (Gebhard, Grimm & Neugebauer, 2015). Mit dem Bologna-Prozess erleben wir, wie auch das universitäre Studium auf Fragen der Arbeitsmarktrelevanz fokussiert wird. Dieses hat immer schon nicht nur den wissenschaftlichen Nachwuchs hervorgebracht, sondern jungen Menschen einen Zugang zur Wissenschaft verschafft, um auf diesem Wege wissenschaftlich gebildete Absolventen in verschiedene Berufe zu entlassen, für die man eine akademische Ausbildung als angemessen ansieht (Huber, 1983). Doch mit der Angleichung von Studiengängen auf formaler Ebene zwischen allen Hochschultypen über das Bachelor-/Mastersystem (ausgenommen der Studiengänge mit Staatsexamen) hat die Forderung nach *Arbeitsmarktrelevanz* noch einmal deutlich zugenommen – und mit ihr der Druck, die für Industrie und Wirtschaft verbundenen *digitalen Transformationsprozesse* inhaltlich und methodisch aufzugreifen (Hochschulforum Digitalisierung, 2015; Scheer, 2017). Als ausgleichendes Pendant gab und gibt es immer wieder Stimmen, die von der Hochschullehre darüber hinaus fordern, Studierende auch für ihre Rolle als Bürger in unübersichtlicher werdenden Gesellschaften zu rüsten (Elkana & Klöpper, 2012): Demokratien sind politisch gefährdet, Migrationsbewegungen bringen den sozialen Frieden ins Wanken, Auswirkungen des menschengemachten Klimawandels werden spürbar usw. Die einen bezeichnen das als Citizenship (Schubarth & Speck, 2014), die anderen subsumieren es unter die Persönlichkeitsbildung (Wissenschaftsrat, 2015). Wenn man dann am Ende – wie heute gerne üblich – im Zuge des Nachdenkens über die Zukunft der Hochschullehre eine der Software-Entwicklung entlehnte Versionsnummer wie 4.0, demnächst vermutlich 5.0, verwendet, mag das nur ein flüchtiges Indiz oder eben auch ein deutliches Zeichen dafür sein, dass Belange der Wirtschaft tonangebend für die Zukunftsvorstellungen von akademischem Lehren und Lernen sind.

Eine reaktive Gestaltung der Zukunft der Hochschullehre aber erscheint nicht überzeugend: Warum sollte sich eine gesellschaftliche Institution wie die Universität, die sich der Staat geschaffen hat, um – so etwa die Worte Jaspers (1961, S. 35)[41] – einen Ort der Wahrheit zu bilden und die Aufgabe zu übernehmen, der Welt und sich selbst ständig einen Spiegel vorzuhalten, damit begnügen,

---

[41]   Man muss solche „Ideen" im historischen Kontext sehen; Aktualität aber können sie nach wie vor entfalten (vgl. auch Ricken, Koller & Keiner, 2014).

auf Veränderungen ausschließlich zu reagieren, die sich auf einen ihrer Kernbereiche, nämlich die Lehre, bezieht? Wie kommen Aussagen über die Zukunft etwa der Arbeit (Rump & Eilers, 2016) genau zustande, aus denen die Anforderungen an die Hochschullehre wie z.B. E-Learning 4.0 (Dittler, 2017) abgeleitet werden? Welche Akteure und welche Methoden haben die Autorität und Kompetenz zu bestimmen, welche der potenziell vielen Zukunftsbilder handlungsleitend sein sollen? Ich denke, es dürfte schwer werden, diese Fragen zu beantworten. Von daher erscheint es mir angemessen und notwendig, sich zu allererst damit zu beschäftigen, wie die Universität selbst mit *ihren* Möglichkeiten, nämlich mit ihrer Forschung, dahin kommen kann, sich eine eigene Zukunftsvorstellung von universitärer Lehre zu machen (Baumgartner, Brandhofer, Ebner, Gradinger & Korte, 2016, S. 122 f.). Der Beitrag konzentriert sich daher auf den *Weg*, nicht auf das Ergebnis, liefert kein inhaltlich gefülltes Zukunftsbild von der universitären Lehre, aber Impulse für eine forschende Erarbeitung von Zukunftsbildern universitärer Lehre. Es geht mit anderen Worten darum, zu prüfen, wie die Universität selbst maßgeblich Anteil an den Zukunftsbildern universitärer Lehre haben und damit doch auch eine inhaltliche Richtschnur legen kann, die ihrer Idee entspricht.

10.1.2 Überblick

Es würde den Rahmen des Beitrags sprengen, für die skizzierte Aufgabe eine umfassende Analyse möglicher Forschungstypen durchzuführen, die für dieses Unterfangen prinzipiell infrage kämen. Ich will stattdessen aufbauend auf einer bestehenden Arbeit zur Forschung in der Hochschuldidaktik (Reinmann, 2015)[42] vier ausgewählte bildungswissenschaftlich relevante Forschungstypen heranziehen: Trend- und Zukunftsforschung, Design-Based Research, empirische Bildungsforschung und Bildungsphilosophie.

Ich beginne mit der Trend- und Zukunftsforschung, weil diese selbstredend am nächsten an der Frage dran ist, wie sich die universitäre Lehre entwickeln wird oder soll. Sie steht per definitionem für eine *Zukunftsorientierung* und setzt darauf, uns zu zeigen, wie wir vor allem *rechtzeitig* handeln können. Ich beschreibe kurz, wie man in der Trend- und Zukunftsforschung vorgeht und warum der ihr inhärente (Sach- und Handlungs-)Zwang riskant sein kann. Mit einem Empirie-Verständnis, das mit der Realisierung von Interventionen in die Zukunft gerichtet ist, ist Design-Based Research (DBR) ein Forschungsansatz, der ebenfalls die (nahe) Zukunft in den Blick nimmt. DBR zeichnet sich durch eine *Lösungsorientierung*

---

[42]   Ich verwende in diesem Beitrag einzelne Passagen teils wörtlich aus dem angegebenen Zeitschriftenartikel *Das Hochschulwesen*, teils in erweiterter oder aktualisierter Form ohne weitere Zitation. Diese Passagen finden sich im zweiten Teil des genannten Artikels (Reinmann, 2015, S. 181-185).

aus und will uns in die Lage versetzen, problembezogen und damit *treffsicher* zu handeln. Ich skizziere in aller Kürze die Merkmale von DBR und zeige, warum auch ihr Bestreben nach Problemlösung durchaus hinterfragt werden sollte. Groß ist gegenwärtig die Hoffnung darauf, dass uns das auf kausale Erklärung gerichtete Forschen über die Evidenzbasierung einen Weg in die Zukunft des Lernens und Lernens weisen kann. Die als empirisch bezeichnete Bildungsforschung konzentriert sich auf eine *Erfolgsorientierung* in dem Sinne, dass sie uns dabei helfen möchte, möglichst *wirksam* zu handeln. Ich erläutere knapp zentrale Prinzipien im Vorgehen der empirischen Bildungsforschung und ihr Streben nach der Suche, was wirkt, welches rein funktional und entsprechend problematisch ist. Eher vergessen scheint mir die Bildungsphilosophie zu sein, obschon diese einen ganz wesentlichen Beitrag zu Fragen der Zukunft der universitären Lehre leisten könnte – und sogar Bezüge zur Zukunftsforschung erkennen lässt. Ich würde behaupten, dass die Bildungsphilosophie für eine *Sinnorientierung* steht und uns darin lenken könnte, *verantwortungsvoll* zu handeln. Ich gehe daher auch auf die Möglichkeiten der Bildungsphilosophie und ihr besonderes Verhältnis zu den argumentativ gestützten Gründen des Handelns ein.

10.2 Trend- und Zukunftsforschung

In der Zukunftsforschung ist der Vorschlag, sich forschend mit der Zukunft zu befassen, sozusagen Programm. Dieser Forschungszweig ist noch relativ jung (Opaschowski, 2009, S. 19) und bezogen auf die universitäre Lehre wenig vertreten – mit einer Ausnahme: Geht es um die Digitalisierung des Lehrens und Lernens, kommen zunehmend auch Trend- und Zukunftsforschung zum Einsatz (Schön & Markus, 2013; Blass & Hayward, 2014) – was naheliegt, zählt die Digitalisierung doch zu den Megatrends als einem typischen Gegenstand von Trend- und Zukunftsforschung. Im Kern geht es darum, Prognosen abzugeben, also vorherzusagen, wie, im vorliegenden Fall, die Hochschullehre der Zukunft aussehen wird, oder genauer: wie sie wahrscheinlich *oder* möglicherweise sein wird (Strunk, 2014, S. 16). Es macht einen großen Unterschied, ob es um wahrscheinliche oder mögliche Welten geht und tendenziell lassen sich Trend- und Zukunftsforschung genau danach unterscheiden: In der *Trendforschung* richtet sich der Blick in der Regel auf die Prognose einer *wahrscheinlichen* Zukunft (Hornbostel, 2010, S. 13). Die Prognose ist dann eine Antizipation der Zukunft auf der Basis etwa von Theorien, Modellen, Verlaufsgesetzen oder anderen Wissensquellen (Helbig, 2013, S. 72 f.).

Zukunftsforschung dagegen wird eher mit der Prognose *möglicher* „Zukünfte" assoziiert: Die Prognose ist dann die Antizipation eines Zustands oder alternativer Zustände, die erst noch durch Handeln zu verwirklichen sind (Grunwald, 2009, S. 26). Während Wahrscheinlichkeiten eine gewisse Unausweichlichkeit, den berühmten Sachzwang, suggerieren, dem man sich zu beugen hat, implizieren Möglichkeiten bzw. Alternativen Entscheidungs- oder Gestaltungsoptionen, mithin allerdings auch einen gewissen Handlungszwang.

Methodisch arbeiten Trend- und Zukunftsforschung meist mit üblichen sozialwissenschaftlichen Verfahren wie Befragung und Dokumentenanalyse sowohl quantitativ als auch qualitativ (Schüll, 2009, S. 131 f.). Dazu kommen Prognoseverfahren, zu denen etwa Simulationen und mathematische Modellierungen gehören. Hoch im Kurs stehen außerdem die Szenario-Methode und andere Kreativ-Methoden wie Zukunftswerkstätten (Schön & Markus, 2013, S. 4 ff.), wenn es darum geht, mögliche Zustände der Zukunft zu entwickeln und zu analysieren. Unnötigerweise gibt es auch einige fantasievoll bezeichnete Verfahren, die eher irritieren als Vertrauen stiften und der Trend- und Zukunftsforschung mitunter den Vorwurf der Boulevardforschung einhandeln (Rust, 2009, S. 8). Besonders häufig kommen Expertenbefragungen in Form der Delphi-Methode zum Einsatz (Häder & Häder, 2000, S. 15 ff.). Mit der Delphi-Methode will man auf strukturiertem Wege dahin kommen, dass Experten in ihrer Meinung über eine zukünftige Entwicklung übereinstimmen (vgl. Ammon, 2009) – so z.B. auch über die Digitalisierung der Hochschullehre. Eine Variante der Delphi-Methode verwendet der jährliche Horizon-Report (Adams Becker, Cummins, Davis, Freeman, Hall Giesinger & Ananthanarayanan, 2017), der in seiner Ausgabe für Hochschulen jährlich neue digitale Technologien daraufhin untersucht, welche potenziellen Auswirkungen sie auf Lehre, Lernen und Forschung im Hochschulbereich (vermutlich oder wahrscheinlich) haben werden.

Genau genommen untersuchen Trend- und Zukunftsforschung nicht die Zukunft selbst, sondern gegenwärtige (wahrscheinliche oder mögliche) Bilder von der Zukunft (Grunwald, 2009, S. 33). Werden Experten zu Trends in der Hochschullehre befragt, antworten sie vor dem Hintergrund dessen, was sie bereits kennen (Gegenwart), schon erfahren haben (Vergangenheit) und sich auf dieser Basis für die Zukunft vorstellen können. Zukunftswissen ist also vor allem ein Wissen über gegenwärtige Zukunftsvorstellungen, im besten Fall gepaart mit Metawissen über Prämissen, erfahrene Regelmäßigkeiten und Gestaltungshintergründe. Empirisch überprüfen kann man im Moment des Forschens eine zukünftige Realität logischerweise nicht (Grundwald, 2009, S. 26). Allenfalls kann man im Nachhinein fragen, ob Vorhersagen eingetroffen sind; das Interesse daran scheint mir aber nicht sonderlich groß zu sein.

Explizit an der *Zukunft* orientiert, könnte uns die Trend- und Zukunftsforschung also prinzipiell zeigen, wie wir *rechtzeitig* handeln und die Hochschullehre auch auf langfristige Anforderungen möglichst gut vorbereiten können. Prognosen

einer wahrscheinlichen Zukunft erscheinen auf der einen Seite höchst fruchtbar –
man denke beispielsweise an die Vorhersage von Studierendenzahlen[43] oder Be-
völkerungsentwicklungen. Diese legen z.B. nahe, mehr (oder andere) Studienplätze zu schaffen. Allerdings können Reaktionen leicht zu einer affirmativen Anpassung an artikulierte Bedürfnisse oder behauptete Unausweichlichkeiten werden
(Rust, 2009, S. 13). Es wird dann z.B. als Sachzwang verstanden, wenn man aus
der technischen Möglichkeit von Big Data folgert, Learning Analytics in die universitäre Lehre einzuführen; damit bestätigt man schlichtweg einen technischen
Trend im sozialen Kontext. Prognosen möglicher Varianten von der Zukunft eröffnen dagegen eher Handlungsoptionen, können aber ebenfalls einen besonders
subtilen Zwang verursachen: Es gilt, sich zu den prognostizierten Entwicklungen
zwar eigenaktiv, aber in jedem Fall zu verhalten und Trends aufzugreifen (versus
zu ignorieren) – auch wenn (noch) offenbleibt, wie (Steinmüller, 2009, S. 149).

10.3 Design-Based Research

Gestaltungsorientierte Forschungsstrategien – und dafür steht der Begriff Design-
Based Research (DBR) – setzen bei der Frage an, wie man als Forschender ein
erstrebenswertes Ziel in einem gegebenen Bildungskontext durch eine noch zu
entwickelnde Intervention am besten erreichen kann (Euler, 2014a, S. 17). Trieb-
feder dieser Art von Forschung ist die Praxisrelevanz; Ziel ist es, eine *mögliche*
Realität zu entwerfen (Reinmann & Sesink, 2014, S. 81 f.), was DBR entsprechend
attraktiv für das Thema Zukunft macht. Das Interesse an gestaltungsorientierten
Forschungsstrategien ist in den letzten Jahren international gestiegen (Anderson
& Shattuck, 2012; McKenney & Reeves, 2013, S. 98). Es gibt zahlreiche Verwandte und Vorläufer[44] sowie unterschiedliche Bezeichnungen für diesen Ansatz,
der die Entwicklung bzw. Gestaltung, Erprobung und Implementierung in den Prozess des Forschens integriert (Design-Based Research Collective, 2003; Einsiedler, 2010; Euler, 2011; Reinmann & Sesink, 2014).

DBR strebt danach, sowohl innovative Lösungen für praktische Bildungs-
probleme zu entwickeln als auch wissenschaftliche Erkenntnisse theoretischer Art
(in Form lokaler Theorien und Gestaltungsprinzipien) zu gewinnen. DBR konzipiert Interventionen theoriegeleitet, überprüft sie an der Wirklichkeit, lässt die Ergebnisse in den Prozess der Entwicklung zurückfließen und gestaltet diesen Zyk-

---

[43] Ein aktuelles Beispiel mit unmittelbarer Relevanz auch (künftig!) für die Universitäten sind
z.B. die Prognosen der Bertelsmann-Stiftung zur Entwicklung der Schülerinnen- und Schü-
lerzahlen in Deutschlands (Klemm & Zorn, 2017).

[44] Auch in der hochschuldidaktischen Forschung kann man solche Vorläufer ausmachen (vgl.
Schulmeister, 1983; Bogun, Erben & Schulmeister, 1983).

lus iterativ. Trotz des insgesamt zyklischen Vorgehens, lassen sich typische Phasen erkennen (Mc Kenney & Reeves, 2012, p. 77): Zunächst wird das Ausgangsproblem in der Praxis samt Kontext und Zielsetzung exploriert, durchdacht und empirisch untersucht. Theorien dienen hier als Hilfe zur Problemstrukturierung, Impulsgeber für Beobachtungsschwerpunkte und Legitimation für Zielsetzungen. Ähnlich verhält es sich, wenn es darum geht entwickelte Interventionen zu evaluieren und zu reflektieren: Auch hier arbeitet man empirisch meist im Feld, in frühen Stadien auch im Labor, erprobt und untersucht, sucht Verbindungen zu theoretischen Überlegungen und führt im Bedarfsfall ein Re-Design durch. Dazwischen liegt das Entwerfen, Konstruieren und Pilotieren (einer Intervention) – eine Phase, die der Empirie nicht einfach nur vor- oder nachgelagert, sondern Bestandteil der Forschung, zugleich aber unbestimmter und weniger standardisiert ist (Reinmann, 2014). Wenn es Zweifel an der Wissenschaftlichkeit von DBR gibt, dann beziehen sich diese Zweifel in der Regel auf den Akt der Entwicklung, der jedoch gleichzeitig die Besonderheit dieses Forschungsansatzes ausmacht.

DBR weist Ähnlichkeiten zur Aktionsforschung bzw. zur Praxis- und Handlungsforschung (Altrichter & Posch, 2007) auf, unterscheidet sich von dieser aber im Bezug zu Theorien, der systematischer ist, in der Rolle des Praktikers, der nicht zum Forschenden, sondern zum Partner in der Forschung wird, und im Verzicht auf einen emanzipatorischen Charakter. Weitere Verbindungen hat DBR zur Implementationsforschung (Petermann, 2014) und Evaluationsforschung (Stockmann, 2010). DBR arbeitet empirisch, nutzt aber im Vergleich etwa zur empirischen Bildungsforschung einen weiteren Empirie-Begriff (Hug & Poscheschnik, 2010).

Vorrangig an der *Lösung* identifizierter Probleme orientiert, könnte uns DBR also prinzipiell dabei helfen, *treffsicher* zu handeln und die Hochschullehre vor allem auf kurzfristige Anforderungen vorzubereiten, welche die Bedingungen des Lehrens und Lernens relativ direkt beeinflussen. DBR erhebt den Anspruch, im Einzelfall ein beschreibbares Problem in der Hochschullehre zu lösen und über den Einzelfall hinaus generalisierbare Gestaltungsprinzipien für die Hochschullehre zu liefern (Euler, 2014b). In beiden Fällen (Problemlösung und Erkenntnisgewinn) agiert sie immer auch präskriptiv, verlässt also die Ebene der Beschreibung und lokalen Erklärung und richtet sich explizit an die nahe Zukunft – allerdings nicht mit Prognosen, sondern mit Handlungsempfehlungen.

Indem ein zu lösendes Problem in der Hochschullehre den Ausgangspunkt der Forschung bildet, sorgt DBR für eine hohe Praxisrelevanz, die zunächst einmal als günstig für Zukunftsfragen zu werten ist. Damit ist allerdings noch nicht gewährleistet, dass ein identifiziertes Problem tatsächlich für die Zukunft relevant ist. Offen bleibt zudem, wie ein Problem gedeutet wird. Ein- und dasselbe Phänomen aber kann unter höchst verschiedenen Perspektiven betrachtet werden: So lässt sich Studienabbruch beispielsweise als mangelnde Studierfähigkeit deuten, die man mit angemessenen Lehrangeboten ausgleichen kann, oder als Qualitäts- mängel in der universitären Lehre, die entsprechend abzustellen sind (z.b. Bosse, Schultes & Trautwein, 2016). Genauso könnte man viele Abbrecher aber auch als verfehlte Hochschulpolitik (z.b. Nida-Rümelin, 2015) oder als Erfordernis für ein universitäres Orientierungsjahr (z.b. Seidel & Wielepp, 2014) sehen. Schließlich kann man kritisch anmerken, dass sich DBR unter Umständen zu sehr auf unmit- telbar erkennbare Akut-Probleme konzentriert. Denn auch Herausforderungen, die man durch Nachdenken und/oder Diskurs erst erkennbar machen muss, können Anlässe für Entwürfe möglicher Lehr-Lernwelten in der Zukunft werden.

10.4 Empirische Bildungsforschung

Als nicht direkt zukunftsbezogen, aber potenziell zukunftsrelevant für den Wandel von Lehren und Lernen gilt heute die Evidenzbasierung der Bildungspraxis (Lan- gemeyer & Reinmann, in Druck). Liefern soll die Evidenz die empirische Bil- dungsforschung, von der man sich erhofft, dass sie sicheres Wissen zur Verfügung stellt, das zugleich gesellschaftliche Bedingungen und Verwendungsinteressen be- rücksichtigt (Zedler & Döbert, 2009, S. 40) und damit für die Zukunft der Lehre bedeutsam wird. Evident meint hier nicht, wie in der Umgangssprache, dass etwas augenscheinlich gültig ist (Tippelt & Reich-Claassen, 2010), sondern dass es einen empirischen Nachweis gibt. Evidenzbasierte Hochschullehre (Winteler & Forster, 2007, S. 103 f.) wäre demnach eine, die auf Wissen über Wirkungen didaktischer Interventionen (Lehrformate, Methoden, digitale Medien) aus Studien basiert, die nach möglichst einheitlichen Standards konzipiert und durchgeführt wurden.

Die heutige empirische Bildungsforschung speist sich aus der sozialwis- senschaftlichen Tradition vor allem der Psychologie, aber auch der Soziologie, und ist nicht genuin pädagogischen Ursprungs (Benner, 2014, S. 85). Bildung in einem bildungstheoretischen Sinne, wie sie für die Allgemeine Erziehungswissen- schaft konstitutiv ist, gehört nicht zum Gegenstand der empirischen Bildungsfor- schung (Gräsel, 2011, S. 13). Entsprechend gehören auch Bildungsziele nicht dazu. Theoretisch behandelt die empirische Bildungsforschung *alle* Bildungskon- texte und -institutionen (Ditton & Reinders, 2011), faktisch liegt ihr Schwerpunkt allerdings deutlich auf der Schule; ein weiteres Feld ist die Weiterbildung und Er- wachsenenbildung (z.B. Nuissl, 2009). Obschon also theoretisch inkludiert, bleibt das universitäre Lehren und Lernen insgesamt betrachtet in der empirischen Bil- dungsforschung unterbelichtet. Ausnahmen bilden einzelne Themenkomplexe wie Kompetenzorientierung in der Hochschullehre oder Lehrevaluation (z.B. Schaper, 2012; Spinath, Hasselhorn, Artelt, Köller, Möller & Brünken, 2012).

Die empirische Bildungsforschung untersucht die beobachtbare Realität von Bildung; sie beschreibt und erklärt Lehr-Lernprozesse, deren Bedingungen und Folgen. Korrelationsstudien etwa dienen zur Beschreibung von Zusammenhängen und Leistungsvergleichsstudien mit Testverfahren erhellen den Status-quo etwa eines Bildungssystems. Labor- und Feldexperimente tragen zur Analyse von Ursachen und Wirkungen bei und mit Metaanalysen versucht man, hinter die Stärke von Effekten didaktischer Interventionen zu kommen. Diese Strategien entsprechen einer Variablenpsychologie (Herzog, 2005, S. 193 ff.), die methodisch nicht ausschließlich, aber primär dem Ideal der Naturwissenschaften mit experimentellen und quantitativen Methoden folgt. Qualitative Verfahren lässt die empirische Bildungsforschung durchaus zu; man nutzt sie aber in der Regel vorgelagert oder ergänzend zu quantitativen Verfahren.

Umstritten ist, ob Evaluationen ebenfalls zur empirischen Bildungsforschung zählen (vgl. Blömeke, Herzig & Tulodziecki, 2007): Sie arbeiten in der Regel mit einem sozialwissenschaftlichen Methodenrepertoire, dienen aber dazu, Lehr-Lernmethoden und -medien zu bewerten, und bewertende Prozesse finden nicht umstandslos einen Platz in der aktuellen empirischen Bildungsforschung. Deren Verständnis von Empirie ist (etwa im Vergleich zu DBR) als eher *eng* zu bezeichnen: Vorrang hat, Zusammenhänge und/oder Ursachen so aufzuklären, dass sich daraus Wirkungsprognosen ableiten sowie Gesetzesaussagen und Theorien aufstellen lassen. Diese Form von Prognosen beziehen sich, anders als in der Trend- und Zukunftsforschung, nur auf die unmittelbar bevorstehende Zukunft und darauf, Erklärungen zu prüfen.

Orientiert am *Erfolg* von Interventionen in der unmittelbaren Zukunft, will die empirische Bildungsforschung dazu beitragen, dass man möglichst *wirksam* handelt und die Hochschullehre heute und künftig effektiver wird. Der Zukunftsbezug ebenso wie normative Vorstellungen von der Zukunft bleiben hier allerdings implizit (vgl. Jornitz, 2009, S. 75). Zu entscheiden, welche hochschuldidaktischen Interventionen man woraufhin prüft und einsetzt, ist nicht Teil des empirischen Forschungsprozesses. Diese Entscheidungen scheinen Prämissen zu sein, die zumindest im Forschungsprozess selbst nicht hinterfragt werden. Wenn dann allerdings ein bestimmtes Lehrformat, eine spezielle Lehr-Lernmethode oder eine besondere Form der Digitalisierung einmal als wirksam gelten, liegt nahe, dass man sie auch einsetzt, und das jetzt und in Zukunft. Didaktisch verwendet wird, was sich nachweislich als wirksam erwiesen hat (Bellmann & Müller, 2011, S. 9) – was eigentümlich inhaltsleer bleibt.

10.5 Bildungsphilosophie

Die Distanz zu Bildungszielen, Normen und inhaltlich greifbaren Zukunftsvorstellungen, wie sie sich in der empirischen Bildungsforschung zeigt, ist ein neueres
Phänomen – zumindest war es nicht immer so. Bis in die 1960er Jahre hinein waren Pädagogik und Bildungsphilosophie eng miteinander verflochten (Ehrenspeck, 2009, S. 155); bevorzugt wurde entsprechend eine geisteswissenschaftliche
Pädagogik (Herzog, 2005, S. 88 ff.). Heute allerdings hat die Bildungsphilosophie
im Vergleich vor allem zur empirischen Bildungsforschung eine nur noch rand-
ständige Bedeutung und ist deutlich in die Defensive geraten (Terhart, 2006, S. 9).

Die Bildungsphilosophie beschäftigt sich theoretisch mit Prämissen, Zielen, Werten, Widersprüchen und Konflikten im Bereich der Bildung. Sie tut das
in methodisch systematischer Form vor allem begrifflich-analytisch, hermeneu-
tisch und historisch; ihre Standards bezieht sie aus der Philosophie (Terhart, 2006,
S. 10). Man könnte von einer philosophischen Bildungsforschung (Ehrenspeck,
2009) sprechen; geläufiger aber ist der Begriff der (philosophischen) Bildungstheorie (Benner, 2012, S. 150 ff.).[45] Eine bildungsphilosophische Betrachtung – auch
die der gegenwärtigen Hochschullehre – ist stets *reflexiv* (Sesink, 2006, S. 9). Bildungsphilosophie analysiert und bewertet vorhandene Überzeugungen, Konzepte
und Wissensbestände aus einer kritischen Distanz heraus. Sie rekonstruiert Normen, die sich in die Praxis, aber auch in die Forschung zum Lehren und Lernen,
eingewoben haben und nicht mehr offensichtlich sind. Im Hintergrund und meinst
unbenannt übt die Bildungsphilosophie selbst auf die empirische Bildungsforschung großen Einfluss auf, der aber kaum mehr reflektiert wird (vgl. Gerstenmeier, 2009): Exemplarisch seien die Philosophie des amerikanischen Pragmatismus, etwa von William James (1908) und John Dewey (1933), z.B. auf Bewegungen wie „Studierendenorientierung" zu nennen, oder die analytische Philosophie,
die als die Grundlage etlicher moderner Handlungstheorien Teile der Lehr-Lern-
forschung nach wie vor prägen (Gerstenmeier, 2009, S. 172 f.) – auch im Kontext
universitären Lehrens und Lernens.

Von Bildungsphilosophen erwartet man zunächst einmal wertende Urteile;
man weist ihnen explizit die Aufgabe zu, sich normativ zu betätigen, also Ziele zu
reflektieren und Orientierung zu geben. Damit sind allerdings nicht Lehr-Lernziele
im Sinne operationalisierter Lernergebnisse gemeint, wie man sie für die Gestaltung von Modulen und Veranstaltungen oder für die empirische Analyse der Kompetenzentwicklung einsetzt (vgl. Schaper, 2012, S. 46 ff.). Im bildungsphilosophi-

---

[45]   Auf die Kontroverse, ob und wenn ja in welchem Verhältnis genau Bildungstheorie und Bil-
         dungsphilosophie stehen, kann an dieser Stelle nicht eingegangen werden (vgl. Tenorth,
         2012).

schen Diskurs interessieren abstraktere Ziele und Zielkonflikte: In welchem Verhältnis stehen z.b. Ziele der Hochschulbildung wie Beschäftigungsfähigkeit und Persönlichkeitsentwicklung zueinander und in welchem sollten sie stehen (Spoun & Wunderlich, 2005, S. 18)? Welchen Stellenwert haben Handhabungsfertigkeiten und Kritikfähigkeiten im Konstrukt der Medienkompetenz als Lehr-Lernziel und welchen sollten sie haben (Pietraß & Schäffer, 2014, S. 101 f.)? Hinter Fragen dieser Art steckt mitunter die Grundsatzdebatte über den Bildungsbegriff, der seit jeher verschiedenen Konjunkturen und Aufmerksamkeitswellen unterworfen ist (Bilstein, 2004, S. 419).

Zur Bildungsphilosophie gehört aber keineswegs *nur* das Werturteil. Ihr kommt auch die Aufgabe zu, bestehende Verhältnisse in der Bildung möglichst dicht zu beschreiben, zumal da dichte Beschreibungen eine Basis für wertende Urteile sein können (z.b. Stojanov, 2012). Diese grundlegende Aufgabe teilt sich die Bildungsphilosophie folglich mit der empirischen Bildungsforschung, wenn auch mit gänzlich unterschiedlichen Methoden. Eine weitere bildungsphilosophische Aufgabe besteht darin, sich mit möglichen (zukünftigen) Welten auseinanderzusetzen. Manche sehen darin gar eine Kernaufgabe, die die Bildungsphilosophie mit der Zukunftsforschung gemeinsam hat (z.b. Meyer-Wolters, 2006). Im Übrigen spielt die Philosophie ohnehin eine nicht zu unterschätzende Rolle in einzelnen Zweigen der Zukunftsforschung, vor allem in der Technikfolgenabschätzung (z.b. Grundwald, 2010). Sprachphilosophie, Wissenschaftstheorie, Technikphilosophie, Ethik und politische Philosophie machen ihren Einfluss in der Erforschung der Zukunft geltend. In all ihren Aufgaben, mögen sie auch Überschneidungen mit anderen Forschungsrichtungen haben, proklamiert die Bildungsphilosophie für sich eine eigenständige Analyseperspektive auf Bildung und Bildungspraktiken (vgl. Schnädelbach, 1993): Sie versteht sich als Wissenschaft *und* Aufklärung, als Welterkenntnis *und* Selbstdeutung, als objektive Theoriebildung *und* subjektive Orientierung.

Deutlich am *Sinn* von Gegenwart und Zukunft orientiert, ist die Bildungsphilosophie dafür prädestiniert, uns dabei zu unterstützen, *verantwortungsvoll* zu handeln und die Entwicklung der Hochschullehre nicht der bloßen Reaktion auf Trends und Prognosen, der akuten Problemlösung oder dem Glauben an die Machbarkeit von Lernerfolgen preiszugeben. Im Kontext der Hochschulbildung ist Bildungsphilosophie immer auch mit einer Reflexion der Wissenschaften verbunden (Elkana & Klöpper, 2012, S. 347 ff.). Zu ihren Aufgaben gehört, das, was ist, zu beschreiben und gleichzeitig zu hinterfragen, und das, was sein könnte, weiterzudenken und gleichzeitig infrage zu stellen. Die wohl prominenteste Aufgabe besteht darin, Wissen zu generieren, das Werturteile und letztlich auch eine reflektierte universitäre Lehre ermöglicht (vgl. Kreber, 2013).

Nun könnte man einwenden, dass die skizzierten Tätigkeiten anachronistisch seien ohne Prognosen zukünftiger Entwicklungen im Umfeld der Universität, dass sie irrelevant seien ohne Bezug auf konkrete Situationen in der Bildungspraxis, dass sie wirkungslos seien ohne empirische Prüfung des Gedachten an der Realität. Entgegenhalten kann die Bildungsphilosophie die Vernunft als Sammelbegriff für (Selbst-)Reflexion, Urteilskraft, Erkenntniskritik und Klärung von Begriffen (Keil, 2012, S. 228), aus der heraus argumentativ gestützte Gründe für die Vorstellung und Gestaltung von Zukunft – auch der Hochschullehre – zu erwarten sind.

10.6 Prognosen, Problemlösungen und Wirkungsnachweise

Wie lassen sich nun die Impulse für eine forschende Erarbeitung von Zukunftsbildern universitärer Lehre zusammenfassen? In welchem Verhältnis stehen dabei Trend- und Zukunftsforschung, Design-Based Research, empirische Bildungsforschung und Bildungsphilosophie zueinander? Die notwendigerweise unvollkommenen Skizzen der verschiedenen Forschungstypen haben nicht nur in aller Kürze übliche Vorgehensweisen sowie Ziele und Erkenntnisideale aufgezeigt, sondern auch Potenziale sowie Grenzen und Risiken, wenn es darum geht, diese für eine zukunftsorientierte Gestaltung der universitären Lehre heranzuziehen. Diese Potenziale, Grenzen und Risiken wiederum verweisen auf mögliche Komplementaritäten (siehe Abb. 1): So erweisen sich *Prognosen* der Trend- und Zukunftsforschung zu gesellschaftlichen Veränderungen, die direkt oder indirekt die Lehre betreffen, als nützlich, um z.B. den Rahmen abzustecken, innerhalb dessen Innovationen im Sinne neuer oder anderer Curricula, Lehr-Lernformate, Methoden oder digitaler Systeme und Werkzeuge zu erforschen sind. *Problemlösungen* mit Innovationspotenzial, wie sie Design-Based Research zu generieren imstande ist, stecken unter anderem das Feld ab, innerhalb dessen es sich lohnt, Wirkungen einzelner didaktischer Interventionen unter verschiedenen Bedingungen systematisch auf den Grund zu gehen. *Wirkungsnachweise*, die man von der empirischen Bildungsforschung erwarten darf, können bei der Gestaltung universitärer Lehre in dem Sinne helfen, dass man das Risiko mindert, ineffektive oder gar schädliche didaktische Entscheidungen zu treffen. Ohne gemeinsam getragene Sinnhorizonte aber riskieren *alle* genannten Forschungstypen stets, affirmativ, reflexartig und/oder unreflektiert einfach nur auf das zu reagieren, was von außen auf die Universität einströmt. Mithilfe der Bildungsphilosophie könnten und sollten sich Lehrende wie auch Studierende an Universitäten Gedanken darüber machen, wie die Universität der Zukunft aussehen sollte, in der sie forschen, lehren und lernen wollen, welche Probleme nicht nur dringlich, sondern für den Kern der universitären Lehre wichtig sind und Priorität haben, was Lehre letztlich bewirken soll –

bei Studierenden und Lehrenden gleichermaßen. Die Bildungsphilosophie ist so gesehen außen vor und mitten drin zugleich.

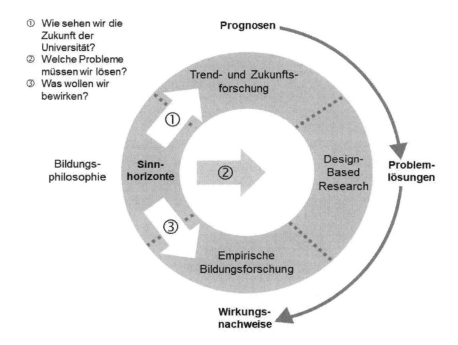

Abb. 10.1: Forschungstypen und ihr mögliches Zusammenwirken auf dem Weg zur Zukunft der Lehre

„Die neoliberalistische Neuerfindung zerstört die Idee der Universität", stellte Tetens (2008, S. 33) bereits vor knapp zehn Jahren fest. Die heutigen Verlautbarungen zur Universität 4.0, die Imperative der Digitalisierungsverkünder und selbst offizielle Empfehlungen an das Hochschulmanagement von Institutionen, welche doch eigentlich die Wissenschaften fördern sollen, stehen Tetens (2008) Befürchtungen leider in nichts nach. Unter dem Credo der wirtschaftlichen Standortsicherung durch Wissenschaft und akademische Ausbildung weichen Ideale, Ziele und Arbeitsweisen zurück, welche die Universität lange Zeit geprägt haben. Man mag über diese Ideale streiten (genau genommen muss man exakt *das* tun) und „alte Ideale" in ihrem Kontext und damit kritisch sehen (auch das muss jede Generation erneut tun). Nichtsdestotrotz möchte ich exemplarisch ein solches

Ideal mit Auswirkungen auf die Idee der universitären Lehre Idee abschließend zitieren, auch wenn diese heute besonders anachronistisch wirken mag[46]: „Die Universität ist die Stätte, an der Gesellschaft und Staat das hellste Bewußtsein des Zeitalters sich entfalten lassen. Dort dürfen als Lehrer und Schüler Menschen zusammenkommen, die hier nur den Beruf haben, Wahrheit zu ergreifen. Denn daß irgendwo bedingungslose Wahrheitsforschung stattfinde, ist ein Anspruch des Menschen als Menschen" (Jaspers (1980/1945, S. 9). Karl Japsers Schrift zur Idee der Universität, veröffentlich kurz nach der nationalsozialistischen Gewaltherrschaft, könnte in ihrem inhärenten Weckruf, sich *innerhalb* der Universität Gedanken über die Zukunft der Universität zu machen, aktueller nicht sein. Sie verweist unter anderem auf die Notwendigkeit der „Wahrheitssuche" und Reflexivität, die auf die Universität selbst und ihre Lehre ebenso anzuwenden sind wie auf andere kulturelle und natürliche Phänomene. Mein Vorschlag, bildungswissenschaftlich relevante Forschungstypen (vier davon habe ich beispielhaft ausgewählt) daraufhin abzuklopfen, welchen Beitrag sie leisten können, ist in eben diesem Rahmen der Suche nach belastbaren und begründeten Aussagen und der dazu erforderlichen Reflexivität zu verstehen – mit dem Ziel, die Zukunft der Hochschullehre nicht einfach nur reaktiv, sondern mit den eigenen Mitteln kreativ-konstruktiv zu gestalten.

Quellenangaben

Adams Becker, S., Cummins, M., Davis, A., Freeman, A., Hall Giesinger, C. & Ananthanarayanan, V. (2017). *NMC Horizon Report: 2017 Higher Education Edition*. Austin, Texas: The New Media Consortium.
Altrichter, H. & Posch, P. (2007). *Lehrerinnen und Lehrer erforschen ihren Unterricht: Unterrichtsentwicklung und Unterrichtsevaluation durch Aktionsforschung* (4. Aufl.). Bad Heilbrunn: Klinkhardt.
Ammon, U. (2009). Delphi-Befragung. In: S. Kühl, P. Strodtholz & A. Taffertshofer (Hrsg.), Handbuch Methoden der Organisationsforschung (S. 458-476). Berlin: Springer.
Anderson, T. & Shattuck, J. (2012). Design-based research: A decade of progress in educational research? Educational Researcher, 41 (1), 16-25.
Baumgartner, P., Brandhofer, G., Ebner, M., Gradinger, P. & Korte, M. (2016). Medienkompetenz fördern – Lehren und Lernen im digitalen Zeitalter. In: M. Bruneforth, F. Eder, K. Krainer, C. Schreiner, A. Seel & C. Spiel (Hrsg.), *Nationaler Bildungsbericht Österreich 2015, Band 2: Fokussierte Analysen bildungspolitischer Schwerpunktthemen* (S. 95-131). Graz: Leykam.

---

[46]	Oder auch nicht angesichts der aktuellen Debatten über das Postfaktische, die wiederum abgleiten in blinden Glauben an „die" Evidenz (vgl. Pörksen, 2016).

Bellmann, J. & Müller, T. (2011). Evidenzbasierte Pädagogik – ein Déjà-vu? In: J. Bellmann, & T. Müller (Hrsg.). (2011). Wissen, was wirkt. Kritik evidenzbasierter Pädagogik (S. 9-32). Wiesbaden: VS Verlag.

Benner, D. (2012). Allgemeine Pädagogik. Eine systematisch-problemgeschichtliche Einführung in die Grundstruktur pädagogischen Denkens und Handelns. Weinheim: Beltz Juventa.

Benner, D. (2014). Gibt es eine pädagogisch ausgewiesene und didaktisch anschlussfähige empirische Bildungsforschung? In C. Fischer (Hrsg.), Damit Unterricht gelingt Von der Qualitätsanalyse zur Qualitätsentwicklung (S. 85-114). Münster: Waxmann.

Bilstein, J. (2004). Bildung: Über einen altehrwürdigen Grundbegriff und seinen anhaltenden Charme. Bildung und Erziehung, 57 (4), 415-431.

Blass, E. & Hayward, P. (2014). Innovation in higher education; will there be a role for "the academe/university" in 2025? European Journal of Futures Research, 2, 1-9.

Blömeke, S., Herzig, B. & Tulodziecki, G. (2007). Zum Stellenwert empirischer Forschung für die Allgemeine Didaktik. Unterrichtswissenschaft 35 (4), 355-381.

Bogun, M., Erben, C.M. & Schulmeister, R. (1983). Begleitbuch zur Einführung in die Statistik. Didaktischer Kommentar und Unterrichtsübungen. Weinheim: Beltz.

Bosse, E., Schultes, K. & Trautwein, C. (2016). Wissenschaftliche Bezugspunkte für die Untersuchung von Studierfähigkeit. In: M. Merkt, N. Schaper, C. Wetzel, & Deutsche Gesellschaft für Hochschuldidaktik (Hrsg.), Professionalisierung in der Hochschuldidaktik (S. 79–88). Bielefeld: wbv.

Design-Based Research Collective (2003). Design-based research: An emerging paradigm for educational inquiry. Educational Researcher, 32 (1), 5-8.

Dewey, J. (1933). How we think. A restatement of the relation of reflective thinking to the educative process. Michigan: D.C. Heath and company.

Dittler, U. (Hrsg.) (2017). E-Learning 4.0. Mobile Learning, Lernen mit Smart Devices und Lernen in sozialen Netzwerken. München: De Gruyter.

Ditton, H. & Reinders, H. (2011). Überblick Felder der Bildungsforschung. In: H. Reinders, H. Ditton, C. Gräsel & B. Gniewosz (Hrsg.). Empirische Bildungsforschung. Gegenstandsbereiche (S.69-74). Wiesbaden: VS Verlag.

Ehrenspeck, Y. (2009). Philosophische Bildungsforschung: Bildungstheorie. In: R. Tippelt & B. Schmidt (Hrsg.). Handbuch Bildungsforschung (S. 155-169). Wiesbaden: VS Verlag.

Einsiedler, W. (2010). Didaktische Entwicklungsforschung als Transferförderung. Zeitschrift für Erziehungswissenschaft, 13, 59-81.

Elkana, J. & Klöpper, H. (2012). Die Universität im 21. Jahrhundert. Für eine neue Einheit von Lehre, Forschung und Gesellschaft. Hamburg: edition Körber-Stiftung.

Euler, D. (2011). Wirkungs- vs. Gestaltungsforschung – eine feindliche Koexistenz? Zeitschrift für Berufs- und Wirtschaftspädagogik, 107, 520-542.

Euler, D. (2014a). Design-Research – a paradigm under development. In: D. Euler & P.F.E. Sloane (Hrsg.). Design-based Research (S. 15-41). Zeitschrift für Berufs- und Wirtschaftspädagogik/Beiheft). Stuttgart: Steiner.

Euler, D. (2014b). Design Principles als Kristallisationspunkt für Praxisgestaltung und wissenschaftliche Erkenntnisgewinnung. In: D. Euler & P.F.E. Sloane (Hrsg.) Design-based Research (S. 97-112). Zeitschrift für Berufs- und Wirtschaftspädagogik/Beiheft. Stuttgart: Steiner.

Gebhardt, J. Grimm, A. & Neugebauer, L.M. (2015). Entwicklungen 4.0 – Ausblicke auf zukünftige Anforderungen an und Auswirkungen auf Arbeit und Ausbildung. Journal of Technical Education, 3 (2), 45-61.

Gerstenmeier, J. (2009). Philosophische Bildungsforschung: Handlungstheorien. In: R. Tippelt & B. Schmidt (Hrsg.). Handbuch Bildungsforschung (S. 171-184). Wiesbaden: VS Verlag.

Gräsel. C. (2011). Was ist empirische Bildungsforschung? In: H. Reinders, H. Ditton, C. Gräsel & B. Gniewosz (Hrsg.). Empirische Bildungsforschung. Strukturen und Methoden (S.13-27). Wiesbaden: VS Verlag.

Grunwald, A. (2009). Wovon ist die Zukunftsforschung eine Wissenschaft? In: R. Popp & E. Schüll (Hrsg.), Zukunftsforschung und Zukunftsgestaltung. Beiträge aus Wissenschaft und Praxis (25-36). Wiesbaden: VS Verlag.

Grunwald, A. (2010). Technikfolgenabschätzung: Eine Einführung. Berlin: edition sigma.

Häder, M. & Häder, S. (2000). Die Delphi-Methode als Gegenstand methodischer Forschungen. In: M. Häder & S. Häder (Hrsg.), Die Delphi-Technik in den Sozialwissenschaften. Methodische Forschungen und innovative Anwendungen (S. 11-32). Wiesbaden: Springer Fachmedien.

Helbig, B. (2013). Wünsche und Zukunftsforschung (Sozialwissenschaftliche Zukunftsforschung Schriftenreihe 01/13). Berlin: FU Berlin. URL: http://www.ewi-psy.fu-berlin.de/einrichtungen/weitere/institut-futur/_media_design/IF-Schriftenreihe/IF-Schriftenreihe_0113_Helbig_Wunschforschung_online.pdf?1395650514

Herzog, W. (2005). Pädagogik und Psychologie. Stuttgart: Kohlhammer.

Hochschulforum Digitalisierung (2015). 20 Thesen zur Digitalisierung der Hochschulbildung (Arbeitspapier Nr. 5). Berlin: Geschäftsstelle Hochschulforum Digitalisierung. URL: https://hochschulforumdigitalisierung.de/sites/default/files/dateien/HFD-Thesenpapier_Sep2015.pdf

Hornbostel, S. (2010). Verbrauchte Zukunft oder „Et hätt noch immer jut jejane". In: K. Hauss, S. Ulrich & S. Horbostel (Hrsg.). Foresight – between science and fiction (S. 11-14). Bonn: Institut für Forschungsinformation und Qualitätssicherung (iFQ-Working Paper 7).

Huber, L. (1983). Hochschuldidaktik als Theorie der Bildung und Ausbildung. In: L. Huber (Hrsg.), Enzyklopädie Erziehungswissenschaft, Band 10. Ausbildung und Sozialisation in der Hochschule (S. 114-138). Stuttgart: Klett.

Hug. T. & Poscheschnik, G. (2010). Empirisch Forschen. Konstanz: UVK Verlagsgesellschaft.

James, W. (1908). Der Pragmatismus. Ein neuer Name für alte Denkmethoden. Volkstümliche philosophische Vorlesungen. Leipzig: Klinkhardt.

Jaspers, K (1961). Das Bild der Universität. In: K. Jaspers & K. Rossmann (Hrsg.). Die Idee der Universität. Für die gegenwärtige Situation entworfen von Karl Jaspers und Kurt Rossmann (S. 3-40). Berlin: Springer.

Jaspers, K. (1980/1945). Die Idee der Universität (Nachdruck). Berlin: Springer.

Jornitz, S. (2009). Evidenzbasierte Bildungsforschung. Pädagogische Korrespondenz, 40, 68-75.

Keil, G. (2012). Überlegungen zum persönlichkeitsbildenden Wert der Wissenschaft. In: L. Honnefelder, W. Gräb, J. Greisch, R. Schieder, N. Slenczka & D. Wendebourg (Hrsg.). Kants „Streit der Fakultäten oder der Ort der Bildung zwischen Lebenswelt und Wissenschaften" (S.209-232). Berlin: Berlin University Press.

Klemm, K. & Zorn, D. (2017). Demographische Rendite adé Aktuelle Bevölkerungsentwicklung und Folgen für die allgemeinbildenden Schulen. Gütersloh: Bertelsmann. URL: https://www.bertelsmann-stiftung.de/fileadmin/files/BSt/Publikationen/Graue-Publikationen/Demographische_Rendite_ade___final.pdf

Kreber, C. (2013). Authenticity in and through teaching in higher education. The transformative potential of the scholarship of teaching. New York: Routledge.

Langemeyer, I. & Reinmann, G. (in Druck). Evidenzbasierte Hochschullehre? Kritik und Alternativen für eine Hochschulbildungsforschung. Erscheint in: Zeitschrift für Hochschulentwicklung.

McKenney, S. & Reeves, T.C. (2013). Systematic review of Design-Based Research progress: Is a little knowledge a dangerous thing? Educational Researcher, 42 (2), 97-100.

Meyer-Wolters, H. (2006). Denen die Daten – uns die Spekulation. Auch ein Bericht von Reisen in fremde Wissenschaftskulturen. In: L. Pongratz, M. Wimmer & W. Nieke (Hrsg.). Bildungsphilosophie und Bildungsforschung (S. 37-65). Bielefeld: Janus. URL: http://duepublico.uni-duisburg-essen.de/servlets/DerivateServlet/Derivate-13983/bildungsphilosophie_und_bildungsforschung.pdf

Nida-Rümelin, J. (2015). Der Akademisierungswahn: Zur Krise beruflicher du akademischer Bildung. Hamburg: Edition Koerber.

Nuissl, E. (2009). Weiterbildung/Erwachsenenbildung. In: R. Tippelt & B. Schmidt (Hrsg.), Handbuch Bildungsforschung (S. 405-419). Wiesbaden: VS Verlag.

Opaschowski, H.W. (2009). Zukunft neu denken. In: R. Popp & E. Schüll (Hrsg.), Zukunftsforschung und Zukunftsgestaltung. Beiträge aus Wissenschaft und Praxis (17-24). Wiesbaden: VS Verlag.

Petermann, F. (2014). Implementationsforschung: Grundbegriffe und Konzepte. Psychologische Rundschau, 65 (3), 122-128.

Pietraß, M. & Schäffer, B. (2014). Grundbildung Medien an der Universität. In: P. Imort & H. Niesyto (Hrsg.), Grundbildung Medien in pädagogischen Studiengängen (S. 95-107). München: kopaed.

Pörksen, U. (2016). Die postfaktische Universität. ZEIT Campus. URL: http://www.zeit.de/2016/52/wissenschaft-postfaktisch-rationalitaet-ohnmacht-universitaeten

Reinmann, G. & Sesink, W. (2014). Begründungslinien für eine entwicklungsorientierte Bildungsforschung. In: A. Hartung, B. Schorb, H. Niesyto, H. Moser & P. Grell (Hrsg.). Jahrbuch Medienpädagogik 10 (S. 75-89). Berlin: Springer VS.

Reinmann, G. (2014). Welchen Stellenwert hat die Entwicklung im Kontext von Design Research? Wie wird Entwicklung zu einem wissenschaftlichen Akt? In: D. Euler & P. Sloane (Hrsg.). Design-based Research (S. 63-78). Zeitschrift für Berufs- und Wirtschaftspädagogik/Beiheft). Stuttgart: Steiner.

Reinmann, G. (2015). Forschung zum universitären Lehren und Lernen: Hochschuldidaktische Gegenstandsbestimmung. Das Hochschulwesen, 63 (5+6), 178- 188.

Ricken, N., Koller, H-C. & Keiner, E. (Hrsg.). (2014). Die Idee der Universität – revisited. Wiesbaden: Springer.

Rust, H. (2009). Verkaufte Zukunft. Strategien und Inhalte der kommerziellen „Trendforscher". In: R. Popp & E. Schüll (Hrsg.). Zukunftsforschung und Zukunftsgestaltung. Beiträge aus Wissenschaft und Praxis (3-16). Wiesbaden: VS Verlag.

Schaper, N. (2012). Fachgutachten zur Kompetenzorientierung in Studium und Lehre. Hochschulrektorenkonferenz. URL: http://www.hrk-nexus.de/fileadmin/redaktion/hrk-nexus/07-Downloads/07-02-Publikationen/fachgutachten_kompetenzorientierung.pdf

Scheer, A.-W. (2017). Hochschule 4.0. Auswirkungen der Digitalisierung auf Lehre, Forschung und Hochschulverwaltung. In: U. Dittler (Hrsg.), E-Learning 4.0. Mobile Learning, Lernen mit Smart Devices und Lernen in sozialen Netzwerken (S. 101-123). München: De Gruyter.

Schnädelbach, H. (1993). Philosophie der Gegenwart – Gegenwart der Philosophie. In: H. Schnädelbach & G. Keil (Hrsg.). Philosophie der Gegenwart – Gegenwart der Philosophie (S. 11-19). Hamburg: Junius.

Schön, S. & Markus, M. (2013). Zukunftsforschung ... wie wird sich technologiegestütztes Lernen entwickeln? In: M. Ebner & S. Schön (Hrsg.). Lehrbuch für Lernen und Lehren mit Technologien (L3T). URL: http://l3t.eu/homepage/das-buch/ebook-2013/kapitel/o/id/116/name/zukunftsforschung

Schubarth, W. & Speck, K. (2014). Employability und Praxisbezüge im wissenschaftlichen Studium (Fachgutachten. HRK nexus). URL: https://www.hrk-nexus.de/fileadmin/redaktion/hrk-nexus/07-Downloads/07-02-Publikationen/Fachgutachten_Employability.pdf

Schüll, E. (2009). Zur Forschungslogik explorativer und normativer Zukunftsforschung. In: R. Popp & E. Schüll (Hrsg.). Zukunftsforschung und Zukunftsgestaltung. Beiträge aus Wissenschaft und Praxis (223-234). Wiesbaden: VS Verlag.

Schulmeister, R. (Hrsg.). (1983). Angst vor Statistik. Empirische Untersuchungen zum Problem des Statistik-Lehrens und -Lernens. Hamburg: AHD.

Seidel, S. & Wielepp, F. (2014). Heterogenität im Hochschulalltag. Die Hochschule, 2, 156-171.

Sesink, W. (2006). Bildungstheorie. Vorlesungsskript. Darmstadt. URL: http://www.sesink.de/ (Gesammelte Skripte).

Spinath, B., Hasselhorn, M., Artelt, C., Köller, O., Möller, J & Brünken, R. (2012). Gesellschaftliche Herausforderungen für Bildungsforschung und -praxis. Beiträge der Pädagogischen Psychologie. Psychologische Rundschau, 63 (2), 92-110.

Spoun, S. & Wunderlich, W. (2005). Prolegomena zur akademischen Persönlichkeitsbildung: Die Universität als Wertevermittlerin. In: S. Spoun & W. Wunderlich (Hrsg.). Studienziel Persönlichkeit. Beiträge zum Bildungsauftrag der Universität heute (S. 17-30). Frankfurt am Main: Campus.

Steinmüller, K. (2009). Virtuelle Geschichte und Zukunftsszenarien. Zum Gedankenexperiment in Zukunftsforschung und Geschichtswissenschaft. In: R. Popp & E. Schüll (Hrsg.). Zukunftsforschung und Zukunftsgestaltung. Beiträge aus Wissenschaft und Praxis (145-160). Wiesbaden: VS Verlag.

Stockmann, R. (2010). Wissenschaftsbasierte Evaluation. In: R. Stockmann & W. Meyer (Hrsg.). Evaluation. Eine Einführung (S. 55-100). Opladen: Barbara Budrich.

Stojanov, K. (2012). Bildung als analytische Schlüsselkategorie pädagogischer Forschung: Replik auf Heinz-Elmar Tenorths „'Bildung' - ein Thema im Dissens der Disziplinen". Zeitschrift für Erziehungswissenschaft, 15 (2), 393-401.

Strunk, F. (2014). Übermorgen ohne Wachstum? Die Enquete-Kommission „Wachstum, Wohlstand, Lebensqualität" des Deutschen Bundestages als implizites Zukunftsforschungsprojekt. Sozialwissenschaftliche Zukunftsforschung (Schriftenreihe 03/14). Berlin: FU Berlin. URL: http://www.ewi-psy.fu-berlin.de/einrichtungen/weitere/institut-futur/_media_design/IF-Schriftenreihe/1403_IF-Schriftenreihe_Strunk_Wachstum_online.pdf?1404488347

Tenorth, H.-E. (2012). Bildungsphilosophie – Bildungsforschung – Erziehungswissenschaft. Anmerkungen zu Krassimir Stojanovs Kritik. Zeitschrift für Erziehungswissenschaft, 15 (2), 403-407.

Terhardt, E. (2006). Bildungsphilosophie und empirische Bildungsforschung – (k)ein Missverhältnis? In: L. Pongratz, M. Wimmer & W. Nieke (Hrsg.). Bildungsphilosophie und Bildungsforschung (S. 9-36). Bielefeld: Janus. URL: http://duepublico.uni-duisburg-essen.de/servlets/DerivateServlet/Derivate-13983/bildungsphilosophie_und_bildungsforschung.pdf

Tetens, H. (2008). Die Idee der Universität und ihrer Zukunft. Denkströme. Journal der Sächsischen Akademie der Wissenschaften, 1, 24-33.

Tippelt, R. & Reich-Claassen, J. (2010). Stichwort: „Evidenzbasierung". DIE Magazin, IV, 22-23.

Winteler, A. & Forster, P. (2007). Wer sagt, was gute Lehre ist? Evidenzbasiertes Lehren und Lernen. Das Hochschulwesen, 55 (4), 102–109.

Wissenschaftsrat (2015). Empfehlungen zum Verhältnis von Hochschulbildung und Arbeitsmarkt. Bielefeld. URL: https://www.wissenschaftsrat.de/download/archiv/4925-15.pdf

Zedler, P. & Döbert, H. 2009). Erziehungswissenschaftliche Bildungsforschung. In R. Tippelt & B. Schmidt (Hrsg.), Handbuch Bildungsforschung (S. 23-45). Wiesbaden: VS Verlag.

11 Akademisierung der Arbeitswelt - Eine Analyse der Positionierung der Hochschulbildung im Berufsbildungskontext

Prof. Dr. Richard Fortmüller

Abstract

Im vorliegenden Beitrag werden zunächst die kognitionspsychologischen Grundannahmen zum Zusammenhang zwischen Lerngelegenheiten und Lernergebnissen dargestellt, um die an verschiedenen Lernorten gegebenen Lernchancen beurteilen zu können. Anschließend wird die Frage diskutiert, auf welche Art von beruflichen Aufgaben jene Lehrinhalte und Lerngelegenheiten vorbereiten können, die weitgehend nur über Hochschulstudien zugänglich sind. Damit sollen jene Positionierungsoptionen aufgezeigt werden, die auf einen beruflich relevanten Bildungsmehrwert von Hochschulstudien und nicht bloß auf eine Verlagerung der dualen und/oder der vollzeitschulischen Berufsbildung in den tertiären Bereich abzielen.

11.1 Problemhintergrund und Problemstellung

Das Ansteigen der Studierendenquoten und die zunehmende Akademisierung der Arbeitswelt werden in der Literatur zur Berufsbildung vor allem hinsichtlich ihrer Folgen für das berufliche Bildungswesen thematisiert (vgl. z.B. Euler, 2015; Elshoz, 2016). Insbesondere wird diskutiert, ob dadurch die Berufsbildung an Bedeutung verliert und dies zu einem Mangel an qualifizierten Fachkräften führt (vgl. Nida-Rümelin, 2014). Dementsprechend steht die Frage im Vordergrund, wie die Berufsausbildung positioniert und gestaltet werden kann, um den Anforderungen der Arbeitswelt gerecht zu werden und eine attraktive Bildungsoption darzustellen (vgl. Deissinger, 2015; Euler, 2015; Elskolz, 2016).

Eine analoge Frage ist aber auch zur Hochschulbildung zu stellen (vgl. Deissinger, 2015). Allerdings bildet hier im Unterschied zur Diskussion in der Berufsbildung nicht der Rückgang der Bildungsnachfrage, sondern vielmehr ihr Anstieg den Anlass zur Auseinandersetzung mit der Positionierung der Hochschulbildung (vgl. Euler, 2015). Denn je größer der Anteil der Studierenden an der Alterskohorte ist, desto wichtiger wird die Förderung ihrer Beschäftigungsfähigkeit. Daher gewinnen auch für Hochschulen die Fragen an Bedeutung, auf welche Anforderungen der Arbeitswelt ihre Studienangebote vorbereiten und welche Zielgruppen mit welchen Eingangsvoraussetzungen hierbei erreicht werden können und sollen. Mit diesen Problembereichen beschäftigt sich der vorliegende Beitrag.

11.2 Lerngelegenheiten und Lernergebnisse

In der kognitiven Psychologie wird der Wissensbegriff so weit gefasst, dass hierunter alle Ergebnisse kognitiver Lernprozesse subsumiert werden können. Mit dem Wort „Wissen" sind nicht nur Kenntnisse von Fakten, Ereignissen, Zusammenhängen und Vorgehensweisen, sondern auch kognitive Fähigkeiten und Fertigkeiten angesprochen. Kenntnisse stellen explizites Wissen dar und werden auch als deklaratives Wissen bezeichnet. Kognitive Fertigkeiten und Fähigkeiten können als implizites Wissen darüber interpretiert werden, wie kognitive Prozesse auszuführen sind. Daher wird hierfür auch die Bezeichnung prozedurales Wissen verwendet (vgl. Anderson, 1983, 2007; Fortmüller, 1997, 2016).

Die Bearbeitung realer Aufgaben erfordert sowohl deklaratives als auch prozedurales Wissen. Beispielsweise müssen zur Beantwortung der Frage nach den Umsatzsteuersätzen in Österreich nicht nur die entsprechenden Fakten bekannt sein (deklaratives Wissen), sondern auch sprachbezogene kognitive Fertigkeiten (fachspezifisches prozedurales Wissen) angewandt werden, um die Frage verstehen und beantworten zu können. Sind laufende Geschäftsfälle auf Basis von Belegen zu verbuchen, genügt es allerdings nicht, über deklaratives Wissen über alle Buchungssätze sowie über das nötige sprachbezogene deklarative und prozedurale Wissen zu verfügen. Denn es ist auch herauszufinden, welche Art von Geschäftsfall jeweils vorliegt, welche Buchungssätze somit relevant und welche Beträge zu verbuchen sind. Daher ist durch Anwendung von allgemeinen kognitiven Fähigkeiten (allgemeinem prozeduralem Wissen) das deklarative Buchhaltungswissen zur Interpretation und Einordnung der Belege heranzuziehen. Dieser Prozess der interpretativen Wissensanwendung ist jedoch sehr fehleranfällig oder kann sogar vollständig scheitern (vgl. Fortmüller, 1991, 2009).

Geübte Buchhalter und Buchhalterinnen sehen bei der Bearbeitung unternehmensüblicher Geschäftsfälle sofort, welche Buchungen vorzunehmen sind. Dies kann damit erklärt werden, dass diese über entsprechendes fachspezifisches prozedurales Wissen verfügt. Fachspezifisches prozedurales Wissen wird durch wiederholte Bearbeitung gleichartiger Aufgaben erworben und ist dadurch auf deren Charakteristika abgestimmt. Das hat aber zur Folge, dass die Anwendbarkeit des prozeduralen Wissens auf die bearbeitete Aufgabenart beschränkt bleibt (vgl. Fortmüller, 1997, 2016).

Mit der Fehleranfälligkeit der interpretativen Anwendung deklarativen Wissens und der Aufgabenspezifität des fachspezifischen prozeduralen Wissens ist auch das aus der Transferforschung bekannte Problem erklärbar, dass der Anwendungsbereich des erworbenen Wissens kleiner ist als der Relevanzbereich der behandelten Lehrinhalte (vgl. Fortmüller, 1991; Konczer, 2012; Fortmüller et al., 2013).

Von Kompetenz ist erst dann zu sprechen, wenn nicht nur ganz spezifische, sondern viele oder alle Aufgaben eines Aufgabenbereiches gelöst werden können. Dementsprechend sind Kompetenzen als „funktional bestimmte, auf bestimmte Klassen von Situationen und Anforderungen bezogene Leistungsdispositionen" (Klieme, 2004, S. 11) definiert und „als Befähigung zur Bewältigung unterschiedlicher Situationen zu sehen" (Klieme, 2004, S. 13).

Die Fähigkeit, oberflächlich verschiedene, aber strukturell gleichartige und somit derselben Klasse zugehörige Situationen einordnen und bewältigen zu können, wird mit dem Konzept des kognitiven Schemas zu erklären versucht (vgl. Woolfolk, 2008; Smith & Kosslyn, 2014; Yan & Lavigne, 2014; Fortmüller, 2016). Ein Schema repräsentiert grundlegende Zusammenhänge und charakteristische Merkmale der Sachverhalte derselben Kategorie und weist Leerstellen auf, unter die variierende situative Gegebenheiten subsumiert werden können. Das zu einem Schema verknüpfte deklarative und prozedurale Wissen ist in einem Ausmaß vernetzt, dass es eine kognitive Einheit (chunk) darstellt (vgl. Gagne et al., 1993; Fortmüller, 1997; Reinmann, 2015).

Die Erfassung bereitgestellter Informationen führt zu deklarativem Wissen, der Erwerb prozeduralen Wissens erfordert die wiederholte Durchführung (Übung) der entsprechenden Aktivitäten. Die Entwicklung kognitiver Schemata – und somit der Kompetenzerwerb – setzt die Auseinandersetzung mit zahlreichen konkreten, hinsichtlich der Oberflächenmerkmale variierenden Sachverhalten und Aufgaben der entsprechenden Kategorie (Klasse von Sachverhalten bzw. Aufgaben) voraus (vgl. Fortmüller, 1997, 2016).

Nach der cognitive load theory (vgl. Sweller, 1988, 1999) sollten bei komplexeren Lehr-Lern-Inhalten zunächst Schemata zu den einzelnen Teilbereichen entwickelt werden, um das Arbeitsgedächtnis nicht zu überlasten. Erst auf Basis dieser Wissenseinheiten (chunks) ist es trotz begrenzter Kapazität des Arbeitsgedächtnisses möglich, auch die übergreifenden Zusammenhänge im Blick zu behalten und die entwickelten Schemata zu einem komplexeren Schema zu vernetzen. Hieraus wiederum folgt, dass der Kompetenzerwerb zu komplexen Sachverhalten – und somit Expertise – einen längeren systematischen Bildungsweg erfordert.

Das integrative Modell des Text- und Bildverstehens von Schnotz (2005) geht davon aus, dass verbale und bildhafte Darstellungen von Sachverhalten zunächst zu propositionalen Repräsentationen (z.B. der Aussagen einzelner Sätze) und Vorstellungsbildern (z.B. der grafischen Darstellungen) führen. Verstehen besteht in der darauf basierenden Entwicklung mentaler Modelle, die im Erfolgsfall hinsichtlich der relevanten strukturellen Merkmale den sprachlich und/oder bildhaft dargestellten Sachverhalten entsprechen (vgl. Schnotz, 2005; Reinmann, 2015). Die Konstruktion mentaler Modelle ist allerdings ein aufwändiger kognitiver Prozess, der entsprechendes Vorwissen erfordert (vgl. Schnotz & Baadte, 2015). Insbesondere „spielt das Vorwissen in Form kognitiver Schemata eine wichtige Rolle: Es beeinflusst die Konstruktionsvorgänge im Gedächtnis; gleichzeitig ändern sich durch erfolgreiches Bild- und Textverstehen die kognitiven Schemata" (Reinmann, 2015, S. 32).

Mentale Modelle sind analoge Repräsentationen von Sachverhalten (vgl. Johnson-Laird, 1990; Martschinke, 2001) und können ebenso wie propositionale Repräsentationen und Vorstellungsbilder dem deklarativen Wissen zugeordnet werden. Schemata umfassen neben explizitem Wissen, das wiedergegeben und somit ebenfalls als deklaratives Wissen betrachtet werden kann, auch implizites Wissen über charakteristische Merkmale, Zusammenhänge, Abfolgen, Vorgehensweisen etc. Das implizite Wissen ermöglicht es, konkrete Gegebenheiten unmittelbar einzuordnen und sich entsprechend zu verhalten, ohne zuvor alle Einzelheiten unter Bezugnahme auf explizites Wissen analysieren und planen zu müssen.

Zum Beispiel ist davon auszugehen, dass fast alle Menschen über ein Auto-Schema verfügen, das sie befähigt, sofort ein entsprechendes konkretes Objekt als Auto zu erkennen. Zwar können sie typische Merkmale eines Autos – wie z.B. Motor, vier Räder etc. – auch explizit nennen, jedoch ist diese Merkmalsliste in der Regel weder vollständig noch hinreichend differenziert, um den Begriff Auto eindeutig zu definieren, und sie wird auch nicht abgearbeitet, wenn bei einem Blick aus dem Fenster ein Auto sofort als solches erkannt wird. Vielmehr kommt hierbei das implizite Wissen des Auto-Schemas zum Tragen.

Der Erwerb impliziten Wissens basiert auf der kognitiven Auseinandersetzung mit zahlreichen konkreten Sachverhalten der entsprechenden Kategorie von Objekten, Ereignissen, Aufgabenstellungen, Vorgehensweisen etc. und kann mit der hierbei erfolgenden impliziten Erfassung der Regelmäßigkeiten und Invarianzen erklärt werden. Die Entwicklung eines mentalen Modells im Rahmen des Versuchs, einen mitgeteilten oder beobachteten Sachverhalt zu verstehen, kann im Erfolgsfall zwar zu ausreichendem deklarativem Wissen führen, stellt jedoch hinsichtlich des Erwerbs impliziten Wissens und somit bei der Schemaentwicklung nur einen kleinen Lernschritt dar.

Dieser Lernschritt ist durch Beschäftigung mit weiteren variierenden konkreten Sachverhalten derselben Kategorie (und der Konstruktion entsprechender mentaler Modelle) zu ergänzen, um die Entwicklung eines ausreichend generalisierten und differenzierten kognitiven Schemas zu unterstützen, unter das alle weiteren Sachverhalte dieser Kategorie subsumierbar sind und daher eingeordnet, interpretiert sowie in der gelernten Weise gehandhabt werden können. Soll die

Handhabung weitgehend automatisiert erfolgen, ist durch Übung der jeweiligen Aufgaben darauf abgestimmtes aufgabenspezifisches prozedurales Wissen zu erwerben (vgl. Fortmüller, 1997, 2016).

11.3 Hochschulstudium und Berufsbildung

Die Unterscheidung zwischen Hochschul- und Berufsbildung ist nur dann relativ trennscharf zu ziehen, wenn Hochschulbildung mit wissenschaftlicher Bildung und Berufsbildung mit der praktischen Ausbildung für einen konkreten Beruf gleichgesetzt werden. So benötigt beispielsweise eine Frisörin oder ein Frisör keine wissenschaftlichen Theorie- oder Methodenkenntnisse, deren Erwerb ein Hochschulstudium erfordern würde. Die Berufsfähigkeit und die Berufsberechtigung können vielmehr problemlos im Rahmen einer dualen Ausbildung erworben werden. Im Unterschied dazu müssen zum Beispiel im Bereich der theoretischen Physik arbeitende Forscherinnen und Forscher über keine praktische Ausbildung, anstatt dessen jedoch über theoretisches Wissen und fachspezifische Methodenkompetenzen auf einem Niveau verfügen, das nur auf Basis eines Hochschulstudiums erreichbar ist.

Viele Berufsfelder erfordern eine Mischung aus wissenschaftlicher Bildung und praktischer Ausbildung, wobei Ersteres der Grund dafür ist, dass ein Studienabschluss als notwendige Voraussetzung zur Erlangung der Berufsfähigkeit und Berufsberechtigung gesehen wird. Dieser muss gegebenenfalls noch mit einem Praktikum ergänzt werden, um den Beruf ohne Aufsicht ausüben zu dürfen. Bekannte Beispiele hierfür sind die Medizin, der Unterricht an höheren Schulen und das Rechtswesen. Dementsprechend ist hier die Akademisierung keine Neuerscheinung, sondern Medizin-, Lehramts- und Rechtsstudien waren schon immer akademische Formen der Berufsbildung.

Mit dem Verweis auf die zunehmende Akademisierung der Arbeitswelt sind nicht diese traditionellen akademischen Berufe, sondern vielmehr Berufstätigkeiten angesprochen, die zwar (noch) keinen Studienabschluss voraussetzen, die aber immer häufiger von Personen mit akademischer Bildung ausgeübt und/oder für die verstärkt darauf abgestimmte Hochschulstudien angeboten werden. Das ist zum Beispiel in letzter Zeit insbesondere im Gesundheitsbereich und schon seit längerer Zeit in den Bereichen Technik und Wirtschaft der Fall (vgl. Euler, 2015). Dies kann zu einem Verdrängungswettbewerb und/oder „zu einer kontinuierlichen Aufwärtsdynamik" (Euler, 2015, S. 328) der Bildungsabschlüsse führen.

Letzteres ist allerdings nur dann zu erwarten, wenn der Kosten-Nutzen-Vergleich zugunsten der Beschäftigung von Hochschulabsolventinnen und -absolventen ausfällt. Das ist aber wiederum nur bei Aufgabenbereichen der Fall, für deren Bewältigung Hochschulabsolventinnen und -absolventen eine größere

Kompetenz zugeschrieben wird als Bewerberinnen und Bewerbern ohne Hochschulabschluss, da die unternehmensinternen Gehaltschemata üblicherweise an
die Bildungsniveaus gekoppelte Abstufungen der Einstiegsgehälter vorsehen (vgl.
Skala, 2012). Sollen also die Beschäftigungschancen von Hochschulabsolventinnen und -absolventen nicht durch Gehaltsdumping erhöht werden – was wohl niemand befürworten wird –, muss die Positionierung der Studienangebote auf Basis
der Fragen erfolgen,

- zu welchen Learning Outcomes Hochschulstudien führen (können), die auf
  anderen Bildungswegen nicht oder nur schwieriger zu erreichen sind,
- und wie die berufliche Relevanz dieser Learning Outcomes zu beurteilen
  ist.

11.4 Lernergebnisse von Hochschulstudien

Viele Lerngelegenheiten an Hochschulen sind unterrichtsmethodisch durchaus mit
Lerngelegenheiten an höheren (berufsbildenden) Schulen vergleichbar. Dies gilt
insbesondere für einführende Lehrveranstaltungen in Fachgebiete, deren Grundlagen nicht oder nicht ausreichend in der Schule unterrichtet wurden, und die daher
auf die Vermittlung von Basiswissen abzielen. Doch auch weiterführende Lehrveranstaltungen weisen hinsichtlich der Lehr-Lernmethodik oft keine großen Unterschiede zum Schulunterricht auf. Abgesehen von wissenschaftlichen Arbeiten
im engeren Sinn – wie etwa empirischen Studien im Rahmen von Masterarbeiten
– ist in höheren (berufsbildenden) Schulen im Prinzip das gleiche Methodenspek-
trum umsetzbar wie in Bachelor- und Masterschulen. Deutlich verschieden und
nur in Teilbereichen deckungsgleich sind jedoch die Spektren der Lehr-Lernin-
halte und der zu bearbeitenden Aufgabenstellungen. Das wiederum hat bedeut-
same Auswirkungen auf die Art und berufliche Relevanz der Lernergebnisse.

Schulunterricht zielt thematisch vorrangig auf den Erwerb von Grundla-
genwissen. Dieses wird in berufsbildenden Fächern mit berufsspezifischen Themen vertieft. Die bearbeiteten Aufgaben sind meist auf die zu lernenden Fakten,
Zusammenhänge, Methoden, etc. abgestimmt und daher im Vergleich zu realen
oder realitätsnahen Problemen meist in verschiedener Hinsicht vereinfacht. Das
ist gemäß der cognitive load theory (vgl. Sweller, 1988, 1999) auch notwendig,
um eine Überlastung des Arbeitsgedächtnisses zu vermeiden. Allerdings hat dies
zur Folge, dass die entwickelten mentalen Modelle und kognitiven Schemata noch
nicht ausreichend generalisiert und differenziert sind, um reale Aufgaben hierunter
subsumieren zu können. Analoges gilt auch für das durch die Bearbeitung von

schulischen Übungsaufgaben erworbene prozedurale Wissen. Daher sind in weiterer Folge reale oder realitätsanaloge (berufliche) Aufgaben zu bearbeiten, um die mentalen Modelle und kognitiven Schemata weiterzuentwickeln und entsprechendes prozedurales Wissen zu erwerben. Dies kann bereits in der Schule und/oder nach dem Berufseinstieg erfolgen.

Im letztgenannten Fall kann dem schulischen (berufsbildenden) Lernen insoweit berufliche Relevanz zugeschrieben werden, als die Lernergebnisse (z.B. kognitive Schemata zu fachlichen Grundlagen) den Erwerb der berufsspezifischen Kompetenzen (z.B. Entwicklung berufsaufgabenspezifischer Schemata) nach dem Berufseinstieg erleichtern. Aus diesem Grund bereiten berufsbildende Vollzeitschulen auf ein breiteres Berufsfeld vor als die duale Ausbildung, deren Stärke wiederum in der Entwicklung berufsaufgabenspezifischer Kompetenzen besteht, und die daher zielgenauer auf die unmittelbare Berufsausübung in einem engeren Betätigungsfeld vorbereitet als berufsbildende Vollzeitschulen.

Einführende Lehrveranstaltungen an Hochschulen verfolgen häufig ähnliche Zielsetzungen wie (berufsbildender) Schulunterricht, um unterschiedliche Eingangsvoraussetzungen der Studierenden auszugleichen bzw. an den Wissensstand der Absolventinnen und Absolventen höherer berufsbildender Vollzeitschulen – die in Österreich dieselben Studienberechtigungen haben wie die Absolventinnen und Absolventen von allgemeinbildenden höheren Schulen und Gymnasien – anzugleichen. Letzteres wird schon aus Zeitgründen nicht vollständig gelingen. In den Bereichen, in denen eine entsprechende Angleichung des Wissensstandes erfolgt, gilt auch für die berufliche Relevanz dieser Lehrveranstaltungen das Gleiche wie für die vollzeitschulische Berufsbildung. Das allein begründet jedoch noch kein unmittelbares Konkurrenzverhältnis der Absolventinnen und Absolventen auf dem Arbeitsmarkt, solange die Gehälter bildungsabhängig gestuft sind. Denn für mehr Geld wird mehr erwartet.

Weiterführende Lehrveranstaltungen an Hochschulen zielen thematisch auf einen weit über die Grundlagen des Fachgebietes und berufsspezifische Vertiefungen hinausgehenden Wissensstand. Von den Absolventinnen und Absolventen wird auch erwartet, dass sie die zentralen Konzepte, Theorien, Forschungsmethoden und empirischen Befunde kennen und nicht nur einzelne Aussagen in Erinnerung behalten (propositionale Repräsentation), sondern dass sie die Lehrinhalte auch verstanden (mentale Modelle entwickelt) und in weiterer Folge in einem Ausmaß kognitiv verarbeitet haben, dass sie in der Lage sind, verschiedene Sachverhalte im Lichte der Theorien, Forschungsbefunde, etc. zu interpretieren (d.h., dass sie auch über kognitive Schemata verfügen).

Die Fragen und Problemstellungen, die zur Förderung der Entwicklung dieser Kompetenzen im Rahmen des Studiums zu bearbeiten sind, betreffen in der

Regel nicht berufsspezifische Aufgaben, sondern die jeweils behandelten Konzepte, Theorien, Forschungsmethoden und empirischen Befunde sowie weiterführende wissenschaftliche Probleme. Ergänzend hierzu kann dort, wo konkrete Hinweise auf die Bewältigung konkreter beruflicher Aufgaben ableitbar sind, auch hierauf eingegangen werden. Inwieweit dies möglich ist, hängt vom Fachgebiet und innerhalb dessen vom jeweils behandelten Thema ab.

Auf Grundlage der in den (weiterführenden) Lehrveranstaltungen erworben Fach- und Methodenkompetenzen können durch wissenschaftliches Arbeiten und durch die Auseinandersetzung mit komplexen berufsfeldbezogenen Problemstellungen Forschungskompetenzen und berufsrelevante domänenspezifische Problemlösekompetenzen entwickelt werden. Ersteres kann insbesondere im Rahmen von Forschungsseminaren, Bachelor- und Masterarbeiten, Letzteres beispielweise durch die Bearbeitung von Fallstudien, Unternehmensplanspielen, Projektseminaren oder Praktika erfolgen.

Die im Studium erworbenen Fach-, Methoden- und domänenspezifischen Problemlösekompetenzen müssen zwar üblicherweise nach dem Berufseinstieg noch mit berufsspezifischen Fach-, Methoden- und Problemlösekompetenzen ergänzt werden, stellen jedoch oft notwendige Eingangsvoraussetzungen für die Entwicklung angemessener mentaler Modelle und Schemata zu den beruflichen Aufgaben, Problemstellungen, Lösungsmethoden etc. dar und können den Erwerb des für die effiziente Ausführung der beruflichen Aktivitäten benötigten prozeduralen Wissens erleichtern. In welchem Ausmaß dies der Fall ist, hängt jedoch von den jeweiligen Gegebenheiten in den verschiedenen Berufsfeldern ab.

Schließlich ist auch noch darauf zu verweisen, dass unter Umständen nicht nur die Mitarbeiterinnen und Mitarbeiter gemäß den Anforderungen der Arbeitsplätze ausgewählt, sondern auch die Arbeitsplatzstrukturen an die Kompetenzprofile der akquirierbaren Mitarbeiterinnen und Mitarbeiter angepasst werden. Die zunehmende Akademisierung kann somit nicht nur die Folge, sondern auch einen Treiber der Veränderung der Anforderungsprofile darstellen.

11.5 Berufliche Relevanz und Zielgruppen von Hochschulstudien

Aus den oben skizzierten Überlegungen folgt, dass Hochschulbildung nicht nur für Forschungstätigkeiten und für jene beruflichen Aufgaben relevant ist, deren Bewältigung die im Studium erworbenen Fach-, Methoden- und domänenspezifischen Problemlösekompetenzen erfordert. Sie erweitert auch das Spektrum der Weiterbildungsoptionen, da aufgrund der erworbenen Fach- und Methodenkompetenzen die notwendigen Eingangsvoraussetzungen (kognitiven Schemata) für verständnisvolles Lernen (Aufbau mentaler Modelle) bei der Beschäftigung mit anspruchsvollen Themengebieten gegeben sind. Insbesondere können aktuelle wissenschaftliche Forschungsbefunde eingeordnet und interpretiert werden, und es kann somit leichter vermieden werden, den Anschluss an die wissenschaftlichen Entwicklungen und den damit verbundenen Veränderungen der beruflichen Anforderungen zu verlieren.

Allerdings ist in diesem Zusammenhang auch festzuhalten, dass weder für jeden Beruf und für die in diesem Beruf notwendige Weiterbildung ein Hochschulstudium erforderlich ist noch alle Schulabsolventinnen und -absolventen über das notwendige Interesse und die allgemeinen kognitiven Eingangsvoraussetzungen für ein Hochschulstudium verfügen. Daher wäre es nicht sinnvoll, einen möglichst großen Anteil der Alterskohorte in die Hochschulbildung zu drängen und/oder die Studierendenquote durch Verringerung der Ansprüche oder durch bloße Verlagerung der vollzeitschulischen oder der dualen Berufsbildung in den tertiären Bereich zu erhöhen. Viel zweckmäßiger erscheint es, die vollzeitschulische und die duale Berufsbildung durch ein für die genannte Zielgruppe geeignetes Ausbildungsangebot und die kollektivvertragliche bzw. gesetzliche Sicherung eines angemessenen Gehaltsniveaus aufzuwerten.

Andererseits sollte aber auch ein ausreichendes tertiäres Bildungsangebot bereitgestellt werden, um allen Studierwilligen mit den notwendigen Eingangsvoraussetzungen ein Studium zu ermöglichen. Zwar wird bei manchen Studienrichtungen aus ökonomischen Gründen und zur Qualitätssicherung eine Begrenzung der Gesamtzahl der Studierenden zweckmäßig sein (z.B. Medizin); bei vielen Fachgebieten (z.B. Wirtschaft und Technik) müssen hingegen nur die einzelnen Hochschulen aufgrund der verfügbaren Studienplätze und zur Sicherung der Eingangsvoraussetzungen der Studierenden ein Aufnahmeverfahren durchführen und den Zugang beschränken, während insgesamt durchaus genügend Studienplätze durch Einrichtung entsprechender Studienrichtungen an vielen Standorten zur Verfügung gestellt werden können. Zu vermeiden ist hierbei aber ein Niveaudumping, da dies die Hochschulbildung entwerten und die oben genannte berufliche Relevanz dieses Bildungsweges deutlich beschränken würde.

Quellenanagaben

Anderson, J. (1983). The Architecture of Cognition. Cambridge: Harvard University Press.

Anderson, J. (2007). Kognitive Psychologie. Berlin: Springer.

Deissinger, T. (2015). Verberuflichung und Verallgemeinerung – internationale Perspektiven und die Frage nach der Tertiarisierung der beruflichen Bildung. In: B. Ziegler (Hrsg.). Verallgemeinerung des Beruflichen - Verberuflichung des Allgemeinen? Bielefeld: wbv, 57 – 80.

Euler, D. (2015). Zur (Neu-)Bestimmung des Verhältnisses von Berufs- und Hochschulbildung. In: Zeitschrift für Berufs- und Wirtschaftspädagogik, 111 (3), 321 – 332.

Elzholz, U. (2016). Die Akademisierung der Berufswelt: eine Bedrohung für die berufliche Bildung? In: Die berufsbildende Schule, 68 (3), 93 – 97

Fortmüller, R. (1991). Der Einfluss des Lernens auf die Bewältigung von Problemen. Eine kognitionspsychologische Analyse des Problembereichs „Lerntransfer". Wien: Manz.

Fortmüller, R. (1997). Wissen und Problemlösen. Wien: Manz.

Fortmüller, R. (2009). Learning through Business Games: Acquiring Competences within Virtual Realities. In: Simulation & Gaming, 40 (1), 68 – 83.

Fortmüller, R. (2016). Lerntheoretische Grundlagen der Entrepreneurship-Erziehung im BUSEEG-Projekt. In: R. Fortmüller (Hrsg.). Entrepreneurship Erziehung und Gründungsberatung. Wien: Manz, 15 - 23.

Fortmüller, R., Fembek, S. & Nicka, S. (2013). Wie schulbuchspezifisch ist Schulwissen? Eine empirische Studie an Handelsakademien zur Übertragbarkeit der gelernten Kostenrechnungsverfahren auf Aufgabenstellungen aus anderen Schulbüchern. WissenPlus (5), 27 – 31.

Gagne, E., Yekovich, C. & Yekovich, F. (1993). The Cognitive Psychology of School Learning. New York: Harper Collins.

Johnson-Laird, P. (1990). Mental Models. Cambridge: Cambridge University Press.

Klieme, E. (2004). Was sind Kompetenzen und wie lassen sie sich messen? In: Pädagogik 6 (4), 10 – 13.

Konczer, K. (2012). Buchhaltungsunterricht als Studienvorbereitung? Lerntransfer im Rechnungswesen. Wien: Manz.

Martschinke, S. (2001). Aufbau mentaler Modelle durch bildliche Darstellungen. Münster: Waxmann.

Nida-Rümelin, J. (2014). Der Akademisierungswahn – Zur Krise beruflicher und akademischer Bildung. Hamburg: Edition Körber-Stiftung.

Reinmann, G. (2015). Studientext Didaktisches Desigsn. Hamburg

Schnotz, W. (2005). An integrated model of text and picture comprehension. In: Mayer (Hrsg.): Cambridge handbook of multimedia learning. Cambridge: Cambridge University Press, 49 – 70.

Schnotz, W. & Baadte, C. (2015). Surface and deep structures in graphics comprehension. In: Memory & Cognition, 43, 605 – 618

Skala, F. (2012). BHS- und Bachelorabsolvent/inn/en im Wettbewerb? Eine Standortbestimmung. Wien: Manz-Verlag

Smith, E. & Kosslyn, M. (2014). Cognitive Psychology: Mind and Brain. Harlow: Pearson.

Sweller, J. (1988). Cognitive load during problem-solving: Effects on learning. In: Cognitive Science, 12 (2), 257 – 285.

Sweller, J. (1999). Instructional design in technical areas. Camberwell: Acer Press.

Woolfolk, A. (2008). Pädagogische Psychologie. München: Pearson.

Yan, J. & Lavigne, N. (2014). Promoting College Students` Problem Understanding Using Schema-Emphazing Worked Examples. In: The Journal of Experimental Education, 82, 74 – 102.

12 Zukunft der Hochschule: Gegen die Entfremdungstendenzen

Prof. Dr. Bernd Jörs

Abstract

Die Gestaltung der Zukunft der Hochschule hängt entscheidend davon ab, wie in der Marketingwissenschaft vorgelebt, ob man seine wichtigste Zielgruppe kennt und erreicht, also in diesem Fall die jungen studentischen Nachwuchsgenerationen, denn wir unterrichten Menschen, nicht nur Fächer. Es sind deshalb Tendenzen der Entfremdung von Hochschullehrern und Studierenden, deren zunehmend divergierenden Realitätswahrnehmungen, des abnehmenden Wissenschafts- und Forschungsinteresses junger Studierender, der sinkenden Lernzeiten und Hochschulidentifikation (Hochschule als Durchlaufstation), der fehlenden Übernahme von Verantwortung der Hochschulqualifikation für die späteren beruflichen Einsatzmöglichkeiten, gerade im Zeitalter von beschäftigungsprekären Digitalisierungseffekten und der Akademisierung der beruflichen Alltagswelt entgegenzutreten, vor allem durch ein geändertes Bild des Hochschullehrerberufs. Nur die Freiheit von Forschung und Lehre zu betonen reicht nicht mehr, die Übernahme von mehr Verantwortung für die jungen Nachwuchsgenerationen wird zur Pflicht.

12.1 Ausgangsproblemstellung: Entfremdungstendenzen

12.1.1 Entfremdungstendenzen vs. steigende Studierenzahlen?

Die Diskussion einer zukunftsorientierten Gestaltung der Hochschule benötigt ein Framework der Problemschwerpunkte, um daraus resultierende Zielvorstellungen zu entwickeln. Nicht nur aus komplexitätsreduzierenden Erwägungen, sondern aus Metasicht wird hierbei speziell der Fokus der Analyse auf die Bedürfnisse, Erwartungen und Sicht der wichtigsten Zielgruppe der Hochschulen gelegt: den Studierenden. Diese Sicht resultiert nicht nur aus der berufsethischen Verpflichtung und Verantwortung des einzelnen Hochschullehrers, der häufigen Manifestation in Leitbildern von Hochschulen, sondern vor allem aus dem immer häufiger festzustellenden Tatbestand, das die Hochschulen und Hochschulverantwortlichen in ihren Zielausrichtungen immer mehr diese Zielgruppe und ihre immer dynamischeren Erwartungen und Verhaltensänderungen, gerade bei ebenso von Digitali-

sierungs- und KI-dominierten, exponentiellen technologisch-soziologisch bedingten Veränderungen in der Wissenschaft und dem Arbeitsmarktumfeld sowie den
immer kürzeren Lebenszyklen von wissenschaftlichen Methodenerkenntnissen
und Qualifikationsnachweisen, aus den Augen zu verlieren scheinen. Diese schleichende Entfremdung von Hochschule und Studierenden ist dann nur schwerlich
noch zu revidieren. In letzter Konsequenz, und dies sollte bzw. muss bei der Diskussion über die Zukunft der Hochschulen unbedingt gleich zu Beginn beachtet
werden, droht – schon am Horizont sichtbar – die schleichende Entfremdung zwischen den akademischen Zielsetzungen der Hochschulen und den Zielen, Interessen und Einstellungen ihrer wichtigsten, ihre Existenzberechtigung rechtfertigen-
den Zielgruppe: den Studierenden. „Die Ziele der Studenten sind nicht (mehr) die
der Universität", wie Kaube und Stichweh sehr deutlich formulieren (Kaube, o.J.).
Noch bedrohlicher ist die Ansicht: „Die Universität definiert nicht mehr die Realität" (ebd.). Dass sich das studentische Denken und Leben nach Einführung von
Bachelor- und Masterstudiengängen sowie durch die Arbeitsmarktdynamik stark
geändert haben und zunehmend ändern, kann der Soziologe Rudolf Stichweh mit
seinen intensiven Untersuchungen zur „Studentischen Lebensführung" nachhaltig
belegen (Stichweh, 2016, S-140ff). Zum einen macht Stichweh klar: „Für die Studierenden ist die Universität zuerst ein Ort der Aufstufung von Kompetenzen, die
man für eine handlungsmächtige Teilnahme am gesellschaftlichen Leben benötigt" (ebd.). Zum anderen unterstreicht J. Kaube dies mit seinem Hinweis auf die
studentische Lebensplanung, „in der die Universität eben nur eine Rolle unter anderem spielt. Weswegen sich die Hochschulen auch nicht mehr so intensiv wie
früher um zügige Studienabschlüsse bemühen müssen, die Studenten machen das
von sich aus. Sie wollen gar nicht lange verweilen" (Kaube, o.J.). Dies steht vielleicht im krassen Kontrast zu den statistischen Fakten: Noch nie sind so viele Studierende an den Hochschulen in gut 18.200 Studiengängen immatrikuliert (lt.
Hochschulrektorenkonferenz; ca. 1.000 neue Studiengänge pro Jahr) wie im WS
2016/17: 2,8 Mio. (F.A.Z, 2016). Allerdings stagnierte auch zum ersten Mal die
Zahl der Studienanfänger (0,1 % weniger im Vergleich 2015 zu 2016), nachdem
allein die Zahl der Studienanfänger von 1995 bis 2015 von 262.407 auf 503.600
kontinuierlich stieg (Osel, 2016). Über 55 % eines Jahrgangs möchte über kurz
oder lang studieren (Thies et al., 2016), was im internationalen Vergleich
(UK/Niederlande: >60 %) nichts Besonderes darstellt. Als Gründe werden die zunehmende, notwendige Akademisierung der Berufe, das höhere Einkommen und
die Reputation durch ein akademisches Studium, die besseren Berufsaussichten,
die anhaltende Verwertbarkeit der Hochschulqualifikation im Vergleich zur dualen Ausbildung und die geringere Arbeitsplatzgefährdung (2013: Arbeitslosenquote von Akademikern: 2,6 %, Institut für Arbeitsmarkt- und Berufsforschung
2013) angeführt.

12.1.2 Entfremdung vs. Akademisierung der Arbeitswelt?

Zudem zeigen Untersuchungen und Szenarien zu den Beschäftigungseffekten der digitalen Transformation (Industrie 4.0), dass hier eine Vielzahl von KI- und Robotics-bedingter „jobless growth" Digitalisierungsprozesse erwartet werden. Hochschulen werden noch mehr gezwungen sein, die richtigen Qualifikationen in der Aus- und vor allem Weiterbildung zu antizipieren. Nur die besten Qualifikationen geben Studierenden die Chancen, in Zeiten relativ unsicherer Karrierewege in Wirtschaft und Wissenschaft zu überleben.

Die Szenarien zu den negativen und positiven Arbeitsmarkteffekten der Digitalisierung (Daheim & Wintermann, 2016), zum Teil mit gravierenden Szenarien zum Arbeitsplatzabbau (Prognose USA: -47 % weniger Arbeitsplätze bis 2030, Deutschland: 5-18 Mio. gefährdete Jobs, d.h. 42 %-59 % der Erwerbstätigen haben hohes Automatisierungsrisiko lt. ZEW; PwC/HWWI 2015: Trendszenario zum Wachstum der Erwerbtätigkeit bis 2030 in Deutschland: -5,3 bis -10,4 %) (Frey & Osborne, 2016, PWC, 2017; Trentmann, 2014; Bowles, 2014; Bundesministerium, 2015), werden immer zahlreicher. Davon sind auch vermehrt akademische Berufe betroffen (Juristen, Wirtschaftswissenschaftler, Lehrer). 39 % der befragten Unternehmen einer Unternehmensumfrage des Stifterverbandes und McKinsey stimmen zumindest der These zu: "Akademische Berufe werden automatisiert und Akademiker durch Maschinen ersetzt" (Stifterverband, 2016). Unter Berufungen auf Prognosen des ZEW (Zentrum für Europäische Wirtschaftsforschung 2015) und des Statistischen Bundesamtes wird die Feststellung getroffen, dass ca. „27 % der Tätigkeiten in derzeitigen Akademikerberufen ... automatisiert werden können" (ebd., S. 13). Deshalb lesen junge Studienanwärter mit Interesse: „Wer heute in einem Beruf nur mittelmäßig ist, packt ihn demnächst nicht mehr, eben weil es nur noch Schwieriges zu erledigen gibt. Man kann nicht mehr wie früher die Leistungsschwächeren mit einfachen Aufgaben betrauen, weil es die in den besser bezahlten Berufen nicht mehr gibt" (Dueck, 2014). Und sie vernehmen mit hohem Interesse den Hinweis: „Ein Studium, Personalverantwortung oder Arbeit in der Forschung schützen demnach davor, in absehbarer Zeit von Robotern und Algorithmen abgelöst zu werden" (Kaiser, 2015). Vorerst. Als bedrohlich wahrgenommen werden auch Szenarien und vorsichtige Schätzungen, wie diese: „Nahezu einhellig, und unabhängig von Alter und Region der Antwortenden, erwarten die Experten eine global steigende Arbeitslosenquote, im Schnitt von heute ca. 6 % ... auf 11 % im Jahr 2020, mit einer kontinuierlichen Steigerung auf 24 % bis 2050" (Daheim & Wintermann, 2016, S. 11). Und noch drastischer formulieren es Daheim und Wintermann: „Viele Experten erwarten, dass auch die Mittelklasse bald in einem bisher ungekannten Ausmaß von Arbeitslosigkeit bedroht wird und betonen die Wichtigkeit, neue Einkommensquellen zu schaffen, die nicht auf klassischer Erwerbsarbeit im Anstellungsverhältnis beruhen" (Daheim & Wintermann, 2016, S. 23). Der Stifterverband (2017) stellt (in Kooperation mit McKinsey&Company) nochmals klar: „Durch neue Technologien verschmelzen berufliche und akademische Tätigkeitsfelder, beruflich Qualifizierte benötigen mehr akademische Qualifikationen, Akademiker mehr anwendungsorientiertes Wissen (These 5)" und „Die Nachfrage nach akademischen Qualifikationen steigt und für Akademiker entstehen neue, durch Mensch-Maschine-Interaktion und Digitalisierung geprägte Berufsbilder"(These 4) (Stifterverband, 2017, S. 7). Es kommt also zu einer eindeutigen Akademisierung bzw. Verwissenschaftlichung der Arbeitswelt samt Digitalisierung. Unternehmens-, Berufs- und Wissenschaftswelt werden unweigerlich zusammenarbeiten müssen, was ja schon immer intensiver ausgestaltet wird. Für die Industrie 4.0-Transfers werden allein – nach Schätzung des Instituts für Arbeitsmarkt- und Berufsforschung (IAB) - 100.000 zusätzlich akademisch ausgebildete Absolventen und Absolventinnen bis 2030 gebraucht (Stifterverband, 2017, S. 16f).

Dass nun ausgerechnet Hochschulprofessoren (Nida-Rümelin) in diesem Zusammenhang sehenden Auges gegen den drohenden „Akademisierungswahn" (Lueg, 2015) wettern, den Ausbildungsqualitätsverlust, die hohen Abbrecherquoten und die zunehmende Nichteignung junger Abiturienten anprangern, ist für viele junge Nachwuchskräfte ein abstoßendes Signal der Nichtnachvollziehbarkeit und des Desinteresses für deren Zukunftschancen.

12.1.3 Entfremdung durch unterschiedliche Realitätswahrnehmung?

Die Vorstellung zahlreicher Hochschullehrer, die alte Humboldtsche Idee einer akademisch, relativ (berufs)neutralen Durchbildung durch ein Hochschulstudium zu erreichen, trotz der berufsbezogenen Vorgaben des Hochschulrahmengesetzes (§7, §8), und die Erwartungen der Generationen Y und Z und später gehen immer mehr auseinander. Hier trifft in vielen Fällen die Welt des materiell relativ sicheren Lehrens und (ungestörten) Forschens auf eine Zielgruppe, die ganz realistisch mit den Zukunftsgegebenheiten und -chancen umgeht. Zukunftsorientierte Hochschulgestaltung muss sich dieses zunehmenden Spannungsverhältnisses immer klarer werden, sonst plant sie an der Realität vorbei. Nur wenige, meist hochschulexterne Beobachter, mahnen hier die Hochschulen, sich nicht durch die steigenden Studierendenzahlen blenden zu lassen. Erstens wird diese Zahl an Studienanfängern demografisch bedingt sinken, denn die Zahl der unter 20 Jährigen in Deutschland nimmt seit Jahren ab. Ausgehend vom Jahr 2001 mit 17,26 Mio. „Unter 20-jährigen", wird in den einschlägigen Szenarien mit einem Rückgang um 20 %-Punkte auf 13,4 Mio. in 2020, auf rd. 13 Mio. in 2030, auf 11,7 Mio. in 2040 und

10,7 Mio. in 2050 (40 % weniger als 2001) gerechnet (Tauer, 2017). Konzentriert man sich nur allein auf die durchschnittliche Jahrgangsstärke der 18- bis 20-jährigen im Zeitraum 2005 bis 2030, so wird die Zahl von gut 1 Mio. in 2005 auf unter 800.000 bis 2020 und auf 750.000 in 2030 sinken (Thies et al., 2016, S. 10). Zweitens ist der jungen Generation klar, dass die sichtbare ökonomisch-arbeitsmarktbezogene Unsicherheit und die Digitalisierungsdynamik immer höherwertigere Qualifikationen verlangen, die die traditionellen dualen Bildungswege nicht ermöglichen. So überraschen die statistisch nachweisbaren Fakten eines Rückgangs der Nachfrage dualer Ausbildungsplätze von über 550.000 in 2005 auf rd. 460.000 in 2016 mit Tendenz auf 400.000 in 2030 (Vitzthum, 2015) und Zunahme der Studienanfängerzahlen nicht wirklich. Ca. 20 % der Arbeitnehmer haben einen akademischen Abschluss und „sind zunehmend...in Bereichen tätig, in denen traditionell Erwerbstätige ohne Hochschulabschluss beschäftigt waren" (Thies et al., 2016, S. 27). Nachdem seit 1995 die Zahl der Hochschulen in Deutschland von 327 auf über 425 (ebd., S. 11f) zugenommen hat (meist HAW: 81 neu, davon 72 privat. 18 neue Universitäten) stehen zudem 18.200 Studienangeboten (lt. Hochschulrektorenkonferenz) mit Tendenz steigend (ca. 1.000 neue Studiengänge pro Jahr, 2005-2014: +45 %) ca. 330 Ausbildungsberufe gegenüber (Vietzthum, 2015). Für die Hochschulen hat dies gravierende Konsequenzen hinsichtlich der Humboldtschen Ideale und Akademisierung, wie T. Vitzthum richtig feststellt: „Immer mehr junge Leute wollen studieren, immer weniger eine Berufsausbildung machen. Mit wissenschaftlichem Ehrgeiz hat das wenig zu tun. Die Studenten betrachten die Uni als bessere Berufsschule" (ebd.). Zugleich unterstreichen Erhebungen, wie die des bekannten „Studierenden-survey der Universität Konstanz" (n = 66.000), dass die überragende Zahl an Studierenden, nämlich 79 %, dasselbe Qualifikationsziel Nr. 1 wie die Teilnehmer dualer Ausbildungen erwarten: „später eine interessante Arbeit haben" (Ramm et al., 2014, S. 15). Fragt man die Uni- und HAW-Studierenden nach den Studienfachmotiven, so dominieren in 5 von 7 Antwortmöglichkeiten, neben dem fachlichen Interesse und der Begabungseinschätzung, beruflich motivierte Gründe (Vielfalt der beruflichen Möglichkeiten, Aussicht auf sichere Arbeitsplätze, fester Berufswunsch, Einkommenschancen im späteren Beruf, Chancen zur Übernahme von Führungsaufgaben) (ebd., S. 14). Berufliche Perspektiven dominieren mit weitem Abstand die akademisch-wissenschaftlichen Ambitionen und Karriereabsichten: „Von wissenschaftlichen Meriten ist da lange nicht die Rede" (Vietzthum, 2015). Für die traditionellen wissenschaftlichen Hochschulen und für die früheren FHs und heutigen Hochschulen für angewandte Wissenschaften (HAW), die gerade, wie in Hessen, mit hohem hochschulpolitischem Aufwand das Promotionsrecht eingefordert haben, dürfte dies eine bittere Erkenntnis sein, mit gravierenden Langzeitfolgen. Die aufgekommene

Diskussion über das Promotionsrecht an HAW und die hochschulpolitisch intensive Auseinandersetzung um diese akademische Zertifizierung zeigt nur eins: Die
Hochschulen streiten über Kompetenzzuständigkeiten und verlieren die Fähigkeit,
sich um die Erwartungen, Einstellungen und Zielsetzung ihrer wichtigsten Zielgruppe, den Studierenden und Studiuminteressenten zu kümmern. Das Erfolgsmodell der HAW basiert zum großen Teil auf den Alleinstellungsmerkmalen einer
berufs- und praxisorientierten Lehre, was gerade die junge Generation anstrebt.
Nun wird dies zum Teil akademischen Eitelkeiten und Zwängen geopfert
(Schmidt, 2014). In der Konsequenz werden dann seitens der HAW mehr Deputat
für Forschung, weniger Lehre und mehr Zeit für die Beschaffung von Drittmitteln
gefordert. Die Studierenden dürften darüber verwundert sein, denn „was Ihnen in
ihrem Studium vor allem fehlt, sind Praxisbezüge" (Vietzthum, 2016). Die HAW
müssen also aufpassen, dass sie ihre erhofften Zuwächse an Studierendennach-
frage (2014: 39 % ; Plan: 2030: 43 % der Studierenden deutscher Hochschulen)
nicht erreichen könnten. Das Beispiel des angestrebten Promotionsrechts für
HAW zeigt in frappierender Form, wie weit bereits die Kluft zwischen den Erwartungen der Studierenden und den Bestrebungen der HAW-Professorinnen und -
professoren bzw. -Verantwortlichen auseinandergeht. Ein Blick in den 12. Studie-
rendensurvey der Uni Konstanz zeigt, dass nur jede/r 6. HAW-Studierenden ernsthaft mit dem Gedanken spielt, später noch eine Promotion anzustreben. An den
wissenschaftlichen Universitäten planen diesen möglichen Schritt 23 von 100 Studierenden (Ramm et al., 2014). Vielleicht wenden sich zunehmend die Studierenden an das Erfolgsmodell der dualen Studiengänge oder Berufsakademien in meist
privater oder öffentlicher Trägerschaft. Hier stieg und steigt die Studierendenzahl
von rd. 2.600 in 2006 auf rd. 15.200 in 2013 mit einem Angebot von über 1.000
Studiengangsvarianten (Thies et al., 2016, S. 39). Bei der Diskussion über die Zukunftsperspektiven der Hochschulen lässt sich daraus schließen: „Duale Studien-
formen können bei der Profilbildung der Hochschulen sowie der Gestaltung von
Studienangeboten weiter an Bedeutung gewinnen" (ebd.).
     Wie zeigen sich Symptome für zunehmende Entfremdung?

12.2 Indizien und Symptome der Entfremdung

12.2.1 Indiz Nr. 1: Sinken persönlicher Lernzeiten

Der Aufwand an Workload für die akademisch-wissenschaftlichen Kompe-
tenzaneignungen ist seit Jahrzehnten rückläufig, wie Vergleichsuntersuchungen
aus den USA belegen: Waren es 1960 noch volle 40 Stunden pro Woche an Lern-
und Studienzeit, sind es gut 40 Jahre später nur noch durchschnittlich 27 Stunden
(Stichweh, 2011). Davon betroffen ist vor allem die Verringerung des Anteils des

privaten bzw. persönlichen Lernaufwandes, der kontinuierlich von 1961 von 25 Wochenstunden auf 20 (1981) und 13 Stunden pro Woche (2003) gefallen ist (ebd., S. 141). Für Deutschland weist die Arbeitsgruppe Hochschulforschung der Universität Konstanz, die seit 1982 alle 2 bis 3 Jahre den wöchentlichen Lern- und Arbeitsaufwand der Studierenden von wissenschaftlichen Hochschulen und Hochschulen für angewandte Wissenschaften untersucht, darauf hin, dass offiziell (Studienaufwand: Veranstaltungsstunden an der Hochschule, Workload gemäß Modulbeschreibungen, Selbststudium, Arbeitsgruppen) je nach Hochschultyp und vor allem Studienfach die Studienarbeitsbelastungen (Veterinärmedizin: 44.6 Wochenstunden; Soziologie : 22,6 Wochenstunden) (Ramm et al., 2014) stark schwanken. Im Durchschnitt liegt die Wochenstundenbelastung bei 33 Stunden, wobei für den Besuch und die Vor- und Nachbereitung von Lehrveranstaltungen ca. die Hälfte (Universität: 15.8 h; FH 18,8 h), für das persönliche Selbststudium 10,2 – 12,6 h und für studentische Arbeitsgruppen 2,1-2,6 h aufgewandt werden (Ramm et al., 2016, S. 29), allerdings mit nicht unerheblichen Schwankungen je Studienfach (Maschinenbau, Elektrotechnik, Bauingenieur: 15-18 h Lehrveranstaltungen wiss. Universitäten, 22-26 h Lehrveranstaltungen an HAW; Soziologie/ Sozialwesen: 11 h Uni./14,6 h HAW). Wichtig ist hierbei die Erkenntnis, dass im Vergleich zu 2010 der Anteil für die persönliche Lernzeit – wie in den USA – grundsätzlich sinkt (ebd., S. 30).

Die wohl gravierendsten Probleme und die bittersten Erkenntnisse für die zukunftsorientierte Gestaltung der Hochschulen liegen in der Einstellung der Studierenden zum Studium und zur Hochschule selbst, was insbesondere die Fachidentifikation, das Interesse an Wissenschaft und Forschung sowie die Bindung zur Hochschule zeigen sollen.

Nachfolgende Feststellungen des 12.Studierendensurveys der Universität Konstanz geben hierbei ein sehr nüchternes Bild ab.

12.2.2 Indiz Nr. 2: Hochschule als Durchlaufstation

Die Hochschule und das Studium als eigentlich unmittelbare zentrale Lebensmittelpunkte spielen nicht mehr die Hauptrolle. Für über 50 % sind die Hochschule und das Studium wichtig, aber „für 40 % besitzen Studium und Hochschule nur eine gewisse Bedeutung" (ebd., S. 17). Es besteht keine Sehnsucht nach externer, wohnortferner Sozialisierung oder Loslösung vom heimatlichen Freundesnetz, um zu studieren, was bei der Verteilung der Hochschulen in Deutschland bei einer durchschnittlichen Entfernung zur nächsten Hochschule von ca. 60 km gut möglich ist. Auch möglichst schnell wollen die Studierenden die Hochschule aus beruflichen Gründen verlassen, denn „ein Studium dient vor allem nicht mehr dazu, den Eintritt in das Berufsleben möglichst weit hinauszuschieben" (ebd., S. 15).

Über alle Hochschultypen hinweg richten 45-52 % der Studierenden an wissenschaftlichen Universitäten sich nach der Einhaltung der Regelstudienzeit (37 % mit plus 1-2 Semester) und 54-64 % der Bachelor- und Masterstudierenden an HAW planen eine Regelstudienzeitabschluss (28 % mit plus 1-2 Semestern) (ebd., S. 23). Zudem belegen auch die deutlich gestiegenen Prozentanteile an Studierenden, die zum Beispiel ein Masterstudium dem Bachelorabschluss folgen lassen, die Absicht, verstärkt berufliche Einstiege anzustreben. Hier ist der Prozentsatz von Teilzeitstudierenden bzw. berufsbegleitend Studierenden mit 20 % (Uni) bzw. 38 % (HAW) beachtlich. Die Flexibilisierung bzw. Forderung nach mehr Teilzeit- und berufsbegleitenden Studienangeboten (31 % sagen dazu: „sehr wichtig") (ebd., S. 32) oder das Angebot von neuen „Sandwichstudienmodellen" mit abgestimmten Studier- und Praxisphasen treffen bei 40 % der Studierenden an wissenschaftlichen Universitäten und 47 % an HAW auf hohes Interesse(ebd., S. 32).

12.2.3 Indiz Nr. 3: Kein ausgeprägtes Wissenschafts- bzw. Forschungsinteresse

Bedenklich ist die Tatsache, dass das Interesse der Studierenden an „Wissenschaft und Forschung" und deren Relevanz („Wichtig") aus studentischer Sicht von 25 % (2001) auf 20 % (2013) massiv gesunken sind und weiter sinkt. Fragt man sogar Studierende in einem forschungsorientierten Masterstudiengang nach ihrem Interesse für „Wissenschaft und Forschung" sind 28 % (Uni) bzw. 30 % (HAW) eher desinteressiert (ebd., S. 17). Desinteresse und Unlust, ja sogar Abwehr, dominieren. 35 % der befragten Studierenden betrachten „Wissenschaft und Forschung" als „eher oder gänzlich unwichtig" bzw. „einen unnötigen Bestandteil der Hochschulausbildung" (ebd.), und die anderen 45 % betrachten „Wissenschaft und Forschung" eher als notwendiges Übel ihrer Hochschulausbildung, und haben wenig Interesse am wissenschaftlichen Arbeiten oder von Neugier getragenem Forschen (ebd.). Das sieht bei naturwissenschaftlichen Studiengängen etwas optimistischer aus (39 % Wissenschaftsinteresse), aber bei Rechts- und Wirtschaftswissenschaft noch pessimistischer (7-9 %). Begeisterung für Wissenschaft und Forschung sieht anders aus. Verstärkt wird diese negative Einstellung zum wissenschaftlichen Arbeiten und Forschen durch die zunehmende Abnahme der Relevanz („Sehr wichtig", in %) der intrinsisch motivierten Berufswerte im Untersuchungszeitraum 2001-2013, wie z.B. das Treffen selbständiger Entscheidungen (von 70 % auf 59 %), die Freude an der Entwicklung eigener Ideen (von 69 % auf 59 %) und die Übernahme neuer, herausfordernder Aufgaben (von 72 % auf 64 %) (ebd., S. 56). Die Konsequenz ist die nicht überraschende Tatsache: „Am stärksten gegenüber 2010 hat insgesamt das Interesse am öffentlichen Dienst zugelegt, was einhergeht mit dem Streben, möglichst einen sicheren Arbeitsplatz zu finden" (ebd., S. 58).

12.2.4 Indiz Nr. 4: Berufsrelevanz ist das wichtigste Ziel

Viel wichtiger, ja dreimal so wichtig, halten die Studierenden den Aspekt einer berufsrelevanten Hochschulqualifikation. Damit sind nicht primär konkrete Berufsbilder verbunden, sondern der Wunsch nach berufsrelevanten Kompetenzen, die multiple in bestehenden und kommenden Berufen und Berufsfeldern angewandt werden können, Stichwort: Employability im Sinne von anwendungsorientiertem akademischen Wissen. Die Verantwortlichen des 12.Studierendensurveys liefern deshalb einen elementar wichtigen Befund für die zukünftige Gestaltung der Hochschulen in Hinblick auf eine geänderte Studienerwartung: „... ein anderes Verständnis des Studierens: Es gilt weniger als methodische, theoriegeleitete Ausbildung und als neugieriges, forschendes Lernen, sondern es dient mehr dem Erlangen einer Qualifikation und dem Erwerb von Employability, d.h. der Vorbereitung auf den Beruf zur Sicherung der eigenen Zukunft. Die Studierenden erklären dadurch die Hochschulen vermehrt zur bloßen „Lehranstalt" und sehen in ihr weniger eine Forschungsstätte" (ebd., S. 18). Es ist deshalb umso bedenklicher, dass die Hochschularten, sowohl die wissenschaftlichen Universitäten als auch die HAW, bei einer der wichtigsten Erwartungsdeterminanten der Studierenden, neben dem Forschungs- und Praxisbezug des Studiums, vor allem eine gute Berufsvorbereitung zu erlangen, insbesondere im Bachelor, schlichtweg sehr schlecht abschneiden. Gerade 10 % der Studierenden an wissenschaftlichen Universitäten bezeichnen die Berufsvorbereitung in ihrem Studienfach als „stark" ausgeprägt. Bei HAW-Studierenden sind es ca. 33 % (ebd., S. 41). Damit einhergehend erwartet die überwiegende Mehrheit der Uni-/HAW-Studierenden (53 % - 54 %) Schwierigkeiten, eine „zusagende, ausbildungsadäquate oder überhaupt eine Stelle zu finden (2013) (ebd., S. 53). Und dies gleichzeitig bei den intrinsisch-materiell dominierten Erwartungen der Studierenden hinsichtlich eines sicheren Arbeitsplatzes (Anspruch-Nr.1: 66-70 %, Tendenz: zunehmend), einer vielfältigen und herausfordernden, sinnstiftenden Tätigkeit (Anspruch-Nr. 2: 62-64 %), einer die eigenen Ideen verwirklichenden Arbeitsmöglichkeit (Anspruch-Nr. 3: 59-60 %) und einer Erwerbstätigkeit, die selbständige Entscheidungen zulässt (Anspruch-Nr. 4: 58-62 %) (ebd., S. 55). Die beruflichen Ambitionen mit einer wissenschaftlichen Tätigkeit auszufüllen kommen erst an 14. Stelle (17-25 %) von 15 Anspruchskategorien und liegen damit fast auf gleicher Höhe mit der letzten Anspruchskategorie („Viel Freizeit") (ebd.). Wissenschaftsorientierung bzw. „Unbekanntes zu erforschen" legen bei den Berufswerten der Studierenden eine absolut auffällige Talfahrt hin: 35 % fanden dies noch 2001 reizvoll, in 2013 nur noch 28 % (Tendenz: fallend) (ebd., S. 56). Natürlich bestehen auch hier studienfachabhängige Berufsansprüche, aber die Tendenzen sind fachübergreifend eindeutig.

12.2.5 Indiz Nr. 5: Forschungsbegeisterung wird nicht geweckt

Ganz drastisch zeigt sich dieses, das Selbstverständnis der wissenschaftlichen Hochschulen existentiell tangierende Problem in der statistisch signifikanten Tatsache, dass nur 14-16 % der Uni- bzw. HAW-Studierenden Wert legen auf Forschungsrelevanz in der Hochschulausbildung oder Partizipation an Forschungsprojekten (ebd., S. 67). Hier ist der Ruf und Wunsch, die Studiensituation durch „mehr Praxisbezug", „bessere Arbeitsmarktchancen" oder „intensivere Betreuung" zu optimieren, viel größer. Der innige Wunsch nach nachhaltiger Praxis- und Berufsrelevanz lässt in hohem Maße die Interessensweckung für Forschungsfragen weit hinter sich. Die Dringlichkeit bzw. die studentische Wunschkategorie, in das Studium mehr Forschungsprojekte einzubinden, sank im Tiefflug von 30 % (sehr dringlich) im Jahre 2001 auf beschämende bzw. ernüchternde 15-16 % in 2013 (ebd., S. 66). Vielleicht liegt es hier auch in vielen Fällen an der Unfähigkeit, das Feuer und Interesse für Wissenschaft und Forschung zu legen bzw. zu wecken. Kaube stellt dazu nochmals ernüchternd fest: „Die Formel, an der Universität seien „Einsamkeit und Freiheit" bestimmend, sollte also aus den Festreden endlich gestrichen werden. Denn das sind Werte, die heute nur noch eine kleine Minderheit maßgeblich findet" (Kaube, 2016). Diese Einstellung zur Wissenschaft und Forschung, diese fehlende Fähigkeit von vielen Hochschullehrern für die Wissenschaft und Forschung zu begeistern, ist auch bezüglich der Arbeitsmarktperspektiven fatal. Gerade der Stifterverband hat in seiner aktuellen Studie zur „Hochschulbildung für Arbeitswelt 4.0" die Dringlichkeit, gerade auf diesem Gebiet der Hochschullehre zu agieren, nachhaltig betont: „Für die Hochschulbildung bedeutet dies, weniger lexikalisches Wissen zu vermitteln und stattdessen forschendes Lehren und Lernen und die Vermittlung wissenschaftlicher Methodenkenntnisse zu stärken, um fundierten, wissenschaftsgeleiteten Erkenntnisgewinn auch inner- und außerhalb der Wissenschaft zu ermöglichen" (Stifterverband, 2016, S. 16).

12.2.6 Indiz Nr. 6: Abnehmendes Interesse an Hochschularbeit

Erschreckend sind die Ergebnisse der Konstanzer Untersuchungen schon deshalb für die Hochschulen, da die erfragten Nutzenerwartungen an ein Studium an erster Stelle zu fast 80 % von der Erwartung ausgehen, „eine interessante Arbeit nach dem Studium" zu finden (Ramm et al., 2014, S. 15). Dazu zählt nicht mehr unbedingt die Wissenschaft und Forschung. Die fehlende Attraktivität einer wissenschaftlichen bzw. beruflichen Tätigkeit an einer Hochschule wird schon während der Studienzeit für viel Studierende offensichtlich. Gepaart mit der konstatierten zunehmenden Verschiebung von Hochschule und Studium aus dem Lebensmittelpunkt der Studierenden, sprechen schon jetzt die Fakten ein klare Sprache. Das beängstigende, exponentiell rapide gesunkene Interesse der Studierenden an der

Mitarbeit in Hochschulgremien oder der Hochschulpolitik, das Erleben der Institution Hochschule als Studierende spiegelt sich im rasant seit 2001 zugenommenen Desinteresse der Studierenden an hochschulbezogenen und –politischen Themen wieder: Von 30 % desinteressierten Studierenden in den Jahren 2001/2004 stieg der Prozentsatz dieser Gruppe um 21 %-Punkte auf 51 % (ebd., S. 62), also die Mehrheit. Dies wird hochschulseitig eher mit Bedauern und Gleichgültigkeit hingenommen. Die Hochschulen und die Studierenden gehen in einer Zeit, wo man Studierende gerade für Wissenschaft und Hochschularbeit begeistern muss, anscheinend getrennte Wege. Konsternierend muss zur Kenntnis genommen werden: „Nur noch 9 % (der Studierenden) äußern ein starkes Interesse daran (an Hochschulfragen) (ebd., S. 62), was noch vor wenigen Jahren für 20 % der Fall war. Kaube bringt es auf den Punkt, wenn er feststellt: „Die Universität ist nur noch für die wenigsten Studenten der Lebensmittelpunkt. Ihr zeitliches Engagement geht in den seltensten Fällen über das Verlangte hinaus" (Kaube, 2016). Auch reputative Aspekte, wie eine höhere soziale Position zu erlangen, werden mit einem Hochschulstudium nicht mehr unbedingt verbunden (Ramm et al., 2014, S. 15), wie die nur 31 % Nutzenerwartung belegen.

Wenn schon das selten werdende Interesse am wissenschaftlichen Arbeiten besteht, so dürfen die Promotionsquoten (rd. 25.000 Promotionsarbeiten pro Jahr, 2,2 % eines Hochschuljahrganges) nicht über den Tatbestand hinweg täuschen, dass hier nicht primär wissenschaftliche Karrieren und Meriten im Vordergrund stehen, sondern vor allem wiederum berufsrelevante-pekuniäre Zusatzchancen, wie die (berechtigten) Hoffnungen auf ein erhöhtes Brutto-Monats- bzw. Lebenseinkommen[47] (ca. 500 – 1.000 €/Monat mehr), Prestige und Status, Glaubwürdigkeit, bessere Karriere- und Aufstiegsmöglichkeiten (Groll, 2013). In manchen Branchen wie der Medizin, der Biotechnologie, Pharmazie, Anwalts-, Bank- und Beraterbranche werden Promotionen erwartet, wenn auch zunehmend die Erlangung der akademischen Dr.-Weihen keine besondere wissenschaftliche Forschungsintensität verlangt, wie Zunahme kumulativer Promotionen belegt.

12.2.7 Indiz Nr. 7: Andere Realitätswahrnehmung der Studierenden

Die Studierenden sind nicht passiv und reagieren auf den bemängelten Praxisbezug und die schlechte Berufsvorbereitung im Studium durch aktives, antizipatives Handeln. Sie suchen deshalb frühzeitig und vermehrt Werkstudenten- und (bezahlte) Praktikumsmöglichkeiten, die die Wochenarbeitszeit nochmals erhöht. Gut 55 % aller Uni-/HAW-Studierenden arbeiten neben dem Studium und zwar bis zu

---

[47]   Hans-Böckler-Stiftung 2012: Männer: mit Promotion: 5.342 €/Monat, ohne Promotion: 4.590 €/Monat; Frauen: mit Promotion: 4.664 €/Monat, ohne Promotion: 3.534 €/Monat)

16 Stunden/Woche. Diese Zusatzbelastungen werden aber nicht nur auf sich genommen, um das Studium zu finanzieren, sondern um rasch einschlägige Berufserfahrung zu erhalten, den späteren Berufseinstieg zu planen, zu sichern und nahezu übergangslos einzuleiten oder bereits frühzeitig einen höheren Lebensstan-
dard zu finanzieren. Für die zukunftsorientierte Gestaltung der Hochschulen ist
aber ein Tatbestand viel entscheidender, auf den R. Stichweh aufmerksam macht:
„Wichtiger noch ist das hauptsächliche nichtökonomische Motiv: Erwerbstätigkeit
und Berufseinstieg sind Garantien von Realitätshaftigkeit für Studierende, die ihre
Definition von Realität nicht der Universität zu überlassen bereit wären (Stichweh,
2016, S. 143). Bekanntlich zählen heute solche frühzeitigen praxisrelevanten Be-
rufserfahrungen zu den TOP3 der unternehmerischen Einstellungspolitik, was das
Verhalten der Studierenden nochmals verstärkt. Die Studierende erfüllen damit
durchgehend die Kriterien der Humankapitaltheorie und reagieren unmittelbar auf
den zu konstatierenden Verlust an Realitäts- und Lebensbedeutsamkeit der Hochschulen (ebd., S. 144). Zudem erklären parallel zum Studium verlaufende berufliche Aktivitäten die Furcht vieler Studierenden, bei einem möglichen Studienabbruch (ca. 33 % der Uni/HAW-Studierenden) oder Nichtbestehen, nicht gleich mit
Perspektivlosigkeit und Scheitern konfrontiert zu werden. Schließlich äußerten im
12.Studierendensurvey der Universität Konstanz fast 50 % der Uni/HAW-Studie-
renden, die „Sorge, das Studium nicht zu schaffen" (Ramm, et al., 2014, S. 34).

12.2.8 Indiz Nr. 8: Nachfrageanstieg bei private Hochschulen und Unternehmen

Manche stellen die Institution Hochschule, wenn sie nicht stärker auf die Veränderungen der Erwartungen und Umfeldentwicklungen adäquat reagiert, infrage
(Ricken, 2013). Bereits 2007 vertraten J. Ridderstrale und K. Nordström, beide
langjährig an der Stockholm School of Economics tätig, aufgrund der Verlage-
rungstendenzen von traditioneller Hochschulforschung in Unternehmen und zunehmender Implementierung von unternehmenseigenen „Universitäten" (Corporate University) die Ansicht: „Die Universitäten werden nicht überleben. Die Zukunft liegt außerhalb des traditionellen Campus und außerhalb des traditionellen
Klassenzimmers" (Ridderstrale & Nordström, 2008, S. 206f), verbunden mit dem
Vorwurf: „Traditionelle Institutionen wie Universitäten und Business Schools haben tatenlos zugesehen, wie die Newcomer ihnen den Rang abgelaufen haben"
(ebd., S. 207). Schon das exponentielle Wachstum der privaten Hochschulen in
Deutschland (121) (HRK, 2016) und deren Studierendenzahlen (+233 % von
2006-2016; WS 2005/06: 54.000; WS2014/15: über 180.000), mit der Folge, dass
bald 10 % der Studierenden dort immatrikuliert sind bzw. sein werden (Engelke
et al., 2017), sollte auffallen. Der Erfolg resultiert primär aus den Entfremdungstendenzen der traditionellen Hochschulen (ebd.). Auch das erfolgreiche und stark

zunehmende Abwerben von hervorragenden Professoren für unternehmenseigene Forschungslabore (Google, IBM, Apple, Amazon etc.) ist ein Beleg für einen Wandel zum Nachteil der Universitäten und der Entfremdung von Professoren von der Hochschule (Mehr Gehalt, weniger Lehre).

12.2.9 Leitmotive für eine Zukunft der Hochschule und gegen die Entfremdung

Als Konsequenz seien folgende Leitmotive formuliert:

Leitmotiv Nr. 1: Im Mittelpunkt all' unseres Tuns stehen die Studierenden („Students first"), wir sind für sie da. Sie sind das Wichtigste. Wir haben niemanden anderen. Sie sind unsere Hoffnung. Wir arbeiten für ihre Zukunftschancen. Das ist unsere Verantwortung und Verpflichtung, um der Entfremdung entgegenzutreten.

Leitmotiv Nr. 2: „Wir unterrichten Menschen, nicht Fächer"[48]. „Feuer legen" in den Köpfen, mit Herz, also ganzheitliches Lehren, sonst schreitet die Entfremdung fort.

Leitmotiv Nr. 3: „Damit man die besten Studierenden der Welt bekommt, muss man die besten Hochschullehrer der Welt dazu haben und didaktisch optimal ausbilden"[49].

Leitmotiv Nr. 4: Lehre und Forschung beanspruchen gleichberechtigt und sind gleichwertig. Wir sind uns unserer bescheidenen Forschungs- und Publikationsrelevanz bewusst.

Leitmotiv 5: Hochschulexterne Dynamik zwingt uns, die Qualifikation mit hochschulexogenen Partnern zusammen zu organisieren, sonst verlieren wir den Anschluss.

Leitmotiv 6: Hohe Bestehensquoten sind Ausdruck unserer Arbeitsleistung und kritisch selbstreflektierenden Suche nach Lernerfolgsoptimierungen: „Bestehen" durch „Verstehen".

Leitmotiv 7: Wer nicht gerne lehrt und die Studierenden nicht erreicht, sollte nicht Hochschullehrer werden. Die spezielle Qualität des/der Hochschullehrers/in bestimmt den Lernerfolg (J. Hattie) und verhindert Entfremdung am besten.

---

[48] In Anlehnung an Kricke, Meike: Wir unterrichten Menschen, nicht Fächer" –Lehramtsausbildung in Finnland; Vortrag Modellkolleg Bildungswissenschaften, 17.11.2010.

[49] In Anlehnung an Meri (2007)

Quellenangaben

Bowles, J. (2014). The computerisation of European jobs. http://bruegel.org/2014/07/the-computerisation-of-european-jobs (Abruf 28.4.2017).

Brynjolfsson, E. & McAfee, A. (2014). The Second Machine Age. Work, Progress, and Prosperity in a Time of Brilliant Technologies. New York.

Bundesministerium für Arbeit und Soziales. (2015). Arbeit weiter denken. Grünbuch Arbeiten 4.0.; www.bmas.de/SharedDocs/Downloads/ DE/PDFPublikationen-DinA4/gruenbuch-arbeiten-vier-null.pdf?__blob= publicationFile (Abruf 4.5.2017).

Daheim, C. & Wintermann, O. (2016). 2050: Die Zukunft der Arbeit. Ergebnisse einer internationalen Delphi-Studie des Millennium Project; Bertelsmann Stiftung; 1.Aufl.. Gütersloh.

Dueck, G. (2014). Shift happens, DIE WELT 6.9.2014; https://www.welt.de/print/die_welt/debatte/article131960552/Shift-happens.html (Abruf: 28.4.2017).

Engelke, J., Müller, U. & Röwert, R. (2017). Erfolgsgeheimnisse privater Hochschulen. Gütersloh: CHE.

F.A.Z. (2016). In Deutschland gibt es so viele Studenten wie noch nie. In: F.A.Z., 25.11.2016

Frey, C. B. & Osborne, M. A. (2016). The Future of Employment: How Susceptible Are Jobs To Computerisation?. In: Publications Sep 2016 (Working Paper), University of Oxford, http://www.oxfordmartin.ox.ac.uk/ downloads/academic/The_Future_of_Employment.pdf (Abruf 28.4.2017).

Groll, T. (2013). Ein Doktortitel bringt mehr Geld und Prestige; http://www.zeit.de/karriere/beruf/2013-02/promotion-karriere-einkommen (Abruf 27.4.2017).

Hawksworth, J., Kupelian, B., Berriman, R. & Mckellar, D. (2017). UK Economic Outlook, PricewaterhouseCoopers UK, London.

Hochschulrektorenkonferenz. (2016). Hochschulkompass 2016 http://www. hochschulkompass.de/hochschulen/download.html (Abruf 10.5.2017).

ILO (Hrsg.). (2013). Trends Econometric Models, October 2013.

ILO. (2015). World Employment and Social Outlook – Trends 2015 (WESO), Geneva.

IMF (Hrsg.) (2013). World Economic Outlook, October 2013.

Kaiser, T. (2015). Maschinen könnten 18 Millionen Arbeitnehmer verdrängen. In: DIE WELT, 2.5.2015; https://www.welt.de/wirtschaft/ article 140401411/Maschinen-koennten-18-Millionen-Arbeitnehmer-verdraengen.html (Abruf 28.4.2017).

Kaube, J. (2016).Die Ziele der Studenten sind nicht die der Universität; http://blogs.faz.net/blogseminar/die-ziele-der-studenten-sind-nicht-die-der-universitaet/ (Abruf 26.4.2017).

Lueg, A. (2015). Studium als Normalfall. Deutschlandfunk 30.03.2015; http://www.deutschlandfunk.de/akademisierungswahn-studium-als-normalfall.724.de.html?dram:article_id=315749; (Abruf 28.4.2017).

Matti M. &, Sußebach, H. (2007). Wo die Lehrer sitzen bleiben (19.4.2007). In: Zeit Online: http://www.zeit.de/2007/17/Finnland_neu (Abruf 1.5.2017).

Osel, J. (2016).Gibt es wirklich zu viele Studenten?. In: Süddeutsche Zeitung, 22.Februar 2016. http://www.sueddeutsche.de/bildung/bildungsmesse-in-koeln-horden-und-kohorten-1.2868073 (Abruf 10.5.2017).

PricewaterhouseCoopers Deutschland & Hamburger WeltWirtschaftsInstitut. (2017). Deutschland 2030 – Die Arbeitsplätze der Zukunft, Frankfurt/Hamburg.

Ramm, M.; Multrus, F. ; Bargel, T. & Schmidt, M. (2014). Studiensituation und studentische Orientierungen. 12.Studierendensurvey an Universitäten und Fachhochschulen.; Hefte zur Bildungs- und Hochschulforschung (77), Arbeitsgruppe Hochschulforschung, Universität Konstanz, Oktober 2014.

Ricken, N. (2013). Die wissenschaftliche Universität – eine Einführung in Lage und Idee(n) der Universität. In: Ricken, Norbert; Koller, Hans-Christoph; Keiner, Edwin (Hrsg.): Die Idee der Universität – revisited. Berlin: Springer VS. S. 11-30.

Ridderstrale, J. & Nordström, K. (2008). Funky Business forever. München: Redline Verlag.

Schmidt, M. (2014). Bleibt anders; http://www.zeit.de/2014/19/fachhoch schulen-promotion-doktoranden (Abruf: 26.4.2017).

Stichweh, R. (2016). Studentische Lebensführung. In: E. Alleweldt,, A. Röcke & J. Steinbicker. (2016). Lebensführung heute: Klasse, Bildung, Individualität. Weinheim und Basel, S. 140 – 147.

Arum, R. & Roska, J. (2011). Academically Adrift: Limited Leraning on College Campuses, Chicago, University of Chicago Press, 2011; Grafton, Anthony: Our Universities: Why Are They Failing? In: New York Review of Books, 24.November 2011, S.38-42.

Stifterverband & McKinsey&Company. (2017). Hochschulausbildung für die Arbeitswelt 4.0. Hochschul-Bildungsreport 2020, Jahresbericht 2016. Essen.

Sußebach, H. (2007). Wo die Lehrer sitzen bleiben (19.4.2007). In: Zeit Online: http://www.zeit.de/2007/17/Finnland_neu (Abruf 1.5.2017).

Tauer, R. (2017). Der demographische Wandel in Deutschland – Bestandsaufnahme und Prognosen. In: Mittelstands- und Strukturpolitik, Nr. 32, Kreditanstalt für Wiederaufbau, Frankfurt 2017, S. 1-11.

Tenorth, H.-E. (2012). Brauchen wir die Universität noch?. In: DIE ZEIT, 30/2012, 19.Juli 2012, http://www.zeit.de/2012/30/C-UniZukunft/komplettansicht (Abruf: 3.5.2017).

Thies, L., Wieland, C., Härle, N., Heinzelmann, S., Münch, C., Faaß, M. & Hoch, M. (2016). Nachschulische Bildung 2030. Trends und Entwicklungsszenarien. Bertelsmann Stiftung/Prognos AG.

Trentmann, N. (2014). Digitalisierung gefährdet mehr als jeden zweiten Job; in: DIE WELT, 26.7.2014.; https://www.welt.de/print/die_welt/wirtschaft/article 130581287/Digitalisierung-gefaehrdet-mehr-als-jeden-zweiten-Job.html (Abruf 10.5.2017).

Vitzthum, T. (2015). Die Zukunft gehört dem Stuzubi, https://www.welt.de/politik/deutschland/article147403990/Die-Zukunft-gehoert-dem-Stuzubi.html (Abfrage 26.April 2017).

13 Zehn Thesen zur exzellenten Hochschullehre

Prof. Dr. Uwe Peter Kanning

Abstract

Exzellente Hochschullehre hat viele Aufgaben zu erfüllen. Sie muss den Nachwuchs für wissenschaftliches Denken und Arbeiten gewinnen, einführen in die Methoden und Erkenntnisse einer wissenschaftlichen Disziplin und sich darüber hinaus für den gesellschaftlichen Nutzen der Forschung einsetzen. Dabei steht sie in einem Spannungsfeld zwischen den Ansprüchen der Scientific Community, den Erwartungen der Gesellschaft und den berufsbezogenen Interessen der Studierenden.

Der folgende Beitrag skizziert zehn Thesen rund um dieses Spannungsfeld. Die Darstellung ist getragen von der Überzeugung, dass herausragende Hochschullehre im Wesentlichen diesen Ansprüchen auch genügen kann, wenn man es denn nur richtig anstellt.

Ausgangslage der 10 Thesen

Etwa 34 % der Schülerinnen und Schüler in Deutschland beenden ihre Schullaufbahn mit der allgemeinen Hochschulreife (Statistisches Bundesamt, 2017a). Hinzu kommen diverse Wege, die zu einer fachgebundenen Hochschulreife führen, sodass inzwischen mehr als 40 % eines Jahrgangs die Voraussetzungen für die Aufnahme eines Studiums erfüllen (Menkens, 2016). An deutschen Universitäten und Fachhochschulen studieren derzeit 2,8 Mio. Menschen (Statistisches Bundesamt, 2017b) – mehr als je zuvor – und es ist nicht damit zu rechnen, dass ein Studium in den kommenden Jahren an Attraktivität verliert. Im Gegenteil, in einer immer komplexer werdenden (Berufs-)Welt wird die akademische Bildung zu einer Schlüsselvariable des individuellen Erfolgs. Hierin spiegelt sich eine Wissens- und Technologiegesellschaft, für deren eigene Weiterentwicklung das Bildungsniveau ihrer Mitglieder von elementarer Bedeutung ist. Schon heute rekrutiert sich der Führungsnachwuchs in Politik und Wirtschaft zum weitaus überwiegenden Teil aus Bevölkerungsgruppen mit akademischer Bildung. Mehr als 90 % der Bundestagsabgeordneten haben studiert (Schmidt-Mattern, 2015). In Spitzenpositionen der Wirtschaft liegt der Anteil sogar noch höher (Scheele, 2017). Doch nicht nur in den Spitzenpositionen wird heute mehr Bildung vorausgesetzt, auch in der Breite der Berufsfelder steigt das Bildungsniveau stetig an. Als ein grober Indikator hierfür mag die Verteilung der Bildungsgruppen unter „Hartz IV-Empfängern" dienen. Der Anteil der Studierten beträgt hier gerade einmal 7 % (Zeit-Online, 2014).

Offenbar kommt der Ausbildung an Universitäten und Fachhochschulen eine nicht zu unterschätzende individuelle sowie gesellschaftliche Bedeutung zu. Doch wird die Hochschullehre ihrer Verantwortung auch tatsächlich gerecht? Im Folgenden werden einige Überlegungen zum Status quo sowie zur notwendigen Weiterentwicklung der Hochschullehre diskutiert. Sie spiegeln in besonderer Weise die Verortung des Autors im Feld der (Wirtschafts-)Psychologie und mögen daher nicht immer eins zu eins auf jede andere Disziplin übertragbar sein. Gleichwohl dürften die meisten der angesprochenen Probleme und Perspektiven zumindest in ihrem Kern auch für viele andere Studienfächer und wissenschaftliche Disziplinen gelten. In den Beitrag fließen Erfahrungen aus 12 Jahren Universitätslehre und acht Jahren Lehre an einer Fachhochschule ein. Beide Hochschulformen werden mit ihrer jeweils spezifischen Ausrichtung berücksichtigt.

These 1: Exzellente Forschung führt nicht automatisch zu mehr gesellschaftlichem Nutzen.

Spätestens seit Beginn der ersten Exzellenzinitiative der Bunderegierung im Jahr 2005/2006 ist die politisch vorgegebene Marschrichtung für die deutsche Wissenschaft eindeutig definiert: Internationaler soll die Wissenschaft werden, in englischer Sprache publizieren und hervorragende Wissenschaftlerinnen und Wissenschaftler nach Deutschland (zurück) locken. All diese wird langfristig sicherlich seine Ziele nicht verfehlen. Die Arbeit an deutschen Hochschulen wird stärker mit der internationalen Forschung vernetzt, deutsche Forschungseinrichtungen werden weltweit stärker wahrgenommen und wer weiß, vielleicht gibt es eines Tages auch wieder so viele Nobelpreise wie dereinst vor dem zweiten Weltkrieg. Soweit so gut, doch führt dies auch dazu, dass die Erkenntnisse gesellschaftlich nutzbringend eingesetzt werden können? Nicht zwangsläufig. In Berufsfeldern, in denen Wirtschaftspsychologen tätig sind – Personalabteilungen, Unternehmensberatungen, Markforschungsinstitute etc. –, haben die meisten Kollegen kein einschlägig qualifizierendes Studium absolviert, sondern landen oftmals auf Umwegen nach einem Geistes- oder sozialwissenschaftlichen Studium an ihrem derzeitigen Arbeitsplatz. In großen Beratungsfirmen finden sich Mediziner, Physiker oder Mathematiker, die hier als Managementexperten auftreten. Im Bereich Coaching bietet so ziemlich jeder – vom Psychotherapeuten über Pädagogen und Priester bis hin zum Pferdetrainer, Heilpraktiker und Esoteriker, seine Dienste an (Kanning, 2015a). In Spitzenpositionen der Unternehmen tragen oft Juristen für die Personalauswahl und -entwicklung Verantwortung, obwohl sie zu beiden Feldern so gut wie nichts in ihrem Studium gelernt haben. Wir haben es also mit einem Feld zu tun, in dem die meisten Akteure keine einschlägige wissenschaftliche Grundausbildung genossen haben. Die meisten wären fachlich nicht in der Lage, wissenschaftliche Publikationen in amerikanischen high-impact journals zu verstehen, selbst wenn sie im Alltag eine realistische Chance hätten, derartige Zeitschriften zu beziehen. Viele von ihnen kämen aber ohnehin nicht auf die Idee, eine wissenschaftliche Zeitschrift zu lesen, da sie nicht einmal wissen, dass es empirische Forschung zu ihren Arbeitsfeldern gibt. In der Weiterbildung dieser Zielgruppen konkurriert die Forschung mit den vermeintlichen Erfolgsrezepten einflussreicher Pseudowissenschaften, wie etwa dem Neurolinguistischen Programmieren (Kanning, 2014a), den Erfahrungswerten selbsternannter Menschenkenner oder schlicht der eigenen Laientheorie, die sich offenbar zwangsläufig nach wenigen Jahren Berufserfahrung verfestigt. Zu den wichtigsten Kriterien bei der Auswahl ihrer Weiterbildungslektüre zählt für Personaler der explizite Praxisbezug der Publikation, eine hohe Aktualität der Beiträge, eine leichte Verständlichkeit, Autoren aus der Praxis (!) sowie die deutsche Sprache (Kanning & Thielsch, 2015).

Will die Wissenschaft in einem solchen Umfeld nicht untergehen und ihre Erkenntnisse erfolgreich in die Gesellschaft einbringen, so muss sie offensiv und zielgruppenbezogen agieren. Zu denken wäre an eine Zweitveröffentlichung wissenschaftlicher Erkenntnisse in überregionalen Medien, Praxiszeitschriften, Blogs im Internet oder in YouTube-Filmen. Wissenschaftler müssten ihre Inhalte dabei laienverständlich kommunizieren können und auch Präsenz auf Weiterbildungskongressen oder großen Weiterbildungsevents zeigen. Nicht wenige Wissenschaftler dürften hieran weder Interesse haben, weil es ihnen zu viel kostbare Zeit stielt, noch über die notwendigen Kompetenzen verfügen, da Kundenorientierung, Didaktik, verständliches Kommunizieren etc. in ihrer beruflichen Sozialisation nicht gerade gefördert werden. In dem Maße, in dem die Wissenschaft sich mit ihren Erkenntnissen und Methoden aber im sprichwörtlichen Elfenbeinturm einigelt und Nabelschau in kleinen Kreis der internationalen Experten betreibt, wird sie ihrer gesellschaftlichen Verantwortung nicht gerecht und überlässt das Feld Heerscharen selbsternannter Experten, die für jedes Problem gern eine einfache Scheinlösung präsentieren.

These 2: Die Studierenden von heute sind die Multiplikatoren von morgen.

Wissenschaftliches Denken, wissenschaftliche Methoden und Erkenntnisse gelangen jedoch nicht nur über direkte Aktivitäten der Wissenschaft in die Gesellschaft, der vielleicht wichtigste Kanal sind unsere Studierenden. Nur ein verschwindend geringer Anteil von ihnen wird selbst später in die Wissenschaft gehen, zum überwiegenden Teil, weil sie dies nicht anstreben, zu einem geringeren Anteil, weil es nicht genügend (unbefristete) Stellen (im Mittelbau) gibt. Gut ausgebildete Wirtschaftspsychologen werden in der Praxis mit Kollegen und Vorgesetzten konfrontiert, die nichts über einschlägige Inhalte ihres Studiums wissen und auch gar nicht auf die Idee kommen, dass die Ausbildung der jungen Kollegen irgendeinen Mehrwert bringen könnte. Obwohl unsere Absolventeninnen und Absolventen in aller Regel sehr viel mehr Fachkompetenzen besitzen als die alten Hasen, werden sie kaum ernst genommen, weil sie jung sind und keine Berufserfahrung haben. Die Dominanz der Berufserfahrung als alles überragender Wert ist nur folgerichtig in einer Branche, in der die meisten Vertreter außer Erfahrung nicht viel vorzuweisen haben. Wer zehn Jahre lang schlechte Einstellungsinterviews führt, glaubt fest daran, zu einem Experten gereift zu sein und übersieht dabei leider, dass er nur ein Experte für schlechte Einstellungsinterviews geworden ist.

Wenn wir verhindern wollen, dass unsere Absolventen zu Mitläufern werden, nach drei Jahren Berufspraxis alle Inhalte des Studiums aus ihrem Gedächtnis getilgt haben und fortan dieselben suboptimalen oder gar absurden Methoden einsetzen wie ihre älteren Kollegen und Vorgesetzten, müssen wir die Studierenden von heute aktiv auf diese Situation vorbereiten. Sie müssen in die Lage versetzt werden, Studieninhalte in der Praxis so aufzubereiten, dass daraus schlagkräftige Argumente werden. In der Wirtschaftspsychologie bedeutet dies z.B., dass sie die abstrakten mathematischen Kennwerte wie etwa die Koeffizienten der Validität von hochstrukturierten Einstellungsinterviews in Zahlenwerte transformieren, die auch jeder Laie versteht (Wie viel Prozent der beruflichen Leistung lässt sich durch hochstrukturierte Interviews im Vergleich zu gängigen Interviews vorhersagen?). Ebenso wichtig ist es, dass sie lernen, die wirtschaftliche Bedeutung einer wissenschaftlich gestützten Praxis in ihrer Argumentation zu verdeutlichen, denn „Euro" ist eine Maßeinheit, die auch jeder Laie versteht. Dies alles wird nur gelingen, wenn wir sie im Studium von der Bedeutung der Wissenschaft und den Potenzialen einer wissenschaftlich gestützten Praxis überzeugen – ja, sie im besten Fall sogar dafür begeistern – können.

These 3: Exzellente Lehre stärkt das Selbstvertrauen der Absolventeninnen und Absolventen.

Wenn wir wollen, dass die Wissenschaft mehr Einfluss auf die Gesellschaft nimmt und wir verstehen, dass unsere Studierenden als Multiplikatoren wissenschaftlichen Denkens und wissenschaftlicher Erkenntnisse agieren, dann müssen wir uns auch Gedanken darüber machen, mit welchem Selbstbild unsere Absolventeninnen und Absolventen die Hochschulen verlassen. Sehen sie sich primär als Berufsanfänger, die vom Ballast der akademischen Ausbildung befreit sind und nun „das wahre Leben" kennenlernen wollen oder begreifen sie sich als Expertinnen und

Experten, die hinausströmen in die Welt, um ihr Wissen und ihre Fertigkeiten mit anderen zu teilen? Wahrscheinlich liegt die Wahrheit irgendwo zwischen den Extremen. Zumal nicht jeder, der bei uns einen Abschluss geschafft hat, auch ein guter Vertreter seiner Zunft sein wird. In jedem Fall wäre es ein Armutszeugnis der Hochschullehre, wenn unsere Absolventinnen und Absolventen mehrheitlich den Eindruck hätten, sie müssten sich in der Praxis wieder wie ein Erstklässler oder zumindest doch wie ein Erstsemester fühlen.

Wer das Selbstvertrauen der Studierenden stärken will, der muss ihnen Gelegenheit geben, sich auszuprobieren und gute Erfahrungen sammeln zu können. Betriebliche Praktika könnte hier eine Quelle des Selbstvertrauens darstellen. Allerdings setzt dies voraus, dass die Praktikumseinrichtungen Studierende tatsächlich als Kollegen sehen, die aktuelles Wissen mitbringen und sie nicht primär als billige Hilfskräfte einsetzen. Dies ist bei weitem nicht immer der Fall. Innerhalb des Studiums können Projektarbeiten und Projektseminare eine ähnliche Wirkung entfalten, wenn es darum geht, in einem geschützten Rahmen praktische Probleme zu lösen. Optimal wäre dann ein Vergleich mit Lösungen aus der Praxis, die zeigen, dass die erfahren Hasen auch oft keine besseren Lösungen anbieten können.

These 4: Exzellente Forschung und exzellente Lehre stehen partiell im Widerspruch zueinander.

Wer heute als junger Mensch zielstrebig eine Karriere in der Wissenschaft anstrebt, muss sehr früh die sprichwörtlichen Scheuklappen anlegen und alles auf eine Karte setzen. Möglichst noch im Studium sollte man ein Auslandssemester einlegen und wenn möglich erste Kontakte zu einflussreichen Forschergruppen knüpfen. Spätestens aber nach der Promotion ist eine solche Netzwerkbildung von zentraler Bedeutung. Bei der Wahl des eigenen Forschungsfeldes orientiert man sich nicht an den eigenen Interessen, sondern an der Publikationskraft der lokalen Wissenschaftler. Gibt es an der Heimatuniversität eine international angesehene Koryphäe, so ist die Wahl bereits getroffen. Das langfristige Ziel ist es, an möglichst vielen, möglichst hochkarätigen Publikationen mitzuwirken – und sei es auch nur als Fünftautor. Dasselbe gilt für internationale Kongresse und natürlich auch für erfolgreich eingeworbene Drittmittelprojekte. Alle Synergieeffekte publikationsstarker Forschungsgruppen bzw. prominenter Wissenschaftler werden für die eigene Vita genutzt. Bildlich gesprochen geht es darum, auf einen bereits fahrenden Zug aufzuspringen. Die gesamte Kraft muss in die Forschung bzw. den eigenen Impact-Faktor gesteckt werden, denn die Konkurrenz ist groß und die Anzahl unbefristeter Stelle im Vergleich zur Menge der Aspiranten sehr gering, zumal sich eigentlich nur die Frage stellt, ob man später eine Professur bekommt oder die Universität verlässt. Besonders groß ist der Druck für Grundlagenforscher, die außerhalb der Wissenschaft kein Arbeitsfeld finden, in dem sie alternativ Fuß fassen könnten. Die hundertprozentige Fokussierung auf den Impact-Faktor der eigenen Publikationen führt zwangsläufig dazu, dass andere Aufgaben auf der Strecke bleiben. Hierzu zählt vor allem die Lehre. Je mehr Zeit Nachwuchswissenschaftler in die Lehre investieren, desto weniger Zeit bleibt ihnen für die Dinge, die letztlich darüber entscheiden, ob sie eine Universitätsprofessur ergattern oder nicht.

Wer die Lehre stärken möchte, muss sich daher auch Gedanken über die Kriterien zur Besetzung von Professuren machen (Kanning, Rosenstiel & Schuler, 2010; Weber, 2010). Wahrscheinlich werden die meisten Berufungskommissionen von sich sagen, dass sie auch Wert auf gute Lehre legen. Letztlich weiß aber jeder, dass bei einer Universitätsprofessur die Lehre oft nicht viel mehr als ein Feigenblatt ist. Wer hochkarätigere Publikationen und noch dazu mehr Forschungsgelder mitbringt als die Konkurrenz, müsste schon riesige Defizite in der Lehre aufweisen, um nicht auf der Berufungsliste zu landen. Derartige Defizite zu verbergen ist ein leichtes, weil die Eignung für die Lehre kaum kritisch hinterfragt wird. Eine Stärkung der Lehre kann nur gelingen, wenn sie ein gleichberechtigtes oder zumindest doch zentrales Kriterium des Auswahlverfahrens darstellt. Ebenso, wie die Kommission im fachlichen Bereich Mindestanforderungen der Eignung festlegt, sollte dies auch für die Lehre gelten (vgl. Kanning, 2017; Peus, Braun, Hentschel & Frey, 2015). Dabei dürfen die verschiedenen Bereiche einander in der Auswahlentscheidung nicht kompensieren. Erfüllt ein Bewerber die Mindestanforderungen in der Lehre nicht, käme er auch nicht auf die Berufungsliste – analog zu einem Bewerber, der vielleicht ein hervorragender Lehrmeister ist, aber keine qualitativ hinreichenden Publikationen aufweisen kann. Bei der Vorauswahl der Kandidaten könnten Ergebnisse von Lehrevaluationen, Lehrpreise und Referenzen der Fachschaft eingesetzt werden. Das Problem ist hierbei jedoch immer das unklare Bezugssystem, weshalb derartige Kriterien nur zur groben Vorauswahl geeignet sind. Viel wichtiger und valider wäre eine Lehrprobe. Nach der liberalen Vorauswahl der Kandidaten über die Bewerbungsunterlagen, einem anschließenden Interview und einen Fachvortrag würde eine 45-minütige Lehreinheit vor realen Studierenden folgen, die jeden Kandidaten nach zuvor festgelegten Kriterien bewerten. Besteht ein Kandidat die Lehrprobe nicht, so sollte er konsequenterweise auch aus dem Verfahren ausscheiden (Kanning, 2017). Durch die Lehrprobe erhalten die Studierenden indirekt ein „Vetorecht" in Auswahlverfahren.

These 5: Exzellente Lehre bedeutet auch praxisbezogene Lehre.

In den meisten Fächern dürfte der Anteil der Studierenden, die später nicht in der Forschung arbeiten wollen, die überwiegende Mehrheit darstellen. Dennoch ist die universitäre Ausbildung in vielen Fächern primär auf den akademischen Nachwuchs ausgerichtet. In der Psychologie kann man sich mitunter nicht des Eindrucks erwehren, als seien die 99 % der Studierenden, die später keine Wissenschaftler werden, das „Abfallprodukt" des gesamten Ausbildungssystems. Man benötigt scheinbar immer wieder 100 oder 150 Erstsemester, um am Ende ein oder zwei hervorragende Forscher herausfiltern zu können. Auch wenn das Fach an sich die meisten Studierenden sicherlich interessiert und viele auch begeistert, wird die große Diskrepanz zwischen den eigentlichen beruflichen Zielen und den Inhalten der Lehrveranstaltungen über die Jahre hinweg zu einem Problem, und dieses Problem ist hausgemacht. Da die Karrierewege zur Universitätsprofessur in den meisten Fächern ausschließlich auf der Forschungsleistung der Lehrenden aufbaut, haben die Lehrenden in der Regel keine praktischen Erfahrungen sammeln können und vielen ist die Berufspraxis ihrer Absolventen/innen nicht nur fremd, sie erscheint ihnen auch uninteressant. Ein gutes Stück läuft die Ausbildung so an der Praxis vorbei, wodurch nicht nur Unzufriedenheit auf beiden Seiten entsteht, sondern auch das gesellschaftliche Potenzial der Wissenschaft nicht entfaltet wird.

Langfristig ließe sich ein solchermaßen strukturelles Problem vor allem durch eine veränderte Berufungspraxis in den Griff bekommen. Praktische (Neben-)Tätigkeiten der Lehrenden sollten nicht als irrelevant oder gar als Makel betrachtet werden, sondern als wichtige Zusatzqualifikation Wertschätzung erfahren. Ein hervorragendes Beispiel hierfür liefert die Medizin. Niemand käme hier auf die Idee, eine Professur für Chirurgie mit einem Kandidaten zu besetzen, der nicht auch selbst operiert. Gleichzeitig würde man aber auch niemanden nehmen, der ausschließlich operiert. Es geht wie bei jeder guten Personalauswahl um ein Profil unterschiedlicher Kompetenzen, die ein hervorragender Kandidat aufweisen muss. Teilweise könnten die Defizite auch durch Lehraufträge von Praktikern kompensiert werden. Dies wäre aber nur die zweitbeste Lösung, da hierdurch den Eindruck noch verstärkt wird, Wissenschaft und Praxis seien zwei verschiedene Welten und man müsse sich für eine von beiden entscheiden. Inhaltlich und didaktisch bedeutet eine praxisbezogene Ausbildung, nicht nur, dass in Vorlesungen immer wieder ein Bezug zur Praxis hergestellt wird, sondern auch die (simulierte) Lösung praktischer Aufgaben in Form von Übungen, Planspielen, der Arbeit im Labor etc.. In der Wirtschaftspsychologie können die Studierenden beispielsweise ein Personalauswahlverfahren für ein imaginäres Unternehmen entwickeln und mit studentischen Bewerbern in einem Planspiel durchführen (Kanning, 2010), in der klinischen Psychologie könnten therapeutische Rollen in Gesprächssituationen zu eigenen kleinen Problemen eingeübt werden (Bartling, Engberding & Rist, 2010). In dem Maße, in dem die Wissenschaft sich nicht um die Vermittlung praktischer Fertigkeiten und den Transfer wissenschaftlicher Erkenntnisse und Methoden im Rahmen die Ausbildung von Studierenden kümmert, in dem Maße verliert sich auch die Möglichkeit, Einfluss zu nehmen. Wenn Absolventeninnen und Absolventen glauben, dass sie nach dem Studium möglichst schnell möglichst viel Ballast der letzten Jahre abwerfen müssen, ist etwas schief gelaufen.

These 6: Exzellente Lehre bedeutet, wissenschaftlichen Denken zu lehren.

Während die universitäre Lehre oft ein Praxisdefizit aufweist, findet sich an Fachhochschulen eher ein Wissenschaftsdefizit. Die Vorstellung, dass an einer Fachhochschule ein erfahrener Praktiker den Studierenden erklärt, wie die Praxis funktioniert, ist wohl kaum noch zeitgemäß. In einer komplexer werdenden (Arbeits-)Welt wird man in zunehmendem Maße auf wissenschaftliche Methoden und Erkenntnisse angewiesen sein, um die Aufgaben der Zukunft lösen zu können. Während man vor mehr als 100 Jahren mit etwas Kreativität und Learning by Doing noch ein ganzes Automobil bauen konnte, würde dieselbe Vorgehensweise heute nicht einmal mehr für die Entwicklung eines guten Scheinwerfers ausreichen. Es stellt sich zudem die Frage, worin der Mehrwert eines Studiums gegenüber einer betrieblichen Ausbildung bestehen sollte, wenn es nur um eine Vermittlung des Status quo ginge. In Feldern wie der Wirtschaftspsychologie kommt noch ein weiteres Problem hinzu. Die Praxis bewegt sich meist auf einem Niveau, dass einen schaudern lässt (vgl. Kanning, 2013; 2015b). So wenig wie man in der Medizin erfahrenen Heilpraktikern das Feld überlässt, kann man in der Wirtschaftspsychologie einfach nur einem erfahrenen Personaler die nächste Generation anvertrauen. Das Ziel der Hochschullehre kann nicht darin bestehen, den Studierenden zu zeigen, wie die alten Hasen arbeiten, sondern sie in die Lage zu versetzen, es in Zukunft besser zu machen.

Exzellente Hochschullehre an Universitäten und Fachhochschulen muss Studierenden ein Grundverständnis wissenschaftlichen Denkens und Arbeitens vermitteln – auch wenn die Studierenden mehrheitlich später keine Wissenschaftler werden – und sie dazu ermuntern, all dies auch in das Leben jenseits der Hochschule zu retten. Die Frage, was wissenschaftliches Denken und Arbeiten in seinem Kern ausmacht, hat über Jahrzehnte hinweg die Wissenschaftstheorie beschäftigt (z. B. Kuhn, 1988; Lakatos, 1982; Popper, 1935) und wird dies sicherlich auch die nächsten hundert Jahren noch tun. Aus Sicht der Psychologie sind zumindest die folgenden Punkt zu nennen (Kanning, 2001):

- *Eine kritische Haltung gegenüber der menschlichen Urteilsbildung, inklusive der eigenen Person.* Während die schulische Ausbildung den jungen Menschen von allein eine Kritikfähigkeit gegenüber gesellschaftlichen Instanzen und Autoritäten vermittelt, muss eine wissenschaftliche Ausbildung verdeutlichen, dass die Welt nicht so ist, wie wir sie wahrnehmen und dass wir Methoden benötigen, um uns der „Wahrheit" zu nähern. Selbst wenn sehr viele Menschen der festen Überzeugung sind, dass ein bestimmter Weg der Richtige ist, können sie allesamt falsch liegen. Beispielsweise werden in Deutschland heute immer noch überwiegend sehr gering strukturierte Einstellungsinterviews durchgeführt, obwohl die Forschung schon seit mehr als 20 Jahren zeigt, dass dies kein guter Weg ist.
- *Unterscheidung zwischen Hypothese und abgesicherter Erkenntnis.* Wer viel mit Praktikern zusammenarbeitet, wird oft feststellen, dass Hypothesen mit Erkenntnissen gleichgesetzt werden, vor allem, wenn man eine Hypothese schon lange für richtig hält und sie von vielen Kollegen geteilt wird. Aus Sicht der Forschung bedarf es erst mehrerer kontrollierter Studien, um sich einigermaßen sicher sein zu können, ob eine Hypothese als abgesichert gelten kann. Ein gutes Studium schult das methodische Denken und hilft dabei, auch im Berufsalltag Sachverhalte systematisch zu hinterfragen.
- *Wahrscheinlichkeitszusammenhänge statt Determinismus.* Auch wenn die Forschung einen bestimmten Zusammenhang abgesichert hat, bedeutet dies nicht, dass der Zusammenhang immer unter allen Bedingungen anzutreffen ist. Umgekehrt kann der Einzelfall auch nicht den gefundenen Zusammenhang an sich infrage stellen. Wenn beispielsweise eine konkrete Stellenbesetzung mit einem unstrukturierten Interview zu einer guten Lösung geführt hat, bedeutet dies nicht, dass hochstrukturierte Interviews nicht grundsätzlich der bessere Weg wären. Aus der Spontanheilung eines Krebspatienten würde auch niemand den Schluss ziehen, man solle alle Patienten sich selbst überlassen. Es geht immer um Wahrscheinlichkeitszusammenhänge.
- *Offenheit für neue Erkenntnisse.* Die Geschichte der Wissenschaft ist auch eine Geschichte der Irrtümer und Sackgassen. Wer in den 50er Jahren Psychologie studierte, der hat auch noch gelernt, dass die Deutung der Handschrift etwas über die Persönlichkeit eines Menschen verraten kann. Inzwischen gibt es so viele Erkenntnisse, dass wir die Graphologie heute als völlig untaugliche Methode ansehen müssen. Hierin erkennt man den Unterschied zwischen einer Wissenschaft auf der einen Seite und einer Pseudowissenschaft oder einer Ideologie auf der anderen. Wissenschaft ist bereit,

zu lernen. Pseudowissenschaften und Ideologien ignorieren die Realität, wenn sie nicht ins Weltbild passt.

• *Mut*. Wissenschaft bedeutet auch, sich über Grenzen hinwegzusetzen, neues zu denken und auszuprobieren. Wäre Charles Darwin ein Angsthase gewesen, würden wir vielleicht immer noch glauben, die Nachfahren von Adam und Eva zu sein.

These 7: Exzellente Lehre bedeutet, Lernen lehren.

Es gehört zu den Binsenweisheiten der Wissensgesellschaft, dass ein Studium heute nicht mehr in der Lage ist, vollständig jenes Wissen zu vermitteln, dass für die Bewältigung beruflicher Aufgaben bis zur Rente benötigt wird. Jeder unserer Absolventinnen und Absolventen wird sich im Laufe seines Berufslebens neue Inhalte aneignen müssen. Eine wichtige Aufgabe der Hochschullehre besteht daher darin, den Studierenden das Lernen beizubringen. Im Psychologiestudium fällt dies vergleichsweise leicht. Bedingt durch den hohen Numerus Clausus sammeln sich hier ohnehin überwiegend lernstarke Personen. Zudem gehört das Thema Lernen zu den klassischen Forschungsgebieten der Allgemeinen Psychologie, dürfte also in keinem der einschlägigen Psychologie-Studiengängen fehlen. Dies ist aber sicherlich bei den meisten anderen Studiengängen kaum der Fall. Um das Lernen zu lernen, erscheinen vor allem zwei Strategien erfolgversprechend, eine explizite und eine implizite.

Die *explizite Strategie* besteht darin, das Lernen selbst zum Thema einer Lehrveranstaltung zu machen und das möglichst schon im ersten Semester. Dabei wären u.a. die folgenden Fragen zu beantworten: Wie recherchiere ich Literatur? Wie lese ich Fachliteratur? Wie unterscheide ich Wichtiges von Unwichtigem? Wie bereite ich Inhalte auf, um sie besser im Gedächtnis zu verankern? Wie sieht ein guter Zeitplan für die Vorbereitung auf Prüfungen aus? Wie gehe ich mit Lernblockaden um? Wo finde ich ggf. Unterstützung? Was kann eine Lerngruppe leisten, was nicht? In dem Zusammenhang bringt die Dominanz des Internets neue Probleme mit sich. Die Studierenden müssen lernen, kritisch mit Informationen aus dem Internet umzugehen. Was ist eine Behauptung, eine Meinung oder abgesicherte Erkenntnis? Wird hier ein Produkt vermarktet oder eine Information gegeben? Inwieweit handelt es sich um eine Primärquelle und hat die Darstellung eines Modells in der Tertiärliteratur noch viel mit dem Original zu tun? Eine Gefahr besteht auch darin, dass bestimmte Inhalte allein deshalb glaubwürdig erscheinen, weil sie immer wieder in verschiedenen Quellen auftauchen (Mere-Exposure-Effekt; Bornstein, 1989). Dabei wird leicht übersehen, dass ein Autor vom anderen abschreibt und kaum einer sich die Mühe macht, den Wahrheitsgehalt der Aussage zu recherchieren.

Die *implizite Strategie* besteht darin, dass wir den Studierenden auch entsprechende Lernleistungen abverlangen, das Studium also selbst ein Erfahrungsschatz des Lernens wird. In dem Zusammenhang müssen sich wahrscheinlich vor allem Fachhochschule fragen, ob sie in der Aufbereitung des Lernstoffs nicht hin und wieder über das Ziel hinausschießen, wenn die Studierenden eigentlich gar nicht mehr selbst Literatur recherchieren und mit Datenbanken arbeiten müssen, sondern nur die vorausgewählte Literatur replizieren. Das Bemühen, ein Maximum an Service zu bieten, steht zumindest dem Bemühen, Lernen zu lehren, partiell im Wege.

These 8: Exzellente Lehre ist ein gutes Stück weit didaktisches Handwerk.

Der Begriff der Vorlesung stammt aus einer Zeit, als Bücher noch unbezahlbare Kostbarkeiten waren. Der Professor stand am Katheder und las aus Bücher vor, wobei die Aufgabe der Studierenden nur darin bestand, mitzuschreiben. Eigentlich ging es darum, Abschriften der Bücher zu erzeugen. In manchen Fächern jenseits der Psychologie und wohl auch jenseits klassischer Naturwissenschaften hat sich noch viel von dieser Tradition gehalten. Der Professor betritt den Raum mit einem Stapel Papier und fängt an, vorzulesen, vielleicht hin und wieder unterbrochen durch eine Frage in die eine oder andere Richtung. In Zeiten von Kopierern und Scannern ist eine solche Veranstaltung schon lange, lange überflüssig.

Auch wenn nicht jeder Hochschullehrer in der Lage sein wird, ein rhetorisches Feuerwerk vor seinen Studierenden abzubrennen, so sollten doch alle in der Lage sein, zumindest die Grundlagen guter Didaktik zu beherrschen. Gute Didaktik ist zu einem großen Teil ein Handwerk, das sich erlernen lässt. Hierzu könnte man auch die mittlerweile wahrscheinlich flächendeckend verbreiteten Lehrevaluationen ernst nehmen. Dabei geht es nicht darum, jeden Studierenden in seinen individuellen Einzelinteressen glücklich zu machen. Das ginge schon deshalb nicht, weil die Interessen innerhalb der Gruppe der Studierenden häufig einander zuwiderlaufen. Es geht aber darum, „im Mittelwert" Zufriedenheit zu erzeugen. Wer verstehen will, wodurch sich eine gute Lehrveranstaltung auszeichnet, dem hilft vielleicht, wenn er sich an sein eigenes Studium erinnert und es genau anders macht als die meisten Hochschullehrer, in deren Vorlesungen man selbst eingeschlafen ist. Zu den Grundlagen gehören die folgenden Punkte:

- *Perspektivenübernahme:* Wer vor Publikum spricht, sollte sich grundsätzlich immer bewusst sein, wer die Zuhörer sind, welches Vorwissen vorausgesetzt werden kann, welche Sprache sie verstehen etc.. Es geht darum, sich in die Perspektive der Zuhörer hineinzudenken und sich darauf einzulassen. Wer vor Studierenden so spricht wie auf einem Fachkongress, muss geradezu scheitern.

- *Freie Rede:* Wer gern vorlesen möchte, der sollte dieses Bedürfnis lieber im Privaten, etwa in Form von Gutenachtgeschichten, befriedigen. Eine gute Vorlesung wird selbstverständlich in freier Rede mit Blickkontakt zum Publikum gehalten.
- *Visualisierung*: PowerPoint-Präsentationen sind vielen inzwischen zu einem Inbegriff langweiliger Vorlesungen geworden – zu Unrecht. Das Problem ist nicht PowerPoint, sondern derjenige, der damit nicht professionell umgehen kann. Wer seitenweise Auflistungen mit Spiegelstrichen oder Definitionen präsentiert, nutzt die Potenziale der Methode nicht richtig. Das ist ungefähr so, als würde man im Fernsehen keine Verfilmung der Buddenbrooks zeigen, sondern stundenlang Zusammenfassungen des Textes sowie hin und wieder eine Originalpasssage präsentieren. PowerPoint ist ein visuelles Medium. Es bietet die Chance, Inhalte grafisch darzustellen, um Strukturen und Prozesse deutlich zu machen, Zahlen, Bilder oder Filmsequenzen zu präsentieren. Diese Chance sollte man auch nutzen, nicht, weil es eine schöne Spielerei wäre, sondern weil es den meisten Menschen dabei hilft, komplexe Sachverhalte zu verstehen und im Gedächtnis besser zu speichern.
- *Beispiele und Anekdoten*: Zu einem guten Vortrag gehören auch Beispiele und Anekdoten, die ein Problem oder eine Problemlösung verdeutlichen und den Zuhörern später als Gedächtnisstütze dienen können. Dabei darf auch in den heiligen Hallen der Alma Mater durchaus mal gelacht werden, denn am Ende des Tages gilt auch für die Hochschulausbildung zumindest ein klein wenig: There's no business like showbusiness.
- *Interaktion*: Fragen des Dozenten ermuntern die Studierenden zum Mitdenken und dazu, sich selbst zu überprüfen, ob sie den Stoff bislang verstanden haben. Fragen der Studierenden helfen dem Dozenten, einzuschätzen, inwieweit er seine didaktischen Ziele bereits erreicht hat.
- *Praktische Übungen*: Da es in der Regel nicht nur darum gehen sollte, Wissen anzuhäufen, sondern auch mit diesem Wissen zu arbeiten, ergänzen praktische Übungen die klassische Vorlesung.
- *Referate*: Übernehmen die Studierenden selbst die Vermittlung des Stoffes, wird ihnen dies in der Regel dabei helfen, den Stoff besser zu verstehen, weil sie sich besser vorbereiten, wenn sie Inhalte vor einem Publikum präsentieren müssen. Zudem schulen sie die rhetorisch-didaktischen Grundkompetenzen, die heute in vielen Berufen vorausgesetzt werden. Ganze Lehrveranstaltungen allein über Referate abzuhalten, bei denen der Dozent nur gelangweilt in der Ecke sitzt, erscheinen jedoch weniger sinnvoll. Die Aufgabe des Dozenten ist es, falsche oder missverständliche Aussagen zu korrigieren bzw. mit seiner Expertise wichtige Sachverhalte noch in einem

anderen Licht erscheinen zu lassen – denn letztlich geht es nicht nur darum, dass eine Referatsgruppe ihre Leistungspunkte erhält, sondern auch darum, dass alle Übrigen etwas lernen. Selbstverständlich geht es nach dem Referat immer auch um ein differenziertes Feedback von Seiten des Dozenten an die Vortragenden, und zwar sowohl im Hinblick auf die Fachlichkeit als auch zur Didaktik.

These 9: Neue Medien bereichern die klassische Hochschullehre, ohne sie zu ersetzen.

Das Computerzeitalter bringt es mit sich, dass auch im Bereich der Didaktik computergestützte Medien eine gewisse Rolle spielen, die in Zukunft sicherlich noch deutlich wachsen kann. Schon heute zeigt die Forschung vielfältige Möglichkeiten des Einsatzes von Softwarelösungen in der Weiterbildung auf. Sie reichen von computergestützten Lernprogrammen inklusive Leistungstest zur individuellen Lernstandskontrolle über Hypertext/Hypermediasysteme und Computersimulationen, die komplexe Prozesse darstellen und spielerisch zum Ausprobieren einladen, bis hin zu Möglichkeiten, online in Arbeitsgruppen an ein und demselben Projekt zusammenzuwirken, Online-Diskussionen, Online-Tutorials und vieles mehr (vgl. Kanning, 2014b). All dies können sinnvolle Bereicherungen der Hochschullehre darstellen, wenn sie nicht eingesetzt werden, um eine innovative Methode einzusetzen, sondern weil sie sinnvoll sind. Hier verhält es sich ganz ähnlich wie bei klassischen Gruppenübungen in einem Seminar. Sie können sinnvoll sein, sind es oft aber nicht, weil sie bisweilen nur dazu dienen, „mal didaktisch etwas anders zu machen". Ein besonders lohnendes Einsatzgebiet dürften Weiterbildungsstudiengänge oder auch Weiterbildungsseminare sein, die von Hochschulen in zunehmendem Maße angeboten werden. Sie ermöglichen den Studierenden, vieles von ihrem Heimatort aus zu erledigen und dies meist auch zu Uhrzeiten, die ihrem sonstigen Zeitplan besser entsprechen als klassische Lehrveranstaltungen. Die Offenheit für solche Methoden dürfte bei den Studierenden weitaus größer sein als bei vielen Dozenten, die nicht mit dem Computer groß geworden sind.

Ob derartige Methoden mittelfristig auch in der Lage sind, Präsenzlehre vollständig zu ersetzen, muss die Zeit zeigen. Je schlechter die Präsenzlehre, desto eher dürfte eine vollständige Kompensation möglich sein. Je exzellenter die Lehre ausfällt, desto eher dürfte es sich nur um eine ergänzende Methodik handeln. Exzellente Lehre ist mehr als Methodik. Sie lebt von der Erfahrung, der pointierten Einordnung, der Rhetorik und nicht zuletzt auch vom Miteinander in der Gruppe der Studierenden. All dies wird sich wohl kaum in gleicher Weise durch Computerlösungen ersetzen lassen.

These 10: Exzellente Lehre ist weit mehr als Didaktik.

Lehre, die wahrhaft den Exzellenzstatus erreichen möchte, ist mehr als nur didaktisch ausgereift, und dies liegt wahrscheinlich in der Person des Dozenten begründet – genauer gesagt in der Passung zwischen der Person und ihren Aufgaben. Exzellenz zeigt sich darin, dass Hochschullehrer mit „Herzblut" bei der Sache sind, für ihr Arbeitsfeld „brennen", die Studierenden mit auf den Weg nehmen, um sie ein Stück weit mit ihrer Leidenschaft anzustecken. Auf dem Fundament guter didaktischer Handwerkskunst dürfte brillante Rhetorik gepaart mit Leidenschaft den Königsweg zur exzellenten Hochschullehre beschreiben. Motivationspsychologisch lässt sich die Leidenschaft ein Stück weit über das Konzept des Flows (Csikszentmihalyi, 2010) erklären. Flow bezeichnet einen Zustand, in dem sich die Eigenschaften einer Person mit ihren Fähigkeiten, Fertigkeiten, Motiven und Interessen voll und ganz mit den vor ihr liegenden Aufgaben decken. Die Aufgaben stellen weder eine Langeweile erzeugende Unterforderung dar, noch eine Überforderung, die negativen Stress auslöst; sie passt vielmehr perfekt. In diesem Zustand wird die Aufgabe nicht als Arbeit erlebt, sondern als erfüllende Betätigung. Die Aufgabenerfüllung ist zu einem Selbstzweck geworden.

Vor diesem Hintergrund wird deutlich, warum wirkliche Exzellenz kein Massenphänomen sein kann. Die wenigsten Hochschullehrer werden in der glücklichen Lage sein, dass sie ihre Berufung auch in der Lehrtätigkeit gefunden haben. Gute Personalauswahl und Weiterbildung kann helfen, besser zu werden, am Ende kommt es aber auf den Einzelnen an. Dies muss uns aber nicht traurig stimmen, denn es ist schon viel gewonnen, wenn zumindest einige der hier genannten 10 Thesen auf fruchtbaren Boden fallen. Auch wenn nicht immer wahrhafte Exzellenz erreicht wird, ist jeder Schritt in diese Richtung wertvoll.

Quellenangaben

Bartling, G., Engberding, M & Rist, F. (2010). Lehre in der klinischen Psychologie. In: U. P. Kanning, L. v. Rosenstiel & H. Schuler (Hrsg.). Jenseits des Elfenbeinturms: Psychologie als nützliche Wissenschaft (S. 141-154). Göttingen: Vandenhoeck & Ruprecht.

Bornstein, R. F. (1989). Exposure and Affect: Overview and Meta-Analysis of Research, 1968-1987. Psychological Bulletin, 106, 265-289.

Csikszentmihalyi, M. (2010). Das flow-Erlebnis. Jenseits von Angst und Langeweile: Im Tun aufgehen. Stuttgart: Klett-Cotta.

Kanning, U. P. & Thielsch, M. T. (2015). Wie bilden Personalpraktiker/innen sich weiter? Zeitschrift für Arbeits- und Organisationspsychologie, 59, 206-214.

Kanning, U. P. (2001). Psychologie für die Praxis: Perspektiven einer nützlichen Forschung und Ausbildung. Göttingen: Hogrefe.

Kanning, U. P. (2010). Praxisbezogene Lehre in der Arbeits- und Organisationspsychologie. In: U. P. Kanning, L. v. Rosenstiel & H. Schuler (Hrsg.), Jenseits des Elfenbeinturms: Psychologie als nützliche Wissenschaft (S. 155-167). Göttingen: Vandenhoeck & Ruprecht.

Kanning, U. P. (2013). Wenn Manager auf Bäume klettern: Mythen der Personalentwicklung und Weiterbildung. Lengerich: Pabst.

Kanning, U. P. (2014a). Mythos NLP. Skeptiker, 3, 118-127.

Kanning, U. P. (2014b). Prozess und Methoden der Personalentwicklung. In H. Schuler & U. P. Kanning (Hrsg.). Lehrbuch der Personalpsychologie (3. Aufl., S. 501-562). Göttingen: Hogrefe.

Kanning, U. P. (2015a). Coaching – Wirkungsvolle Methode oder esoterische Managerbespaßung? Skeptiker, 4, 168-176.

Kanning, U. P. (2015b). Personalauswahl zwischen Anspruch und Wirklichkeit – Eine wirtschaftspsychologische Analyse. Berlin: Springer.

Kanning, U. P. (2017). Personalauswahl an Hochschulen – Wie Professoren/innen ausgewählt werden sollten. Personal- und Organisationsentwicklung in Einrichtungen der Lehre und Forschung, 12, 73-87.

Kanning, U. P., Rosenstiel, L. v. & Schuler, H. (Hrsg.). (2010). Jenseits des Elfenbeinturms: Psychologie als nützliche Wissenschaft. Göttingen: Vandenhoeck & Ruprecht.

Kuhn, T.S. (1988). Die Struktur wissenschaftlicher Revolutionen (9. Aufl.). Frankfurt a. M.: Suhrkamp. (Original erschienen 1962: The structure of scientific revolutions)

Lakatos, I. (1982). Die Methodologie wissenschaftlicher Forschungsprogramme. Braunschweig: Vieweg.

Menkens, S. (2016). 41 Prozent der Jugendlichen machen inzwischen Abitur. – Online. Zugriff am 23.07.2017. Verfügbar unter: https://www.welt.de/ 156291438.

Peus, C., Braun, S., Hentschel, T. & Frey, D. (Hrsg.), Personalauswahl in der Wissenschaft – Evidenzbasierte Methoden und Tools. Berlin: Springer.

Popper, K.R. (1935). Logik der Forschung. Tübingen: Mohr.

Scheele, (2017). Ohne Studium kein Chefsessel? – Online. Zugriff am 23.07.2017. http://www.sueddeutsche.de/karriere/aufstiegschancen-ohne-studium-kein-chefsessel-1.3360747-2.

Schmidt-Mattern, B (2015). Deutschlands Akademikerparlament. – Online. Zugriff am 23.07.2017. http://www.deutschlandfunk.de/demokratie-deutschlands-akademikerparlament.862.de.html?dram:article_id=334191.

Statistisches Bundesamt (2017a). Absolventen/Abgänger nach Schularten insgesamt. – Online. Zugriff am 23.07.2017. https://www.destatis.de/DE /ZahlenFakten/Gesellschaft-Staat/BildungForschungKultur/Schulen/Tabellen/ AllgemeinBildendeBerufliche-SchulenAbschlussartInsgesamt.html.

Statistisches Bundesamt (2017b). Studierende. – Online. Zugriff am 23.07.2017. https://www.destatis.de/DE/ZahlenFakten/GesellschaftStaat/BildungForschungKultur/Hochschulen/Tabellen/StudierendeInsgesamtHochschulart.html.

Weber, W. W. (2010). Bewertungskriterien für die Besetzung von Professuren. In: U. P. Kanning, L v. Rosenstiel & H. Schuler (Hrsg.). Jenseits des Elfenbeinturms: Psychologie als nützliche Wissenschaft (S. 343-364). Göttingen: Vandenhoeck & Ruprecht.

Zeit-Online (2014). Schützt Bildung vor Hartz IV? – Online. Zugriff am 23.07.2017. http://www.zeit.de/wirtschaft/2014-11/bildung-qualifikation-hartz-iv-infografik.

14 Digitale Hochschullehre – Vom einfachen Integrationsmodell zur Künstlichen Intelligenz

Prof. Dr. Jürgen Handke

Abstract

Eine zeitgemäße Digitalisierung der Hochschullehre darf sich nicht auf eine ergänzende Nutzung von modernen Unterrichtstechnologien beschränken, sondern
sie gelingt erst durch eine vollständige Integration passender digitaler Elemente
und Szenarien in die Phasen des akademischen Lehrens und Lernens. Dabei entstehen neue, in der klassischen Lehre nicht realisierbare Kursformate, sowie bisher
nicht mögliche Individualisierungsoptionen, die durch den Einsatz KI-basierter
Methoden noch verstärkt werden können. Dass dabei zusätzlich zahlreiche Probleme der klassischen Hochschullehre gelöst werden können, ist ein willkommener
Nebeneffekt.
  Auf der Basis im Einsatz befindlicher digitaler Kurse beschreibt der Beitrag die verschiedenen ‚integrativen' Kursformate, die sich daraus ergebenden
Veränderungen für das Lehren und Lernen und bietet einen Ausblick in die Zukunft der digitalen Hochschullehre.

14.1 Ausgangslage

Trotz einer nahezu vollständigen digitalen Durchdringung unseres Alltags hat sich
die institutionelle Lehre bisher kaum verändert. Die überwältigende Mehrheit der
Lehrenden versteht unter ‚digitaler Lehre' ein Modell, das die klassische Lehre
mit optionalen digitalen Elementen, zumeist im PDF-Format, anreichert und sich
im Hörsaal moderner Technologien bedient (Wannemacher et al., 2016). Ein derartiges „Anreicherungsmodell" verändert die klassische Lehre allerdings nur geringfügig und führt zu einer zunehmenden Entwertung der Präsenzlehre. Nach der
Abschaffung der Präsenzpflicht an den meisten deutschen Hochschulen sagen sich
viele Studierende zu Recht: „Warum soll ich eine Präsenzveranstaltung besuchen,
wenn deren Inhalte – in welcher Form auch immer – im Netz stehen?" Die ergänzende Nutzung von modernen Unterrichtstechnologien und digitalen Inhalten allein macht noch keine digitale Lehre aus.

14.2 Nicht Anreichern sondern Integrieren

Erst die vollständige Integration digitaler Komponenten in die Lehre führt zu einem zeitgemäßen Lehr-/Lernmodell, das nicht nur zahlreiche Probleme der klassischen Hochschullehre löst (Handke, 2015, S.14ff), sondern neue, bisher nicht realisierbare Kursformate ermöglicht. In diesem 'integrativen' Modell verschieben sich die zentralen Aktivitäten des Lehrens und Lernens: Auf eine vollständig digitale Phase der selbstgesteuerten Inhaltsvermittlung folgt eine Phase der angeleiteten Inhaltsvertiefung, die – je nach Kursformat – in Präsenz oder ebenfalls vollständig digital realisiert werden kann (siehe Abbildung 1).

Phase	1: Inhaltsvermittlung	2: Inhaltsvertiefung
Lernziele	Wissen	Kompetenzen
Steuerung	Selbst	Begleitet
Verortung	Online	Präsenz/Online

Abb. 14.1: Das Gerüst der digitalen Lehre (Lerneinheit)

14.2.1 Der Flipped Classroom

Eine einfache Variante dieses Integrationsmodells ist der 'Flipped Classroom'. Dieses Modell, das derzeit vermehrt in Schulen Einzug hält, setzt auf kurze Lehrvideos zum Selbststudium in Phase 1 und widmet die darauf folgende Inhaltsvertiefungsphase in Präsenz primär dem Einüben und Vertiefen der digitalen Inhalte. Es geht zurück auf Baker (2000) und wurde ab 2012 durch die amerikanischen Chemielehrer Jonathan Bergman und Aaron Sams auch in Deutschland publik gemacht. Der Flipped Classroom setzt voraus, dass die Lernenden die digitalen Inhalte pflichtbewusst bearbeiten.

14.2.2 Der Inverted Classroom

Für die Hochschullehre ist ein einfacher 'Classroom Flip' nicht zielführend: Neben rein organisatorischen Unterschieden wie Kursgröße oder zeitlicher Taktung sind die Inhalte in den einzelnen Lerneinheiten komplexer, und – im Gegensatz zur schulischen Lehre – ist die Präsenzphase zumeist optional. Daher wird für die Hochschullehre ein komplexeres Modell benötigt. Dieses „Inverted Classroom" Modell geht auf Lage et al. (2000) zurück und wurde im deutschsprachigen Raum in Handke & Schäfer (2012, S. 94ff) erstmals ausführlich beschrieben.

Doch auch diese Variante des Integrationsmodells kann nicht garantieren, dass die Durchdringung des in Phase 1 angebotenen Stoffes vor der Inhaltsvertiefungsphase vorausgesetzt werden kann.

14.2.3 Das Inverted Classroom Mastery Model (ICMM)

Erst die Hinzunahme von zwischengeschalteten Testszenarien und die Aufwertung eines einfachen Inverted Classroom Modells zu einer Mastery-Variante bringt die gewünschten Effekte (Handke, 2016).

Phase	1a: Inhalts-vermittlung	1b: Mastery Test	2: Inhalts-vertiefung
Lernziele	Wissen	Wissen	Kompetenzen
Steuerung	Selbst	Selbst	Begleitet
Verortung	Online	Online	Präsenz/Online

Abb. 14.2: Das ,Inverted Classroom Mastery' Modell (Lerneinheit)

Die wichtigsten Rahmenbedingungen für das Gelingen des Inverted Classroom Mastery Modells sind (Handke, 2017a):

- ein komplexes Arsenal qualitätsgesicherter digitaler Lehrmaterialien für die selbstgesteuerte Inhaltsvermittlung,
- ein auf die digitalen Inhalte abgestimmtes System aus elektronischen Tests mit angemessenen Schwierigkeitsgraden vor der Präsenzphase,
- eine kompetenzorientierte Präsenzphase auf der Basis der digitalen Inhalte mit klar erkennbaren Mehrwerten: Kompetenztraining als Lern- und Prüfungsziel.

Zusätzlich bedarf es einer ausgewogenen Vorbereitung der Kursteilnehmer auf das ,invertierte' Lernen. Dazu bieten wir zwei zentrale Komponenten an, die vor Kursbeginn über die Lernplattform[50] bereitgestellt werden:

- das „Inverted Classroom Manifesto"[51], eine verschriftlichte Einstimmung auf das Lernformat,

---

[50]   The Virtual Linguistics Campus, http://linguistics-online.com
[51]   How the Inverted Classroom Works - A manifesto to students. The Virtual Linguistics Campus.http://bit.ly/2wSAOkS

- die digitalen „Class Preliminaries", ein multimediales online-FAQ-System zur Vertiefung der Prinzipien der digitalen Lehre mit zusätzlichen lernstrategischen und technischen Hinweisen.

Die Einhaltung dieser Rahmenbedingungen ist nicht einfach und bedarf eines hohen Entwicklungsaufwandes. Die Kursevaluationen und das hohe inhaltliche Niveau der so organisierten Kurse rechtfertigen allerdings diesen Aufwand, und die Messwerte weisen auf eine hohe Akzeptanz dieses Lehr-/Lernmodells hin.

Abbildung 15.3 zeigt die zentralen Messwerte für einen derartig organisierten Erstsemesterkurs.

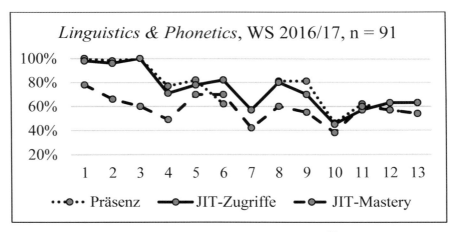

Abb. 14.3: Kursbasierte Evaluation der Phasen des ICMM[52]

Der Wert für die durchschnittlichen Just-in-Time-Zugriffe (JIT) auf die digitalen Inhalte, besitzt zwar keine Aussagekraft hinsichtlich der Durchdringung der Inhalte, zeigt aber, dass mit 74 % für alle bzw. 81 % für die nicht beeinträchtigten Lerneinheiten die überwältigende Mehrheit der Kursteilnehmer die entsprechenden Webseiten zumindest besucht hat. Und auch der JIT-Mastery-Wert liegt mit 59 % bzw. 63 % in einem ordentlichen Bereich, der zeigt, dass fast zwei Drittel

---

[52]   Der Kurs bestand aus 13 Lerneinheiten, mit 13 Präsenzsitzungen, von denen eine komplett ausfiel und drei weitere durch ‚äußere Umstände' beeinträchtigt waren: Sitzung 4 kollidierte mit der sog. ‚Reading-Week', in der alle Lehrveranstaltungen bis auf die untersuchte ausfielen, Sitzung 7 fand nicht statt, da der Kursleiter an der Abschlusskonferenz des Hochschulforums Digitalisierung teilnahm und an den Sitzungen 10 und 11 konnten zahlreiche Kursteilnehmer auf Grund des Nahverkehrsstreiks in Mittelhessen nicht teilnehmen.

der Studierenden vor der Präsenzphase ihr inhaltliches Wissen (Mastery) nachweisen konnten. Somit ist es auch verständlich, dass mit 75 % bzw. 79 % eine hohe Präsenzbeteiligung zu verzeichnen war.

Folgende zusätzliche Erkenntnisse ergeben sich aus diesen Werten:

a) Studierende arbeiten nach dem JIT-Prinzip immer dann, wenn die Präsenzphase zur Inhaltsvertiefung stattfindet. Ist sie bekanntermaßen ‚gefährdet', stellen sie ihre JIT-Aktivitäten zwar nicht ein, reduzieren diese aber erheblich.

b) Die JIT-Online-Zugriffe sind in den meisten Lerneinheiten höher als der jeweilige Mastery-Level. Somit gibt es immer einige Kursteilnehmer, die das Online-Material ohne Mastery-Nachweis bearbeiten.

c) Bei einer Präsenzteilnahme von 75 % und einem JIT-Mastery-Level von 59 % befinden sich naturgemäß auch Studierende ohne Mastery-Nachweis in der Präsenzphase. Mit 16 % handelt es sich dabei aber über eine überschaubare Gruppe.

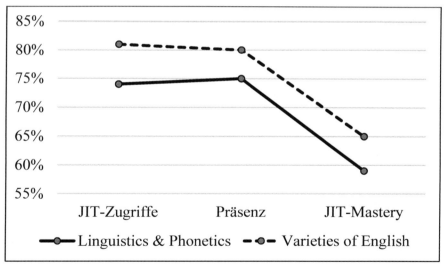

Abb. 14.4: Kurse im Vergleich

Die Messwerte aus anderen Inverted-Classroom-Kursen mit Studierenden höherer Semester bestätigen diese Erkenntnisse nicht nur, sondern übertreffen sie z.T. erheblich. Abb. 4 vergleicht den Erstsemester-Kurs „Linguistics & Phonetics" (n = 91, WS 16/17) mit dem Kurs „Varieties of English" (n = 22, SS 2017), dessen Zielpublikum Lehramtsstudierende kurz vor dem Staatsexamen waren.

Mit mehr als 65 % JIT-Mastery, 81 % JIT-Zugriffen und einer Präsenzteilnahme von 80 % werden in einem höher-semestrigen Kurs fast schon Idealwerte erzielt, die man dahingehend interpretieren kann, dass die Studierenden die Abläufe im Inverted Classroom Mastery Modell noch stärker verinnerlicht und darüber hinaus offenbar den Sinn einer kompetenzorientierten Präsenzphase noch besser verstanden haben.

14.3 Neue Parameter

Im Inverted Classroom Mastery wird der klassische Hörsaal zu einem kooperativen Lernort, bei dem mobile Endgeräte unverzichtbare Hilfsmittel sind, z.B. für die Recherche oder das Live-Voting. Dass dabei auch klassische Sitzreihen- oder U-Form-Architekturen nicht mehr zielführend sind und durch ‚Lerninseln' ersetzt werden sollten, an denen Kommunikation und Kooperation unter den Lernenden möglich werden, ist ein weiterer Nebeneffekt.

Als Lehrpersonen gewinnen wir durch den Wegfall der Notwendigkeit, Inhalte vor Ort vermitteln zu müssen, enorme Freiräume. Im hochgradig interaktiven Präsenzgeschehen können wir uns nun um einzelne Lerner kümmern, wir können durch gezielte Aufgaben fachspezifische und allgemeine Kompetenzen schulen, und es gibt neue Möglichkeiten der digitalen Kollaboration. Daher ist auch der Begriff ‚Lehre' kaum noch zielführend: Begriffe wie ‚Vernetztes' oder ‚Kollaboratives' Lernen in einem Lernraum, auf den auch der Begriff ‚Hörsaal' nicht mehr passt, bieten sich hier eher an.

In einer derartigen Präsenzphase ändert sich die klassische Lehrerrolle so, wie es die amerikanische Pädagogin Alison King bereits 1993 prophezeit hat: „From Sage on the Stage, to Guide on the Side" (dt. Vom Weisen auf der Bühne zum Begleiter an der Seite) und man wird zum „Lernbegleiter" (engl. Coach) mit einer permanenten Beratungsfunktion. Und so ganz allmählich erkennen auch die Studierenden den Wert dieser neuen Präsenzphase: Sie erscheinen, wie bereits erwähnt, auch nach Wegfall der Präsenzpflicht und fehlen nur selten.

Durch die starke Kompetenzorientierung der Präsenzphase hat sich auch das summative Prüfen verändert. Reine Wissenstests, z.B. über Multiple-Choice-Formate, spielen im ICMM nur noch als formative Mastery Tests im Selbstlernprozess eine Rolle (vgl. Abb. 2). In den elektronischen Klausuren am Kursende

dagegen werden primär Kompetenzen überprüft. Daher ist auch die Internetnutzung bei derartigen Prüfungen erlaubt.[53]
      Mit einem funktionierenden ICMM als Grundlage lassen sich nun diverse
Kursformate erzeugen, denen zwei zentrale Mehrwerte gemeinsam sind: Sie erhöhen die Studierbarkeit und lösen grundsätzliche Probleme der Hochschullehre.
      Eine dieser Problemlösungen ist sofort ersichtlich: Mit digitalen Kursfor-
maten lässt sich im Gegensatz zur traditionellen Lehre eine Garantie für die inhaltliche Quantität in jedem Kurs übernehmen, da die Inhaltsvermittlung nun digital
erfolgt und nicht an Präsenztermine gebunden ist. Diese inhaltliche Quantitätsga-
rantie kann in der klassischen Hochschullehre und ihrer potenziellen Beeinträch-
tigung durch Feiertage, Krankheit oder höhere Gewalt nicht übernommen werden.

14.4 Neue Kursformate

Ausgehend von der Grundstruktur des ICMM lassen sich nun neue Kursformate
generieren, die ohne eine digitale Phase der Inhaltsvermittlung nicht möglich wären. Dabei lassen sich zwei grundlegende Kurstypen unterscheiden (vgl. Abbildung 2):

- On-Campus-Kurse mit einer Inhaltsvertiefungsphase in Präsenz,
- Online-Kurse, mit einer rein digitalen Inhaltsvertiefungsphase.

Wichtig ist, dass eine Inhaltsvertiefungsphase in jedem Fall angeboten wird.
Kurse, die nur über eine Inhaltsvermittlungsphase und anschließende Tests verfügen, führen nur zu geringen Abschlussquoten (siehe Abbildung 6).

14.4.1 Das 2-in-1-Format

Ein mit traditionellen Ansätzen nicht realisierbares Kursformat ist das „2-in-1"-
Format. Mit diesem digitalen On-Campus Kursformat lässt sich auf elegante Art
und Weise das Zielgruppenproblem lösen, das insbesondere immer dann auftritt,
wenn Fächer oder Fachbereiche mehrere Studiengänge mit mehr oder weniger unterschiedlicher Ausrichtung zu bedienen haben. Für eine vollständige Differenzierung, z.B. eine Grundlagenveranstaltung für Bachelor- und eine für Lehramtsstudierende, fehlt allerdings in den meisten Fällen das Personal, und so werden trotz
unterschiedlicher inhaltlicher Anforderungen Studierende verschiedener Studiengänge an den meisten Hochschulen mit der gleichen undifferenzierten Lehrveranstaltung versorgt.

---

[53]   Neue Formen des E-Assessment Digitalisierung der Lehre. 2017. https://youtube/
        ZwAvpguiLmk Zugriff: 15.8.2017

Das 2-in-1-Format löst dieses Problem mühelos: In Phase 1 erhalten die unterschiedlichen Zielgruppen maßgeschneiderte digitale Inhalte, in der anschließenden Präsenzphase werden sie in eigenen Kohorten im Hörsaal platziert und dort mit zielgruppenspezifischem Übungsmaterial versorgt.[54]

14.4.2 Der FLOCK

Einer der am häufigsten genannten Mehrwerte, der im Zusammenhang mit der Digitalisierung der Lehre entsteht, ist die örtliche und zeitliche Unabhängigkeit des Lernens, zumindest in der Theorie. In der Praxis allerdings findet man kaum Beispiele, die ein zeitlich flexibles Lernen erlauben. Denn egal ob Flipped oder Inverted Classroom, bisher haben fast alle Institutionen die zentralen Phasen des Lehrens und Lernens stets an den für die Hochschullehre typischen Wochentakt gebunden und lediglich innerhalb dieses Wochentaktes die zeitliche Flexibilisierung ermöglicht.

Der FLOCK (Flexibler On-Campus Kurs) geht einen Schritt weiter. Neben dem Wochentakt, in dem alle 7 Tage eine neue Lerneinheit in den Fokus tritt, ist nun auch ein 5- oder 3-Tages-Takt wählbar, in dem alle 5 bzw. alle 3 Tage eine digitale Lerneinheit bearbeitet wird (Abb. 5).[55]

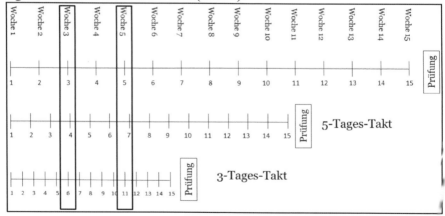

Abb. 14.5: Der FLOCK mit Kohorten-Markierung für ausgewählte Präsenzsitzungen

---

[54]   Das 2-in-1 Konzept Digitalisierung der Lehre. 2017. https://youtu.be/6h_0m1dsgZY Zugriff: 15.8.2017

[55]   Theoretisch könnten auch weitere Taktungen angeboten werden, allerdings hat sich das in der Praxis als kaum administrierbar herausgestellt, da dann zu viele Kohorten entstehen würden.

Der Vorteil des FLOCK erschließt sich für die Studierenden auf den ersten Blick. Wählen sie nämlich einen kürzeren Bearbeitungstakt als den traditionellen 7-Tages-Takt für die einzelnen Lerneinheiten, kann ihre Abschlussprüfung vorgezogen und die Gesamtheit ihrer Prüfungen am Semesterende entzerrt werden.

Die Inhaltsvertiefung erfolgt im FLOCK, wie in jedem On-Campus Kurs im Hörsaal. Dort ist nach wie vor der Wochentakt das Gebot. Für die unterschiedlichen FLOCK-Kohorten (siehe Abb. 5), wird daher, wie im 2-in-1-Format eine entsprechende Kohorten-basierte Sitzordnung hergestellt, um so die jeweiligen Zielgruppen mit maßgeschneidertem Übungsmaterial zu versorgen.[56]

Dass der FLOCK von den Studierenden angenommen wird, zeigen die Evaluierungsergebnisse von zwei FLOCKs mit insgesamt fast 200 Teilnehmern seit 2015: Mit 75 % wählte die überwältigende Mehrheit den 5-Tages-Takt, 10 % der Teilnehmer absolvierten den sehr kurzen und dadurch inhaltlich sehr anspruchsvollen 3-Tages-Takt, und nur ca. 15 % der FLOCK-Teilnehmer entschieden sich für den klassischen Wochentakt. Die typischen ICMM-Messwerte (JIT-Zugriffe, JIT-Mastery, Präsenzteilnahme) blieben vom FLOCK-Prinzip unberührt und bestätigen die bisherigen Beobachtungen.

14.4.3 SPOOKs

Es gibt während des Studiums Situationen, die es Studierenden unmöglich machen, an den der Inhaltsvertiefung gewidmeten Präsenzphasen von ICMM-basierten Kursen teilzunehmen. Typische Verhinderungsgründe sind Stundenplankollisionen oder Auslandsaufenthalte. In solchen Fällen kann man den Studierenden einen maßgeschneiderten Kurs anbieten, der nicht nur – wie bei jedem ICMM-basierten Kurs – die Phasen 1 und 1a, sondern auch die Inhaltsvertiefungsphase digital durchführt. Das ICMM wird somit zu einem SPOOK, einem „Spezialisierten On Campus Online-Kurs", ist Teil des Curriculums und nur für Studierende mit den in den Ordnungen festgelegten Teilnahmevoraussetzungen belegbar.

In einem solchen SPOOK wird die digitale Inhaltsvertiefung über ein Arsenal von Maßnahmen vorgenommen: über Web-Konferenzen, per E-Mail, über private Gruppen in sozialen Netzwerken, in persönlichen digitalen Sprechstunden, auch unter Zuhilfenahme von Tutoren.

Damit dieses sehr betreuungsintensive Kursformat, das die Studierbarkeit erheblich verbessert, allein schon aus kapazitären Gründen nicht zum Standard wird, sind schriftliche Bestätigungen über den Verhinderungsgrund der Präsenzteilnahme zwingend erforderlich.

---

[56] Das FLOCK Konzept Digitalisierung der Lehre. 2017. https://youtu.be/F7uWUeMH6UY Zugriff: 15.8.2017

14.4.4 Rahmenbedingungen für die digitalen On-Campus-Formate

Zur Realisierung und curricularen Verankerung der genannten digitalen On-Campus-Formate müssen zwei Rahmenbedingungen erfüllt sein:

1. Das Lehrpersonal muss neben der benötigten inhaltlichen Beratungskompetenz über eine umfassende Medienkompetenz verfügen, um sowohl die digitalen Kurskomponenten über die Lernplattform als auch die zusätzlichen digitalen Tools, wie z.B. digitale Elemente für die Kollaboration, administrieren zu können.
2. Grundlage für die Bemessung des Arbeitsaufwandes in den Studienordnungen und Modulhandbüchern kann nicht länger die Präsenz- oder Kontaktzeit sein, da diese je nach Kursformat durchaus auch reduziert sein kann (z.B. in der 3- oder 5-Tages-Kohorte im FLOCK oder bei den SPOOKs).

Während die Anforderungen an das Lehrpersonal nur durch umfangreiche Schulungsmaßnahmen realisiert werden können, ist die Lösung für die Bemessung des Arbeitsaufwandes einfach: Mit dem Passus „Zeit für die Inhaltsvermittlung und Erschließung" anstelle der Kontakt- oder Präsenzzeit in den relevanten Ordnungen können alle Kurse formal an das digitale Zeitalter angepasst werden (Handke & Schäfer, 2012:98).

14.4.5 MOOCs

Anders verhält es sich bei den MOOCs (Massive Open Online Courses), den offenen Online-Kursen, bei denen es keine Teilnahmebeschränkungen gibt. MOOCs werden zumeist in ‚Nebentätigkeit' oder unter Einsatz von Projektgeldern entwickelt und über dafür spezialisierte MOOC-Plattformen angeboten.[57]

Da MOOCs an deutschen Hochschulen in der Regel nicht kapazitätswirksam sind, hält sich die fachliche Betreuung der Teilnehmer während der MOOC-Laufzeit in Grenzen und wird zumeist über die sozialen Netzwerke geregelt. Eine intensive Betreuung im Rahmen einer Inhaltsvertiefungsphase, wie z.B. bei den SPOOKs, findet nicht statt und erklärt möglicherweise die geringen Abschlussquoten auch bei den MOOCs der Arbeitsgruppe des Autoren (Abb. 15.6).

Allerdings gibt es Schwankungen bei den Absolventenquoten zwischen 5 % und 20 %. Neben allgemeinen inhaltlichen Aspekten, wie z.B. Stofffülle, Präsentation

---

[57]   Die MOOCs der Arbeitsgruppe des Autoren werden seit 2016 über die Plattform MOOIN der onCampus GmbH der FH Lübeck angeboten: https://mooin.oncampus.de

oder Schwierigkeitsgrad, spielt sicherlich auch der Faktor Betreuung eine nicht zu unterschätzende Rolle.

MOOC	Inhalt	Teilnehmer	Absolventen
DEU4ARAB	Kontrastives Aussprache-training Deutsch/Arabisch	2.519	283 (11 %)
FIT4UNI	Das deutsche Hochschul-system Deutsch/Arabisch	1.194	66 (6 %)
Schule 4.0	Schnupperkurs: Schule 4.0	710	145 (20 %)
IWB 4.0	Interaktive Whiteboards für die Lehre	240	12 (5 %)

Abb. 14.6: MOOCs über MOOIN seit 2016

So war im MOOC *Schule 4.0* eine wissenschaftliche Hilfskraft nicht nur für die Entwicklung der Inhalte sondern auch für die Betreuung während der gesamten MOOC-Laufzeit beschäftigt worden und auch im MOOC DEU4ARAB, der 2016 mit dem Innovationspreis der deutschen Erwachsenenbildung ausgezeichnet wurde, konnte durch speziell zu diesem Zweck beschäftigte und ausgebildete bilinguale (Arabisch/Deutsch) Kursbetreuer eine leicht verbesserte Inhaltsvertiefung über die sozialen Netzwerke garantiert werden. Die Inhaltsvertiefungsphasen in den MOOCs FIT4UNI und IWB 4.0 dagegen blieben weitestgehend unbetreut.

14.4.6 pMOOCs

Um MOOCs auch ohne zusätzliche Lehrkapazitäten erfolgreich anbieten und höhere Abschlusszahlen erreichen zu können, haben die Entwickler des Virtual Linguistics Campus über die eigene Plattform mit den pMOOCs (p = permanent) ein weiterführendes MOOC-Format entwickelt. In diesem ständig verfügbaren online-Format, das insgesamt sechs linguistische Kurse permanent bereithält, gibt es keine Vorgaben über Kursanfang und Kursende. Ankündigungen und Hinweise fallen dadurch vollständig weg, alle administrativen Aktionen erfolgen automatisch, können aber von den Benutzern an die eigenen Bedürfnisse angepasst werden. So können die Kursteilnehmer ihre eigenen Lernrhythmen definieren (und auch wechseln), sie können Erinnerungsverfahren (de)-aktivieren, kurzum, sie können alle kursrelevanten Aktionen selbst bestimmen.[58]

Mit derzeit ca. 4.300 Teilnehmern (Stand August 2017) und einer Absolventenquote von 21 % werden zwar immer noch keine Idealwerte erreicht. Bedenkt man aber, dass die linguistischen pMOOCs ohne jegliche Betreuung durchgeführt werden und zahlreiche Teilnehmer das linguistische pMOOC-System nicht zum Zertifikatserwerb sondern zur punktuellen Weiterbildung oder auch zur Prüfungsvorbereitung nutzen, dann sind 21 % eine solide Abschlussquote.

Die Inhaltsvertiefung wird bei den linguistischen pMOOCs übrigens durch ein System von Übungsaufgaben, die mit Musterlösungen gekoppelt sind, durch ein System von Leitfragen und mit einem speziellen tutoriellen System gewährleistet. Diese bisher statischen Lehrunterstützungsangebote können als Ausgangspunkt für weiterführende Maßnahmen und eine benutzergerechtere Automatisierung der digitalen Lehre genutzt werden.

14.5 Künstliche Intelligenz

Auch wenn sich das Inverted Classroom Mastery Modell (Abb. 2) mittlerweile als digitales Lehr-/Lernmodell etabliert hat, gibt es eine Reihe von Ansatzpunkten für Verbesserungen.

Ein Ansatzpunkt bezieht sich auf das Szenario des Selbstlernens. Trotz der digitalen Durchdringung des studentischen Alltags fällt es vielen Studierenden immer noch schwer, ohne externe Disziplinierung ihren Lernprozess selbst zu steuern. Ca. 15 % der Teilnehmer eines Kurses kommen ohne Mastery-Nachweis in die Präsenzphase, und ca. 25 % erscheinen überhaupt nicht. Möglicherweise können hier neue software-basierte Methoden, die auf individuelle Lernerdaten zurückgreifen, helfen.

Eine zweite Verbesserungsmöglichkeit bezieht sich auf den Ablauf der Präsenzphase, die ja in den On-Campus-Formaten des ICMM durch kollaborative Problemlösung, Beratungen und Diskussionen gekennzeichnet ist. Diese hohen Anforderungen an den Lernbegleiter können oft nur durch zusätzliches Personal erfüllt werden. Mit humanoiden Robotern kann hier möglicherweise in absehbarer Zukunft für Entlastung und zusätzliche Unterstützung gesorgt werden.

Die Analyse und Nutzung von Lernerdaten (engl. *learner analytics*) sowie der Einsatz von humanoiden Robotern führen zu einer weiteren Individualisierung des Lernens und bieten damit Anknüpfungspunkte für den Einsatz von Prinzipien und Methoden der Künstliche Intelligenz (KI).

---

[58]   The VLC pMOOC Principle The Virtual Linguistics Campus. https://youtu.be/DO9LNOy-KOnA Zugriff: 18.8.2017

14.5.1 KI in den digitalen Phasen

Ausgangspunkt für die Nutzung KI-basierter Verfahren in den digitalen Phasen des ICMM ist die Möglichkeit des Zugriffs auf individuelle Lernerdaten über die Lernplattform unter Einhaltung vorhandener Datenschutzrichtlinien. Bei diesen Daten handelt es sich um personenbezogene Daten sowie um Daten, die sich auf das allgemeine Studier- sowie das kursbezogene Nutzerverhalten beziehen. Unter anderem sind dies:

- allgemeine Daten zur Person
- Daten über bereits belegte/absolvierte Kurse,
- JIT-Zugriffe, JIT-Mastery
- Daten zum Nutzerverhalten in der aktuellen Lerneinheit (Verweildauer auf einzelnen Webseiten, Nutzungssequenzen von Webseiten, Videolaufzeiten etc.)
- Mastery-Testergebnisse

Ziel ist es, aus Daten dieser Art Rückschlüsse über das allgemeine Studierverhalten sowie die spezielle Performanz im jeweiligen Kurs bzw. in den einzelnen Lerneinheiten zu gewinnen, um individualisierte Vorschläge zur Verbesserung des Selbstlernablaufs zu machen. Nach Robes (2017) lassen sich dabei verschiedene Stufen des Nutzerdaten-basierten Eingriffs identifizieren, deren (De)-Aktivierung allerdings stets unter der Kontrolle des Nutzers bleiben sollte:

- Stufe 1: Personalisierte Begrüßungen
  Durch Rückgriff auf die persönlichen Nutzerdaten lassen sich individuelle Begrüßungen und Anreden, wie bereits aus den sozialen Netzwerken bekannt, erstellen und damit eine persönliche Atmosphäre schaffen.

- Stufe 2: Inhaltliche Empfehlungen
  Die Einbeziehung von Leistungsdaten ermöglicht die maßgeschneiderte Anpassung von Übungsmaterial oder die Anpassung von Leitfragen sowie von Empfehlungen zum Selbstlernablauf.

- Stufe 3: Fragen beantworten
  Basierend auf den aktuellen Leistungsdaten, z.B. den Antworten auf system-generierte Fragen, lassen sich zusätzliche Fragen aufrufen, die den Stoff im Dialog punktuell vertiefen.

Diese drei Stufen sind bereits heute relativ problemlos realisierbar. Mit weiteren Stufen, die anhand der vorliegenden Nutzerdaten z.b. Lernziele setzen, individualisierte Rückmeldungen geben oder komplexe Lerndialoge mit den Benutzern führen, wird das Selbstlernen immer mehr personalisiert und für den einzelnen Lerner maßgeschneidert.

14.5.2 KI „im Hörsaal"

Im Hörsaal ist die Rolle des Lehrers zu der eines Lernbegleiters geworden, und das Präsenzgeschehen hat sich in eine Art Sprechstunde verwandelt, in der Beratung und Assistenz dominieren. Idealerweise sind dabei menschliche Berater am Start, die über allergrößtes Fachwissen und die benötigten Fachkompetenzen auf höchstem Niveau verfügen, je mehr desto besser. Diese Idealvorstellung ist aus verschiedenen Gründen unrealistisch.

Eine mögliche Alternative, das Team menschlicher Assistenten zu erweitern, besteht in der Integration humanoider Roboter. Ausgestattet mit den entsprechenden Applikationen, können sie möglicherweise die menschlichen Lernbegleiter entlasten, damit diese noch mehr Spielraum für eine individualisierte Beratung und maßgeschneiderte Kompetenztrainings in der Präsenzphase gewinnen.

Allerdings besteht hier noch erheblicher Forschungsbedarf, denn noch sind entsprechende Einsatzszenarien für humanoide Roboter in der Lehre weder bekannt noch erprobt. Mit dem vom BMBF-geförderten Projekt H.E.A.R.T. versucht der Autor mit seinem Team genau diese Lücke zu schließen (Handke, 2017b).

14.6 Zusammenfassung

Über viele Jahrhunderte hat sich die Hochschullehre kaum verändert. Sie ist an vielen Institutionen immer noch gekennzeichnet durch eine frontale Wissensvermittlung im Hörsaal und einem anschließenden selbstgesteuerten Prozess des Vertiefens, der durchaus auch mit digitalen Elementen und Szenarien angereichert sein kann. Dieses Szenario ist im 21. Jahrhundert nicht mehr zielführend. Die Wissensvermittlung als ehemaliges Kerngeschäft der Hochschulen lässt sich heute vollständig digitalisieren. Studierende besorgen sich ihr Wissen innerhalb dafür entwickelter Netzwerke und der ehemalige Hörsaal wird entweder zu einem vernetzten Lernort mit Beratungsfunktion und einem hohen Assistenzbedarf, oder er wird durch digitale Beratungsszenarien, die immer intelligenter werden, vollständig ersetzt.

Quellenangaben

Baker, W. (2000). The Classroom Flip. Selected Papers from the 11th Conference on Teaching and Learning. Jacksonville, Florida.

Handke, J. & Schäfer, A.M. (2012). E-Learning, E-Teaching und E-Assessment in der Hochschullehre. Eine Anleitung. München: Oldenbourg.

Handke, J. (2015). Handbuch Hochschullehre Digital. Leitfaden für eine moderne und mediengerechte Lehre. Marburg: Tectum.

Handke, J. (2016). Die Wirksamkeit der Präsenzphase im Inverted Classroom. In: E. M. Großkurth & J. Handke (Hrsg.). Inverted Classroom and Beyond. Marburg: Tectum Verlag: 27-40

Handke, J. (2017a). Gelingensbedingungen für den Inverted Classroom. In: J. Handke & S. Zeaiter (Hrsg.). Inverted Classroom and Beyond. Marburg: Nomos Verlag, 2017.

Handke, J. (2017b). Project H.E.A.R.T. https://www.project-heart.de. Zugriff 10.8.2017.

Lage, M., Platt, G. & Treglia, M. (2000). Inverting the Classroom: A Gateway to Creating an Inclusive Learning Environment. The Journal of Economic Education 31(1):30-43.

Robes, J. (2017). Chatbots as Teaching Assistants: Introducing a Model for Learning Facilitation by AI Bots. https://www.weiterbildungsblog.de. Zugriff. 20.8.2017.

Wannemacher, K. (2016). Digitale Lernszenarien im Hochschulbereich. Hochschulforum Digitalisierung, Arbeitspapier #15.

15 360°-Video in Trainings- und Lernprozessen

Prof. Dr. Andreas Hebbel-Seeger

Abstract

Der Einsatz von Film und Video als Werkzeuge in Trainings- und Lernprozessen ist etabliert, eine Begründung über aktuelle lerntheoretische Ansätze möglich und verschiedene konkrete Nutzungsszenarien sind dokumentiert und z.T. auch evaluiert. Mit der Möglichkeit der Abbildung einer (Lern-)Situation über alle Ebenen und Richtungen eröffnen 360°-Videos im Vergleich zu „klassischen" Bewegtbildformaten neue didaktische Optionen, die vor allem auf eine individuelle Raumaneignung durch die selbstbestimmte Auswahl und Veränderung eines Bildausschnitts sowie das immersive Potenzial dieser Aufnahmen aufsetzen.

Ausgehend von einer Betrachtung der Potenziale wird im vorliegenden Beitrag die 360°-Video-Technologie erklärt, Anwendungsbeispiele vorgestellt und erste eigene Erfahrungen in der Nutzung dieser vergleichsweise noch neuen Medien-Technologie diskutiert.

15.1 Einleitung

Neue Technologien eröffnen immer auch neue didaktische Optionen im Kontext von Lehr-/Lernprozessen. Die bis dahin ungeahnten und beinahe grenzenlos erscheinenden Möglichkeiten digitaler Medien verführten in den 90er Jahres des letzten Jahrhunderts dazu, das technologie-gestützte Lernen unter einer eigenen Begrifflichkeit (E-Learning) in Abgrenzung zu klassischen Lernformaten zusammenzufassen (vgl. z.B. Niegemann et al., 2004, S. 8ff.) und spitzten sich in der Frage zu, ob das Lernen neu erfunden werden müsse (Thissen, 1997). Dabei war die Nutzung digitaler Medien in Aus- und Fortbildungskontexten zunächst lange Zeit durch eine institutionelle Technologie-Hoheit geprägt: Hard- und Software waren teuer und Online-Zugänge kapazitär begrenzt. Insbesondere die immer leistungsfähigeren mobilen Endgeräte in Kombination mit einer in Volumen und Zugriffszeit akzeptablen Onlinekonnektivität haben inzwischen zu einer Durchdringung nahezu aller Gesellschaftsbereiche mit digitaler Technologie geführt und damit auch die Bedingungen für die Nutzung in Lehr-/Lernkontexten verändert: Unter dem Claim „Bring your own device" (Kerres et al., 2013) wird die Integration von „Alltagstechnologie" in einer Allianz aus wirtschaftlichen wie medienpädagogischen Interessen gefordert. Das eigene digitale Endgerät in Schülerinnen- und

Schülerhand ist längst zum Treiber einer Mediennutzung in Schule, Hochschule, Beruf und Freizeit geworden ist.

Das lässt sich kaum eindrucksvoller belegen als mit aktuellen Entwicklungen im Video- und Visualisierungsbereich: Einstige Hochtechnologie findet auf Konsumentenseite in Form einfach zu nutzender Apps eine weite Verbreitung in unterschiedlichsten Zusammenhängen und mit variierenden Zielsetzungen. Das Smartphone wird in Kombination mit einer einfachen Pappbrille zu einer Visualisierungsinstanz (z.B. Google Cardboard), für die gleichzeitig mit neuen Endgeräten die „Demokratisierung der Produktionsmittel" (Anderson, 2007) weiter voranschreitet: „Im Vergleich zu früheren Nutzungsszenarien mit Video (vor allem aus den 1970er Jahren im Rahmen der Lehrerbildung) kann man heute von stark veränderten Bedingungen ausgehen" (Vohle, 2013, S. 167). Parallel öffnen sich die großen Social-Media-Plattformen, wie beispielsweise YouTube oder Facebook, dieser Technologie und befeuern ihrerseits Verbreitung und Nutzung.

Die Beschäftigung mit innovativen Technologien im Bildungskontext impliziert die Gefahr, sich (zu weit) vom Anwendungsfall zu entfernen, indem über die Erkundung des technologisch Möglichen das didaktische Szenario (vgl. Kerres et al., 2009), auf welches die Mediennutzung einzahlen soll, in den Hintergrund gerät. Aus diesem Grund haben wir die Nutzung von 360°-Videotechnologie an konkreten Beispielen in der Sportpraxis erprobt und eine Anwendung im Hochschulkontext evaluiert.

Im vorliegenden Beitrag wird zunächst kurz auf die Bedeutung von Video im Kontext von Trainings- und Lernprozessen eingegangen und die hieran anknüpfenden Potenziale von 360°-Video skizziert: Lange Zeit hat die technologische Entwicklung von audio-visuellen Medien vor allem Auswirkungen auf Qualitäten, Zugänge und Usability gehabt. Mit 360°-Video eröffnen sich nun neue didaktische Optionen. Anschließend wird die Technologie zur Produktion und Rezeption von 360°-Inhalten vorgestellt und zu den häufig überlappend bis synonym verwendeten Begriffen der Virtuellen Realität und der Augmented Reality abgegrenzt. Schließlich werden Potenziale, Nutzungserfahrungen und empirische Befunde dahingehend diskutiert, ob und unter welchen Voraussetzungen und Bedingungen in welchen didaktischen Settings 360°-Video mehr als nur neue Perspektiven erschließt.

15.2 Erwartungen an das Lernen mit (360°-)Video

Die Nutzung von Film- und Videotechnologie für Lehr- und Lernzwecke hat sich in den unterschiedlichsten Lern- und Bildungsbereichen etabliert. Denn über die Auseinandersetzung mit einem Lerngegenstand *in einem authentischen Setting ohne Handlungsdruck*, wie es mittels Film und Video möglich ist, „wird es wahrscheinlich, dass das eigene Wissen expliziert und dann auch erweitert wird" (Vohle & Reinmann, 2014, S. 3). Der Prozess des Hineindenkens und Überdenkens einer Handlungssituation wird gemeinhin unter dem Begriff der Reflexion gefasst: „Education largely relies on reflection as the bridge that addresses the gab between theory and practice" (Khadeeja, 2015, S. 235). Treiber einer Reflexion kann dabei im Sinne eines hermeneutischen Zugangs ein Verständnisinteresse sein, dass aus einer konkreten Handlungssituation Gesetzmäßigkeiten in Form von „Wenn-Dann-Beziehungen" abzuleiten versucht, um die Lücke zwischen der konkreten Praxis und der Erklärung derselben als abstrahierte Theorie (siehe oben) zu schließen. Ober aber es wird in der Reflexion nach Alternativen einer Situationsbewältigung mit dem Ziel der Identifikation eines effizienteren und/oder effektiveren Handelns gesucht.

In jedem Fall sind der "Ausgangspunkt von Lernprozessen […] authentische Probleme […], die aufgrund ihres Realitätsgehalts und ihrer Relevanz dazu motivieren, neues Wissen oder neue Fertigkeiten zu erwerben" (Reinmann-Rothmeier & Mandl, 1996, S. 68f.). Dabei stellen audio-visuell dokumentierte Handlungssituationen ein erfolgreiches Hilfsmittel dar, weil in ihnen einerseits eine Problemstellung und ggf. auch ein möglicher Lösungsansatz im wahrsten Sinne des Wortes augenscheinlich wird und andererseits die Problemstellung durch die Einbettung in einen „echten", weil abgebildeten Handlungskontext eine Situierung erfährt. Die Situierung als eine wesentliche Variable eines erfolgreichen Lernprozesses gelingt wiederum umso erfolgreicher, je stärker es gelingt die Lernenden in das Geschehen hineinzuziehen; sie in eine Handlungssituation „eintauchen" zu lassen. Das immersive Potenzial (vgl. Slater & Wilbur, 1997) von 360°-Videos kann daher im Vergleich zu klassischen Video-Formaten als Mehrwert interpretiert werden, weil das Rezeptionserlebnis insbesondere unter Verwendung von Head-Mounted-Displays (vgl. Abb. 15.1), welche die Außenwelt weitgehend abschirmen und über die bewegungssensitive Steuerung des Bildausschnitts eine native, blickrichtungsgesteuerte Orientierung im Raum erlauben, an Authentizität gewinnt und ein Präsenzerleben (vgl. Singer & Witmer, 1998) befördert:

„360° videos can be highly immersive experiences that activate a sense of presence that engages the user and allows them to focus on the video's content by making the user feel as if he or she is physically a part of the environment" (Rupp et al., 2016, S. 2108).

"Immersion in video has a strong impact on the viewer's emotions, and especially arousal, their sense of presence and engagement. 360° videos

*could be highly immersive, by allowing the user the experience of being
surrounded by the video" (Ramalho & Chambel, 2013, S. 35).*

Abb. 15.1: 360°-Video-Rezeption mit Head-Mounted-Display „Zeiss VR One"

Der individuellen Auswahl des Bildausschnitts im Zuge der Rezeption von 360°-
Videos kommt darüber hinaus auch unter dem Aspekt der Wissenskonstruktion
eine besondere Bedeutung zu. Denn die Konstruktion und Rekonstruktion von
Wissen ist ein individueller Prozess, der auf den eigenen Kenntnissen und Erfahrungen aufsetzt, indem im Sinne des Konstrukts der Subjektiven Theorien (vgl.
z.B. Groeben et al., 1988) ein ständiger Abgleich und eine Modifikation der eigenen Weltsicht stattfindet. Entsprechend eröffnen hier 360°-Videos neue didaktische Optionen, weil die Nutzer in Abhängigkeit von ihren Interessen, Kenntnissen
und Erfahrungen den Raum durch eine subjektive Wahl des Bildausschnitts individuell erschließen und interpretieren können. Verschiedene Studien belegen eine
Differenz im Blickverhalten von Novizen und Experten (vgl. z.B. Ellert et al.,
2016). 360°-Videos scheinen daher potenziell besser geeignet als „klassische" Vi-
deo-Projektionen, um für unterschiedliche Phasen eines Lernprozesses adaptiert
werden zu können.

Der individuelle „Blick" auf eine Situation und entsprechend subjektive
Bewertungen und Interpretationen laden dazu ein, sich mit anderen über die eigenen Erfahrungen auszutauschen und diesen Austausch für die eigene Wissens(re-)
konstruktion zu nutzen. Vohle (2013) beschreibt das didaktische Potenzial eines

solchen Austausches anhand von 6 Elementen und liefert damit einen Begründungsansatz für die Methode des „Social Video Learnings":

> *„(a) das Treffen einer Gruppe, um ein Problem zu erörtern, (b) das Heranziehen von bedeutungshaltigen und interpretationsoffenen Inhalten, an denen sich eine lehrreiche Kontrovers entfachen lässt, (c) die Selektion von bestimmten Szenen, die aus dem Rahmen fallen, (d) die Nutzung von Medien [hier den Videos] zum Zweck der Anschaulichkeit, (e) die individuelle Interpretation ... und schließlich (f) die gesättigte Deutung und damit vorläufige Lösung des Problems" (Vohle, 2013, S. 166).*

Die Umsetzung dieser Methode auf Basis "klassischer" Videoformate in einer eigens entwickelten Softwareumgebung hat sich inzwischen in unterschiedlichen Anwendungskontexten bewährt (vgl. Vohle & Reinmann, 2014). Zumindest im Sinne des skizzierten Begründungsansatzes kommt auch hier 360°-Video-Inhalten aufgrund der Situierung einerseits sowie aufgrund der abgebildeten Komplexität in Form eines 360°-Raums andererseits ein potenzieller Mehrwert zu, der sich metaphorisch wie eine Sightseeing-Tour beschreiben lässt, bei der eine Reisegruppe, die sich gemeinsam mit einem Bus oder auf einem Boot bewegt, vom Fahrzeug aus in unterschiedliche Richtungen schaut und sich gleichzeitig gegenseitig auf die eigenen Entdeckungen hinweist.

15.3 360°-Video – Charakteristik, Produktion und Projektion

Die Abbildung eines Raumes in alle Richtungen charakterisiert 360°-Fotos und -Videos. Ausgehend von einem ausgewählten Fixpunkt, der Position der Kamera, wird ein Geschehen in seiner räumlichen Komplexität abgebildet. Dabei kann die Kamera entweder fest verortet sein, sodass sich das Geschehen drum herum entfalten muss, oder aber die Kamera ist beweglich und damit in der Lage einem Geschehen zu folgen, indem sie an ein Gerät (z.B. ein Kamera-Dolly, eine Drohne oder ein Sportgerät, ein Auto, ein Boot usw.) oder eine Person gekoppelt ist. Anders als bei „klassischen" Videoproduktionen gibt es dabei keinen Raum mehr hinter der Kamera. Alles ist immer im Bild; ein Kameraträger ebenso wie etwaige mit der Kamera ausgerüstete Protagonisten.

Um einen Raum in seiner Komplexität abbilden zu können, bedarf es einer Kamera mit mind. 2 diametral zueinander angeordneten Linsen, welche den Raum jeweils in einem Bildwinkel von 180° x 180° aufnehmen. Dabei liegt der tatsächiche Aufnahmewinkel bei ca. 185° in beide Ebenen, damit beide Aufnahmen für die nachfolgend notwendige Montage („Stitching") zu einem 360°-Bild leicht überlappen. Diese Überlappung ist notwendig, damit im Stitching-Prozess die einzelnen Aufnahmen analysiert und anhand von übereinstimmenden Merkmalen zusammensetzt werden können. Je nach Gerät erfolgt dieses „Stitching" in Echtzeit parallel zur Aufnahme oder im Nachgang mit einer speziellen Stitching-Software. Die Qualität des Stitchings-Prozesses macht sich dabei an der Schnittkante fest. Je dichter Objekte, welche von beiden Linsen aufgenommen werden, zur Kamera platziert sind, umso eher kommt es dabei zu Artefakten in der Darstellung, d.h. beispielsweise „Brüchen" in den Objektkanten. Hier zeigen sich in der aktuellen Gerätegeneration z.T. noch deutliche Unterschiede, die über die Software hinaus auch auf Seiten der Hardware konstruktionsbedingt durch die Anordnung der Linsen beeinflusst wird: Je kleiner der Abstand der diametral zueinander ausgerichteten Linsen ist, umso geringer fällt der sog. Parallaxen-Effekt aus.

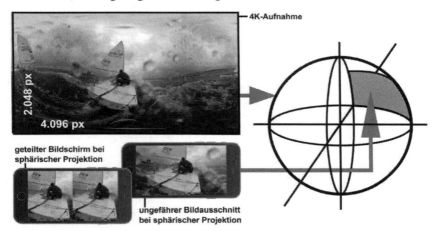

Abb. 15.2: Auflösung und Bildausschnitte der sphärischen Projektion einer 360°-Aufnahme

Aktuelle Doppellinsenkameras bieten zurzeit eine Auflösung von max. 4k. Dieser Wert scheint auf den ersten Blick sehr hoch, da selbst Kino-Produktionen kaum mit einer höheren Auflösung arbeiten. Allerdings wird bei einer 360°-Aufnahme, von Kugel-Projektionen oder Mercator-Projektionen abgesehen, immer nur ein Bildausschnitt betrachtet. Bei einer 4k-Aufnahme (4.096 x 2.048 Pixel) und einem üblichen Bildausschnitt von ca. 120 Grad ergibt sich bei einer sphärischen Projektion[59] je nach Endgerät für den Betrachter eine tatsächliche Auflösung von nur noch rund 1.376 x 768 Bildpunkten („Wide XGA"), die sich bei einer Projektion auf einem Head-Mounted-Display aufgrund der separaten Projektion für jedes Auge noch einmal halbiert (vgl. Abb. 15.2).

Für hochwertige 360°-Produktionen muss daher (noch) auf Multi-Kamera-Systeme zurückgegriffen werden. Dabei werden mehrere Kameras in einer speziellen Halterung (einem sogen. „Rig") derart miteinander gekoppelt, dass aus den parallel getätigten Einzelaufnahmen 360°-Fotos oder -Videos montiert werden können, bei welchen sich die spätere Gesamtauflösung jeweils aus der Addition der Werte der einzelnen Kameras errechnet. Bildwinkel, Auflösungen und Frame-Rates der Kameras müssen dabei nicht nur untereinander, sondern auch auf die Halterung (das „Rig") abgestimmt sein. Sofern diese Aufnahmen nicht Einzelbild-genau bereits bei der Aufnahme synchronisiert werden können, muss dieser Schritt in der Nachbereitung entweder auf optischer und/oder akustischer Basis nachgeholt werden, bevor die Montage (das „Stitching", s.o.) erfolgen kann. Die bereits im Zusammenhang mit den Doppellinsenkameras beschriebene Problematik der überlappenden Bildkanten und des Parallaxen-Effektes multipliziert sich bei Multi-Kamera-Systemen mit der Anzahl der Kameras (vgl. Abb. 15.3).

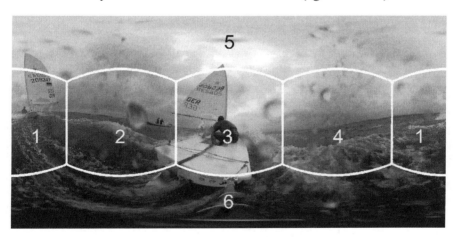

Abb. 15.3: Schnittkanten bei einem aus 6 Einzelaufnahmen montierten 360°-Bild

---

[59] Bei einer sphärischen Projektion befindet sich der Betrachter im Zentrum einer imaginären Kugel, auf deren Innenseite die 360°-Aufnahme projiziert wird. Der Betrachter sieht dabei immer nur einen Ausschnitt, der jedoch horizontal wie vertikal frei verschoben werden kann.

Hinzu kommen Artefakte, die sich aus fehlenden oder nicht exakt synchronisierten Einzelbildern ergeben. Auch wenn verschiedene Arbeitsschritte über entsprechende Stitching-Software automatisiert unterstützt werden, bleibt der Aufwand in der Nachbearbeitung hoch.

Die Projektion von 360°-Videos ist grundsätzlich auf unterschiedlichen Endgeräten und Geräteklassen möglich; auf Desktop-Computern oder Notebooks ebenso wie auf Tablet-PCs oder Smartphones. Vor allem die jeweils verfügbare Rechenleistung und der Arbeitsspeicher beeinflussen dabei zunächst das Darstellungsergebnis. Eine flüssige Projektion bei direkter Reaktion auf Benutzereingaben in Bezug auf die Wahl des jeweiligen Bildausschnitts setzt vergleichsweise leistungsstarke Hardware voraus.

Grundsätzlich lassen sich 360°-Inhalte, analog zu „klassischen" Video-Formaten, auch in Echtzeit übertragen („streamen"), um bpsw. Konferenzen oder Vorlesungen raumübergreifend zugänglich zu machen. In Ergänzung zu den oben beschriebenen Anforderungen an die verwendete Hardware für die Darstellung der Inhalte setzt das Streaming sowohl auf Sender- als auch auf Empfängerseite jedoch eine (sehr) hohe Datenübertragungsrate voraus. Denn während beim Streaming „klassischer" Videoformate in Full-HD-Qualität (2k; 1.920 x 1.080 Pixel) über Portale wie YouTube oder Vimeo je nach Codierung Datenmengen von ca. 12-16 MBit/s anfallen, muss beim Streaming von 360°-Videos in einer Auflösung von 4k (4.096 x 2.048 Pixel) schon mit einem um den Faktor 5 bis 6 höheren Datenvolumen kalkuliert werden. Entsprechend experimentieren die Betreiber einschlägiger Video- und Socialmedia-Plattformen, wie YouTube oder Facebook, mit zu „klassischen" Video-Formaten alternativen Algorithmen zur Komprimierung von 360°-Inhalten. Die unterschiedlichen Verfahren zeitigten dabei schon hohe bis sehr hohe Reduktionen des Datenvolumens, die sich jedoch noch deutlich auf die Bildqualität auswirken.

Voraussetzung für die Projektion von 360°-Inhalten ist, unabhängig vom jeweiligen Endgerät, eine spezielle Software. Je nachdem, ob die 360°-Inhalte lokal oder online vorliegen, werden dabei Server-basierte und Client-basierte Anwendungen unterschieden. Bei Server-basierten Anwendungen wird der benötigte Player ebenso wie der Content auf einem externen Server bereitgestellt und von dort aus on-demand online ausgeliefert. Das setzt nicht nur eine ausreichend schnelle und stabile Internetverbindung voraus (siehe oben), sondern stellt darüber hinaus spezifische Anforderungen an den Internet-Browser, welche nicht von allen Anwendungen erfüllt werden. So ist beispielsweise die durch den Benutzer manipulierbare Darstellung von 360°-Videos via YouTube mit Apples Safari-Browser (derzeit) nicht möglich, während Firefox- oder Chrome-Browser auf der gleichen Hardwareplattform eine entsprechende Projektion ermöglichen.

Liegt der Content nicht online sondern lokal vor, wird eine auf dem betreffenden Endgerät (Client) installierte Software, ein Player für 360°-Inhalte, benötigt. Die möglichen Optionen für die Steuerung des Players sind dabei abhängig vom verwendeten Endgerät. Während auf Desktop-PCs oder Notebooks die Auswahl des Bildausschnitts mit der Maus und/oder der Tastatur erfolgt („Drag and Drop"), bieten die sensitiven Bildschirmoberflächen von Tablets oder Smartphones die Möglichkeit der Steuerung mittels Wischbewegungen der Finger („Pan around"). Darüber hinaus sprechen die Softwarelösungen für mobile Endgeräte, Tablets wie Smartphones, i.d.R. optional auch auf die Lage des Gerätes im Raum an. Über die in diesen Geräten verbauten 3-Achsen-Gyroskope lässt sich der Bildausschnitt daher (auch) über die Ausrichtung des Gerätes beeinflussen. Will der Nutzer den Bildausschnitt nach links bewegen, schwenkt er oder sie entsprechend das Gerät. Soll der Blick nach oben gehen, wird das mobile Endgerät nach oben bewegt usw. („move around"). Diese Eigenschaft machen sich einfache Headsets (z.B. Google Cardboard, Samsung VR Gear oder Zeiss VRone) zunutze, welche mit Smartphones als Projektionsmedium zu einem Head-Mounted-Display verschmelzen und dadurch, analog zu proprietären Head-Mounted-Displays (auch „VR-Brillen") mit integriertem Monitor, wie die aktuellen Geräte von Oculus Rift, HTC oder Sony, eine native Blicksteuerung über Kopf- und Körperbewegungen möglich machen (vgl. Abb. 15.4).

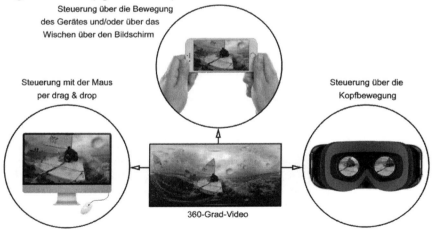

Abb. 15.4: Geräteabhängige Steuerung von 360°-Inhalten.

Insbesondere die Verwendung von Head-Mounted-Displays befördert über den Ausschluss äußerer (visueller) Reize in Kombination mit einer nativen Wahl des

Bildausschnitts über die Kopfbewegung ein hoch immersives Erlebnis[60]. Gleichzeitig müssen dabei jedoch Einschränkungen in der Bildqualität hingenommen werden, die aus der maximal möglichen Bildschirmauflösung, vor allem aber aus dem vergleichsweise dichten Abstand der Augen zum Bildschirm resultieren. Denn während Desktop- oder Notebook-Bildschirme mit einer Auflösung von Wide XGA (1.360 x 769 Pixel) bis Full-HD (1.920 x 1.080 Pixel) nur ca. 30° des horizontalen Blickfeldes ausfüllen, verteilen sich die 2.160 x 1.200 Pixel von aktuellen hochauflösenden VR-Brillen, wie der Oculus Rift oder der HTC Vive, auf einen horizontalen Sichtwinkel von 90° bis 110°. D.h. die maximale Auflösung innerhalb eines gleichen Sichtbereichs liegt bei VR-Brillen im Vergleich zu Desktoprechnern oder Notebooks etwa um den Faktor 3 bis 4 niedriger.

Die von HD-Bildschirmen gewohnte Bildqualität steht damit auf VR-Brillen, unabhängig der Qualität des Contents, (noch) nicht zur Verfügung, was, worauf später noch eingegangen wird, auf Seiten der Nutzer nicht selten zu Enttäuschungen führt. Darüber hinaus begünstigen die skizzierten technologischen Limitierungen schließlich auch das Auftreten sog. „Motion Sickness"[61] (vgl. z.B. Lawson, 2015). Analog zur Seekrankheit resultiert auch die „Seh-Krankheit" bei der Verwendung von VR-Brillen aus dem vermeintlichen Widerspruch zwischen den über das Gleichgewichtsorgan im Innenohr aufgenommenen Bewegungs-(Beschleunigung) und Lagereizen und den über die Augen aufgenommenen visuellen Informationen. Auftreten und Intensität sind individuell unterschiedlich ausgeprägt. Insgesamt lässt sich jedoch feststellen, dass die Wahrscheinlichkeit des Auftretens mit der Stärke der Kamerabewegungen im 360°-Videos korreliert: je stärker und schneller sich die Kamera bewegt und je größer dabei die Abweichungen aus der horizontalen Ausrichtung sind (z.B. bei Kurvenfahrten auf einem Fahrrad, der Bootsbewegungen auf bewegter See o.ä.), umso eher leiden die Nutzer unter dem besagten Effekt. In eigenen Studien konnten wir darüber hinaus beobachten, dass eine Eigenaktivität während der Rezeption von 360°-Videos, z.B. auf einem Fahrradergometer, die Effekte nivelliert; bei gleichwohl nach wie vor hoher interindividueller Differenz (vgl. Hebbel-Seeger, i.D.).

Während, wie beschrieben, die Darstellungsqualität von 360°-Videos auf VR-Brillen hinter einer Vollbildprojektion auf einem Computermonitor und selbst

[60] Slater und Wilbur (1997) konzentrieren sich in ihrer Definition von „Immersion" auf die Schnittstelle zwischen realer Umwelt und der medienvermittelten virtuellen Welt, indem sie den Grad einer Immersion an Aspekten festmachen, die an die Ausgabegeräte gekoppelt sind: Wie viele und wie umfänglich die menschlichen Sinne über vom Ausgabegerät generierte Reize angesprochen werden, wie umfänglich dabei die Ausgabegeräte die Nutzer von der realen Umwelt abschirmen und wie hoch die (technische) Qualität der Vermittlung ist (Bildschirmauflösung, Gesichtsfeld, Raumklang usw.).

[61] Z.T. werden die Symptome auch synonym als „Cybersickness" oder „Simulator Sickness" u.ä. bezeichnet (vgl. Lawson, 2015, S. 533f.)

auf einem mobilen Endgerät zurückbleibt, befördert die Teilung des Bildschirms und die separate wie zueinander leicht versetzte Darstellung des Bildes auf VR-Brillen die Raum- bzw. Tiefenwahrnehmung. Denn während sich monuklare Hinweisreize erfahrungsbedingt im Grunde aus jeder bildlichen Darstellung ableiten lassen, indem aus Größenunterschieden, Überlappungen und aufeinander zulaufenden Linien auf eine Anordnung im Raum *geschlossen* wird, machen sich VR-Brillen das Prinzip einer stereoskopischen Informationsaufnahme zunutze: Stereoskopische Informationen resultieren auf dem gleichzeitigen Fokussieren eines Objektes mit beiden Augen. Der seitliche Abstand der Augen zueinander bedingt dabei eine Parallaxe, aus welcher die Entfernung des fokussierten Objektes abgeleitet wird. Auf VR-Brillen wird daher der Bildausschnitt für jedes Auge leicht versetzt dargestellt; für das linke Auge ist das Bild leicht nach rechts verschoben und umgekehrt für das rechte Auge leicht nach links (vgl. Abb 15.5). Damit wird aus einem 2D-Video noch keine „echte" stereoskopische Projektion, da alle Objekte des Raums von der gleichen Position aus aufgenommen wurden. Dennoch bedingt schon die Verschiebung des Bildausschnitts einen stereoskopischen Effekt.

Abb. 15.5: Projektion eines Bildausschnitts separat für jedes Auge im Zuge der Darstellung auf einer VR-Brille. Erkennbar ist hier die leichte Verschiebung der beiden Bildausschnitte zueinander.

Nicht zuletzt die Projektion von 360°-Content auf VR-Brillen, die gleichermaßen die kinematografisch abgebildete Welt als auch am Computer generierte Inhalte zur Anzeige bringen können, ist sicher auch einer der Gründe dafür, warum in der allgemeinen Diskussion die Unterscheidung von 360°-Inhalten zu Virtueller Realität (VR) bisweilen verschwimmt. Diese Unterscheidung ist jedoch substantiell: Weil der Raum für die Visualisierung jeweils in Echtzeit berechnet wird, ist in VR-Welten die Kamera-Position zumindest potenziell frei wählbar. Der Handlungsverlauf muss nicht zwingend vorgegeben sein und eine Interaktion mit den Objekten im (virtuellen) Raum ist zumindest technologisch angelegt. Im Gegensatz dazu haben Nutzer von 360°-Videos „nur" die Möglichkeit innerhalb eines definierten Handlungsablaufs die Perspektive ausgehend von einer fixen Kameraposition aus zu erschließen. Weder kann der Handlungsverlauf verändert noch mit den abgebildeten Objekten interagiert werden.

Grundsätzlich ist auch eine Kombination von 360°-Video und virtuellen Inhalten als sog. „Mixed Reality" möglich. Diese Vermischung ist grundsätzlich über die gesamte Breite eines „Realitäts-Virtualitäts-Kontinuums" (vgl. Milgram et al., 1994, S. 283) denkbar: Von der realen- zur virtuellen Welt. Von einer erweiterten (augmented) Realität durch artifizielle Informationen (z.B. Dateneinblendungen oder virtuelle Objekte) bis hin zu virtuellen Welten, die im Sinne einer „Augmented Virtuality" (ebenda) durch statische oder dynamische Inhalte der realen Welt ergänzt werden.

„Augmented Reality" (AR) steht für eine Anreicherung der Weltsicht durch zusätzliche, artifizielle Informationen: „Augmentierte Realität ist eine unmittelbare, interaktive und echtzeitfähige Erweiterung der Wahrnehmung der realen Umgebung" (Broll, 2013, S. 246). In diesem Sinne lassen sich 360°-Videos um AR-Inhalte ergänzen, wenn beispielsweise Texte, terrestrische Informationen oder biomechanische Kennzahlen implementiert werden. Im eigentlichen Wortsinn steht AR jedoch für eine Erweiterung der Weltsicht in Echtzeit, d.h. häufig eine Überlagerung der realen Sicht auf die Umwelt mit Artefakten. Die zeitliche Komponente ist insofern bedeutsam, weil eine in Echtzeit generierte „Mixed Reality" zumindest potenziell eine Interaktion mit den Inhalten zulässt (wie beispielsweise beim Augmented Reality Game „Pokèmon Go") während es sich bei einer Mixed Reality in Form eines 360°-Videos mit artifiziellen Inhalten um eine konservierte „Wirklichkeit" handelt, welche lediglich eine optische Navigation innerhalb einer festgefügten inhaltlich-zeitlichen Struktur erlaubt.

15.4 360°-Video in Trainings- und Lernprozessen

360°-Videos bilden einen Handlungsraum vollständig ab. Damit eigen sich Videos dieser Provenienz in besonderem Maße für die Dokumentation komplexer Situationen, die durch eine Vielzahl von Variablen beeinflusst werden, die sich auf unterschiedlichen Ebenen und in unterschiedlichen Bereichen eines Handlungsraums manifestieren. Taktische Entscheidungen im Sport oder unterrichtliches Handeln in Lehr-/Lernkontexten können auf diese Weise mit ihren Kausalitäten abgebildet werden, um im Zuge einer späteren (Selbst-)Reflektion das Handeln und Verhalten zu erklären und mögliche Alternativen zu erschließen.

Je nach Bild-Qualität und -Auflösung eignen sich jedoch nur Situationen für die Dokumentation mittels 360°-Video, die sich in einem eng umgrenzten Raum um die Kamera herum entfalten. Denn Personen und Objekte in einer Entfernung von ca. 7-10 m und mehr sind kaum noch hinreichend zu erkennen. Während ein idealtypisches Klassenzimmer in diesem Sinne gute Voraussetzungen bietet, muss sich in einer Sporthalle bereits auf einen ausgewählten Bereich beschränkt werden. In größeren Handlungszusammenhängen, wie beispielsweise auf einem Spielfeld im Basketball- oder Fußballsport, müssen entsprechend mehrere Kamerasysteme parallel genutzt werden, um je nach Interessenschwerpunkt im wahrsten Sinne des Wortes „auf der Höhe des Geschehens" sein zu können.

Neben der Größe des abzubildenden Raums spielt die Positionierung und Montage der 360°-Kamera eine entscheidende Rolle. Weil die Steuerung des Bildausschnitts durch den Nutzer ein wesentliches Merkmal von 360°-Videos ist, sollte die Kamera, sofern nicht stationär an einem Ort, lediglich *eine* Bewegungsrichtung haben. Das lässt sich technisch z.b. über ein Kamera-Dolly oder eine Aufhängung an Seilbahnen (ähnlich einer sog. Spider-Cam) realisieren. Eine andere Option ist das Tragen einer 360°-Kamera beispielsweise auf einem Handstativ. Aufgrund der großen Bildwinkel wirkt das Bild selbst in diesem Fall noch einigermaßen stabil. Die Montage der Kamera beispielsweise auf einem Helm ist nur dann eine Option, wenn der Träger desselben seine Kopfrichtung stabil halten kann. Denn je häufiger, weiter und schneller die Ausrichtung der 360°-Kamera variiert, umso stärker kommt es zu Interferenzen mit der Bildsteuerung auf Nutzerseite. So haben eigene Studien in verschiedenen Sportarten gezeigt, dass beispielsweise aus der Montage auf dem Kopf eines Fußballspielers, der sich nicht nur fortlaufend auf dem Spielfeld orientieren muss (und damit beständig seinen Kopf bewegt) sondern dessen Laufwege darüber hinaus durch häufige Richtungswechsel gekennzeichnet sind, eine derart unruhige Bildführung resultiert, dass eine (in Bezug auf die Wahl des Bildausschnitts) interaktive Rezeption auf Nutzerseite unmöglich ist, während ein Radfahrer, der weder auf den Straßenverkehr noch Konkurrenten achten muss (und damit kaum bis keine Veranlassung zu Seitenblicken und dadurch intendierte Kopfbewegungen hat), als Kameraträger infrage kommt.

Ein wesentliches Kriterium für die Positionierung der Kamera ist ferner, *welches* Geschehen innerhalb eines größeren situativen Zusammenhangs im Fokus der Aufmerksamkeit stehen soll. Bei der Montage auf einem Segelboot bleibt die Kamera-Ausrichtung in Bezug auf das betreffende Fahrzeug selbst sowie die Crew (auf Grund des begrenzten Raums an Bord und des damit vergleichsweise kleinen individuellen Aktionsradius) stabil, während die Umgebung außerhalb des Boots, Ufer, Seezeichen und andere Wasserfahrzeuge, je nach Geschwindigkeit, Fahrtrichtung und Häufigkeit von Bootsmanövern (Richtungswechsel) um die Kamera herumwandert. Das Boot als Fixpunkt ist dann eine gute Wahl, wenn die Handlungen der Crew von Interesse sind und diese in Ihren Wirkungen und Reaktionen auf das Geschehen außerhalb des Bootes abgeschätzt werden sollen. Hierbei hat es sich unserer Erfahrung nach bewährt, die Kamera am Heck eines Bootes zu befestigen, sodass das Geschehen an Bord stets in seiner Gesamtheit erfasst werden kann. Eine Montage in der Bootsmitte zieht den Betrachter zwar dichter in das Zentrum des Geschehens, woraus ggf. aus einer ästhetisch-dramaturgischen Perspektive heraus ein Mehrwert entstehen kann. Weil aber für die relevante Betrachtung der Crew-Aktivitäten im Rahmen einer Analyse von Trainingsprozessen im Segelsport bei der Rezeption des 360°-Videos ein ständiger Wechsel des Bildausschnitts notwendig ist, hat sich diese Kameraposition aus Sicht von Spitzensportlern und Betreuern[62] nicht bewährt. Darüber hinaus macht sich bei der Montage im Cockpit auf Grund der kurzen Distanzen von Ausrüstungsgegenständen und Personen zur Kamera der Parallaxen-Effekt (vgl. vorangegangenen Abschnitt) deutlich bemerkbar, welcher bei einer Montage am Heck des Bootes und entsprechender Ausrichtung der 360°-Kamera weitgehend vermieden werden kann (vgl. Abb. 15.6).

---

[62]   Im Rahmen eines Kooperationsprojektes mit dem Deutschen Segler Verband (DSV) haben wir im Juni 2017 den Einsatz von 360°-Video in sportlichen Trainingsprozessen erprobt. Dazu haben wir 360°-Videos aus unterschiedlichen Montagepositionen an Bord von Segeljollen aufgenommen, den Sportlerinnen und Sportler sowie deren Trainern anschließend den produzierten Content auf unterschiedlichen Endgeräten (Notebook mit Track-Pad-Interface sowie Smartphone in VR-Brille) zugänglich gemacht und dabei mittels der Methode des Selbstkonfrontations-Interviews (vgl. Böhme, 2004. S. 136) die individuellen Erfahrungen und Einschätzungen exploriert.

Kamera-Montage am Heck   **Kamera-Montage im Cockpit**

Abb. 15.6: Vergleich zweier 360°-Aufnahmen auf einem Segelboot resultierend aus unterschiedlichen Montagepositionen der Kamera an Bord

In Handlungszusammenhängen, in denen das Agieren einzelner Personen im Zusammenspiel mit den situativen Bedingungen relevant ist, und in welchen die Protagonisten sich im Wesentlichen durch Bewegungen des Kopfes und weniger des Gesamtkörpers orientieren, hat sich ein Rucksackstativ als Montagemöglichkeit einer 360°-Kamera bewährt (vgl. Abb. 15.7).

Abb. 15.7: 360°-Kamera auf Rucksackstativ im Motocross-Sport

In einem Kooperationsprojekt mit dem Deutschen Motor Sport Bund (DMSB) haben wir 2016 das Verhalten von Streckenposten (sog. „Marshalls") in idealtypischen Wettkampfsituationen mit 360°-Video aufgezeichnet. Zielsetzung war die

Erstellung von audiovisuellem Content, der zu Ausbildungszwecken eingesetzt werden sollte. Im Rennbetrieb sind Streckenposten an jeweils einzelnen Abschnitten einer Rennstrecke positioniert. Kommt es zu einer Problemsituation, müssen sie unmittelbar mittels des Einsatzes von Flaggensignalen reagieren. Dabei handelt es sich i.d.R. um keine individuelle Handlung, sondern um eine konstatierte Aktion in Abstimmung mit den Streckenposten im unmittelbaren Umfeld vor und/oder nach einer identifizierten Gefahrenstelle. Im Sinne eines möglichst erfolgreichen Handelns müssen die Streckenposten dabei möglichst schnell, formal richtig (insbes. in Bezug auf die Wahl des „richtigen" Flaggensignals) und interindividuell einheitlich agieren.

Dies setzt voraus bereits die Entstehung von Problemsituationen möglichst frühzeitig erkennen und in ihren Konsequenzen richtig abschätzen zu können. 360°-Videos, aufgenommen mit einer auf einem Rucksackstativ montierten Kamera, erlauben es den Nutzern in Form einer 3rd-Person-View in die Rolle eines Akteurs zu schlüpfen[63], das Handeln der Protagonisten (insbes. Blickrichtung und Signalgebung) im Sinne einer Musterlösung zu interpretieren und darüber hinaus durch das freie Explorieren, das Sich-Umschauen unabhängig von der Blickrichtung der handelnden Personen, die Kausalitäten eines Geschehens zu erschließen (Wie entwickeln sich Gefahrensituationen im Motorsport? Welche Rolle spielen dabei Streckenführung, Zeitpunkt oder Konkurrenzsituationen usw.?) und in Beziehung zu setzen zum videografisch dokumentierten Handeln.

Bei der Rezeption von 360°-Videos kommt, wie oben beschrieben, der Nutzung von VR-Brillen eine besondere Bedeutung zu, da diese in hohem Maße auf ein immersives Erlebnis einzahlen, „als wäre man *wirklich* in der Situation". Dies bestätigen auch die Ergebnisse unserer Studie mit Aktiven des Deutschen Segler Verbandes, die angeben das Gefühl zu haben an Bord zu sein; nicht zuletzt, weil sich der für das Segeln typische immer wiederkehrende Wechsel des Blickes nach oben in das Segel und dem Blick nach vorn in Fahrtrichtung unter Verwendung einer VR-Brille bei der Rezeption eines 360°-Videos ähnlich vollzieht wie in der Segelpraxis.

Gleichzeitig beklagen die Aktiven jedoch eine „zu große Nähe" zum Geschehen, da der begrenzte Bildausschnitt eines 360°-Videos bei Verwendung einer VR-Brille dem für Reflexions- und Lernprozesse im Segelsport gewünschten Überblick über ein komplexes Geschehen im Wege steht. Entsprechend wird von den Segel-Sportlerinnen, -Sportlern und -Trainern gleichermaßen die Rezeption

---

[63]   Verschiedene Studien vor allem im Kontext virtueller Welten zeigen, dass der sog. 3rd-Person-View, der Blick auf den Rücken einer Person, ein hohes Identifikationspotential impliziert (vgl. z.B. Kallinen et al., 2007) und in manchen Settings realitätsnäher wahrgenommen wird als die sog. „Ego-Perspektive" quasi aus den Augen eines Protagonisten (vgl. Covaci et al. 2014).

von 360°-Videos auf Notebooks und Desktop-Rechnern bevorzugt, da hier aufgrund des größeren Bildwinkels stets ein größerer Ausschnitt des Gesamtgeschehens in den Blick genommen werden kann (vgl. Abb. 15.8).

Abb. 15.8: Vergleich des sichtbaren Bildausschnitts zwischen der Anzeige auf einem Notebook-/Desktop-Bildschirm und einer geteilten Projektion via VR-Brille.

Für die Reflexion und Analyse von Trainings- und Wettkampsituationen im Segelsport, so das Fazit, kommt 360°-Videos im Vergleich zu „klassischen" Video-Formaten ein Mehrwert zu, weil der komplexe Handlungsraum abgebildet und insbesondere in einer wiederholten Betrachtung aus (bzw. in) unterschiedliche Richtungen erkundet werden kann. Das Potenzial von 360°-Videos kommt dabei insofern zum Tragen, als dass sich, wie oben als Voraussetzung skizziert, die für eine Analyse relevanten Aspekte einer Handlungssituation im Segelsport tatsächlich in beinahe alle Richtungen um die Kamera herum entfalten: Konkurrenten, Windfelder, Landmarken und Seezeichen in einer horizontalen Ebene vor und hinter dem Boot sowie zu beiden Seiten, das Geschehen an Bord im Zentrum und das Segel sowie Wolken vertikal nach oben versetzt im oberen Bildausschnitt usw.

Beinahe gegenteilig verhält es sich mit einer idealtypischen Situation im Hochschulalltag: In einer Vorlesungssituation entfaltet sich das für Lernende relevante Geschehen lediglich frontal innerhalb eines begrenzten Aktionsraumes, der meist durch die Lehrenden und ergänzende Unterrichtsmaterialien in Form von projizierten Vortragsfolien gekennzeichnet ist. Der didaktische Wert dieser Settings soll hier nicht weiter diskutiert werden; auch wenn Reinmann 2009 fragt,

„wie es kommt, dass wir die Renaissance der Vorlesung feiern – einer tot geglaubten Lehrform aus früheren Zeiten. Erleben wir ein Comeback der „missglückten Säkularisation der Predigt" (Horkheimer, 1989, S. 21) dank bequemer elektronischer Distributionsformen?" (Reinmann, 2009, S. 256) und Hochmuth et al. (2009, S. 246) „so genannte „Unterrichtskonserven" [kritisieren], die aus einfachen Video-Audio-Aufnahmen von Frontalunterricht bestehen. Diesen fehlt in der Regel die spezifische, mediendidaktische und medienpädagogische Basis".

Auf der anderen Seite wird „die Vorlesung ... vielfach als das ideale Format wahrgenommen, um den zunehmenden Ansturm der Studierenden an die Hochschule bewältigen zu können. Durch die Bereitstellung von aufgezeichneten Vorlesungen im Internet wird darüber hinaus auch eine Entlastung der räumlichen Engpässe an Hochschulen erwartet" (Kerres & Preußler, 2013, S. 80).

Die Reichweite solcher Settings hat in den letzten Jahren massiv zugenommen. Vortragsaufzeichnungen als PodCast, auch „Lecture-Cast" (vgl. z.B. Hebbel-Seeger, 2010), werden als Service für Studierende (und auch zu Zwecken des Hochschulmarketings) angeboten und erhalten in didaktischen Settings wie dem „Flipped Classroom" (vgl. z.B. Milman, 2014; Weidlich & Spannagel, 2014) eine neue Funktion. Und in „MOOCs" (Massive Open Online Courses) werden Vortragsvideos aus einem institutionell (an-)gebundenen Präsenzsetting gänzlich herausgelöst (vgl. z.B. Grünewald et al., 2013).

Wir haben uns daher gefragt, ob und inwieweit sich das immersive Potenzial von 360°-Videos auf VR-Brillen im Vergleich zur Projektion einer „klassischen" Aufzeichnung auf einem Desktoprechner auf einen Lernerfolg auswirkt. Das Setting einer Vorlesung bedarf keiner Abbildung des gesamten Raums im 360°-Format, da sich auch mit einer „klassischen" Vortragsaufzeichnung im 16:9-Format Referent und ggf. verwendete unterstützende Medien abbilden lassen. Dennoch erwarteten wir positive Effekte durch eine verbesserte Aufmerksamkeit auf Grund der Reduktion äußerer Einflüsse bei der Verwendung einer VR-Brille sowie durch eine stärkere Annäherung an gewohntes Lernverhalten in einem Frontalunterricht.

In einer explorativen Studie mit 30 Studierenden im Studiengang Medienmanagement am Campus Hamburg der Hochschule Macromedia haben wir daher über eine einfache Lernerfolgskontrolle in Form eines Multiple-Choice-Tests im Anschluss an den Konsum der Aufzeichnung einer ausgewählten Einheit der Vorlesungsreihe „Grundlagen der BWL" als 360°-Video auf VR-Brille sowie als „klassisches" 16:9-Video auf einem Desktoprechner nach Hinweisen auf eine differierende Medienwirkung gesucht. Alle Probanden hatten die besagte Vorlesungsreihe belegt, die als Präsensveranstaltung in einem wöchentlichen Rhythmus angeboten wird. Anstelle des gewohnten Besuchs der Präsenzveranstaltung wurde den Probanden etwa zur Hälfte der Vorlesungszeit im Wintersemester 2016/2017 die ca. 45-minütige und parallel produzierte Aufzeichnung[64] einer anstehenden Vorlesung mit entsprechend noch unbekanntem Inhalt als 360°-Video auf VR-Brille bzw. als 16:9-Video auf einem Desktoprechner angeboten. Die Verteilung der Probanden auf die beiden Treatmentgruppen erfolgte auf Basis einer Befragung zum individuellen Interesse an aktuellen Entwicklungen im Bereich der Medien- und Kommunikationstechnologie sowie zur Selbsteinschätzung der domainspezifischen (BWL-) Kenntnisse.

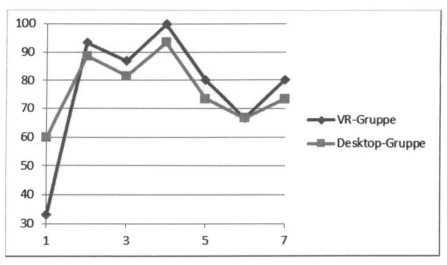

Abb. 15.9: Auswertung der Lernerfolgskontrolle im Vergleich der beiden Treatment-Gruppen (auf der x-Achse sind die Fragen abgetragen; auf der y-Achse die richtige Beantwortung in Prozent[65] im Gruppenmittel)

---

[64] Während das 360°-Kamera-System in Kopfhöhe in der ersten Sitzreihe des Vorlesungsraums positioniert wurde, erfolgte die „klassische" Videoaufzeichnung leicht erhöht aus dem hinteren Teil des Raumes.

[65] Trotz der geringen Stichprobengröße habe ich mich hier für die Quantifizierung in Prozent entschieden, um den Vergleich zwischen den beiden Gruppen mit am Ende unterschiedlicher Probandenanzahl (14 in der VR-Gruppe und 15 in der Desktop-Gruppe) auf graphischer Ebene zu erleichtern.

Während die „VR-Gruppe" die Vortragsaufzeichnung im 360°-Video-Format in Einzelsitzungen über eine VR-Brille konsumierte, wurde den Probanden der „Desktop-Gruppe" die 16:9-Video-Aufzeichnung in Full-HD-Auflösung (1080p) ebenfalls in Einzelsitzungen auf einem 21''-iMac gezeigt. Im direkten Anschluss an die Rezeption der Vorlesungsaufzeichnungen hatten die Probanden jeweils einen aus sieben Fragen bestehenden Multiple-Choice-Test zu den Vorlesungsinhalten zu beantworten, der chronologisch in Analogie zur Vorlesung sortiert war. Darüber hinaus wurde um eine Selbsteinschätzung des Lernerfolgs gebeten. Im Sinne einer Retensionsuntersuchung wurden die Multiple-Choice-Fragen ca. sechs Wochen später erneut zur Beantwortung in die Abschlussklausur zur Lehrveranstaltung eingebettet.

Im Ergebnis beantworten die Probanden der „VR-Gruppe" die Fragen im Anschluss an das Treatment, mit Ausnahme der ersten Frage, erfolgreicher als die Probanden der „Desktop-Gruppe" (vgl. Abb. 15.9). Die Unterschiede sind jedoch nicht signifikant und kehren sich im Rahmen der Retensionsuntersuchung um. Gleichzeitig ist die Selbsteinschätzung des Lernerfolgs der Probanden der „VR-Gruppe" im Vergleich zu denen der „Desktopgruppe" geringer; gleichwohl auch hier unterhalb eines Signifikanz-Niveaus.

Das schlechtere Abschneiden der Probanden der VR-Gruppe in der ersten Frage führen wir auf den Neuigkeitsreiz des Mediums zurück. Während die Desktop-Gruppe keinen erkennbaren Anlass hatte, der von der Rezeption der Videoaufzeichnung ablenkte, waren die Probanden der VR-Gruppe in den ersten Minuten des Treatments (anhand der Kopf- und Körperbewegungen von außen deutlich erkennbar) mit der Exploration des Raums beschäftigt. Ähnliche Beobachtungen machen auch Rupp et al. (2016, S. 2108):

> „We found that greater expectations and reported feelings of presence led to less information recalled during the simulation, potentially indicating the novelty of VR experiences may overwhelm learners."

Die Autoren mutmaßen ferner, dass der Mehrwert von 360°-Videos durch eine unzureichende Lernerwartung auf Seiten der Probanden nivelliert werden könnte:

> "Motivation may also play a role in this relationship. One theory, the Expectancy Theory of Motivation (Vroom, 1964) posited that a person's beliefs about a task will impact an individual's overall performance on the task." (Rupp et al., 2016, S. 2109).

Tatsächlich fällt, wie oben bereits angesprochen, in unserer Studie die Selbstein-schätzung bezüglich des Lernerfolgs bei den Probanden der VR-Gruppe geringer aus als bei den Probanden der Desktop-Gruppe, was möglicherweise auch seinen Niederschlag in der Beantwortung der Frage findet, welches Videoformat zukünf-tig für die Rezeption von Vorlesungen bevorzugt wird. Lediglich 3 Probanden der VR-Gruppe würden sich auch zukünftig eher bis sicher für eine 360°-Video-Auf-zeichnung einer Vorlesung entscheiden, während bei 2 unentschiedenen Proban-den die übrigen 10 eher bis sicher dem „klassischen" Format den Vorzug geben. Damit fällt das Ergebnis in Bezug auf das 360°-Video-Format sogar noch schlech-ter aus als in der Desktopgruppe, bei der sich immerhin 6 von 15 Probanden zu-künftig eher dem 360°-Video annehmen würden; wenngleich auch hier erwartet werden darf, das Neugiermotivation bei der Beantwortung hineinspielt, da das 360°Format für die Mehrheit der Probanden bis dahin noch weitgehend unbekannt war.

Trotz der Länge des Treatments von ca. 45 min. spielt Motion- bzw. Simu-lator-Sickness beim Konsum der 360°-Inhalte kaum eine Rolle, was neben der Produktions- und Projektionsqualität[66] vermutlich auch an dem vergleichsweise statischen Geschehen einer Vorlesungssituation liegt. Lediglich ein Proband bricht das Treatment nach knapp 8 min. mit entsprechenden Symptomen ab[67]. 10 der verbliebenen 14 Probanden geben in einer Post-Befragung an, ein starkes bis sehr starkes Präsenzerleben gehabt zu haben, was wir als Bestätigung für den erwartet hohen Immersionsgrad des Mediums werten. Diese Einschätzung wird auch durch die Beobachtung gestützt, dass einzelnen Probanden der VR-Gruppe im Verlaufe der Vorlesungsrezeption versuchten mittels entsprechender Kopf- und Armbewe-gung auf die eigene Armbanduhr zu schauen, was in dem geschlossenen 360°-Video-Raum nicht funktionieren kann und jeweils für eine kurzfristige Überra-schung sorgte, wenn die Probanden dieses Raumkonfliktes gewahr wurden.

Die Geschlossenheit des 360°-Raums wurde von den Probanden im Nach-gang aber nicht nur positiv im Sinne eines Immersionserlebnisses goutiert, son-dern im Kontext des Vorlesungssettings kritisch beurteilt, da beispielsweise Mit-schriften oder Skizzen nicht möglich sind.

---

[66] Das 360°-Video wurde mit einem Multi-Lens-Kamera-System (Freedom 360-Rig bestückt mit 6 GoPro Hero4 Black-Edition Kameras) in 12k-Auflösung aufgenommen, aufwändig gestitcht und nachbearbeitet (das Rendering des 360°-Videos erfolgte am Ende in 2k-Auflö-sung), während die verwendete VR-Brille „Oculus Rift Developer Kit 2" zum damaligen Zeit-punkt mit einer Auflösung von 1920x1080 Bildpunkten die beste Projektionsqualität der sich am Markt befindlichen Geräte bot.

[67] Verschiedene Studien beschreiben in Bezug auf das Auftreten von Motion-Sickness Gender-Effekte (vgl. z.B. Mufano et al., 2017). In der hier zur Rede stehenden Studie betraf Motion Sickness einen männlichen Probanden; bei einem Geschlechterverhältnis von 11 weiblichen zu 4 männlichen Probanden in beiden Treatment-Gruppen.

15.5 Zusammenfassung und Ausblick

Die zentralen Argumente für die Verwendung von 360°-Video in Trainings- und Lernkontexten sind die komplexe Abbildung eines Situationsraums, der aufgrund der freien Wahl des Bildausschnitts individuell erschlossen werden kann, sowie das immersive Potenzial, insbesondere unter Verwendung von VR-Brillen, welches Nutzer in eine Situation „eintauchen" lässt und damit ein (Präsenz-)Erlebnis schafft, das aufgrund seines Erlebnisgehalts in Kombination mit der Situierung einer Lernsituation in besonderem Maße geeignet scheint eine nachhaltige Lernwirkung zu erzielen:

> *„Activating presence engages the user and has been associated with both an increased recall of the virtual experience and increased situation awareness of their virtual environment" (Rupp et al., 2016, S. 2108).*

Der potenzielle Mehrwert von 360°-Aufnahmen im Vergleich zu „klassischen" Videoformaten, die individuelle Erkundung einer Situation durch die freie Manipulation des Bildausschnitts, geht jedoch einher mit einer Beschränkung der mittelbaren Einflussnahme auf das Erleben der Nutzer, weil die Auswahl, Beschränkung und Komposition des Bildausschnitts im Sinne einer Aufmerksamkeitssteuerung weitgehend entfällt, woraus sich wiederum besondere Anforderungen an ein „Story-Telling" im Rahmen von 360°-Videos ableiten (vgl. vgl. Beer, 2016; Hebbel-Seeger, 2017).

Insgesamt lassen sich mit 360°-Video auch (Lern-)Situationen vermitteln, die für die Rezipienten nicht unmittelbar zugänglich sind, weil sie entweder zeitlich und/oder räumlich nicht oder nur schwer erreichbar sind (z.B. weil sie in anderen Ländern, Kontinenten oder Planeten verortet[68] oder aus einer Perspektive aufgenommen worden sind, wie der Flug eines Vogels[69], der dem Menschen verschlossen ist) oder die aufzusuchen (zu) gefährlich wäre (z.B. Laboratorien, in denen mit gefährlichen Gütern experimentiert wird, Gegenden, von denen eine Gesundheitsgefahr ausgeht[70] oder Orte, die Aufzusuchen besondere Fertigkeiten erfordern[71] usw.). Die Erschließung dieser Potenziale im Zuge von schulischen

---

[68]   z.B. das Projekt des Senders ARTE über die Polar-Region: http://polarsea360.arte.tv/de/
[69]   z.B. der Flug über die Dolomiten quasi auf dem Rücken eines Adlers:
       https://youtu.be/7E3XcO9DozY
[70]   z.B. ein Bericht von SpiegelTV aus der verstrahlten Zone rund um das Kernkraftwerk
       Tschernobyl: https://youtu.be/4zLZx1Zk8rE
[71]   z.B. das Balancieren auf einem Hochseil über einem Canyon: https://youtu.be/JtAzMFcUQ90

Lern- und Bildungsprozessen hat sich beispielsweise das Projekt „Google Expeditions"[72] zum Ziel gesetzt, das auf Basis vorkonfigurierter Soft- und Hardwarebundles didaktische Materialien zu unterschiedlichen Themenkomplexen sowie Schulungen dazu für Lehrerinnen und Lehrer anbietet (vgl. z.B. Brown & Green, 2016; Vishvanath et al., 2017).

Am Beispiel verschiedener Projekte in der Sportpraxis sowie einer Studie im Hochschulkontext haben wir die Variablen eines erfolgreichen Einsatzes von 360°-Video erkundet und nach Hinweisen für eine spezifische Lernwirkung im Vergleich zu „klassischen" Videoformaten gesucht. Dabei haben wir allerorten Bestätigungen dafür gefunden, dass trotz der eingangs beschriebenen Einschränkungen in Bezug auf Sichtfeld und Bildqualität vor allem die Kombination aus 360°-Video und VR-Brille hoch immersive Erlebnisse intendiert, die für die Nutzer einem Shift von einer Außensicht zur „teilnehmenden Beobachtung" gleichkommen. Dass sich diese besondere Erlebnisqualität im Vergleich zu „klassischen" Videoformaten auch in einer verbesserten Lernleistung niederschlägt, konnten wir empirisch nicht nachweisen. Im Gegenteil deuten andere Studien darauf hin, dass das Präsenzerlebnis möglicherweise auch mentale Kapazitäten bindet und mithin die Lernleistung sogar negativ beeinflussen kann:

"It may also be that the act of being present may require mental effort and attention" (Rupp et al., 2016, S. 2112).

Unsere Studie im Segelsport zeigte darüber hinaus, dass in manchen situativen Kontexten die medienvermittelte Nähe zu einer Handlung, unabhängig eines möglicherweise reizvoll empfundenen Immersionserlebnisses, ein angestrebtes Nutzungsziel überlagert, indem der Vorteil eines Handlungsüberblicks mittels 360°-Video durch das eingeschränkte Sichtfeld einer VR-Brille nivelliert wird.

Insgesamt handelt es sich bei 360°-Video-Technologie noch um eine vergleichsweise junge Entwicklung, die jedoch bereits den „Sprung" in den Massenmarkt mit erschwinglichen sowie einfach zu bedienenden Geräten für eine Rezeption ebenso wie für eine Produktion von Inhalten geschafft hat. Die Möglichkeiten (Abbildung eines komplexen Geschehens, individuelle Raumaneignung, immersive Rezeption) einerseits und Einschränkungen (Sichtfeld, Bildqualität, veränderte Aufmerksamkeitslenkung bzw. Blickführung) dieser Technologie andererseits gelten jedoch nicht gleichermaßen und generell für Trainings- und Lernsituationen. Vielmehr spielen die Charakteristik des jeweiligen Darstellungsgegenstandes, die situativen Bedingungen der Aufnahmesituation sowie des Rezeptionskontextes ebenso eine Rolle wie Zielgruppe und Rezeptionsziel.

---

[72]   https://edu.google.com/expeditions/#about

Aktuelle Explorationen werden derzeit häufig noch durch einen Neuigkeitsreiz überlagert. Der „Hype" um VR und 360°-Video (Zhou, 2017) wird wieder nachlassen während gleichzeitig die technologische Entwicklung weiter voranschreitet. Die Entwicklung und Erprobung von Anwendungsszenarien in Trainings-, Lern- und Bildungskontexten ist daher kein „Spiel" mit dem technisch Möglichen, sondern die Auseinandersetzung mit zeitgemäßen Lerngelegenheiten.

Quellenangaben

Anderson, C. (2007). The Long Tail – der lange Schwanz. Nischenprodukte statt Massenmarkt – Das Geschäft der Zukunft. München: Hanser.

Beer, J. (2016). Creating Worlds, Not Scenes: Why 360 Video Is A Whole New Way Of Storytelling.   https://www.fastcompany.com/3061134/creating-worlds-not-sceneswhy-360-video-is-a-whole-new-way-of-storytelling (23.08.2017)

Böhme, J. (2004). Qualitative Schulforschung auf Konsolidierungskurs. In: W. Helsper & J. Böhme (Hrsg.), Handbuch der Schulforschung (S. 127-158). Wiesbaden: Springer.

Broll, W. (2013). Augmentierte Realität. In: R. Dörner, W. Broll, P. Grimm & B. Jung (Hrsg.), Virtual und Augmented Reality (VR/AR) (S. 241-294). Berlin, Heidelberg: Springer Vieweg.

Brown, A. & Green, T. (2016). Virtual Reality: Low-Cost Tools and Resources for the Classroom. TechTrends 60, 5, 517–519.

Covaci, A., Olivier, A.-H. & Multon, F. (2014). Third Person View And Guidance For More Natural Motor Behaviour In Immersive Basketball Playing. Proceedings of the 20th ACM Symposium on Virtual Realtiy Software and Technology (S. 55-64). New York/USA: ACM.

Ellert, G., Kossak, T.-N., Sheppard, J., Walz, M., Dallwig, S. & Günther, P. (2016). Using Eye Tracking to Analyze Surfers' Gaze Patterns. https://www.tobiipro.com/fields-ofuse/human-performance/customer-cases/using-eye-tracking-to-analyze-surfers-gazepatterns/ (23.08.2017)

Groeben, N., Wahl, D., Schlee, J. & Scheele, B. (1988). Das Forschungsprogramm Subjektive Theorien. Tübingen: Francke.

Grünewald, F., Mazandarani, E., Meinel, C., Teusner, R., Totschnig, M. & Willems, C. (2013). openHPI: Soziales und Praktisches Lernen im Kontext eines MOOC. In: A. Breiter, D. Meier & C. Rensing (Hrsg.), Proceedings der Pre-Conference Workshops der 11. e-Learning Fachtagung Informatik - DeLFI 2013 (S. 143-154). Berlin: Logos.

Hebbel-Seeger, A. (2010). PodCasting im Sport. In: M. Danisch & J. Schwier (Hrsg.), Sportwissenschaft 2.0 (S. 23-43). Köln: Strauß.

Hebbel-Seeger, A. (2017). Innovative Videoformate im Sport. Markenkommunikation mit 360-Grad und VR. In: J. Förster, A. Hebbel-Seeger, T. Horky & H.-J. Schulke (Hrsg.), Sport und Stadtentwicklung (S. 316-346). Aachen: Meyer & Meyer.

Hebbel-Seeger, A. (i.D.). 360 Degrees Video and VR for Training and Marketing within Sports. Athens Journal of Sports.

Hilzensauer, W. (2008). Theoretische Zugänge und Methoden zur Reflexion des Lernens. Ein Diskussionsbeitrag. Bildungsforschung 5, 2, 18 S. https://open-journals4.uni-tuebingen.de/ojs/index.php/bildungsforschung/article/viewFile/77/80 [21.08.2017]

Hochmuth, H., Kartsovnik, Z., Vaas, M. & Nistor, N. (2009). Podcasting im Musikunterricht. Eine Anwendung der Theorie forschenden Lernens. In: N. Apostolopoulos, H. Hoffmann, V. Mansmann & A. Schwill (Hrsg.), E-Learning 2009 - Lernen im digitalen Zeitalter (S. 246-255). Münster: Waxmann.

Horkheimer, M. (1989). Zum Problem des akademischen Unterrichts (Vortrag). In: Rektorenkonferenz (Hrsg.), Hochschulautonomie, Privileg und Verpflichtung. Reden vor der Westdeutschen Rektorenkonferenz: 40 Jahre Westdeutsche Rektorenkonferenz 1949-1989 (S. 19-30). Hildesheim: Lax.

Kallinen, K., Salminen, M., Ravaja, N., Kedzior, R. & Sääksjärvi (2007). Presence and emotion in computer game players during 1st person vs. 3rd person playing view: evidence from self-report, eye-tracking, and facial muscle activity data. In Proceedings oft the 10th Annual International Workshop on Presence (S. 187-190). Barcelona, Spain: ISPR (International Society of Presence Research). https://astro.temple.edu/~lombard/ISPR/Proceedings/2007/Kallinen, %20et %20al.pdf [16.08.2017]

Kerres, M., Heinen, R. & Schiefner-Rohs, M. (2013). Bring your own device: Private, mobile Endgeräte und offene Lerninfrastrukturen an Schulen. In: D. Karpa, B. Eickelmann & S. Graf (Hrsg.), Digitale Medien und Schule. Zur Rolle digitaler Medien in Schulpädagogik und Lehrerbildung (S. 129-145). Immenhausen: Prolog.

Kerres, M. & Preussler, A. (2013). Zum didaktischen Potenzial der Vorlesung: Auslaufmodelle oder Zukunftsformat? In: G. Reinmann, M. Ebner & S. Schön (Hrsg.), Hochschuldidaktik im Zeichen von Heterogenität und Vielfalt (S. 79-98). Bad Reichenhall: BIMS.

Kerres, M., Stratmann, J., Ojstersek, N. & Preussler, A. (2009). Digitale Lernwelten in der Hochschule. In: K.-U. Hugger & M. Walber (Hrsg.), Digitale Lernwelten (S. 141-156). Wiesbaden: Springer.

Khadeeja, I.-D. (2015). Immersion within 360 video settings: Capitalising on embodied perspectives to develop reflection-in-action within pre-service teacher education. In: T. Thomas, E. Levin, P. Dawson, K. Fraser & R. Hadgraft (Hrsg.), Research and Develoment in Higher Education: Learning for Life and Work in a Complex World, Vol. 38 (S. 235-245). Hammondville/Australia: Herdsa.

Lawson, B.D. (2015). Motion Sickness Symptomatology and Origins. In K.S. Hale & K.N. Stanney (Hrsg.), Handbook of Virtual Environments: Design, Implementation, and Applications (S. 531–599). Boca Raton: CRC Press.

Milgram, P., Takemura, H., Utsumi, A. & Kishino, F. (1994). Augmented Reality: A Class of Displays on the Reality-Virtuality Continuum. Proceedings of SPIE Vol. 2351, Telemanipulator and Telepresence Technologies. http://etclab.mie.utoronto.ca/people/paul_dir/SPIE94/SPIE94.full.html (21.08.2017)

Milman, N.B. (2014). The Flipped Classroom Strategy. What Is it and How Can it Best be Use? Distance Learning 11, 4, 9-11.

Munafo, J., Diedrick, M. & Stoffregen, T.A. (2017). The virtual reality head-mounted display Oculus Rift induces motion sickness and is sexist in its effects. Experimental Brain Research 235, 3, 889–901.

Niegemann, H.M., Hessel, S., Hochscheid-Mauel, D., Aslanski, K., Deimann, M. & Kreuz-
berger, G. (2004). Kompendium E-Learning. Berlin, Heidelberg: Springer.

Ramalho, J. & Chambel, T. (2013). Immersive 360° Mobile Video with an Emotional Perspective. Proceedings of ImmersiveMe 2013 (S. 35-40). Bacelona/Spain: ACM.

Reinmann, G. (2009). iTunes statt Hörsaal? Gedanken zur mündlichen Weitergabe von wissenschaftlichem Wissen. In: N. Apostolopoulos, H. Hoffmann, V. Mansmann & A.
Schwill (Hrsg.), E-Learning 2009. Lernen im digitalen Zeitalter (S. 256-167). Münster: Waxmann.

Reinmann-Rothmeier, G. & Mandl, H. (1996). Lernumgebungen mit neuen Medien gestalten. In: D. Beste, M. Kälke & U. Lange (Hrsg.), Bildung im Netz. Auf dem Weg zum
virtuellen Lernen Berichte, Analysen, Argumente (S. 65-74). Düsseldorf: VDI.

Rupp, M.A., Kozachuk, J., Michaelis, J.R., Odette, K.L., Smither, J.A. & McConnel, D.S.
(2016), The effects of immersiveness and future VR expectations on subjective-expe-
riences during an educational 360° video. Proceedings of the Human Factors and Er-
gonomic Society 2016 Annual Meeting. https://www.researchgate.net/profile/Dani-
iel_Mcconnell3/publication/307946445_The_effects_of_immersiveness_and_fu-
ture_VR_expectations_on_subjec-tive-experiences_during_an_educa-
tional_360_video/links/57fbe7b108ae51472e7e816f/The-effects-of-immersiveness-
and-future-VR-expectations-on-subjec-tive-experiences-during-an-educational-360-
video.pdf [21.08.2017]

Singer, M.J. & Witmer, B.G. (1998). Measuring Presence in Virtual Environments: A Presence Questionnaire. Presence: Teleoperators and Virtual Environments 7, 3, 225-240.

Slater, M., & Wilbur, S. (1997). A framework for immersive virtual environments (FIVE):
Speculations on the role of presence in virtual environments. Presence: Teleoperators
and Virtual Environments 6, 6, 603–616.

Thissen, F. (1997). Das Lernen neu erfinden. Grundlagen einer konstruktivistischen Multi-
media-Didaktik. In: U. Beck & W. Sommer (Hrsg.), LearnTec ´97. Tagungsband (S.
69-79). Karlsruhe: Kongress- und Ausstellungs-GmbH.

Vishvanath, A., Kam, M. & Kumar, N. (2017). Examining Low-Cost Virtual Reality for
Learning in Low-Resource Environments. Proceedings of the 2017 Conference on
Designing Interactive Systems (S. 1277-1281). New York/USA: ACM.

Vohle, F. (2013). Relevanz und Referenz. Zur didaktischen Bedeutung situationsgenauer
Videokommentare im Hochschulkontext. In: G. Reinmann, M. Ebner & S. Schön
(Hrsg.), Hochschuldidaktik im Zeichen von Heterogenität und Vielfalt (S. 165-182).
Bad Reichenhall: BIMS.

Vohle, F. & Reinmann, G. (2014). Social video learning and social change in German sports
trainer education. International Journal of Excellence in Education 6, 2, 11 S.
https://journals.hbmsu.ac.ae/Pages/GetPDF.aspx?AID=304&UID=00000000-0000-
0000-0000-000000000000 (21.08.2017)

Weidlich, J. & Spannagel, C. (2014). Die Vorbereitungsphase im Flipped Classroom. Vor-
lesungsvideos versus Aufgaben. In: K. Rummler (Hrsg.), Lernräume gestalten - Bil-
dungskontexte vielfältig denken (S. 237-248). Münster: Waxmann.

Zhou, C. (2017). Ending the Hype Cycle: A Discussion of Today's Challenges and Oppor-
tunities in 360 Degree Video. https://virtualrealityreporter.com/ending-hype-cycle-
discussion-todays-challenges-opportunities-360-vr-vide/ [23.08.2017]

16 Anforderungen an die Hochschulen der Zukunft aus der Sicht der Unternehmen

Elisabeth Schinwald

Abstract

Von den verschiedenen Perspektiven, aus denen das Thema „zukunftsorientierte Gestaltung von Hochschulen und Hochschulunterricht" beleuchtet werden soll, trägt dieser Beitrag die Sicht einer Personal- und HR-Verantwortlichen bei. Der Abschluss des Studiums der Autorin liegt mehr als ein Jahrzehnt zurück. In diesen Jahren hat sich vieles an den Hochschulen getan, zum einen wurden durch den Bologna-Prozess die meisten Studiengänge auf Bachelor und Master umgestellt und zum anderen hat sich das Angebot an Studienmöglichkeiten vervielfacht. Mittlerweile bieten 22 öffentliche Universitäten und 21 Fachhochschulen rund 1.400 Studien/-gänge an.

Dieser Beitrag soll die Anforderungen, Erwartungen und Wünsche an Hochschulabsolventinnen und -absolventen aus Unternehmenssicht beisteuern.

16.1 Ausgangslage

In der Tat gibt es viele Aspekte zu berücksichtigen. Allein die naheliegende Antwort, dass die Hochschulen die Studierenden für den Arbeitsmarkt vorbereiten sollen, ist wohl zu kurz gegriffen. Denn die Hochschulen haben unterschiedliche bildungspolitische und gesellschaftliche Aufgaben zu erfüllen. Die Hauptaufgaben der Universitäten sind die Grundlagenforschung sowie die forschungsgeleitete akademische Lehre. Den Studierenden werden theoretische und methodische Werkzeuge an die Hand gegeben, welche die Basis für die Berufsfähigkeit sind. Die Fachhochschulen hingegen sind tatsächlich Ausbildungseinrichtungen, an denen anwendungs-, praxis- und branchenorientiertes Wissen zur Erlangung der Berufsfertigkeit vermittelt wird. Somit ist auch die Forschung an den Fachhochschulen grundsätzlich anwendungsorientiert.

Eine kurze Umfrage[73] unter Kolleginnen und Kollegen (aus anderen Branchen) sollte helfen, die eigenen Anforderungen und Einschätzungen abzugleichen und auf eine breitere Basis zu stellen. Die befragten Kolleginnen und Kollegen

---

[73]   Die Umfrage wurde per Mail an 47 Personen aus dem beruflichen und privaten Umfeld geschickt. 15 Personen nahmen daran teil.

haben selbst zumeist ein Hochschulstudium abgeschlossen und sind in Leitungs-
funktionen tätig. Die Beantwortung der folgenden Fragen erfolgte in schriftlicher
Form:

- Welche Eigenschaften erwarten wir von Absolventinnen und Absolventen
  von Hochschulen?
- Welche Kompetenzen (Fähigkeiten, Kenntnisse) erwarten wir von Absolventinnen und Absolventen von Hochschulen?
- Welche Studieninhalte oder Methodenkompetenzen sollten vermehrt vermittelt werden?
- Gibt es ausreichend Möglichkeiten, die Anforderungen von Unternehmen
  in die Curricula einfließen zu lassen? Wenn ja, welche?

Im Folgenden werden die erhaltenen Antworten zusammengefasst, wobei besonders interessante Punkte aufgegriffen und die Ergebnisse persönlich interpretiert
werden.

16.2 Zu erwartende Eigenschaften von Absolventinnen und Absolventen

Die Antworten auf die Frage nach den zu erwartenden Eigenschaften schließen
Einstellungen und Fähigkeiten mit ein. Die mit Abstand am häufigsten genannte
und somit wahrscheinlich wichtigste Fähigkeit, die von Hochschulabsolventinnen
und -absolventen gefordert wird ist – auch wenn es banal klingen mag – das **Denken**. Sei es als allgemeines Denkvermögen oder in spezifischer Form als vernetztes, prozesshaftes, kritisches, alternatives (out of the box), analytisches und abs-
traktes Denken. Und als Voraussetzung dafür: *Intelligenz*, eine schnelle Auffassungsgabe sowie Wissensdurst und Lernfreude.

Den Absolventinnen und Absolventen wird ein hohes Maß an *Motivation*
und verwandte Faktoren wie Engagement, Eigeninitiative und Begeisterungsfä-
higkeit sowie *Disziplin* (Konsequenz und Zielstrebigkeit, Umsetzungsstärke, Ge-
nauigkeit, Selbstorganisation) zugeschrieben. Erwähnt werden auch Durchhalte-
vermögen, Ausdauer, Geduld sowie Beharrlichkeit, auch gegen Widerstände.

Die befragten Führungskräfte sind der Meinung, dass bei Absolventinnen
und Absolventen eine ausgeprägte *psychische Belastbarkeit*, Gelassenheit, Resili-
enz, Stressresistenz und Frustrationstoleranz vorherrscht.

Es wird zudem erwartet, dass sie *verantwortungsvoll* sind. Einerseits indem
sie für sich selbst und ihr tägliches Handeln Verantwortung übernehmen und an-

dererseits, indem sie Verantwortungsbewusstsein haben, ethische und gesellschaftliche Werte hoch halten, nachhaltig agieren, ehrlich und zuverlässig sind und als Vorbild voran gehen.

Erwähnt wird auch, dass sie im Zuge ihrer akademischen Laufbahn bei Forschungs- und Entwicklungstätigkeit (und deren Veröffentlichung) auf Datenwahrheit achten und mit den Ergebnissen verantwortungsvoll umgehen sollen.

Kommunikations- und Teamfähigkeit sowie *Offenheit* – im Sinne von offen für Veränderung – aber auch hinsichtlich der Meinung und Akzeptanz anderer wird genauso erwartet wie *Selbstbewusstsein* und eine gewisse Bestimmtheit im Auftreten. Weiters werden Leidenschaft, proaktives Verhalten, Loyalität, Anwendungs- und Lösungsorientierung genannt.

Die in den Rückmeldungen erwähnte *Bescheidenheit* ist wohl eher als Forderung zu verstehen. Den Absolventinnen und Absolventen sollte bewusst sein, dass die Produktivität zu Beginn der Berufstätigkeit relativ gering ist und erst mittelfristig ansteigt. Entsprechend sollte nicht mit einem Managerinnen- bzw. Managergehalt gerechnet werden. Jede und jeder muss sich seine Sporen erst verdienen. Eingefordert wird zudem Selbstreflexion im Umgang mit eigenen Defiziten und der Aufbau einer Fehlerkultur.

Ergänzt werden sollte dieser Forderungskatalog um die Mobilität. Die meisten Studienanfängerinnen und -anfänger beginnen ihr Studium im Heimatbundesland. Jene, die nicht im eigenen Bundesland bleiben, wechseln überwiegend nach Wien. Studierende sollten die Wahl des Studienortes an der Schwerpunktsetzung der Studiengänge ausrichten. Örtliche Flexibilität ist auch nach Absolvierung des Studiums gefragt, denn nicht alle interessanten Unternehmen sind in der Nähe von Ausbildungsclustern angesiedelt.

Wie sich zeigt, gibt es sehr hohe und vielfältige Erwartungen an die Persönlichkeit der Absolventinnen und Absolventen. Einige Anforderungen sind Voraussetzung, um ein Studium beginnen zu können andere helfen dabei, ein Studium zu absolvieren und wieder andere können während des Studiums, etwa durch Zusammenarbeit mit anderen Studierenden in Arbeitsgruppen entwickelt werden. Daher wäre es wünschenswert, wenn Hochschulen in ihren Curricula verstärkt Platz für gemeinsame Projektarbeiten, Diskussionsrunden etc. schaffen würden. Denn Unternehmen suchen keine Einzelgängerinnen und Einzelgänger, die im stillen Kämmerlein vor sich hinarbeiten, sondern Teamplayer, die in Abstimmung mit anderen etwas vorantreiben.

16.3 Zu erwartende Kompetenzen von Absolventinnen und Absolventen von Hochschulen

Geht es bei Eigenschaften und Einstellungen darum, wie jemand ist, betrachtet man bei den Kompetenzen, die Fähigkeiten und Kenntnisse, die jemand hat. Kompetenzen können in einem stärkeren Ausmaß entwickelt werden. Die Frage nach den zu erwartenden Kompetenzen bei Hochschulabsolventnnen und -absolventen ist somit auch als Auftrag an die Hochschulen zu verstehen, die Studierenden in diesen Bereichen auszubilden oder zu entwickeln.

Nachfolgend werden die wichtigsten Kompetenzbereiche, wie sie von den Teilnehmerinnen und Teilnehmern der Umfrage beschrieben werden, zusammengefasst:

- Theoretische Kenntnisse:
  Die theoretischen Kenntnisse sowie die erworbenen Fachkompetenzen sind von der inhaltlichen Ausrichtung des Studiums abhängig. Vorausgesetzt wird, dass die Absolventinnen und Absolventen einen Überblick über den eigenen Fachbereich mitbringen und diesen im Kontext zu anderen Disziplinen einordnen können. Universitätsabsolventinnen und -absolventen wird ein größerer theoretischer Background zugesprochen als Fachhochschulabsolventinnen und -absolventen, die wiederum konkreter auf Anwendungsgebiete ausgerichtetes Wissen mitbringen sollten.

- Fachliches Know-how:
  Hochschulabsolventinnen und –absolventen benötigen für den Einstieg ins Berufsleben anwendungsbezogene Fachkenntnis, die sie sich entweder in Form von Case Studies oder durch (einschlägige) Arbeitserfahrung anhand von Ferial- oder Projektarbeit aneignen.

- Methodische Kompetenz:
  Bei Absolventinnen und Absolventen wird vermutet, dass sie sich Informationen beschaffen, diese strukturieren und aufbereiten können. Fertigkeiten wie Arbeitsorganisation (Projektmanagement), Recherche, Konzepterstellung, Problemlösung, Interpretation, Kreativitätstechniken, Wissensmanagement, Verhandlungstechnik und Vermittlungskompetenz (Präsentationstechniken) sind ebenso essentiell wie ein hohes Maß an IT-Kompetenz (Anwendung von Programmen, Datenschutz, Mediennutzung …).

- Sprachliche Kompetenz:
  Eine hohe Präzision im Ausdruck, grammatikalisch fehlerfreies Formulieren, strukturiertes Niederschreiben von Gedanken in der Muttersprache werden genauso gefordert, wie schriftliche und mündliche Kommunikationsfähigkeit in Englisch.

- Ethische Kompetenz:
  Übergeordnete Zusammenhänge und Wechselwirkungen verstehen, sich mit der Auswirkung des eigenen Handelns auf die Gesellschaft, die Umwelt, das Unternehmen auseinandersetzen und verstärkt die Rolle einer kritischen Begleitung des Fortschritts einnehmen, dies sind Erwartungen hinsichtlich der ethischen Kompetenz.

- Interkulturelle Kompetenz:
  Wissen über andere Kulturen, deren Traditionen und Verhaltensweisen sind nicht nur ein Nice-to-have, sondern etwa für den Aufbau von Wirtschaftsbeziehungen in großen (multinationalen) Unternehmen unumgänglich. Die Möglichkeit, im Rahmen des Studiums einen Auslandsaufenthalt zu absolvieren sollte unbedingt genutzt werden. In einer fremden Umgebung zurechtzukommen, ist ein gutes Training für ein selbständiges und eigenverantwortliches (Berufs)Leben.

- Soziale Kompetenz:
  Hochschulabsolventinnen und -absolventen sollen Kommunikation und Interaktion so gestalten können, dass eine gedeihliche Zusammenarbeit mit anderen möglich ist. Dies umfasst etwa Hilfsbereitschaft, Empathie, Kritikfähigkeit, Toleranz, Wertschätzung, sich an Regeln halten können, Verantwortung für das eigene Handeln übernehmen etc.

- Persönlichkeitskompetenz:
  Zusätzlich zu den oben bereits genannten Kompetenzen werden Selbständigkeit und Selbstorganisation sowie die Fähigkeit, etwas einschätzen und sich Unterstützung holen zu können als wichtige Persönlichkeitskompetenzen genannt.

Methodische Kompetenzen werden in Zeiten, in denen die Halbwertszeit von Wissen deutlich sinkt, im Vergleich zu theoretischen Kenntnissen immer wichtiger. Hochschulen sind deshalb dazu angehalten, verstärkt die Werkzeuge zu vermitteln, die es braucht, um neue Anforderungen, die sich im Arbeitsleben zwangsläufig ergeben, bewältigen zu können.

Competence Center, die der Vermittlung von Methodenkompetenz dienen, stehen idealerweise allen Studierenden, gleich welchen Sektors, offen. Lehrende sollten die Praxisorientierung beispielsweise durch Case Studies erhöhen und die Anwendbarkeit des Wissens sowie die Arbeitsmarktfähigkeit der Absolventinnen und Absolventen mitdenken.

Der Einsatz von kreativen Lehrmethoden wie Mood Courts, Planspiele, Design Thinking oder Gamification sind zu empfehlen. Das Denken zu schulen sowie das Lesen längerer und komplexer Texte sollte dabei aber auf keinen Fall vernachlässigt werden.

Es liegt hier auch in der Eigenverantwortung der Studierenden, Angebote rund um das Studium zu nutzen.

16.4 Welche Studieninhalte oder Methodenkompetenzen sollten vermehrt vermittelt werden?

Bei dieser Frage zeigen sich zwei auf den ersten Blick konkurrierende Aspekte:

Als erster Aspekt wird von den Teilnehmerinnen und Teilnehmern der Befragung die Erhöhung der digitalen Kompetenz gefordert. Das betrifft Themen wie Datenmanagement, Big Data, Datenschutz, Sicherheit im Netz und Gefahrenabwehr, Digitalisierung von Informationsflüssen, Softwareprogrammierung, Internet of Things etc..

Digitale Kommunikation und Zusammenarbeit sowie computerorientiertes Denken und Problemlösen werden in Zukunft in einem noch höheren Ausmaß gefordert sein. Es gibt Stimmen, die Informatik gar als vierte grundlegende Kompetenz neben Lesen, Schreiben und Rechnen einordnen. Viele Routineaufgaben werden zukünftig durch Computer automatisch abgewickelt, denn Computer sind deutlich weniger fehleranfällig, schneller und zuverlässiger. Die digitalen Kompetenzen zeigen sich in der Beherrschung von Tools, die zu einer effizienteren Arbeitsweise führen und somit zeitliche Ressourcen für andere Themen freispielen.

Als zweiter Aspekt wird die Wichtigkeit des Faktors Mensch und in besonderer Weise der Führungskraft betont. Vor allem die Generation Y, die auf den Arbeitsmarkt drängt, hat zum Teil ganz andere Erwartungen an die Arbeit als vorhergehende Generationen. Sie wollen viel Gestaltungsspielraum, wollen sinnstiftende Arbeit, flache Hierarchien, sich mit anderen vernetzen, international, kreativ und unter Einbindung neuester Technik arbeiten. Es bedarf Führungskräfte, die technologische Möglichkeiten (er)kennen, Mitarbeiterinnen und Mitarbeiter Orientierung und Handlungsspielräume geben und somit Innovation und Kreativität ermöglichen.

Digitale Kompetenz sowie soziale Kompetenz sind die beiden Bereiche, auf die aus Sicht der Unternehmen an den Hochschulen mehr Wert gelegt werden sollte.

16.5 Möglichkeiten, Unternehmensanforderungen in Curricula einfließen zu lassen

Diese Fragestellung zielt darauf ab, die Einflussmöglichkeiten von Unternehmen auf die Hochschulen zu evaluieren.

An den Fachhochschulen ist es gesetzlich vorgesehen, bei der Neukonzeption eines Studiengangs Berufspraktikerinnen und -praktikern in das Entwicklungsteam einzubinden. Darüber hinaus gibt es für Vortragende die Gelegenheit, innerhalb der Grenzen des Lehrplans, Inhalte zu definieren.

Die Fachhochschulen bieten zudem eine Vielzahl an Kontaktmöglichkeiten etwa durch Praktika, Unternehmensprojekte, kleine Entwicklungsaufgaben, Betreuung von Abschlussarbeiten etc.. Bachelor- oder Masterarbeiten werden idealerweise in Verbindung mit realen Sachverhalten und Problemstellungen eines Unternehmens geschrieben.

An Universitäten ist die Einflussnahme kaum vorhanden. Studierende können ihrerseits vor allem in den Ferien Praxiserfahrung sammeln. Aus Sicht der Unternehmen ist jede Form von Praxisbezug hilfreich für den späteren Berufseintritt.

Nicht nur die Hochschulen und Studierenden, auch die Unternehmen sind gefordert, frühzeitig Angebote in Form von Vorträgen, Diplomarbeitsbetreuung, Praktika etc. zu schaffen. In weiterer Folge sollen die Absolventinnen und Absolventen beim Eintritt in den Arbeitsmarkt durch gezieltes Onboarding unterstützt werden. Zu denken ist dabei etwa an die Bereitstellung von Firmenunterlagen, Bereichsvorstellungen, Trainee- oder Mentoring-Programmen etc..

Die Umfrage hat gezeigt, dass es sehr hohe und umfassende Anforderungen an Absolventinnen und Absolventen von Hochschulen gibt. Diese Anforderungen werden im realen Leben wohl kaum von einer Person erfüllt. Dennoch können Studierende in der Ausformung diverser Kompetenzen unterstützt werden und von Seiten der Unternehmen wird dies auch explizit gefordert. Scherpunktmäßig sollte neben der theoretischen Ausbildung verstärkt auf die Entwicklung sozialer und IT-Kompetenzen geachtet werden.

Ergänzend sei an dieser Stelle eine begründete Wunschliste an das Bundesministerium für Wirtschaft, Forschung und Wirtschaft sowie an Rektoratsmitglieder und Lehrende angeführt:

Elisabeth Schinwald

- Vor allem an Universitäten, an denen oft Massenbetrieb herrscht, bekommen Studierende nicht die Betreuung, die ihnen zusteht bzw. die sie benötigen würden, um bestmöglich auf das Berufsleben vorbereitet zu sein. Die Betreuungsrelation von Lehrenden zu Studierenden sollte verbessert werden und sich an internationalen Spitzenuniversitäten orientieren. Zusätzlich ist, um die Qualität der Ausbildung an Universitäten zu sichern, eine eignungsbasierte Zugangsbeschränkung unabdingbar. Ausschlaggebend für eine exzellente Ausbildung sollte nicht die elterliche Finanzkraft sein. Zugangsbeschränkungen bedingen demnach ein faires Stipendiensystem.

- Studierenden soll erleichtert werden, zwischen den Universitäten und Fachhochschulen bzw. Fachhochschulen und Universitäten zu wechseln. So kann auf das aktuelle Lebens- und Berufsumfeld besser Rücksicht genommen, die Drop-out-Quote verringert und das generelle Bildungsniveau angehoben werden.
Eine bessere Zusammenarbeit zwischen den beiden Sektoren ermöglicht neben der Bündelung fachlicher Expertise, die gemeinsame Nutzung von Infrastruktur und ein rascheres Vorantreiben von Innovationen. Die angewandte Forschung kann rascher an die Ergebnisse der Grundlagenforschung anschließen.
Als Voraussetzung für die Erhöhung der Durchlässigkeit gilt ein transparentes ECTS-System.

- Die Eignung für ein Studium ist in der Studieneingangsphase zu prüfen. Gegen Ende des Studiums Prüfungen anzusetzen, bei denen geplanter Weise 60 % der Studierenden durchfallen, ist Schikane und dient weder der Entwicklung junger Menschen noch der Wirtschaft.

- Es ist nicht zielführend, Universitäten zu verschulen, aber über die Entrümpelung von Curricula und über die Einführung weiterer Maßnahmen der Qualitätssicherung ähnlich wie an Fachhochschulen könnte nachgedacht werden. Die Veröffentlichung von Erfolgsquoten und Abschlusszahlen würde über die Performance als „Lehr-, Forschungs- und Ausbildungsbetrieb" Auskunft geben.

- Die Universitäten sollten, etwa in Form von Abendveranstaltungen, Einblicke in aktuelle Forschungsfragen gewähren. Da Grundlagenforschung die Voraussetzung für echte Innovationen ist, wäre es für Unternehmensverantwortliche interessant zu wissen, woran geforscht wird und wohin die Trends gehen.

- Das Wachstumspotenzial der Fachhochschulen sollte genutzt werden, um Studierenden eine wissenschaftlich fundierte Ausbildung zukommen zu lassen und den Unternehmen auf das Berufsleben optimal vorbereitete Arbeitskräfte zur Verfügung zu stellen. An den Universitäten sollten Angebote für berufsbegleitendes Studieren ausgebaut werden.

- Weiterbildungsangebote sind kostenpflichtig und fokussieren immer noch zu sehr auf die Abschlüsse, die damit vergeben werden. Im Vordergrund sollte stehen, dass Lernende sich gezielt Inhalte abholen können, etwa durch Belegung einzelner Module.
  In der Qualitätssicherung sollte zwischen regulären Studien und Weitebildungsangeboten nicht unterschieden werden. Der Markt ist groß und unübersichtlich. Es gibt Angebote, die viel Geld kosten, jedoch die Qualitätsansprüche an eine hochschulische Ausbildung nicht erfüllen.

16.6 Fazit

Hochschulen sehen sich einer Vielzahl an Forderungen seitens der Unternehmen ausgesetzt. Entsprechend ihres gesetzlichen Auftrags haben sie jedoch nur bedingt die Aufgabe, die Wünsche der Wirtschaft zu erfüllen. Dennoch wäre ein Dialog über die Möglichkeit der Realisierung dieser Anforderungen wünschenswert. Denkbar wären etwa jährliche Gesprächsrunden mit Vertreterinnen und Vertreter der Hochschulen und Branchenrepräsentantinnen und -repräsentanten, indem über Kooperationen und Zukunftsperspektiven diskutiert wird.

Die Beeinflussung erfolgt jedenfalls in beide Richtungen. Absolventinnen und Absolventen von Hochschulen, die in den Arbeitsmarkt eintreten verändern mittelfristig auch die Unternehmen und Organisationsstrukturen.

So werden sich immer mehr Unternehmen in Richtung Selbststeuerung entwickeln, Teams werden wichtiger, Hierarchiestufen abgebaut. Zudem zeigen sich Tendenzen, dass die Selbstverantwortung und damit einhergehend die Selbstreglementierung steigen werden. Immer mehr Menschen sehnen sich nach Ganzheitlichkeit und wollen wieder Sinn in ihrer Arbeit finden. Zeitgleich werden technische Innovationen immer schneller vorangetrieben.

Hochschulen können in vielfältiger Weise indirekt einen Beitrag leisten, die Unternehmen auf die Anforderungen der Zukunft vorzubereiten. Ein verstärkter Dialog und vertiefte Kooperationen können nur im Interesse aller Beteiligten sein.

17 Verzeichnis der Autorinnen und Autoren

Prof. Dr. Ullrich Dittler
Seit 2000 hat Dr. Ullrich Dittler die Professur Interaktive Medien an der Fakultät Digitale Medien der Hochschule Furtwangen inne und unterrichtet unter anderem Medienpsychologie und E-Learning & Online-Learning. Dittler hat zahlreiche Bücher zu E-Learning sowie zu medienpsychologischen Themen veröffentlicht und zahlreiche (teilweise preisgekrönte) Lehrmedien entwickelt. Darüber hinaus ist Dittler seit 2008 Mitglied des Lenkungsausschusses für Hochschuldidaktik des Landes Baden-Württemberg. Ebenfalls seit 2008 ist er stellv. Leiter des Informations- und Medienzentrums (IMZ) der Hochschule Furtwangen (und in dieser Funktion verantwortlich für die Abteilungen Learning Services und die Bibliotheken). Seit 2009 ist es Mitglied des Hochschulrats der Hochschule Furtwangen.

Markus Ebner
Markus Ebner hat seinen Masterabschluss in Informatik und ist derzeit Junior Researcher am Institute of Interactive Systems and Data Science der Technischen Universität Graz. Im Rahmen seiner Dissertation beschäftigt er sich mit den Themenbereichen E-Learning, Mobile and Seamless Learning, Technology Enhanced Learning (TEL) und Open Educational Resources (OER). Der Schwerpunkt liegt im Bereich Learning Analytics im Umfeld der Primar- und Sekundarstufe. In Zusammenarbeit mit der Organisationseinheit Lehr- und Lerntechnologien wurde erfolgreich ein EU Projekt umgesetzt welches zum Ziel hat den Spracherwerb von Kindern näher zu analysieren und zu fördern. Begleitend wurden einige Publikationen im Bereich Learning Analytics veröffentlicht sowie Workshops zum Themenbereich gehalten.

Priv.-Doz. Dr. Martin Ebner
Priv.-Doz. Dr. Martin Ebner ist Leiter der Abteilung Lehr- und Lerntechnologien an der Technischen Universität Graz und ist dort für sämtliche E-Learning-Belange zuständig. Er forscht und lehrt als Medieninformatiker (Spezialgebiet: Bildungsinformatik) am Institut of Interactive Systems and Data Science rund um technologiegestütztes Lernen. Seine Schwerpunkte sind Seamless Learning, Learning Analytics, Open Educational Resources, Making und informatische Grundbildung.

Prof. Dr. Ulf-Daniel Ehlers
Prof. Dr. Ulf-Daniel Ehlers ist Bildungswissenschaftler und Prof. für Bildungsmanagement und Lebenslanges Lernen an der Dualen Hochschule Baden-Württemberg. Von 2011-2017 war er als gewählter Vizepräsident zudem im Vorstand der DHBW für die Bereiche Qualität und Lehre sowie Forschung verantwortlich. Der studierte Anglist, Sozialwissenschaftler und Pädagoge promovierte im Bereich neuer Bildungstechnologien und habilitierte in der Erwachsenen- und Weiterbildung mit einer Arbeit zum Thema Qualität und Bildung. Nach Stationen als Privatdozent an der Universität Duisburg-Essen, Professor an der Universität Augsburg und der University of Maryland war er Präsident der European Foundation for Quality in E-Learning (2011-2014), und im Vorstand der Gesellschaft für Medien in der Wissenschaft e.V., dem er als Präsident von 2010-2012 vorstand. Derzeit ist er Vizepräsident der European Association for Institutes of Higher Education. Seine Forschungsinteressen sind: Hochschulforschung, Digitalisierung, Qualitätsforschung.

Ao. Univ. Prof. Dr. Richard Fortmüller
Ao. Univ. Prof. Dr. Richard Fortmüller ist stellvertretender Vorstand des Instituts für Wirtschaftspädagogik an der Wirtschaftsuniversität Wien. Sein Forschungsinteresse gilt der Didaktik, der beruflichen Aus- und Weiterbildung und dem Bereich Lerntheorie mit den Schwerpunkten Lerntransfer (Prozesse der Wissensanwendung, komplexes Problemlösen), Komplexe Lehr-Lern-Methoden sowie dem Zusammenhang von Wissen und Lernen (Vorwissensabhängigkeit von Lernprozessen).

Maria Grandl
Maria Grandl ist tätig am Institut für Interactive Systems and Data Science an der Technischen Universität Graz und dissertiert zum Thema informatische Grundbildung. Im Rahmen ihres Lehramtsstudiums mit den Fächern Informatik und Mathematik hat sie verschiedene Coding-Workshops und Computerkurse für Schülerinnen und Schüler abgehalten. Im Moment arbeitet sie u.a. an einem offenen Schulbuch für das Unterrichtsfach Informatik.

Prof. Dr. Jürgen Handke
Prof. Dr. Jürgen Handke ist Anglist/Linguist an der Philipps-Universität Marburg, hat mehrere Bücher im Bereich Sprachwissenschaft, Sprachtechnologie, sowie E-Education verfasst und bemüht sich seit Jahren um die Nutzung digitaler Lehr-, Lern- und Prüfungsszenarien in der Hochschullehre. Er ist Mitglied im Kernkompetenzteam des „Hochschulforums Digitalisierung" und Mitglied der Strukturkommission für die neuzugründende Universität Nürnberg.

Zusammen mit seinem Team betreibt er den Virtual Linguistics Campus, die weltweit größte Lernplattform für Inhalte der englischen und allgemeinen Sprachwissenschaft. Sein dazu gehöriger YouTube-Kanal „Virtual Linguistics Campus" enthält viele hundert frei zugängliche selbst-produzierte Lehrvideos und ist der größte seiner Art. Handke ist der deutsche Hauptvertreter des Inverted Classroom Models, mit dem er in der Mastery-Variante im Jahr 2013 Preisträger des Hessischen Hochschulpreises für Exzellenz in der Lehre 2013 geworden ist. 2015 erhielt er mit dem Ars legendi-Preis den höchsten deutschen Lehrpreis für „Digitales Lehren und Lernen" vom Deutschen Stifterverband und der Hochschulrektorenkonferenz. 2016 gewann er mit seinem Flüchtlings-Sprachkurs #DEU4ARAB, einem MOOC mit mehr als 3.100 Teilnehmern, den Innovationspreis der deutschen Erwachsenenbildung. Seit Juni 2017 leitet er das BMBF-Projekt H.E.A.R.T., das den Einsatz humanoider Roboter in der Hochschullehre erprobt und evaluiert.

Prof. Dr. Andreas Hebbel-Seeger
Prof. Dr. Andreas Hebbel-Seeger ist Professor für Medienmanagement und Leiter der Media-School an der Hochschule Macromedia am Campus Hamburg. Er studierte Erziehungswissenschaft, Sport und Deutsch an der Universität Hamburg. Nach Staatsexamen und Promotion absolvierte er zunächst sein Referendariat im Schuldienst und trat anschließend eine Hochschullehrerstelle am Fachbereich Sportwissenschaft der Universität Hamburg an. Später vertrat er an der Universität Augsburg am Institut für Medien und Bildungstechnologie die Professur für digitale Medien. Sein Schwerpunkt in Forschung und Lehre liegt auf der Nutzung digitaler Medien zu Lehr-, Lern- und Marketingzwecken. Aktuell ist er an einem EU-Projekt zur Nutzung digitaler Spiele zu Lehr- und Lernzwecken beteiligt und beschäftigt sich in verschiedenen Kooperationsprojekten mit Wirtschafts- und Medienunternehmen mit dem Einsatz innovativer Medientechnologien im Sport und in der Sportkommunikation.

Prof. Dr. Peter Henning
Prof. Dr. Peter Henning ist Professor für Informatik an der Hochschule Karlsruhe – Technik und Wirtschaft sowie Professor for Information Business Technologies an der Steinbeis-Hochschule Berlin. Nach Promotion und Habilitation arbeitete er bis 1996 als Privatdozent für Theoretische Physik an der TU Darmstadt. Von 1996 bis 1998 war er Gruppenleiter in der Softwareentwicklung und Technologieberater bei der Deutsche Börse AG. Henning wurde 2002 mit dem Akademiepreis der Evangelischen Akademie Baden für Arbeiten zum Thema „Internet und Gesellschaft" ausgezeichnet. 2007 wurde er durch die Jury der Zeitschrift „Unicum" zum Professor des Jahres gewählt, 2009 erhielt er gemeinsam mit dem Fachgebiet Informatik der Hochschule Karlsruhe den Landeslehrpreis Baden-Württemberg.

304 Verzeichnis der Autorinnen und Autoren

Seine Arbeitsgebiete umfassen die Computergrafik und 3D-Modellierung von Städten, das Technologiegestützte Lernen, die Simulation komplexer Systeme sowie die Bildungspolitik und die Wissenschaftstheorie.

Prof. Dr. Bernd Jörs

Prof. Dr. Bernd Jörs studierte und promovierte an der Universität Frankfurt/M. 1987 bis 2000 war er Hochschullehrer an der Fachhochschule des Bundes für öffentliche Verwaltung, seit 2000 ist er an der Hochschule Darmstadt im Fachbereich Media, Studienrichtung Informationswissenschaft als Professur für Informationsökonomie & Online Marketing Engineering tätig. Dort baute er die awendungsorientierten Forschungsschwerpunktrichtung Informationsökonomie & Online Marketing, insb. Geschäftsmodelloptimierung & Corporate Finance, Suchmaschinenoptimierung, Suchmaschinenmarketing, Webanalytics/Online Marketing-Controlling, E-Commerce-Management, Social Media Marketing, Information Behavior & Behavioral Economics und Methodik des Data-, Text- und Web Mining auf. Er ist zudem Leiter des Steinbeis-Transferunternehmen: „Online Marketing Engineering & Business Analytics".Jörs wurde von Unicum 2016 zum Professor des Jahres in der Kategorie "Geistes-, Gesellschafts- und Kulturwissenschaften", mit Schwerpunkt "Informationsökonomie und Online Marketing Engineering" gewählt. Er war schon 2011 unter den Top 3 der nationalen Wahl "Professor des Jahres" und 2006 Mitglied der Top 5 der nationalen Wahl "Professor des Jahres" in der Kategorie "Wirtschaftswissenschaften / Jura" mit Schwerpunkt "Informationsökonomie". Zudem ist er Mitglied der Hall of Fame zur Wahl „Professor des Jahres", Listing in Marquis Who's Who in the World 26th Edition 2009. Seine Forschungsschwerpunkte liegen im Bereich der Informationsökonomische Untersuchungen zum Online-Marketing-Engineering & E-Commerce-Management, Suchmaschinenoptimierung und Informationsarchitekturgestaltung sowie Test der Effizienz von Suchmaschinenmarketing- und Cross-Channel-Aktivitäten.

Prof. Dr. Uwe Peter Kanning

Prof. Dr. Uwe Peter Kanning studierte Psychologie in Münster und Canterbury. Seit 2009 ist er Professor für Wirtschaftspsychologie an der Hochschule Osnabrück. Kanning ist zudem Autor und Herausgeber von 30 Fachbüchern und Testverfahren. Er ist Träger zahlreicher Auszeichnungen, zuletzt wurde er 2016 von UNICUM zum „Professor des Jahres" gewählt. Seit 20 Jahren ist er zudem in der Beratung von Unternehmen und Behörden bei personalpsychologischen Fragestellungen tätig. Seine Arbeitsschwerpunkte sind die Personaldiagnostik und fragwürdige Methoden der Personalarbeit.

Hon.-Prof Dr. Christian Kreidl

Hon.-Prof. Dr. Christian Kreidl ist selbständiger Trainer in der Erwachsenenbildung und Vortragender an zahlreichen Hochschulen, beispielsweise an der Wirtschaftsuniversität Wien, der Fachhochschule des BFI Wien oder der FH Wien der WKW. Die inhaltlichen Schwerpunkte des Wirtschaftspädagogen liegen im Bereich finanzielles Management, betriebliches Rechnungswesen sowie Corporate Finance. Seine Dissertation verfasste er zum Themenbereich E-Learning. Als Gesellschafter eines Unternehmens für Planspiele beschäftigt er sich außerdem intensiv mit didaktischen Konzepten und Umsetzungen sowie Unterrichtsgestaltung. Kreidl ist Autor bzw. Herausgeber von zahlreichen Lehrbüchern und Seminarunterlagen und publiziert auch immer wieder zum Bereich E-Learning, Unterrichtsgestaltung und Einsatz von neuen Medien.

Prof. Dr. Martin Lehner

Prof. Dr. Martin Lehner promovierte und habilitierte in Erziehungswissenschaft, er ist Vizerektor für Lehre an der Fachhochschule Technikum Wien. Lehner leitet das Institut für Sozialkompetenz und Managementmethoden und zeichnet für den Bereich Hochschuldidaktik verantwortlich. Nach seiner Tätigkeit als Personalentwickler bei IBM war er mehrere Jahre lang selbständiger Trainer und Berater, anschließend Prozess-Coach bei der TUI. Von 1998 bis 2005 war er Professor an der Fachhochschule Vorarlberg, drei Jahre lang auch Vizerektor. Er leitet seit 20 Jahren didaktische Seminare und Workshops und ist Autor einschlägiger Veröffentlichungen.

Philipp Leitner

Philipp Leitner arbeitet für die Organisationseinheit Lehr- und Lerntechnologien der Technischen Universität Graz. Nach seinem erfolgreichen Abschluss im Masterstudium Informatik mit Vertiefung auf Recommender Systems, dissertiert er zurzeit zum Thema Learning Analytics mit Schwerpunkt Higher Education am Institute of Interactive Systems and Data Science (ISDS). Leitner hat bereits einige Publikationen im Bereich Learning Analytics veröffentlicht sowie Workshops dazu gehalten.

Dr. Gert Lyon

Dr. Gert Lyon ist Psychoanalytiker, Gruppenanalytiker sowie Facharzt für Psychiatrie und psychotherapeutische Medizin. Die Tätigkeits- und Forschungsschwerpunkte von Lyon sind die gemeindenahe Psychiatrie sowie das Unbewusste im einzelnen Menschen, bei Paaren, in Familien, in Teams und in Organisationen

Dr. Jutta Pauschenwein

Dr. Jutta Pauschenwein ist Lehrerin und theoretische Physikerin. Sie ist Leiterin des Forschungszentrums "ZML - Innovative Lernszenarien" der FH Joanneum in Graz. Die Forschungsschwerpunkte von Frau Pauschenwein sind die Didaktik des E-Learning, offene und ermergente Lernprozesse (MOOCs), Visualisierung sowie spiele-basiertes Lernen.

Prof. Dr. Ada Pellert

Prof. Dr. Ada Pellert ist seit März 2016 Rektorin der FernUniversität in Hagen. Zuvor war die Wirtschaftswissenschaftlerin im Hochschulmanagement verschiedener Universitäten im deutschsprachigen Raum sowie als Professorin für Organisationsentwicklung und Bildungsmanagement tätig. Seit November 2016 ist sie Vorsitzende der Digitalen Hochschule NRW (DH-NRW).

Prof. Dr. Arnd Poetzsch-Heffter

Prof. Dr. Arnd Poetzsch-Heffter ist Inhaber des Lehrstuhls für Softwaretechnik im Fachbereich Informatik der TU Kaiserslautern. Forschungsschwerpunkte sind die Konstruktion und Analyse von Softwaresystemen. Sein wissenschaftlicher Werdegang begann mit einem Studium der Informatik, Mathematik und Philosophie in München mit Aufenthalten an der University Paul Sabatier in Toulouse und der Cornell University, New York State. Nach seiner Habilitation lehrte Poetzsch-Heffter sechs Jahre als Professor an der Fernuniversität Hagen. Seit September 2014 ist er Vizepräsident für Forschung und Technologie an der TU Kaiserslautern.

Prof. Dr. Gabi Reinmann

Prof. Dr. Gabi Reinmann studierte und promovierte an der Ludwig-Maximilians-Universität München in den Fächern Psychologie, Pädagogik und Psycholinguistik. Sie war wissenschaftliche Mitarbeiterin, später Assistentin am Institut für Empirische Pädagogik und Pädagogische Psychologie (Lehrstuhl Prof. Mandl) und habilitierte dort 2000 zum Thema Wissensmanagement. 2001 bis 2010 war sie Professorin für Medienpädagogik an der Universität Augsburg. 2010 bis 2013 Professorin für Lehren und Lernen mit Medien an der Universität der Bundeswehr München. 2013 bis 2015 Professorin für Hochschuldidaktik an der Zeppelin Universität und Vizepräsidentin für Lehre und Didaktik. Seit Juni 2015 ist Frau Reinmann Professorin für Lehren und Lernen an Hochschulen und Leiterin des Hamburger Zentrums für Universitäres Lehren und Lernen (HUL) an der Universität Hamburg.

Elisabeth Schinwald
Mag. Elisabeth Schinwald absolvierte ein Psychologiestudium an der Paris Lod-
ron Universität in Salzburg und den Lehrgang „Human Resources Management in
lernenden Organisationen" am MCI. Sie ist Human Resources Manager eines internationalen, mittelständischen Logistikunternehmens. Derzeit besucht sie den
Studienlehrgang „Coaching, Personal- und Organisationsentwicklung" an der
ARGE Bildungsmanagement in Wien.

Behnam Taraghi
Behnam Taraghi ist ein Junior Researcher in der Organisationseinheit Lehr- und
Lerntechnologien der Technischen Universität Graz. Im Rahmen seiner Promotion
befasst er sich mit Learning Analytics in der Grundschule, speziell mit dem
Schwerpunkt Mathematik in der Primärstufe. Er ist zugleich technischer Verant-
wortlicher in derselben Organisation der Technischen Universität Graz und hat
bereits zahlreiche Publikation in den Bereichen Technology Enhanced Learning
(TEL), Mobile Learning und Learning Analytics veröffentlicht.

Prof. Dr. Norbert Wehn
Prof. Dr. Norbert Wehn ist Inhaber des Lehrstuhls Entwurf Mikroelektronischer
Systeme im Fachbereich Elektro- und Informationstechnik der TU Kaiserslautern.
Bevor er zum Professor ernannt wurde war er mehrere Jahre in führender Position
in der Industrie tätig. Er ist seit vielen Jahren aktiv im Bereich des Technologie-
transfers. Dies betrifft direkte Industriekooperationen, Beratertätigkeiten als auch
Ausgründungen. Von September 2013 bis August 2017 war er zudem Vizepräsident für Studium und Lehre der TU Kaiserslautern. Wehn hat mehr als 300 Publikationen auf dem Gebiet der mikroelektronischen Architekturen und Entwurfsme-
thodiken veröffentlicht.